Christine Huth-Hildebrandt

Das Bild von der Migrantin

Auf den Spuren eines Konstrukts

Brandes & Apsel

Auf Wunsch informieren wir regelmäßig über das Verlagsprogramm:
Brandes & Apsel Verlag, Scheidswaldstr. 33, D-60385 Frankfurt am Main
e-mail: brandes-apsel@t-online.de
Internet: www.brandes-apsel-verlag.de

wissen & praxis 104

Diss., Universität Marburg 2001

1. Auflage 2002
© Brandes & Apsel Verlag GmbH, Frankfurt am Main
Lektorat: Volkhard Brandes, Frankfurt am Main
Umschlaggestaltung: Petra Sartowski, MDDigitale Produktion, Maintal
Foto Umschlagvorderseite: Volkhard Brandes, Türschnitzerei auf Sansibar
Druck: Difo-Druck, Bamberg, Printed in Germany
Gedruckt auf säurefreiem, alterungsbeständigem und chlorfrei gebleichtem Papier.

Bibliografische Information Der Deutschen Bibliothek:
Die Deutsche Bibliothek verzeichnet diese Publikation in der
Deutschen Nationalbibliografie; detaillierte bibliografische
Daten sind im Internet über http://dnb.ddb.de abrufbar

ISBN 3-86099-304-6

Inhalt

Vorwort

Im Jahr 1980 erschien in der Zeitschrift *Courage* eine Notiz von Cornelia Mansfeld und mir, in der wir zu einem Treffen ausländischer und deutscher Frauen aufriefen, um der Frage nach möglichen Gemeinsamkeiten nachzugehen. Frauen unterschiedlicher Nationalitätszugehörigkeiten fanden sich damals in Frankfurt am Main zusammen[1], die darüber debattieren wollten, was diese Gemeinsamkeiten denn sein könnten. Doch erst einmal wurden nur Unterschiede und Verschiedenheiten konstatiert, und das sollte in der Folge der Zeit auch so bleiben.

Allerdings stellte damals keine der Frauen die Kopftuchfrage, obwohl auch die Kleidung offensichtlich auch ein Thema von Bedeutung war. Es wurde über die bunten Kleidungsstücke gekichert, die einige der Frauen wie Ostereier in der Gegend leuchten ließen. Optisch war es daher auch sehr einfach, die Anwesenden zu gruppieren: Da waren Frauen, gekleidet in Pluderhosen, deren bunte Farben kraß abstachen von der Kleidung der anderen Gruppe, die in Jeans oder einfarbigen Röcken, weißen Blusen und schlichten Lederjacken gekommen war. »Gibt es denn überhaupt Gemeinsamkeiten, über die wir reden könnten«, richtete Arzu Toker sinngemäß die Frage an uns deutsche Frauen, »gekleidet seid ihr bunt wie meine Großmutter[2], rennt kochtöpfeschlagend und lärmend durch die Straßen und wollt die freie Abtreibung. *Ich* hingegen werde ausgelacht, wenn ich mich anziehe wie meine Großmutter. *Ich* kann nicht mal zivilisiert durch die Straßen gehen und als Demonstrantin meine Rechte einklagen, weil mir das Demonstrieren vom Ausländergesetz her verboten ist. *Mir* wird eine Abtreibung angeraten, wenn wir angeblich schon zu viele Kinder haben und durch ein weiteres Baby die von den Behörden vorgeschriebene Quadratmeterzahl pro Kopf in meiner Familie überschritten wird.« Zorn schoß uns deutschen Frauen entgegen, aufgrund unserer im Vergleich offensichtlichen Freiheiten und Privilegien.

Auch vom ersten gemeinsamen Kongreß ausländischer und deutscher Frauen im Jahr 1984[3] – ebenfalls in Frankfurt am Main – habe ich in Erinnerung, daß die Rede miteinander geprägt war durch das Aufeinanderprallen von Bildern über die jeweils Anderen, die genutzt wurden, um diskriminierende gesell-

---

[1] Berichte hierüber sind erschienen von Apostolidou 1980 und Busser 1980.

[2] Ende der siebziger Jahre war es eine Mode unter den Feministinnen, Pluderlatzhosen aller lila Schattierungen, zum Teil am Oberteil bestickt mit bunten Perlen und Pailletten zu tragen.

[3] Vgl hierzu Gültekin u. Sellach 1994.

schaftliche Praktiken zu beschreiben und anzuprangern. Ein wirklicher Dialog unter den anwesenden Personen fand nicht statt. Schon damals beeindruckte und erschreckte mich die Macht dieser Bilder mit ihrer Sortierfunktion, die die Individuen seltsam verblassen ließen, da die jeweiligen Reden der Einzelnen erst einmal den Filter des zugeordneten Bildes durchliefen, bevor sie zu Gehör genommen wurden. Hinzu kam, daß ich mich weder in der einen noch in der anderen Gruppe wiederfinden konnte, und somit für mich als Person offensichtlich kein Platz vorhanden war, was mir zeitweise ein sehr unbehagliches Gefühl bereitet hat.

Seither ließ mich das Thema der Produktion von Bildern nicht mehr los, und so ist u. a. die vorliegende Studie entstanden. Daß das Buch nun vorliegt, verdanke ich der Ermutigung und Unterstützung vieler Personen, von denen ich einigen besonders danken möchte. Helma Lutz hat diese Studie ein langes Stück klug und liebevoll mit begleitet. Marianne Krüger-Potratz und Mirjana Morokvašić haben mich in bezug auf die Wichtigkeit des Themas bestärkt und gestützt[4]. Ebenfalls Karin Amos, Brita Rang und Margrit Brückner. Elisabeth Rohr hat die Arbeit sensibel und kritisch betreut und Benno Hafeneger kritisch gewürdigt. Beeindruckt bin ich über die Geduld von Tatjana, Boris und Winfried Hildebrandt und den Freiraum, den sie mir überlassen haben. Und letztendlich doch auch Dank an Donata Volkenborn, Isabell Diehm und Frank-Olaf Radtke, Barbara Rendtdorff und Vera Moser, die mich in Zeiten der Mutlosigkeit so provoziert haben, daß daraus eine Kraft entstanden ist, diese Studie zu beenden.

---

[4] Ein Teil der Studie wurde in den *interkulturellen Stu*dien der Arbeitsstelle Interkulturelle Pädagogik an der Universität Münster vorveröffentlicht und von Mirjana Morokvašić mit einem Vorwort versehen; Huth-Hildebrandt 1999a.

Die Relevanz der Kategorie Geschlecht im Umgang mit Fremdheit

Umgang mit Fremdheit ist ein Thema, daß nicht nur die Wissenschaften beschäftigt,[1] auch im Alltagdiskurs wird es immer wieder aufgegriffen, so z. B. durch die Figur des Greises Methusalix aus der Comic Serie Asterix, wenn dieser kund tut: »Mich stören Fremde nicht, solange sie bleiben, wo sie hingehören. Wenn sie aber zu uns kommen, habe ich keine Lust, zu ihnen zu gehen.«[2] Seine Worte veranschaulichen sehr plastisch, daß Fremdheit keine Eigenschaft, auch kein objektives Verhältnis zweier Personen oder Gruppen, sondern die Definition einer Beziehung ist.[3]

Fremdheitserfahrungen und ihre Beschreibungen sind seit Beginn der Auseinandersetzungen mit Migration auffindbar. Der Umgang mit ihnen kann rückblickend als phasenhaft beschrieben und ist in einer engen Verzahnung mit dem jeweils gesellschaftspolitisch formulierten Handlungsbedarf bezüglich des eingewanderten Bevölkerungsteils zu sehen. Auch im Alltagsdiskurs werden sie jeweils abhängig von Situation und Kontext abgerufen und nutzbar gemacht,[4] wobei es zu ihrer Nutzung unerheblich ist, ob es sich um Fremd- oder um Selbstzuschreibung von Anderssein handelt. Die Beschäftigung mit Fremdheit durch die Zeit bietet daher einen möglichen Weg, die Beziehungen zwischen Mehrheitsbevölkerung und eingewandertem Bevölkerungsteil zu rekonstruieren.

---

[1] Albrecht stellt fest, daß dieses Thema ab den siebziger Jahren zunehmend Beachtung findet; Albrecht 1997.

[2] Nach Münkler u. Ladwig 1997b:16.

[3] Hahn 1994:140.

[4] Siehe z. B. den Streit um das Tragen eines Kopftuches. Dieser wird seit Anbeginn der Anwesenheit muslimischer Frauen in den Migrationsländern immer wieder aktualisiert, besonders dann, wenn relevante politische Änderungen anstehen, die nachhaltige Folgen auf das Verhältnis von Mehrheitsgesellschaft zu Einwanderergemeinschaft vermuten lassen, wie z. B. während der Debatte um die doppelte Staatsbürgerschaft der letzten Jahre. Vgl. hierzu: Birngott u. Riza 1980; Kinderlen u. Preusse 1982; Enderwitz 1983; Akkent u. Franger 1990; Kalpaka u. Räthzel 1990a; Colpe 1986; Pinn u. Wehner 1992; Meyer-Gosau 1993; Füssel 1994; Waltz 1996; Yurtdaş 1987; Dohn 1989; Neusel 1990; Ott 1990; Winter 1996; Wölk 1997; Soetard 1998; Thomas 1998; Lüders 1998; Lutz 1999; Roth 1999. Jüngeres Beispiel ist die Verweigerung der Übernahme in den Schuldienst, aufgrund des Tragens eines solchen Tuches: siehe Battis 1998; Hilbek 1998; Die Kopftuchlüge 1998; Die Kopftuchlüge 1999; Karakasoğlu-Aydın 1999a+b.

In der vorliegenden Studie geht es um die Relevanz der Kategorie Geschlecht in diesem Prozeß einer Inszenierung von Fremdheit. Ich gehe davon aus, daß *»das Geschlechterverhältnis in/von der Migrationsforschung s t ä n d i g verwendet [wurde]; es war geradezu unverzichtbar für die Beschreibung des Verhältnisses zwischen Mehrheitsgesellschaft und Migrantengemeinschaft«*[5]. Ich zeige auf, wie rigide Geschlechternormen mit dem Verweis auf Ethnizität als ein effektives Mittel eingesetzt werden, um das Verhältnis als eines zwischen *Einheimischen* und *Fremden* bzw. *fremd bleiben sollenden Fremden* festzuschreiben. Es geht mir von daher nicht um den Prozeß des Erkennens und Verstehens von lebensweltlicher Fremdheit, sondern darum, wie aus diesem Prozeß spezifische Strategien zur Legitimation von Grenzziehungen im Umgang mit Migrantinnen und Migranten entwickelt werden, die dazu führen, daß durch Aberkennung von Gleichwertigkeit ein hierarchisches Verhältnis etabliert wird, das in eine Festschreibung von Ungleichheit mündet.

Fremdheit und seine Bedeutungsdimensionen im Migrationsdiskurs

In der Bundesrepublik begann gegen Ende der achtziger Jahre eine Debatte über die zunehmende Problematisierung und Polarisierung der Diskurse über Einwanderung, die bis heute anhält.[6] Es wurde festgestellt, daß Denkfiguren entstanden waren, deren Basis ethnische Konstruktionen bilden. Gleichzeitig gewann die Auseinandersetzung um Fremdheit und Fremdes an Bedeutung. Es wurde aufgezeigt, wie die vertraut gewordenen Erfahrungen von den Anderen als potentiellen Fremden durch die Betonung von lebensweltlicher Fremdheit speziell gewichtet und neu adressiert wurden.[7] Bukow und Llaryora charakterisieren diesen Vorgang rückblickend als einen *»schleichenden Ethnisierungsprozeß«*[8], in dessen Verlauf Eigenschaftsbeschreibungen von Migranten und Migrantinnen zur Grundlage einer gesellschaftlichen Zweiteilung in In- und Ausländer stilisiert wurden, und zu dessen Folge rechtliche und soziale Diskriminierung und Exklusion zählen. Somit enthält der Fremdheitsbegriff zwei basale Bedeutungsdimensionen, die in der Auseinandersetzung um Migration miteinander verwoben sind.[9] Fremdheit als *lebensweltliche Fremdheit* beschreibt in diesem Zusammenhang Unvertrautheit auf der Ebene von Erfahrungen und Zurechnungsakten, indem ein kultureller Abstand zwischen Eigenem und Fremden hervorgehoben wird. Fremdheit als

---

[5] Huth-Hildebrandt u. Lutz 1998:159.

[6] Dittrich u. Radtke 1990; Bommes u. Scherr 1991; Bukow 1996; Bukow u. Llaryora 1998.

[7] Bukow 1996:142.

[8] Bukow 1996; Bukow u. Llaryora 1998.

[9] Siehe Münkler u. Ladwig 1997a.

soziale Fremdheit hingegen drückt Nichtzugehörigkeit aus und ist das Ergebnis einer exkludierenden Grenzziehung in der Selbstbeschreibung der (Aufnahme-)Gesellschaft. Da beide Dimensionen gemeinsam aber auch unabhängig voneinander auftreten können, hat die Wahrnehmung von Unvertrautheit nicht automatisch eine exkludierende Grenzziehung zur Folge, und die Betonung von Nichtzugehörigkeit ist nicht an das Vorliegen von Unvertrautheit gebunden. In der Feststellung eines Unterschiedes kann *Fremdes* beschrieben und in diesen Beschreibungen zum *bekannten Anderen* werden. Fremdes kann jedoch auch als ein *Label* fungieren und durch Festschreibung *Nichtzugehörigkeit* akzentuieren.

Die Einbeziehung von Unvertrautheit als Mittel zur Verstärkung von Exklusion ist somit *situations- und kontextabhängig*. Aus Unvertrautheit folgt nicht notwendig Fremdheit, da nicht alles, was anders ist, gleichzeitig auch als fremd gilt. Fremdheit entsteht durch Interpretation, *»ist ein Interpretament der Andersheit«*, ist das *»aufgefaßte Andere«*[10]. Sie entwickelt sich aus der Betrachtung durch die *Feststellung* eines Unterschiedes und seiner *Bewertung*.[11] In der Bezeichnung fremd oder Fremde(r) drückt sich somit ein Verhältnis zu den beschriebenen Anderen aus, indem eine Beziehung hergestellt wird zwischen dem, was als jeweils Eigenes betrachtet und dem, was als diesem nicht zugehörig angesehen wird.[12] In der Auseinandersetzung mit Migration durch die Zeit bietet die Beschäftigung mit Fremdheit daher einen möglichen Weg, zu verstehen, wie Menschen und soziale Einheiten sich selbst und ihre Umwelt wahrnehmen, kategorisieren und strukturieren.[13]

Migration als ein von Unsicherheiten bestimmter, nicht auf Einwanderung ausgerichteter Prozeß

Die vorliegende Studie bezieht sich rückblickend auf den Zeitraum der neuen Migrationsbewegung seit Mitte der fünfziger Jahre[14] als einem Zeitabschnitt mit sehr unterschiedlichen Phasen einer Zuwanderung von Männern, Frauen aber auch von Kindern in die Bundesrepublik. Waren in den Anfängen kurzzeitige Arbeitsaufenthalte dominant, so gab es spätere auf Dauer ausgerichtete Zuwanderungen ebenso wie solche, die zwar nicht auf Dauer ausgerichtet waren, jedoch dauerhaft wurden. Es gab Rückwanderungsbewegungen, Phasen primärer Arbeitsmigrationen sowie Phasen von Migration zum Zwecke

---

[10] Wierlacher 1993:62.
[11] Stenger 1997:160.
[12] Hahn 1994:140.
[13] Vgl. hierzu Münkler u. Ladwig 1997a.
[14] Vgl. zur Geschichte der Migration nach Deutschland Bade 1983; Herbert 1986; Woydt 1987 und Bade 1992.

einer Familienzusammenführung.[15] In diese Prozesse von Zu- und Abwanderung wurde immer wieder steuernd eingegriffen, um die Bewegungen, je nach Bedarf des Immigrationslandes Bundesrepublik, durch restriktive Regelungen kanalisieren und lenken zu können.[16] Diese staatlichen Eingriffe verstärkten Migration als einen Prozeß von Bewegung in unterschiedliche Richtungen, mit Zeiten verstärkter Zuwanderungen bzw. Abwanderungen, mit Zeiten kurzfristiger oder längerfristiger Aufenthalte. Im Rückblick zeigt sich jedoch, daß trotz phasenweise administrativer Eingriffe, wie dem Anwerbestopp im Jahr 1973 oder durch gezielte Rückkehrmaßnahmen in den achtziger Jahren, eine stetige Zuwanderung erfolgte.[17] Bestimmt und geprägt wurden die mit dieser Entwicklung einhergehenden Veränderungen in der Gesellschaft von daher vor allem durch diejenigen Gruppierungen, die nunmehr seit mehreren Generationen in der Bundesrepublik leben.

Dennoch entspricht die Bundesrepublik durch ihre spezifische Art des Umgangs mit den Zuwanderungen nicht dem Bild eines klassischen Einwanderungslandes, auch wenn heute die These kaum mehr zu entkräften ist, faktisch sei das Land zu einem solchen geworden.[18] Selbst wenn phasenweise, besonders seit Beginn der achtziger Jahre, der Wunsch nach einer Integration des zugewanderten Bevölkerungsteils in das gesellschaftliche Gefüge proklamiert wurde, war damit zu keiner Zeit die Vorstellung einer tatsächlichen Inklusion verbunden.[19] Migrantinnen und Migranten blieben die aus dem *Aus-land* kommenden, diejenigen, die zusammen mit den *Flüchtlingen* und den *displaced persons* die Gruppe der *Aus-länder* bilden. Sie blieben die Nicht-Dazugehörigen, die zu Nicht-Gesellschaftsmitgliedern erklärten Perso-

---

[15] Zuwanderungen aufgrund von Flucht vor Krieg und Verfolgung bleiben in dieser Studie unberücksichtigt.

[16] Diese politischen Konjunkturen haben mittlerweile als ein Phasenmodell Eingang in die Migrationsforschung gefunden, auf das sich der überwiegende Teil der Texte zu Migration direkt oder indirekt bezieht. Vgl. hierzu Treibel 1988:20 und Münz u. a. 1997:168. Auch ich orientiere mich in meiner Analyse an dieser Beschreibung.

[17] Aufgrund dieser Tatsache wird irrtümlich immer wieder auf einen kontinuierlichen Anstieg des Anteils der ausländischen Bevölkerung in der Bundesrepublik geschlossen. Nimmt man jedoch die Zahlen von Zu- und Abwanderung, und nimmt man die Zahlen der Bevölkerungsentwicklung der Bundesrepublik im Vergleich, so hat sich insgesamt der Anteil der Zuwanderinnen und Zuwanderer im Verhältnis zur Gesamtbevölkerung seit 1974 kaum noch verändert. Vgl. Nauck 1993a sowie Bukow 1996:11 u. 193.

[18] Vgl. hierzu Thränhardt 1997 und Husa u. a. 2000.

[19] Immer ging es um Teil-Inklusion, entweder bezogen auf Teile der anwesenden Migrantinnen und Migranten, wie beispielsweise die Gruppe der EG-Angehörigen, oder aber um Teil-Inklusionsbemühungen lediglich in bestimmte Bereiche der Gesellschaft, wie etwa in den Bildungs- und Ausbildungsbereich.

nen, die aufgrund der rechtlichen Festschreibung von In- und Ausländern mit Hilfe nationalstaatlicher Begründungsmuster zur exkludierten Gruppe im gesellschaftlichen Gefüge gehören.[20]

Forschungsentwicklungen und die Rolle der Pädagogik in diesem Prozeß

Die in Zusammenhang mit Migration in der Bundesrepublik entstandene Forschung ist aus dem Anspruch heraus zu verstehen, zu einer Lösung der durch Migration auf sozialer und politischer Ebene entstehenden neuen Aufgaben beitragen zu wollen. Sie begrenzte ihre Themenstellungen erst einmal auf die Analyse der durch Migration bedingten Veränderungsnotwendigkeiten von Aufgabenstellungen in Politik und den gesellschaftlichen Institutionen. Die zunächst ökonomisch ausgerichtete »Gastarbeiterforschung«[21] wandelte sich dann in den siebziger Jahren zu einer mehr interaktionstheoretisch und kulturanthropologisch argumentierenden »Minderheitenforschung«[22]. Ethnizität wurde dabei zu einem Strukturmerkmal moderner Gesellschaften erhoben,[23] begleitet von der Kritik, es sei die gesellschaftlich-politische Konstruktion solcher ethnischer Minderheiten, die eine Ethnisierung der Gesellschaftsstrukturen überhaupt erst habe aufkommen lassen.[24] Eine rezeptive Wissenschaftsreflexion und -kritik in bezug auf den herausgebildeten Migrationsdiskurs setzte erst in den späten achtziger Jahren ein und entwickelte sich seither zu einem eigenständigen Forschungsgebiet.[25]

Die Frage nach der Rolle der Pädagogik im beobachteten Ethnisierungsprozeß nimmt in diesem Zusammenhang einen breiten Raum ein. Unter dem Stichwort Pädagogisierung wurde Erziehung und Bildung als ein Steuerungsinstrument sozialer Probleme diskutiert, das — orientiert an den Phasen der jeweils aktuellen Migrationspolitik — auf vielfältige Weise zur Verfestigung der ethnisierenden Zuschreibungen beiträgt und dadurch in den Exklu-

---

[20] In der jüngsten Auseinandersetzung um das Staatsbürgerschaftsmodell, vereinfachte Einbürgerung und den automatischen Erhalt auch der deutschen Staatsbürgerschaft bei Geburt unter besonderen Voraussetzungen, ist gegenwärtig eine neue Phase der Diskussion eingeleitet worden, die m. E. an der bisherigen Einstellung nicht grundlegend rüttelt, sondern die Auseinandersetzung um Inklusion lediglich auf eine andere Ebene verlagert.

[21] Berger 1990.

[22] Radtke 1991b.

[23] Bukow u. Llaryora 1988; Dittrich u. Radtke 1990; Bommes u. Scherr 1991; Radtke 1996.

[24] Bukow 1996:137.

[25] Vgl. zu dieser Entwicklung Treibel 1988.

sionsprozeß des eingewanderten Bevölkerungsteils mehrfach verwoben ist.[26] Dieser Prozeß ist überwiegend am Beispiel der *Ausländerpädagogik* in ihrer Entwicklung hin zur *interkulturellen Pädagogik* im Schulbereich beschrieben worden.[27] Aber auch im sozialpädagogischen Bereich und in der Erwachsenenbildung läßt sich dieser Prozeß nachzeichnen.

Sozialpädagogische Konzepte in einem faktischen Einwanderungsland wie dem der Bundesrepublik müßten anders ausgerichtet sein als in einem klassischen Einwanderungsland, da die Einwanderinnen und Einwanderer aus der Perspektive des Immigrationslandes keine Kontinuität erleben konnten, weil ihnen phasenweise jeweils unterschiedliche Rückkehr- und/oder Eingliederungsvorstellungen und -wünsche gespiegelt wurden. Sie waren von daher durch einen Balanceakt geprägt, den wechselnden staatlich gebotenen Vorgaben entsprechen zu sollen und sich dabei gleichzeitig auf etwas gleichbleibend *feststehend Anderes* beziehen zu müssen, das die Exklusion aus den allgemeinen sozialpädagogischen Maßnahmen – über das Sprachproblem hinaus – und eine Sonderbehandlung des eingewanderten Bevölkerungsteils begründete. Als das Feststehende wurde die im Alltagsdiskurs vorhandene ethnische Semantik aufgegriffen und sich an ihr ausgerichtet. Hierbei kam die kulturelle Differenz als angenommene oder tatsächliche Fremdheit in den Blick, die überwiegend im privaten Bereich angesiedelt ist und in den kulturellen Einstellungen und Praxen gefunden werden kann. Somit prägte zum einen das *Anderssein als rechtliche Kategorie*, zum anderen das *Anderssein als das in den Individuen selbst liegende Andere* das Verhältnis zum potentiellen Klientel nachhaltig und beeinflußte die jeweiligen Konzeptentwicklungen.

In diesem Zusammenhang interessieren mich die vorfindlichen Bilder von diesem *Anderen* durch die Zeit und dabei die Frage nach dem Gleichbleibenden in der Perspektive des Blickes auf die jeweiligen Adressatinnen sozialpädagogischer Maßnahmen. Denn es sind diese Bilder eines angenommenen oder tatsächlich auffindbaren Anderssein, auf deren Grundlage ihr Ausschluß letztlich immer wieder rückführbar und ethnisierend begründet wird.

---

[26] Vgl. hierzu Radtke 1991a.
[27] Vgl. hierzu Diehm u. Radtke 1999.

14

Das Geschlecht als basale Kategorie zur Beschreibung ethnischer Differenz

Bislang völlig unbeachtet blieb in der Debatte um die In- bzw. Exklusion des eingewanderten Bevölkerungsteils, daß die Konstruktion des Geschlechterverhältnisses für die Beschreibung des Anders-Seins der Migrantinnen und Migranten in diesem Ethnisierungsprozeß konstitutiv ist. In der vorliegenden Studie belege ich diese von mir in anderem Zusammenhang zuvor schon aufgestellte These[28] erstmals in einem größeren empirischen Rahmen.

Bei der Re-Lektüre der erschienenen Texte und Studien zum Migrationsphänomen war mir aufgefallen, daß für die Beschreibungen des Verhältnisses zwischen Mehrheitsgesellschaft und Migrationsgemeinschaft immer wieder das Geschlechterverhältnis herangezogen wurde, um das Anderssein der Migrantinnen und Migranten im Vergleich zum Eigenen als das Fremde abzubilden.[29] So erhielt seine Symbolik und Interpretation, manifestiert in den Gender-Codes,[30] in den Beschreibungen eine weitaus größere Wichtigkeit als alle anderen sozialen Codes der jeweiligen Herkunftsgesellschaft. Da letztere im Aufnahmeland durch das Sich-Einfügen-müssen der Migrantinnen und Migranten in eine andere soziale, politische und ökonomische Situation nicht mehr so leicht abbildbar und erschließbar sind, glaubte man mit Hilfe der Beschreibung des Geschlechterverhältnisses nach dem Schema der Modernitätsdifferenz eine Assimilation an die Werte des jeweiligen Aufnahmelandes feststellen zu können. Zum anderen konnten durch die Darstellung der Gender-Codes wahrgenommene Unterschiede erklärt und mit dem Anspruch verbunden werden, sich angemessen mit dieser Differenz auseinanderzusetzen.

Diese Vorgehensweise ist erst einmal verständlich, da die Menschen weltweit in allen Gesellschaften in eine rigide Ordnung der Zweigeschlechtlichkeit aufgeteilt werden und das Geschlechterverhältnis im Mittelpunkt der sozialen Interaktionen und Strukturen steht. Da die Beziehungen, die auf je eigene Weise soziale und räumliche Zu- bzw. Einordnungsprinzipien zwischen Frauen und Männern erklären, von den jeweiligen kulturellen Ausgangspunkten her definiert werden, weist die soziale Differenzierung der Geschlechter im interkulturellen Vergleich eine große Vielfalt auf[31] und beruht keinesfalls in

---

[28] Huth-Hildebrandt u. Lutz 1998 und Huth-Hildebrandt 1999a.

[29] Ich beziehe mich hier auf eigene Vorarbeiten, in denen ich die Publikationen zu Migrantinnen untersuche und die darin enthaltenen Denkfiguren und Bilder analysiere. Die Studie erscheint demnächst.

[30] Goffman 1994:105.

[31] Siehe Tyrell 1989; Lenz 1992.

allen Gesellschaften auf den gleichen Ordnungsprinzipien. Somit fällt die Art und Weise, wie die Unterschiede zwischen den Geschlechtern plausibel gemacht werden, auch höchst unterschiedlich aus. Das gilt ebenso für diejenigen Codes und Regelungen, die entwickelt wurden, um die jeweilige Zugehörigkeit überhaupt sichtbar zu machen.[32] In der Annahme, daß jede Gesellschaft ihre eigenen Konzepte davon entwickelt, was als das Wesentliche und Charakteristische den beiden Geschlechtern jeweils zugeschrieben wird,[33] wurde die Kategorie Geschlecht geradezu unverzichtbar zur Beschreibung des Verhältnisses zwischen Mehrheitsgesellschaft und Migrantengemeinschaft und ist schon in den frühen Beschreibungen zu Migration aufzufinden.[34] So vertraten Thomas und Znaniecki[35] in der Diskussion um polnische Einwanderinnen und Einwanderer in die USA schon in den zwanziger Jahren die These, daß Verelendung in der Migrationssituation als eine Folge des traditionellen Geschlechterverhältnisses in besonderem Maße die Frauen träfe. Eine Vorstellung, die sich bis heute durchgängig im überwiegenden Teil der Studien und Texten zu Migrantinnen oder zu Migration — begründet oder angenommen — wiederfinden läßt.

Dieser Bezug auf das Geschlechterverhältnis ist dennoch insofern erstaunlich, da Wissenschaftlerinnen gegen Ende der siebziger Jahre die andauernde De-Thematisierung der Situation von Migrantinnen beklagten,[36] das Verhältnis der Geschlechter zueinander jedoch ohne den Bezug auf beide Geschlechter nicht thematisierbar und beschreibbar ist. Es existiert die paradoxe Situation, daß man Verschiedenheit von Migrantinnen und Migranten im Verhältnis zu Angehörigen der Aufnahmegesellschaft immer wieder beispielhaft am Geschlechterverhältnis festgemacht hat, dieses in seinen Entwicklungen und Veränderungen jedoch nicht untersucht wurde, sondern in den Darstellungen bis in die heutige Zeit überwiegend mit dem Alltagsdiskurs entnommenen subjektiven Setzungen operiert wird.[37]

---

[32] Pasero 1994.

[33] Goffman 1994:109.

[34] Regina Becker-Schmidt spricht angesichts einer vorhandenen ethnographischen Vielfalt von einer Pluralität von Geschlechterverhältnissen. Becker-Schmidt 2000:39/40 u. 153/154.

[35] Thomas u. Znaniecki 1972.

[36] Vgl. Guyot u. a. 1978; Rosen 1980b und Bertaux-Wiame 1981. Erst seit dieser Zeit wurde vereinzelt begonnen, über die Migrationssituation von Frauen zu forschen. Bis zum Jahr 1977 erschienen lediglich die Studien von Morokvašić und Labonte: Morokvašić 1974; Labonte 1975; Morokvašić 1975 und Morokvašić 1976. Einen historischen Rückblick über die Nichtbeachtung von Frauen in der Migrationsgeschichte gibt Hahn 2000.

[37] So beklagt Leonie Herwartz-Emden noch im Jahr 2000 anläßlich einer von ihr herausgegebenen Studie über Einwandererfamilien, daß bisher Untersuchungen

Die Stilisierung der Frau zum Symbol von Fremdheit im Migrationsdiskurs

In den Beschreibungen zur Migrationsentwicklung wurde erst in jüngerer Zeit nach Geschlecht differenziert[38] und Frauenmigration selbst erst seit Mitte der siebziger Jahre thematisiert.[39] Dabei wurden Migrantinnen in den Beschreibungen als eine eigene Personengruppe sehr separiert in den Blick genommen. Das Augenmerk richtete sich zwar immer wieder auch auf das andere Geschlecht und das Verhältnis der beiden zueinander, doch dies geschah überwiegend auf der Basis ungeprüfter Vorannahmen, die in der Folge lediglich in ihren Auswirkungen auf Frauen beschrieben wurden. Auffallend ist dabei, wie unkontrovers die Migrationssituation von Frauen dargestellt, und wie einheitlich das Bild von ihnen gezeichnet worden ist. Im *mainstream* der erschienenen Literatur über Migrantinnen herrscht noch heute das in den Anfängen gezeichnete starre Bild vor, auf dessen Grundlage Frauen per se als die Opfer der Migrationsentscheidung angesehen werden.

Obwohl diese spezifische Sichtweise seit den achtziger Jahren kritisch hinterfragt wurde[40], zeigt der Überblick über die vorhandene Literatur,[41] daß diese Kritiken bisher kaum wahrgenommen und aufgegriffen wurden. Die Auseinandersetzung mit der Lebenssituation von Migrantinnen existiert nach wie vor als ein in sich geschlossener Bereich, in dem Frauenmigration in ihren Auswirkungen ohne übergreifende Bezugspunkte als isoliertes Phänomen gesehen und beschrieben wird. Hinzu kommt, daß der überwiegende Teil der Literatur weder in den Kontext der bundesrepublikanischen Migrationsforschung eingebunden ist, noch in den der Frauenforschung und schon gar

---

völlig fehlen, *»die gezielt die Kategorie ›Geschlecht‹ im Kontext von Migration a-nalysieren und z. B. den Zusammenhang von ›Geschlechterverhältnissen‹ und den Sozialisationsleistungen und Elternschaftskonzepten von eingewanderten Familien prüfen«.* Herwartz-Emden 2000:11.

[38] Eine der wenigen Ausnahmen sind die Studien von Nauck, der explizit die Geschlechterdifferenz als eine Perspektive in seine Forschungen einbezieht.

[39] Auch im internationalen Kontext hat sich die Forschungslage in den letzten zwanzig Jahren zwar geändert, dennoch spielt die Migrantin auch in diesem Zusammenhang noch immer eine marginale Rolle (Vgl. hierzu Gabaccia 1991).

[40] Apostolidou 1981; Çamlikbeli 1984; Hebenstreit 1984b; Tesfa 1984; Kalpaka u. Räthzel 1985; Hebenstreit 1986; Gültekin 1986; Lutz 1986; Hebenstreit 1988; Lenz 1988; Schultz 1988; Lutz 1989a+b; Broyles-González 1990; Baringhorst 1993; FeMigra 1994 und Gümen 1996.

[41] Ich beziehe mich in meinen Ausführungen auf die bisher umfassendste Bibliographie über Migrantinnen in der Bundesrepublik von Schulz (Schulz 1992b:124ff), die den Zeitraum seit Beginn der Neuen Migrationsbewegung bis zum Jahr 1990 umfaßt. Sie wurde von mir im Rahmen dieser Arbeit ergänzt, systematisiert und aktualisiert und erscheint demnächst.

nicht in den der internationalen Debatte um Migration im allgemeinen und der Frauenmigration im besonderen. Um diese Konstruktion einer *Besonderlichung*[42] des eingewanderten weiblichen Bevölkerungsteils hat sich im Laufe der Jahrzehnte ein dominanter Diskurs über Migrantinnen entwickelt. In der Kollektivierung des Bildes einer imaginären Migrantin hat sich das Stereotyp dabei zu einem Topos verdichtet. Gegenwärtig hat es sogar den Anschein, als sei dieses nicht nur unverändert bestehen geblieben,[43] sondern als würde wieder verstärkt auf dieses Bild zugegriffen.

Durch die erneute Diskussion um Integration, Staatsbürgerschaftsrecht und Einbürgerung[44] sowie um die Auflösung der separaten Beratungs- und Bildungsbereiche für Zugewanderte und ihre Integration in die Regeleinrichtungen der sozialen Institutionen erhält die Beschäftigung mit den Konsequenzen von Einwanderung neue Aktualität. Dabei fällt auf, daß in den Argumentationen weiterhin auf die *Kulturdifferenzthese* zurückgegriffen wird und in der Auseinandersetzung wiederum die vorgängigen Denkfiguren und Bilder zu finden sind.[45] Das *Bild der imaginären Migrantin* wurde und wird dabei nicht nur genutzt, um Einwanderinnen im Vergleich zu Frauen aus der Mehrheitsgesellschaft als die Anderen auszuweisen. Es dient auch als eine *Folie*, um das im *Verhältnis zum eigenen [angenomme] andere Geschlechterverhältnis des eingewanderten Bevölkerungsteils als ›das Andere‹* abzubilden und die so vorgenommene Ethnisierung sichtbar zu machen.[46]

---

[42] Gümen 1998.

[43] Das trifft besonders auf die Bereiche zu, die von diesen Bildern profitieren konnten. Es wären vermutlich ganze Bereiche in der Frauen-Bildungs- und Beratungsarbeit in den achtziger Jahren nicht entstanden bzw. inhaltlich ganz anders ausgerichtet worden, wenn nicht zuvor das Bild der potentiellen Klientel in der hier nachgezeichneten Weise konstruiert worden wäre.

[44] Hier wäre interessant, die Integrationsdebatte Ende der siebziger Jahre und die jetzige einem kritischen Vergleich zu unterziehen, nicht nur in Bezug auf die Ziele, sondern besonders auch auf die in den Debatten jeweils anvisierten Konzepte und Einschätzungen einer möglichen Umsetzung.

[45] DGB-Bildungswerk 1988; Papakyriakou 1990; Warzecha 1993; Stienen 1994; Dietrich 1996; Ott 1999.

[46] Es sind auch neuere Studien entstanden, in denen nicht mehr ausschließlich das Bild der Migrantin als eine solche Folie genutzt wird, sondern nun die Geschlechterbeziehungsstrukturen zur Grundlage für die Beschreibungen *des Anderen* dienen. Vgl. z. B. Atabay 1998.

18

Kontextualisierungen

Die Entstehung der Bilder von *den Anderen* mit ihren Gefahren einer Stereo-
typisierung ist bis weit in die Geschichte der Wissenschaften zurück immer
ein Thema gewesen.[47] In verschiedenen Disziplinen wurde die Auseinandersetzung um die Schwierigkeit, wenn nicht gar Unmöglichkeit geführt,[48] sich
ein Bild vom einzelnen Anderen machen zu können[49] und darüber, ob über
das Bild vom Einzelnen hinaus beschreibbar authentische Bilder einer Gruppe überhaupt zu erhalten sind.[50] Auf dem Hintergrund dieser Debatten interessiert mich der Konstruktionsprozeß durch die Zeit, der zu dem Bild dieser
imaginären Migrantin geführt hat, welches bis heute als Grundlage in der
Auseinandersetzung um die Migrationssituation von Frauen dient.

Mittlerweile ist auch den Kritiken zu den Darstellungen des Bildes von der
Migrantin im Ethnizitätsdiskurs ein Platz zugewiesen worden,[51] und die stereotype Sichtweise auf Migrantinnen wird vermehrt als ein Beispiel für die
vorherrschende Ethnisierungspraxis genutzt.[52] Allerdings wurde bisher weder
den möglichen Gründen dieser Zählebigkeit des dargestellten Bildes nachgegangen,[53] noch sein zentraler Stellenwert im Ethnisierungsprozeß herausgearbeitet. Eine mögliche Erklärung ergibt sich aus der noch ausstehenden
Bilanzierung von Entwicklungen in der Migrantinnenforschung, so wie sie
für die allgemeine Migrationsforschung gegen Ende der achtziger Jahre gezogen wurde[54]. Ein solches Stadium der Selbstreflexivität, in dem For-
schungspositionen rekonstruiert, aber auch neu bestimmt werden, fehlt bisher.
Erst gegenwärtig sind erste Ansätze auffindbar.[55] Hier setzt meine Beschäftigung mit der Frage an, welcher Platz dem Frauenbild im Migrationsdiskurs
durch die Zeit insgesamt zugewiesen wird. Meine Ausgangsthese ist, daß es

---

[47] Martin 1994:36 u. 43.

[48] Vgl. hierzu die Studien von Waldenfels 1990 und Waldenfels 1997.

[49] In seiner Untersuchung über das Imaginäre hat Jean-Paul Sartre aufgezeigt, daß wir
im Grunde »*zu einer derart lebendigen Vorstellung gar nicht fähig sind*«, selbst
wenn es sich bei der Zeichnung des Bildes um eine enge Bekannte, eine Freundin
oder einen Freund handelt, Sartre 1971. Insgesamt zeigt die philosophische Diskussion über den/die *Anderen* überwiegend eine zahlenmäßige Beschränkung; meist
gilt die Betrachtung dem Anderen im Singular. Vgl. hierzu Theunissen 1977 und
Dallery u. Scott 1989.

[50] Bisher hat die Debatte der selbstreflexiven Ethnologie und die feministische Debatte zu Fremdheit und ihrer Beschreibung kaum Eingang gefunden in die Auseinandersetzung um Migrantinnen. Vgl. hierzu Rohr 1993 und Rohr 1995.

[51] Radtke 1996:338.

[52] Radtke 1996; Kiesel 1996.

[53] Ansätze hierzu finden sich bei Jäger 1992; Lutz 1994; Jäger 1996.

[54] Treibel 1988; Radtke 1991a; Czock 1993.

[55] Vgl. Gümen 1998; Huth-Hildebrandt u. Lutz 1998; Huth-Hildebrandt 1999c.

sich schon seit Beginn der neuen Migrationsbewegung zu einem Schlüssel-
bild im Ethnisierungsprozeß entwickelt hat.

In der vorliegenden historisch-rekonstruktiv angelegten Studie belege ich
meine Hypothese erstmals empirisch, daß nämlich das Geschlechterverhältnis, dargestellt an Beschreibungen der Stellung der Frau in demselben und
den hierzu gezeichneten Bildern von den Frauen, zu einer gesellschaftlichen
Ethnisierung der Migrantinnen und Migranten genutzt wurde und noch immer genutzt wird, um das bestehende hierarchische Verhältnis von Mehrheitsgesellschaft zu den Minderheiten erklären und festschreiben zu können.

Um diesen Prozeß abzubilden und empirisch nachvollziehbar zu machen,
rekonstruiere ich die Diskussion über Migrantinnen, indem ich Frauenmigration in ihrem chronologischen Zusammenhang beschreibe und ihre Entwicklung in den allgemeinen migrationspolitischen Kontext stelle. So werden die
vorhandenen Texte zu Frauenmigration nicht wie bisher als ein in sich ge-
schlossenes Ganzes, sich lediglich aufeinander Beziehendes betrachtet, sondern neu zugeordnet. Indem ich die Schwerpunktsetzungen der allgemeinen
Migrationsforschung mit den Thematisierungen in der Literatur über Migrantinnen[56] in Beziehung setze, kann ich auf dieser Folie prüfen, welche inhaltlichen Verschiebungen sich in Bezug auf die Frauenthemen ergeben. Mit Hilfe
dieser Verknüpfungen wird zum einen deutlich, daß die vorliegenden migrationspolitischen Phasenbeschreibungen — ohne daß es explizit geschehen
wäre — anhand der *Männermigration* gewonnen wurden, und sich für die
Gruppe der Frauen zum Teil andere Entwicklungslinien ergeben. Zum anderen entsteht eine empirische Grundlage, aus der ersichtlich wird, wie und wo
sich in den verschiedenen Migrationsphasen ein spezifischer Diskurs über
Migrantinnen herausgebildet hat. Rückblickend kann ich so diejenigen Orte
auffinden und genauer bestimmen, an denen erste Linien des stereotypen
Bildes von *der Migrantin* schon zu dem Zeitpunkt gezeichnet wurden, als
Migration noch männlich beziehungsweise geschlechtsneutral beschrieben
wurde.[57]

---

[56] Ich spreche von Literatur über Migrantinnen und nicht von Forschungen, da ein
Großteil der vorliegenden Texte nicht als solche eingestuft werden kann; ihre Einbeziehung ist dennoch notwendig, um das entstandene Bild differenziert nachzeichnen zu können.

[57] Radtke 1996:338.

Ein großer Teil der vorhandenen Texte ist handlungsbezogen und dem Bereich der Sozialpädagogik und der Erwachsenenbildung zuzuordnen. Sozialpädagogische Konzepte und Erwachsenenbildungsmaßnahmen werden jedoch nicht ohne ein vorhandenes Bild von den Adressatinnen entworfen. Daher ist der Beratungs- und Bildungsbereich für Migrantinnen auf die jeweiligen Bilder in der Gesellschaft angewiesen und entnimmt sie von dort. Eine bestimmte Vor-Einstellung ist somit Grundlage eines jeglichen Konzeptentwurfes und an ihm nachweisbar. Indem ich die Schwerpunktsetzungen in den Konzepten zur Bildungs- und Beratungsarbeit mit Migrantinnen auf der Folie der allgemeinen Diskussion um Migration in den verschiedenen Zeitphasen abbilde, gliedere ich diese Texte trotz ihrer Handlungsbezogenheit oder ihrer zum Teil subjektiv beschreibenden Form in den beschriebenen Gesamtzusammenhang ein, und kann so herausarbeiten, wie sie als in diesen Zusammenhängen stehendes und somit als mitgestaltendes Element von sozialer Wirklichkeit angesehen werden können. In der Re-Konstruktion suche ich dabei nach der Perspektive, die für die jeweiligen Beschreibungen gewählt wurde, um das Bild von der Migrantin zu produzieren. Dabei geht es mir nicht darum, ob mit/in den jeweiligen Texten Wirklichkeit überhaupt erfaßt wird. Es geht mir auch nicht darum, Brüche, Ambivalenzen und Prozesse in einem hochgradig komplexen Migrationsalltag aus den Texten und Studien herauszufiltern, die vielleicht andere Bilder als die vorgängigen Stereotype hätten freilegen könnten. Mir geht es um eine Visualisierung von Themen und Themenfeldern, sowie um deren Dynamik in bezug auf den Ethnisierungsprozeß in dieser Gesellschaft. Ich will aufzeigen, aus welchen – zum Teil sehr fragwürdigen – Facetten sich das Bild von der Migrantin durch die Zeit aus den verschiedenen Diskurssträngen zusammensetzt und sich zu einem hegemonialen Strang verdichtet hat, der anderen Bildern eben gerade keinen Platz einräumt, und für den das Bild von der Migrantin als eine (mittlerweile) institutionalisierte Redeweise steht.

Sortierungen

Phasen der Auseinandersetzung mit Migration und Einwanderung

Nach mehreren Jahrzehnten erneuter Migration in die Bundesrepublik können die migrationspolitischen Konzepte und ihre Auswirkungen auf diese Bewegungen als eine Entwicklung gesehen werden, die verschiedene Phasen aufweist: Die seit Mitte der fünfziger Jahre beginnende neue Einwanderung spielte im *Alltagsdiskurs* erst einmal keine besondere Rolle. Öffentlich thematisiert wurde sie erst in den siebziger Jahren.[1] Bis zu dieser Zeit wurde Arbeitsmigration als eine Möglichkeit zur Regelung des Arbeitskräftebedarfs angesehen und die Auseinandersetzung darüber dem ökonomischen Bereich zugewiesen. Primär ging es darum, mögliche Störungen im Arbeitsprozeß schon im Vorfeld erkennen und ausschließen zu können. Diese Sichtweise hatte zur Folge, daß der Lebensalltag der Einwandererminorität nur partiell wahrgenommen wurde[2]. Eine Diskussion über die *Lebensbedingungen* von Migrantinnen und Migranten – als von der deutschen Mehrheitsbevölkerung deutlich zu unterscheidende – begann zuerst in den Wohlfahrtsverbänden und kirchlichen Institutionen, sowie in den vorschulischen Einrichtungen und im Schulbereich. Allenfalls im Vorfeld von Wahlen wurde eine Auseinandersetzung hierüber direkt politisch geführt, regelmäßig jedoch mit negativen Vorzeichen. Ab den achtziger Jahren entstand dann eine gezielte *Minoritätenpolitik*, begleitet von einer spezifischen Ausländerpädagogik und -sozialarbeit, die in der Folgezeit durch politische Institutionen wie Ausländerbeauftragte und Ausländerbeiräte ergänzt wurde[3]. Gegenwärtig bewegt sich die Debatte im Spannungsfeld des Wunsches nach Auflösung der jahrzehntelangen Separierung des eingewanderten Bevölkerungsteils und der Vorstellung, eine solche angesichts bestehender ökonomischer Probleme und sozialer Spannungen auf allen Ebenen eher noch verschärfen zu wollen.

---

[1] Bukow 1996:153.

[2] Aus dieser Zeit sind mehr Informationen über Anpassungsprobleme im Arbeitsprozeß aufzufinden, als über diejenigen außerhalb der betrieblichen Strukturen. Nur vereinzelt wurden die Lebensbedingungen thematisiert, wie z. B. bei Hessisches Institut für Betriebswirtschaft 1961; Kurz 1965; Delgado 1966; Dittrich 1975; Eisenstadt u. Kaltefleiter 1975; Gerstacker 1980 und Müller 1983. Es scheint, als finde eine Aufarbeitung dieser Zeitspanne nur spärlich und erst gegenwärtig statt. Vgl. hierzu z. B. Oswald u. Schmidt 1999. In Erzählungen und Romanen hingegen ist dieses Thema immer wieder aufzufinden, so z. B. bei Füruzan 1985; Spix 1975; Kamenko 1978; Hölzl u. Torossi 1985 und Özdamar 1998.

[3] Bukow 1996:154/55.

Die Entwicklung des *Diskurses über Migration* wurde vielfach anhand eines von Treibel[4] entwickelten Phasenschemas rekonstruiert, das sich eng an den Konjunkturen des politischen Umgangs mit dem Migrationsphänomen orientiert hat. Treibel unterschied zwischen *Phasen der politischen Konjunktur* und *Phasen der wissenschaftlichen Entwicklung* und wies auf die Abhängigkeiten der Theoriebildungsprozesse von den realen politischen Entwicklungen hin. Da Vergleichbares für die Migrantinnenforschung nicht existiert, orientiere ich mich zunächst an dieser Form der Phaseneinteilung.

Im Rückblick läßt sich die Entwicklung der *Migrationspolitik* in folgende Zeitabschnitte unterteilen:

1955-1973	Anwerbung, Rotation
1973-1979	Konsolidierung
1979/1980	Integration
ab 1981	hinzukommende Begrenzung bei gleichzeitig weiter bestehender Integration.[5]

Auf diese Einteilung aus den achtziger Jahren wird auch in neueren Publikationen[6] immer wieder zurückgegriffen, so daß weitere Entwicklungen in die Analysen lange Zeit nicht einbezogen wurden. Erst in jüngster Zeit ergänzten Meier-Braun[7] sowie Münz, Seifert und Ulrich[8] diese Phasierung. Für sie sind die Jahre 1988 bis 1991 durch erneute Zuwanderung von Aussiedlern, Asylbewerbern und Kriegsflüchtlingen, aber auch durch neue Arbeitsmigration gekennzeichnet. Darüber hinaus sehen sie diesen Zeitabschnitt als eine »zweite Hochphase der Wanderungen zwischen Ost- und Westdeutschland«[9] an. Seit dem Jahr 1992 sprechen Münz, Seifert und Ulrich von einer zweiten Phase der Begrenzungspolitik, da sich besonders die Zuwanderung der Aussiedler- und Asylbewerbergruppierungen durch die Einführung neuer Regelungen reduziert habe. Unter Einbeziehung dieser aktuellen Entwicklungen übernehme ich die vorliegende Phaseneinteilung und nutze sie als ein Ordnungssystem, um den Zusammenhang zwischen der Entwicklung politischer Prioritäten und der Auseinandersetzung mit Frauenmigration herauszuarbeiten.

---

[4] Treibel 1988.
[5] Treibel bezieht sich in ihrer Darstellung auf Korte 1983; Mehrländer 1984; Meier-Braun 1984 und Richter 1984.
[6] Vgl. z. B. Czock 1993.
[7] Meier-Braun 1995.
[8] Münz u. a. 1997.
[9] Münz u. a. 1997:168.

Zwei Momente kennzeichnen die westdeutsche *Migrationsforschung*. Zum einen hat sie mit erheblicher zeitlicher Verzögerung auf die Folgen der Anwerbung ausländischer Arbeitnehmerinnen und Arbeitnehmer und deren stetig wachsende Zahl reagiert.[10] Zum anderen orientierte sie sich in der Auswahl der Forschungsthemen eng an den vorherrschenden Konjunkturen und Schwerpunktsetzungen der staatlichen Migrationspolitik. Damit übernahm auch der Wissenschaftsbereich die zunächst für den politischen und den Alltagsdiskurs typische Wahrnehmung des eingewanderten Bevölkerungsteils als ein soziales und politisches Problem, einschließlich des Anspruchs, Problemlösungsstrategien erarbeiten und Konzepte entwickeln zu wollen, um mit den Folgen der Migration in die Bundesrepublik adäquat umgehen zu können.

Treibels Periodisierung der Migrationsforschung basiert auf einer Auszählung der einschlägigen Publikationen, wobei sie sich auf eine Rekonstruktion der Trends in den Sozialwissenschaften beschränkt hat. Sie beschreibt bis zum Jahr *1969* eine *Vorlaufphase*[11] in der Auseinandersetzung mit Migration. Nach Auernheimer war in dieser Phase ein theoretischer Rahmen zur Analyse des »*Gastarbeiterproblems*« noch nicht einmal in Ansätzen vorhanden.[12] In dieser Vorlaufphase, aber auch noch in der *Frühphase*[13], die Treibel von *1970 bis 1973* datiert, lag der Schwerpunkt in den Forschungsarbeiten überwiegend auf sozialpsychologischen Aspekten. Diese Dominanz wurde erst gegen Ende der Phase durch politökonomisch orientierte Arbeiten abgelöst, was allerdings nur für den damals noch relativ kleinen Bereich der theoretisch orientierten Untersuchungen zutrifft.[14]

1974 bis 1983 sind für Treibel die *Hauptphasen* der Migrationsforschung, wobei Auernheimer bereits ab 1974 von einer Institutionalisierung derselben spricht.[15] Die Konsolidierung des Forschungsbereiches erfolgte vor allem

---

[10] Treibel 1988:45.

[11] Zu den sozialwissenschaftlichen Arbeiten in dieser Phase zählt Treibel die Texte von Holzinger 1951; Beckert 1957; Kurz 1965; Delgado 1966; Heinerth 1968; Scholten 1968 und Papalekas 1969. Sie bezieht sich dabei auf eine beim Institut für Arbeitsmarkt- und Berufsforschung der Bundesanstalt für Arbeit im Jahr 1986 durchgeführte Literaturrecherche.

[12] Auernheimer 1984:58/9.

[13] Hierzu zählt Treibel Bingemer u. a. 1970; Cinanni 1970; Hoffmann-Nowotny 1970; Schönbach 1970; Glatzer 1971; Taliani 1971; Albrecht 1972; Delgado 1972; Geiselberger 1972; Neubeck-Fischer 1972; Borelli u. a. 1973; Borris u. a. 1973; Hoffmann-Nowotny 1973; Malhotra 1973 und Nikolinakos 1973.

[14] Treibel 1988:31.

[15] Auernheimer 1984:60.

über Auftragsarbeiten[16] und beeinflußte die thematischen Schwerpunktsetzungen wesentlich. Für eine Zeitspanne in dieser Hauptphase hat Rilling[17] die Themenbereiche der Forschungen zusammengestellt und gewichtet:

Problembereich in den Jahren 1976 - 1979	Anzahl abs.	%
Schule	66	19,6
Arbeitsmarkt / Wirtschaft	64	19,0
Soziokulturelle Integration	47	13,9
Berufsausbildung / Weiterbildung	36	10,7
Sozialisation / Familie	22	6,5
Sozialarbeit / Beratung / Therapie	19	5,6
Wohnen / Wohnungspolitik	17	5,0
Arbeitsbedingungen	14	4,1
Gesundheit	10	3,0
Ausländerrecht / Partizipation	10	3,0
Psycho-soziale Probleme	9	2,7
Delinquenz	8	2,4
Medien	4	1,2
Kommunal- / Landespolitik	3	0,9
Ausländerstudium	3	0,9
Sonstige Forschungsprojekte	5	1,5
	337	100

Tabelle 1: *Schwerpunktsetzungen in den Forschungen*

Diese Prioritätensetzungen treffen m. E. auf die gesamte Hauptphase zu. In diesem Zeitrahmen wuchs die Auseinandersetzung über die Schulsituation der ausländischen Kinder und damit die Erforschung der Lebenssituation der zweiten Generation der Migrantinnen und Migranten in den siebziger Jahren zu einem ähnlich umfangreichen Schwerpunkt heran, wie der Themenbereich Arbeitsmarkt / Wirtschaft. Nach Treibel kamen im Zeitraum 1975 bis 1981 noch Forschungen zu den ökonomischen Ursachen von Migration sowie zu

---

[16] Vgl. Wilpert 1984:309 und Berger 1990.
[17] Rilling 1982:4, Tab. 1.

Re-Migrationsproblemen hinzu.[18] Diese Betrachtung der Lebenssituation von den Migrantenkindern hatte zur Folge, daß die Migrantenfamilien insgesamt in den Blick genommen wurden. Von diesem Zeitpunkt an wurde auch die Situation von Migrantinnen in den Forschungen aufgegriffen, wobei der Schwerpunkt der Untersuchungen vor allem auf deren Rolle als Mütter gelegt wurde.

In den Jahren 1979 bis 1983 expandierten die Integrationskonzepte unter dem Motto *Integration oder Rückkehr*,[19] und die Forschungen gegen Ende der siebziger Jahre standen überwiegend in Zusammenhang mit der Ausarbeitung von Konzepten zur Vermeidung gesellschaftlicher und individueller Konflikte. Zu diesem Zeitpunkt wurde bereits von einer Minderheit der Migrationsforscherinnen und Migrationsforscher unter dem Schlagwort der *Germanisierung* erste Kritik an diesen Integrationskonzepten formuliert.[20] In Anlehnung an die Anerkennungs- und Gerechtigkeitsdebatte setzte zu Beginn der achtziger Jahre auch in der Bundesrepublik eine Auseinandersetzung um Ethnozentrismus und Rassismus ein, und die öffentliche Debatte über das Konzept einer multikulturellen Gesellschaft begann gegen Mitte der achtziger Jahre. Es entstanden Untersuchungen zu Migrantensubkulturen und Gemeinschaftsbildungen, sowie zur ethnischen Identität von Migrantinnen und Migranten. Seit Anfang der neunziger Jahre nahm die *Auseinandersetzung mit dem Fremden*, mit Fremd- und Eigenkultur und dem Umgang mit diesen Zuordnungen dann einen breiten Raum ein.

Die Jahre *ab 1984* bezeichnet Treibel als den Beginn einer *Bilanzphase* in der Forschung.[21] Während der Forschungsbereich noch expandierte, erschienen parallel erste kritische Beiträge, die das Mißverhältnis von quantitativem zu qualitativem Wachstum des Forschungsgebietes bemängelten und verschärft den Vorwurf einer Theorie- und Konzeptionslosigkeit erhoben. Hinzu kam, daß sich die rezeptive Wissenschaftsreflexion und -kritik mit wachsendem Umfang des Forschungsbereiches zu einem eigenständigen Forschungsgebiet entwickelt hatte, mit der Konsequenz eines Rückzuges auf sich selbst, so daß sich die empirische Basis als eine notwendige Grundlage der Reflexionsprozesse kaum mehr vergrößerte und aktualisierte.[22]

---

[18] Treibel 1988:38.

[19] Wilpert 1984:316-321.

[20] Treibel 1988:41.

[21] Veränderungen in den neunziger Jahren sind in den allgemeinen Überblicken zur Migrationsforschung bislang kaum berücksichtigt, stattdessen wird weiterhin mit dem von Treibel erstellten Phasenschema des Verhältnisses von Forschung und Ausländerpolitik aus den achtziger Jahren gearbeitet.

[22] Treibel 1988:43/4.

Phasen der Thematisierung von Frauenmigration

Um einen Überblick zu geben, ab wann Frauenthemen in die Diskussion um Migration einbezogen wurden, beziehe ich mich auf die gegenwärtig umfassendste Bibliographie über Frauenmigration in die Bundesrepublik von Schulz.[23] Im Vergleich zu Treibel, die lediglich Forschungen im sozialwissenschaftlichen Bereich analysiert hat, hat Schulz alle Texte aufgeführt, die sie zu Frauenmigration und über Migrantinnen aufgefunden hat.[24] Hierdurch ist die Auseinandersetzung mit Frauenmigration in einem weitaus breiteren Rahmen dokumentiert, als diejenige über Migration. Ein großer Teil der vom Schulz erfaßten Titel war zuvor von den gängigen Bibliographien zu Migration nicht berücksichtigt worden und steht durch diese Recherche erstmals aufbereitet zur Verfügung.

Auch mit Hilfe dieses umfangreichen Materials von Schulz blieb es für mich schwierig, Wissenswertes über die beginnende Frauenmigration herauszufiltern, da Migrantinnen in frühen Texten zu Migration nicht auftauchen. Ab dem Jahre 1961 sind zwar einige erste Publikationen erschienen; die Hauptphase einer Auseinandersetzung mit Frauenmigration setzte jedoch zu einem weitaus späteren Zeitpunkt ein. In den Anfängen der Migrationsdebatte wurde kaum nach Geschlecht differenziert, und es existieren nur wenige Texte, die sich explizit auf Frauen beziehen und auch als solche ausgewiesen sind. Schulz beschreibt ihre Schwierigkeiten bei der Recherche für die frühen Phase damit, daß in dieser Zeit *»die Ausländerin [...] in der Regel ein Ausländer«*[25] gewesen sei. Sie zeigt auf, wie sie sich bei ihrer Suche nach den Frauen von Begriff zu Begriff leiten lassen mußte: vom Saisonarbeiter der fünfziger Jahre zum Gastarbeiter der sechziger Jahre, von dort zum ausländischen Arbeitnehmer und schließlich zum Arbeitsmigranten. Auffallend ist, daß auch die wenigen Texte über Frauen zum Teil im Titel die männliche Form führen:

- Die Betreuung der Säuglinge und Kleinkinder von Gastarbeitern;[26]
- Zur Problematik der Ausländerentbindung;[27]
- Gynäkologische und pädiatrische Probleme der Versorgung ausländischer Arbeitnehmer;[28]

---

[23] Schulz 1992b:124ff. Sie umfaßt die Jahre 1961 bis 1990, sowie Titel aus der ersten Hälfte des Jahres 1991. Der zeitliche Beginn mit dem Jahr 1961 ist darauf zurückzuführen, daß Schulz zuvor keine Titel aufgefunden hat.

[24] Im Einleitungstext beschreibt Schulz ausführlich ihren umfangreichen Rechercheweg.

[25] Schulz 1992b:139.

[26] Hartung 1963.

[27] Wittlinger u. a. 1971.

[28] Hohlweg-Majert 1973, zit. nach Schulz 1992b:143.

Die Frage, ob auch Migrantinnen Gegenstand eines Textes sind, läßt sich also keineswegs allein anhand des Titels erkennen. So beziehen sich – um ein Beispiel zu nennen – von den 1.089 von Schulz in der Internationalen Bibliographie der Zeitschriftenliteratur ab 1950 bis 1990 zu Migrationsfragen ermittelten Titel lediglich 24 Texte schon im Titel explizit auf Frauen.[29] Diese Erfahrung ist kein Einzelbeispiel, sondern trifft auf den Großteil der von ihr untersuchten Bibliographien zum Thema Migration zu. Viele Titel wurden daher am Text überprüft, da sich *summaries*, wenn sie überhaupt vorhanden waren, oft ebenfalls als unzureichend für die Recherche über Migrantinnen erwiesen.[30] Schulz sieht ihre umfangreiche Auswertung von Bibliographien und Fachzeitschriften auch noch immer als unvollständig an. Sie geht davon aus, daß ihr aufgrund der jeweils gewählten Formulierungen für die Titelgebung einzelne Texte entgangen sind, während andere aufgrund der von ihr gewählten Ordnungskriterien herausgefallen seien, obwohl sie vom Textinhalt hinzugehört haben könnten.[31] Dennoch gibt diese Zusammenstellung den bisher umfassendsten Einblick in die Beschäftigung mit dem Thema Frauenmigration, so daß die aufgeführten Titel als ein Text gelesen werden können, der erstmals auch die Orte der Thematisierungen aufzeigt und so den Weg der Rede über die Migrantin durch die Zeit weist.

Durch einen Vergleich der Migrationsforschungsphasen und derjenigen einer Thematisierung von Frauenmigration wird ersichtlich, daß letztere erst ab Mitte der siebziger Jahre begann, zu einer Zeit also, als sich die Migrationsforschung bereits in ihrer Hauptphase befunden hat:

---

[29] Schulz 1992b:139.
[30] Vgl. z. B. die Texte von Risso u. Böker 1964; Delgado 1966; Andriopoulos 1973 oder Katsarakis 1974, die nicht in der Bibliographie von Schulz genannt werden, jedoch eindeutig wichtige Markierungspunkte in der Diskussion um die Migrantinnen bilden.
[31] Schulz 1992b:145.

Phasen nach Treibel	Jahr	Anzahl der erschienenen Titel nach IAB[32]	Anzahl der erschienenen Titel nach Schulz
Vorlaufphase	1956	1	-
"	1957	-	-
"	1958	-	-
"	1959	-	-
"	1960	-	-
"	1961	-	1
"	1962	-	3
"	1963	-	2
"	1964	1	1
"	1965	3	2
"	1966	2	2
"	1967	-	2
"	1968	2	3
"	1969	5	3
Frühphase	1970	11	1
"	1971	18	2
"	1972	23	3
"	1973	26	4
Hauptphase	1974	50	6
"	1975	24	11
"	1976	30	11
"	1977	33	20
"	1978	26	14
"	1979	32	34
"	1980	46	64
"	1981	26	51
"	1982	33	57
"	1983	21	54
Bilanzphase	1984	7	63
"	1985	2	54
"	1986	1	69
	1987	nicht erfaßt	48
	1988	"	41
	1989	"	43
	1990	"	31

Tabelle 2:   *Anzahl der erschienenen Texte zu Frauenmigration bei Schulz und der erschienenen Titel zur allgemeinen Migrationsforschung im Phasenmodell von Treibel.*

---

[32] Literaturdokumentation des Instituts für Arbeitsmarkt- und Berufsforschung der Bundesanstalt für Arbeit, die Publikationen und Forschungsarbeiten zum Thema *»Ausländische Arbeitnehmer in der Bundesrepublik«* umfaßt, siehe Treibel 1988:27.

Bei dieser Betrachtung darf die anfänglich genannte unterschiedliche Gewichtung der Zusammenstellungen nicht außer acht gelassen werden, da die Tabelle des Instituts für Arbeitsmarkt und Berufsforschung, auf die sich Treibel bezogen hat, lediglich wissenschaftliche Publikationen und Forschungsarbeiten einbezogen und Schulz die Publikationen über Migrantinnen weitaus umfangreicher erfaßt hat. Des weiteren ist zu vermerken, daß ein Großteil der Titel bei Schulz, die zeitlich in den von Treibel als Vorlauf- und Frühphase gekennzeichneten Zeitabschnitt fallen, dem medizinischen, speziell dem gynäkologischen Bereich zuzuordnen sind, und es strittig sein kann, ob diese Texte dann überhaupt im Bereich einer Auseinandersetzung um Migration anzusiedeln sind. Um eine zeitliche Kurve der jeweiligen Zuwendung zum Thema zeichnen zu können, ist der Vergleich dennoch aufschlußreich:

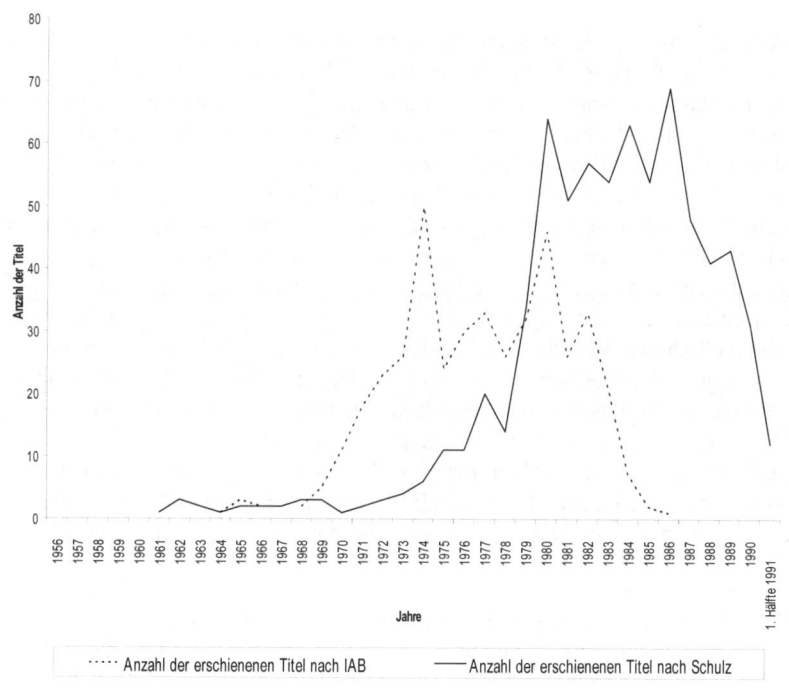

Abbildung 1:   *Thematisierungen im Zeitverlauf*[33]

---

[33] Ab 1987 bei IAB nicht mehr erfaßt.

Bezogen auf die Thematisierung von Frauenmigration, die Phaseneinteilung von Treibel im Vergleich nutzend, beschränkte sich die *Vorlauf- und Frühphase* der Beschäftigung mit dem Frauenthema ungefähr auf die Jahre *1977-1979*. Die *Hauptzeit* der Auseinandersetzung mit Frauenmigration lag in den *achtziger Jahren* und reichte in die Bilanzphase der allgemeinen Migrationsforschung hinein und sogar noch über diese hinaus. Die Periode der projektgebundenen Auftragsforschung zu Frauenmigration, die sich in ihren Fragestellungen direkt an den Problemvorgaben der jeweiligen Auftraggeber orientierte, begann zu einem Zeitpunkt, als eine solche für den allgemeinen Migrationsbereich schon fast als abgeschlossen galt. Migrantinnenforschung etablierte sich also zu einer Zeit, als sich in dem Blick auf das Migrationsphänomen gerade ein Perspektivwechsel von einer polit-ökonomischen zu einer ethnologisch-anthropologischen Betrachtungsweise abzeichnete und dabei die Diskussion um *Kulturdifferenzen* und die Bewältigung von *Kulturkonflikten* in den Vordergrund gerückt wurde.

Verfolgt man die Debatte über den von Schulz untersuchten Zeitraum hinaus,[34] so fällt eine Reduzierung der Titel zu Frauenmigration nach Auslaufen der Forschungsförderung für Migrantinnenprojekte gegen Ende der achtziger Jahre auf. Hier deutet sich erneut ein Perspektivwechsel in den Forschungen über Migrantinnen an, der jedoch noch nicht zu ersten Bilanzierungen geführt hat, wie sie sich im allgemeinen Migrationsdiskurs zu dieser Zeit schon abzuzeichnen begannen. Zu Beginn der neunziger Jahre ist dann fast so etwas wie ein *Abbruch der Diskussion* über die Lebensbedingungen von Migrantinnen zu vermerken. Der Blick begann sich mehr auf die gesellschaftlichen Institutionen und auf die Interaktionen zwischen Einwanderergemeinschaften und Aufnahmegesellschaft zu richten. Die Frage nach Differenz, aber auch Rassismus oder Macht und Gewalt in Ausländerrechts- und Flüchtlingsfragen wurden die Diskussion beherrschende Themen, die in Zusammenhang mit Bürgerschafts- und Menschenrechtsfragen von der Frauenforschung aufgegriffen wurden.[35] Im Rahmen dieser Debatten scheint die Auseinandersetzung mit einer sich für Frauen durch Migration verändernden Lebenssituation eher vernachlässigt worden zu sein. Migrantinnen erschienen nun als Teil

---

[34] Im Laufe meiner Auseinandersetzung mit den von Schulz aufgeführten Titeln wurde die Bibliographie von mir ergänzt und aktualisiert, so daß ich die Diskurslinien bis zum Ende der 90er Jahre ziehen kann. Hatte Schulz eine Anzahl von 772 Titeln für die Jahre 1961 bis zur ersten Hälfte des Jahres 1991 aufgefunden, wurden diese von mir für diesen Zeitraum auf 939 ergänzt und um 337 Titel für die darauffolgenden Jahre aktualisiert. Die gesamte Bibliographie umfaßt mittlerweile über 1500 Titel und wird in Kürze über das Frauenforschungsinstitut der Hessischen Fachhochschulen verfügbar sein.

[35] Kalpaka u. Räthzel 1991; Koppert 1991a; Lutz 1992a und Rommelspacher 1994a.

eines größeren Kollektivs und wurden zeitweilig unter die als politischer Begriff genutzte Kategorie *»schwarze Frau«* subsumiert. Erst in jüngster Zeit haben Forscherinnen das Thema Frauenmigration aus kritischer Perspektive wieder aufgenommen und erste Bilanzierungen versucht.[36] Auffallend ist jedoch, daß parallel erneut beziehungsweise weiterhin an Texten aus der Hauptphase angeknüpft wird, die zwischenzeitlich einer harschen Kritik unterzogen worden waren,[37] so daß bei der Durchsicht eines Teils der späten Texte der Eindruck entsteht, als hätte die zwischenzeitliche Debatte um Ethnisierung im Migrationsdiskurs gar nicht stattgefunden.

Klassifizierung der erschienenen Texte

Im Folgenden gebe ich einen Überblick über die inhaltlichen Schwerpunktsetzungen in der Literatur zu Frauenmigration.[38] Ich suche nach Zusammenhängen zur allgemeinen Migrationsforschung, beziehungsweise ich zeige auf, wo in den Thematisierungen zu Frauenmigration andere Schwerpunkte gesetzt und zusätzliche Themen bearbeitet worden sind. Dabei geht es mir nicht um eine akribisch genaue Darstellung der von mir vorgenommenen Auszählungen und Sortierungen der vorliegenden Texte und Studien, sondern ich beschränke mich auf die Trends in den Thematisierungen, grenze diese zeitlich ein und gewichte sie nach unterschiedlichen Kriterien.

Um einen Überblick über die *Orte der Rede* zu Frauenmigration und diejenigen einer Rede über die Migrantin zu geben, ist die von Schulz angefertigte und von mir aktualisierte Bibliographie insofern von großem Nutzen, weil hier unter dem Oberbegriff *»Arbeitsmigrantinnen«* völlig verschiedene Textarten und Studien erfaßt worden sind, weit über die ansonsten genannte Forschungsliteratur hinaus. So sind umfangreich Texte aus dem sozialpädagogischen und dem Bildungsbereich aufgeführt, in denen Konzeptionen für die praktische Arbeit vorgestellt, Erfahrungen mit unterschiedlichen Ansätzen aus den verschiedenen Praxisfeldern der Beratungs- und Bildungsarbeit mit Migrantinnen dokumentiert, sowie subjektive Eindrücke von Praktikerinnen in der Zusammenarbeit mit Migrantinnen wiedergeben werden. Es sind Texte aufgenommen worden, die alltagspolitische Fragen behandeln und die zu

---

[36] Broyles-González 1990; Çağlar 1990, Lutz 1992b, Gümen 1993, Otyakmaz 1994, Gümen 1996, Gutiérrez Rodriguez 1996, Gutiérrez Rodriguez 1997, Huth-Hildebrandt u. Lutz 1998; Gümen 1998; Huth-Hildebrandt 1999 und Gutiérrez Rodriguez 1999.

[37] Z. B. bei Warzecha 1993; Ott 1993; Stienen 1994; Gaserow 1995a+b; Dietrich 1996; Strasser 1996; Barth 1997; Bentner 1997; Berber 1997; Ehlers 1997; Kiral 1997; Krahek 1997; Krajczy 1997; Wölk 1997; Yldız 1997 und Ott 1999.

[38] Ich beziehe mich im Folgenden auf die von mir erweitere Fassung der Bibliographie bis zum Jahr 2000 (Vgl. Fn. 34 dieses Kapitels).

Themen staatlicher Migrationspolitik, wie z. B. zum Aufenthaltsrecht von Migrantinnen oder zur Kindergelddebatte Stellung genommen haben. Des weiteren sind Artikel aus Zeitschriften wie *Courage, Emma, Blätter des iz3w* etc., aber auch Artikel aus Tageszeitungen aufgeführt, sowie vereinzelt erschienene Texte über Filme, bildende Kunst und Belletristik einbezogen worden. Liest man diese Titel als einen Text durch die Zeit, so lassen sich nicht nur Querverbindungen zu den jeweiligen Thematisierungen in Forschung und Praxis aufzeigen, sondern es erscheint auch ein Stück Alltagsdiskurs, in dem sich wiederum ein Teil der Frauen- bzw. der Migrationspolitik spiegelt. Insgesamt kann ich diese Zusammenstellung daher als ein Netz der Thematisierungen zu Frauenmigration und über Migrantinnen lesen und durch das Aufspüren einzelner Fäden und ihrer Zusammenhänge bzw. Knotenpunkte aufzeigen, wo und wie sich der dominante Diskurs über die Migrantin herausgebildet hat.

Hierzu klassifiziere ich das vorhandene Material in einem ersten Schritt nach eher praxis- und politik- bzw. nach alltagsdiskursbezogenen Texten, sowie nach Aufsätzen und Studien aus dem Bereich von Wissenschaft und Forschung:

Erschienene Titel	abs.	%
Dissertationen / Monographien / Forschungsberichte	110	8,6
Wiss. Aufsätze zu Einzelthemen und Fachtagungsberichte	357	28,0
Handlungsbezogene Texte zu Konzeptionen für und Erfahrungen aus der Praxis, praxisbezogene Texte zu Auswirkungen der Migrationssituation auf Frauen	601	47,1
Journalistische Texte	193	15,1
Literatur	10	0,8
Bibliographien/Literaturberichte	5	0,4
Insgesamt	1276	100

Tabelle 3:   Klassifizierung der erschienenen Texte zu Frauenmigration

Durch dieses Ordnungsschema wird deutlich – wenn handlungsbezogene und journalistische Texte gemeinsam betrachtet werden – daß die praxis- und politik- bzw. alltagsdiskursbezogene Literatur[39] im Vergleich zu den wissenschaftlichen Texten zu Frauenmigration eindeutig überwiegt. Wurde schon bei der allgemeinen Migrationsforschung ein starker Anwendungsbezug festgestellt,[40] so ist dieser bei den Texten über Migrantinnen noch auffälliger. Der Anspruch, zu einer Lösung der durch Migration in der Bundesrepublik entstandenen sozialen und politischen Probleme beitragen zu wollen,[41] hat der Migrationsforschung den Vorwurf eingebracht, sich zu sehr am politischen und administrativen Handlungsbedarf orientiert zu haben.[42] Durch diese Ausrichtung ist für die Migrationsforschung insgesamt – und für die Auseinandersetzung mit Frauenmigration noch einmal verstärkt – ein niedriges Distanzierungsniveau zu verzeichnen. Spurk spricht von einer *»Wissenschaft in der ersten Person«*, die er als *»Mischung aus gestylten persönlichen Erfahrungen, Erlebnisberichten, journalistischen Statements, Moralismus und mit theoretischen Fragmenten gespickten Spekulationen, die einen unmittelbaren Wahrheitsanspruch für sich reklamiert«*[43] beschreibt. Auch die Rede über die Migrantin, die sich nach und nach als ein Spezialdiskurs innerhalb der Diskussionen über die Folgen der Migration herausgebildet hat, ist überwiegend diesem von Spurk als *Wissenschaft in der ersten Person* bezeichneten Zwischenbereich zuzuordnen. Es besteht ein starkes Übergewicht sozialpädagogischer Texte und von Texten, die dem Erwachsenenbildungsbereich zuzuordnen sind, und in denen vor allem Eindrücke und Lösungsversuche von Praktikerinnen bezüglich von ihnen wahrgenommener Problemsituationen wiedergegeben worden sind.

Ordnet man die aufgefundenen Titel jedoch entlang der Zeit, ergeben sich auch hier unterschiedliche Phasen einer Herangehensweise an das Thema:

---

[39] Hierbei ist zu vermerken, daß der Anteil journalistischer Texte zum Thema Migrantinnen, aber auch literarische Arbeiten noch unzureichend erfaßt sind, so daß der Anteil real höher zu verzeichnen ist. An einer Aktualisierung arbeite ich gegenwärtig im Rahmen eines Projektes *Geschlechterbilder im Alltagsdiskurs* mit Studierenden der Fachhochschule Frankfurt am Main.

[40] Treibel 1988.

[41] Treibel 1988:11.

[42] Treibel 1988:77.

[43] Spurk 1997:9.

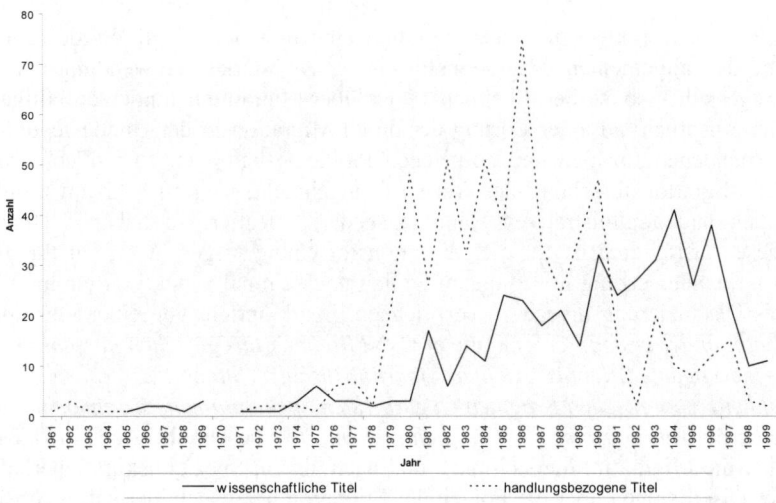

Abbildung 2: Verhältnis der Titel aus den Praxisbereichen zu Titeln aus dem Wissenschaftsbereich

Bis in die späten siebziger Jahre konnten nur wenige Titel aufgefunden werden. Gegen Ende des Jahrzehnts hingegen ist ein sprunghafter Anstieg von Texten *aus der Praxis für die Praxis* zu verzeichnen, der Ende der achtziger Jahre wieder abrupt zurückgeht und in den neunziger Jahren vergleichsweise noch einmal gering ansteigt. Der Auslöser, der in den siebziger Jahren zu einer verstärkten Beschäftigung mit Migrantinnen geführt hat, ist in Zusammenhang mit den damaligen Änderungen in der Migrationspolitik zu sehen. Der im Jahr 1973 verhängte Anwerbestopp für Arbeitnehmerinnen und Arbeitnehmer aus den Anwerbeländern hatte eine verstärkte Familiennachzugsmigration zur Folge. In diesem Zusammenhang kamen die Migrantinnen in den Blick, jedoch erst einmal unter der Überschrift *Familie*. Dabei wurden die schon anwesenden erwerbstätigen Frauen weiterhin unter die Kategorie *Gastarbeiter* subsumiert, ohne ihre spezifische Situation als Frauen zu berücksichtigen. Die im Rahmen eines Familiennachzuges eingereisten Migrantinnen hingegen wurden als *Ehefrauen der Gastarbeiter* bzw. *der ausländischen Arbeitnehmer* und nicht als (auch) Erwerbstätige beschrieben. Diese Gruppe der *nichterwerbstätigen Ehefrauen* hat das Bild der Migrantinnen in der Folgezeit besonders geprägt. Ihr wurde im Bereich der Sozialpädagogik und im Rahmen der Erwachsenenbildung große Aufmerksamkeit gewidmet, indem für sie spezielle sozialpädagogische Maßnahmen entwickelt und eigene Bildungskonzeptionen entworfen wurden.

Forschungsergebnisse aus dem Bereich der Migrations- und der Frauenfor-
schung in Form von Monographien fehlen bis in die achtziger Jahre hinein.
Die wenigen erschienenen Studien aus dieser Zeit haben sich mit der *Situati-
on schwangerer Frauen* beschäftigt, auf eine besondere *Problematik der
Ausländergeburt* hingewiesen, oder ein angenommenes *Anderssein* von
Migrantinnen im Vergleich zu deutschen Schwangeren zu ergründen gesucht:

- Vergleich des Geburtsverlaufs bei Ausländerinnen und Deutschen;[44]
- Die Problematik der Ausländergeburt;[45]
- Gynäkologische Erkrankungen bei ausländischen Arbeitnehmerinnen von
  1966-1971;[46]
- Einfluß soziologischer und medizinischer Veränderungen 1963-1972
  auf das Schwangerschaftserlebnis. Mütterliches Alter, Geburtsgewicht,
  Frühgeburtlichkeit, Totgeburtlichkeit, Gastarbeiter-Mütter;[47]
- Die Häufigkeit der geburtshilflich-operativen Eingriffe bei Ausländerin-
  nen im Vergleich zu deutschsprechenden Frauen;[48]
- Abortfrequenz bei deutschen Frauen und Gastarbeiterinnen unter besonde-
  rer Berücksichtigung soziologischer Strukturen;[49]
- Analgetikaverbrauch unter der Geburt. Vergleich zwischen Ausländerinnen und Deutschen.[50]

Auch die wissenschaftlichen Aufsätze aus diesem Zeitabschnitt dokumentie-
ren das gleiche Interesse und beschäftigen sich ebenfalls überwiegend mit
schwangeren Migrantinnen.[51] Wird allerdings die Ansicht vertreten, fachwis-
senschaftliche Texte und Studien wie z. B. über den Analgetikaverbrauch von
Migrantinnen seien nicht unbedingt im Kontext einer Auseinandersetzung
mit Frauenmigration aufzuführen, da sie nicht dem sozialwissenschaftlichen,
sondern dem medizinischen Bereich zuzuordnen seien, so reduziert sich die
Anzahl der aufgefundenen Titel erheblich.

---

[44] Sassmann 1968.
[45] Beck u. a. 1970.
[46] Schwarz 1973.
[47] Schuster 1976.
[48] Khader 1977.
[49] Knörk 1977.
[50] Schneider 1977.
[51] Loew u. a. 1966; Rimbach 1967a; Rimbach 1967b; Hartmann 1968; Saurwein
1969; Beck u. a. 1979; Tatra 1973; Hohlweg-Majert 1974; Berg 1975; Burckhardt-
Tamm u. Pfund 1975; Höfling 1975; Schliemann u. Schliemann 1975; Strobel
1975; Scholtes u. Schultze-Naumburg 1976; Drähne 1977; Hohlweg-Majert u. a.
1977; Von der Mühlen 1978; Brandt u. a. 1979; Collatz 1979; Kolleck u. a. 1979.

Zu Beginn der achtziger Jahre sind Vorstudien zu geplanten Modellvorhaben im Bildungs- und Beratungsbereich aufzufinden.[52] Und bereits 1983 sind im Wissenschaftsbereich erste Texte mit kritischen Anmerkungen zu den entstandenen Frauenbildern erschienen,[53] in denen auf die seit 1977 zunehmenden Beschreibungen und Erfahrungsberichte aus den zahlreicher werdenden Initiativgruppen und Praxisprojekten reagiert wurde. Auffällig für diese Zeit ist das Fehlen primärer empirischer Untersuchungen zur Migrationssituation von Frauen, was zur Folge hat, daß heute mit Hilfe sekundärstatistischen Analysen gearbeitet werden muß.[54] Hier fehlt eine Blickrichtung auf Frauenmigration, die für eine Rekonstruktion der Migrationsgeschichte von Frauen relevant und von Bedeutung ist. Interkulturell vergleichende Studien sind ebenfalls nur wenige vorhanden.[55] Biographieforschung hingegen ist eine Forschungsrichtung, die häufig aufzufinden ist.[56] Studien zur Lebenssituation von Migrantinnen, interpretiert aus den Lebensgeschichten von Einzelnen, entstehen seit Mitte der achtziger Jahre. Diese Ausrichtung ist auch in den wissenschaftlichen Aufsätzen wiederzufinden. Die in den neunziger Jahren beginnende Auseinandersetzung um Differenzen, um Rassismus und Macht, dokumentiert sich weniger in Einzelstudien sondern überwiegend als Tagungsergebnisse wissenschaftlicher Zusammenkünfte in Sammelbänden und in Einzelaufsätzen. In dieser Zeit beginnt sich das bisherige Verhältnis der praxis- und handlungsbezogenen Texte zu den wissenschaftlichen Texten umzukehren. Hieraus jedoch den Schluß zu ziehen, der Blick aus der Perspektive der Geschlechterdifferenz habe nun auch Einzug in die Migrationsforschung gefunden, wäre m. E. jedoch falsch. Nach wie vor konnte sich diese Forschungsperspektive institutionell weder in den vorhandenen Migrationsforschungsbereichen und -zentren noch in den Frauenforschungszentren etablieren und bleibt weiterhin an die spezifischen Forschungsinteressen einzelner Wissenschaftlerinnen und Wissenschaftler gebunden.

---

[52] Rosen 1979; Grottian 1980; Agaçe u. a. 1981; Franger u. Theilen 1981; Bagana u. a. 1982; Baymak-Schuldt u. a. 1982; Brandenburg u. Schmidt 1982.

[53] Hebenstreit 1984a+b; Tesfa 1984; Kalpaka u. Räthzel 1985; Gültekin 1986 und Lutz 1986.

[54] Korte u. Schmidt 1983:35.

[55] Huth u. a. 1986; Schmidt-Koddenberg 1989; Herwartz-Emden 1995.

[56] Wolbert 1984; Mıhcıyazgan 1986; Rosen 1986; Steinhilber 1986, Riesner 1990, Lutz 1991, Steinhilber 1994, Philipper 1997, Rosen 1997; Gutiérrez Rodriguez 1999.

Schwerpunktsetzungen in den Thematisierungen

Wird die Sichtung der vorliegenden Literatur über Migrantinnen im Vergleich zu der genannten Untersuchung über die westdeutsche Migrationsforschung im sozialwissenschaftlichen Bereich gesehen, so weist schon ein erster Überblick andere inhaltliche Schwerpunktsetzungen in den Themenhäufungen auf. Die Migrationsforschung konzentrierte sich in der von Treibel benannten Vorlauf- und Frühphase bis zum Jahr 1973 überwiegend auf sozialpsychologische Aspekte.[57] Dabei schloß sie – in Anlehnung an die 1954 von Allport in den USA publizierte Studie zur *Natur des Vorurteils*[58] – an die in den sechziger Jahren in der Bundesrepublik geführte Diskussion über Vorurteilsstrukturen an. Die sozialpsychologisch ausgerichteten Arbeiten wurden erst gegen Ende dieser Phase durch Texte mit polit-ökonomischer Ausrichtung abgelöst[59], die in Zusammenhang mit einer sich zu etablieren suchenden, imperialismuskritischen Migrationstheorie stehen. Diese erklärte Alltagskultur, Sozialverhalten und Persönlichkeit aus der Klassenlage der Migranten und ihrer besonderen Stellung als einem (Sub-)Proletariat im gesellschaftlichen Produktionsprozeß. Dabei wurde von einer Zuspitzung und Internationalisierung der auch in der Bundesrepublik auftretenden Klassenkämpfe durch die zunehmende Arbeitsmigration ausgegangen. Nach Berger[60] blieb das imperialismuskritische Paradigma jedoch eher ein Programm und hatte – spätestens nach Beendigung der Arbeitskämpfe in den frühen siebziger Jahren – keinen weiteren Einfluß auf den institutionalisierten Wissenschaftsbetrieb.

Für den Zeitabschnitt der *Vorlauf- und Frühphase* in der Migrationsforschung zeigen sich in der Literatur über Migrantinnen andere Schwerpunktsetzungen in den Thematisierungen. Für diesen Zeitraum wurden lediglich 29 Titel aufgefunden. Davon sind 13 Titel dem Bereich Erwerbsarbeit und 11 Titel dem Themenbereich Schwangerschaft und Geburt zuzuordnen. Die restlichen 5 Titel sind Einzelthemen, großteils aus dem Gesundheitsbereich: wie z. B.:

• Über eine Anfallsepidemie bei einer Gruppe jugoslawischer Arbeiterinnen[61]

oder

• Lepra bei ausländischen Arbeiterinnen in Deutschland.[62]

---

[57] So z. B. die Arbeiten von Holzinger 1951; Delgado 1966; Heinerth 1968; Bingemer u. a. 1972 und Schönbach 1970.

[58] Allport 1971.

[59] So z. B. die Arbeiten von Cinanni 1970; Hoffmann-Nowotny 1970; Taliani 1971; Albrecht 1972; Geiselberger 1972; Neubeck-Fischer 1972; Hoffmann-Nowotny 1973 und Nikolinakos 1973. Vgl. hierzu auch Berger 1990.

[60] Berger 1990.

[61] Blum 1972.

[62] Gartmann u. Kissling 1963.

Zeitgleich zur allgemeinen Migrationsforschung wurde die Erwerbsarbeitssituation von Frauen zwar auch thematisiert, dabei jedoch nicht aus der damals vorherrschenden imperialismuskritischen Perspektive auf die angeworbenen Frauen geblickt. Die aufgefundenen Texte stehen in Zusammenhang mit der damaligen Auseinandersetzung um den Pflegenotstand im Gesundheitswesen und thematisieren Probleme, die sich aus der Anwerbung von Krankenpflegekräften aus Asien ergeben hatten:

- Nicht zu verantworten. Koreanische Schwestern in deutschen Krankenhäusern;[63]
- Asiatische Krankenschwestern in der BRD;[64]
- Partnerschaft in der Zusammenarbeit zwischen deutschen und koreanischen Schwestern in Deutschland;[65]
- Korea – BRD. Krankenschwesternexport;[66]
- Aspekte der sozio-kulturellen Einordnung koreanischer Krankenpflegekräfte in Deutschland.[67]

Da in der kurzen Phase, in der die imperialistische Migrationstheorie dominierte, ebenfalls nicht nach Geschlecht differenziert wurde, und in der Literatur zu Migrantinnen diese Perspektive nicht vorgekommen ist, wurde auch das politische Engagement von Migrantinnen in den damaligen Arbeitskämpfen weder festgehalten[68] noch analysiert[69]. Lediglich aus späteren Texten geht hervor, daß Migrantinnen sich an diesen in den frühen siebziger Jahren besonders aktiv beteiligt hatten. Diese Informationen sind jedoch nur in biographischen Berichten, Romanen und Erzählungen und journalistischen Texten wiederzufinden[70] und wurden meines Wissens aus dem Wissenschaftsbereich bisher überhaupt nicht aufgegriffen.

---

[63] Poser 1971.

[64] *Asiatische Krankenschwestern* 1972.

[65] Kim 1972.

[66] Zawadzky 1973.

[67] Shim 1974.

[68] Bei Pierburg in Neuss waren es 1973 die Migrantinnen, die den damaligen Streik initiierten und die »*radikalsten Forderungen und Interessen vertraten*«. Aber auch bei den anderen Streiks waren die Migrantinnen beteiligt, so beispielsweise bei Hülsbeck und Fürt in Velbert. Siehe hierzu Huth-Hildebrandt 1992:6/7.

[69] Hier ist eine Forschungslücke zu verzeichnen, deren Schließung ein wichtiger Baustein sein könnte, um das Bild von Migrantinnen der ersten Generation differenzieren und korrigieren zu können.

[70] Vgl. hierzu Pinl 1974 und Wieser 1984. Diese Streikaktion bei Pierburg wurde u. a. auch in dem Roman von Spix 1975 verarbeitet.

In diesem Zeitabschnitt überwiegen die handlungsbezogenen Texte noch nicht, sondern forschungs- und handlungsbezogene Texte sind ungefähr gleich stark vertreten. Vergegenwärtigen wir uns jedoch den Zeitraum, den Treibel als die Vorlaufphase der Auseinandersetzung mit Migration ausgewiesen hat, und der die Jahre 1955-1969 umfasst und nehmen den der Frühphase hinzu, der das Jahr 1973 einschließt, dann kann bei der geringen Anzahl von 29 aufgefundenen Titeln in dieser Zeit von einer eigenen Forschungsrichtung in bezug auf Frauenmigration noch nicht gesprochen werden. Die hier aufgefundenen Titel können lediglich als eine Andeutung verstanden werden, daß schon damals in der Auseinandersetzung um Frauenmigration im Vergleich zur allgemeinen Auseinandersetzung mit Migration – die offensichtlich auf der Vorstellung von Migration als einer ausschließlich von Männern praktizierten basiert hat – andere Themen behandelt worden sind.

In der Hauptphase der allgemeinen Migrationsforschung beginnen sich auch in der Literatur zu und über Migrantinnen Linien abzubilden, die genauer aufzeigen, um welche Inhalte sich die Auseinandersetzung mit Frauenmigration gruppiert hat. Zur Dokumentation beziehe ich mich wiederum auf Schulz, die in ihrer Kommentierung zu den von ihr ermittelten Texten eine Gewichtung derselben nach thematischen Schwerpunkten vorgenommen hat.[71] Bei dieser Übersicht ist zu beachten, daß die einzelnen Titel von ihr zum Teil mehreren Bereichen zugeordnet worden sind. Die Aufteilung vermittelt dennoch einen Eindruck von dem Gewicht, das einzelnen Themen beigemessen worden ist:

---

[71] Schulz 1992b:133/134.

Jahr	Beschäftigung	Erwachsenenbildung	Ausbildung	Gesundheit	Schwangerschaft	Ausländerarbeit	Recht	Gewalt	Kulturkonflikt	Religion	Lebenssituation	Frauengruppe
1974	3	-	-	-	2	-	-	-	1	-	-	-
1975	2	-	-	-	5	-	-	-	2	-	4	-
1976	-	-	-	-	2	-	2	-	5	-	3	-
1977	2	-	1	-	6	1	1	-	3	1	6	1
1978	3	1	-	-	2	-	4	1	2	1	3	1
1979	2	4	-	1	5	1	2	2	5	3	6	6
1980	5	5	1	3	6	9	5	7	9	1	13	5
1981	5	6	7	1	2	7	4	-	8	-	13	2
1982	-	12	4	6	4	11	-	-	15	-	7	7
1983	2	10	2	8	6	3	2	2	10	1	14	1
1984	-	6	5	6	4	7	8	10	7	2	13	3
1985	-	4	7	5	5	5	4	6	5	2	14	2
1986	2	9	7	9	3	10	5	3	11	-	12	5
1987	3	11	4	2	1	4	2	-	3	-	18	2
1988	2	9	4	3	1	2	1	1	7	-	10	1
1989	2	12	5	3	-	6	2	1	7	-	6	5
1990	2	1	5	-	-	6	-	1	3	-	11	1
Insges	35	90	52	47	54	72	42	34	103	11	153	42

Tabelle 4: *Inhaltliche Schwerpunktsetzungen nach Schulz*
Bearbeitet nach Schulz 1992:133/134; Mehrfachnennungen

Offensichtlich wurden in der Auseinandersetzung mit Frauenmigration im Vergleich zur allgemeinen Migrationsforschung andere Themenbereiche als relevant angesehen. Ich möchte dies an einem Beispiel verdeutlichen, indem ich aus einem zeitlichen Abschnitt die Thematisierungen beider Bereiche nebeneinanderstelle. Hierzu wähle ich einen Ausschnitt aus der Hauptphase der allgemeinen Migrationsforschung, der zugleich den Beginn der Auseinandersetzung mit Frauenmigration darstellt.

Forschungsbereiche insges. (nach Rilling)	76-79	%	Themenschwerpunkte Frauen (nach Schulz)	76-79	%
Schule	66	19,6	Lebenssituation	18	19,4
Arbeitsmarkt	64	19,0	Schwanger. / Geburt	15	16,1
Integrationsprobleme	47	13,9	Kulturkonflikt	15	16,1
Berufs- / Weiterbild.	36	10,7	Recht	9	9,7
Sozialisation / Familie	22	6,5	Frauengruppe	8	8,6
Sozialarbeit / Therapie	19	5,6	Ausländerinnenarbeit	8	8,6
Wohnen	17	5,0	Beschäftigung	7	7,5
Arbeitsbedingungen	14	4,1	Erwachsenenbildung	5	5,4
Gesundheit	10	3,0	Religion	3	3,2
Recht / Partizipation	10	3,0	Gewalt	3	3,2
psycho-soz. Probleme	9	2,7	Ausbildung	1	1,1
Delinquenz	8	2,4	Gesundheit	1	1,1
Medien	4	1,2			
Politik	3	0,9			
Ausländerstudium	3	0,9			
sonstige Projekte	5	1,5			
Insgesamt	337	100	Insgesamt	93	100

Tabelle 5: *Vergleich Schwerpunktsetzungen Migrationsforschung / Literatur zu Frauenmigration[72]*

In der Bibliographie zu *»Arbeitsmigrantinnen in der BRD«* – so der Titel bei Schulz – spielen Fragen zur Erwerbstätigkeit keine zentrale Rolle, sondern eher diejenigen Themen, die sich mit der spezifischen Lebenssituation von Frauen beschäftigen. So sind Texte zu *Geburt* und *Schwangerschaft* von

---

[72] Diese Nebeneinanderstellung ist nur in der Verschiedenheit ihrer Themenstellung vergleichbar, sortiert nach der jeweils auftretenden Häufigkeit.

Migrantinnen zahlreicher anzutreffen, als Beiträge zu Erwerbstätigkeit. Während in der allgemeinen Migrationsforschung Arbeitsmarktfragen und Schulprobleme eindeutig dominiert haben, ist es bei der beginnenden Auseinandersetzung mit Frauenmigration eher die Privatsphäre, auf die der Blick gerichtet wurde, gefolgt von Texten, die sich mit *kulturspezifischen Einstellungen und Praxen* auseinandersetzen. Diese Gewichtung bildet sich auch in den *Schwerpunktsetzungen der gesamten Hauptphase* ab:

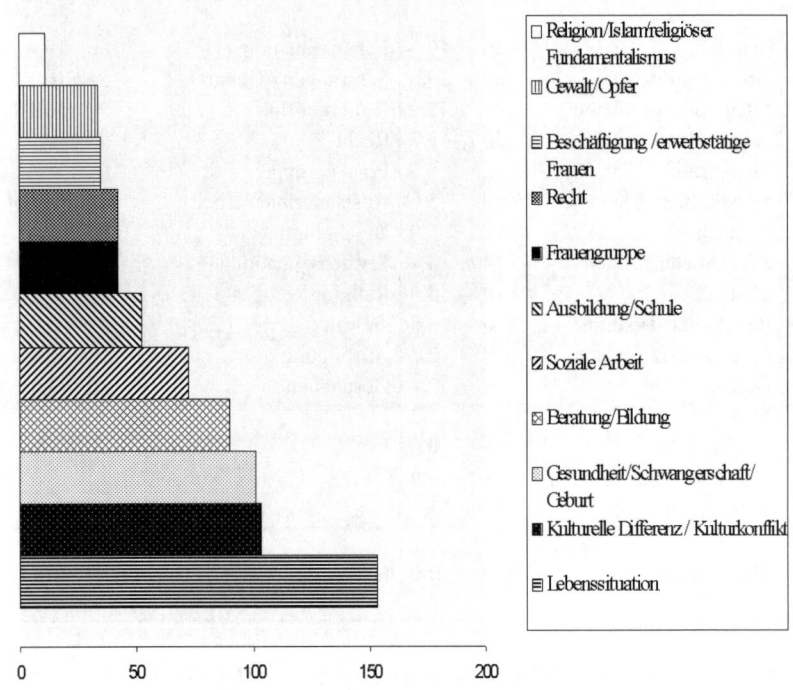

Abbildung 3: Vergleich gesamte Anzahl der Thematisierungen in der Hauptphase nach Schulz

Auch in dieser Phase hat die Erwerbstätigkeit von Frauen keine Priorität erlangt, obwohl das Thema in der allgemeinen Migrationsforschung weiterhin einen breiten Raum eingenommen hat. Das irritiert erst einmal, da Migrantinnen und Migranten gezielt für eine Erwerbstätigkeit angeworben wurden, und Migration in die Bundesrepublik zum Zwecke einer Arbeitsaufnahme erfolgt ist. Eine Erklärung für diese geringe Beachtung der Erwerbstätigkeit von Frauen könnte sein, daß sich die Migrantinnenforschung erst zu etablieren begann, als sich die Aufmerksamkeit in der Auseinandersetzung um die Folgen von Migration vermehrt auf religiöse und kulturelle Einstellungen und Praxen richtete, und über den Lebensweltansatz die individuelle Privatsphäre als wichtiger Ort gelebter Vielfalt zum Untersuchungsgegenstand gewählt wurde. Gerade die projektgebundene Auftragsforschung zu Frauenmigration entwickelte sich zu jenem Zeitpunkt, als »*die These von der Relevanz der Kulturdifferenz für die Beurteilung der Migrationsprobleme, ein impliziter Kulturdeterminismus und die damit einhergehende Defizitannahme, die eine erhöhte Konflikthaftigkeit des Sozialisationsgeschehens unterstellte, zum implizit strukturierenden Rahmen der Betrachtung*«[73] wurde. Diese Neuorientierung in der Auseinandersetzung mit Migration blieb nicht ohne Folgen für die Sicht auf die Frauen, da dem Bild von der Migrantin in dieser Phase eine wichtige Rolle zugewiesen wurde, um den auf Kulturdifferenz fixierten Blick anzuschärfen.

In den neunziger Jahren erwecken die aufgefundenen Titel dann den Eindruck, als habe eine Angleichung der Schwerpunktsetzungen in der Migrationsforschung und in den Forschungen zu Migrantinnen stattgefunden:

---

[73] Radtke 1991a:103.

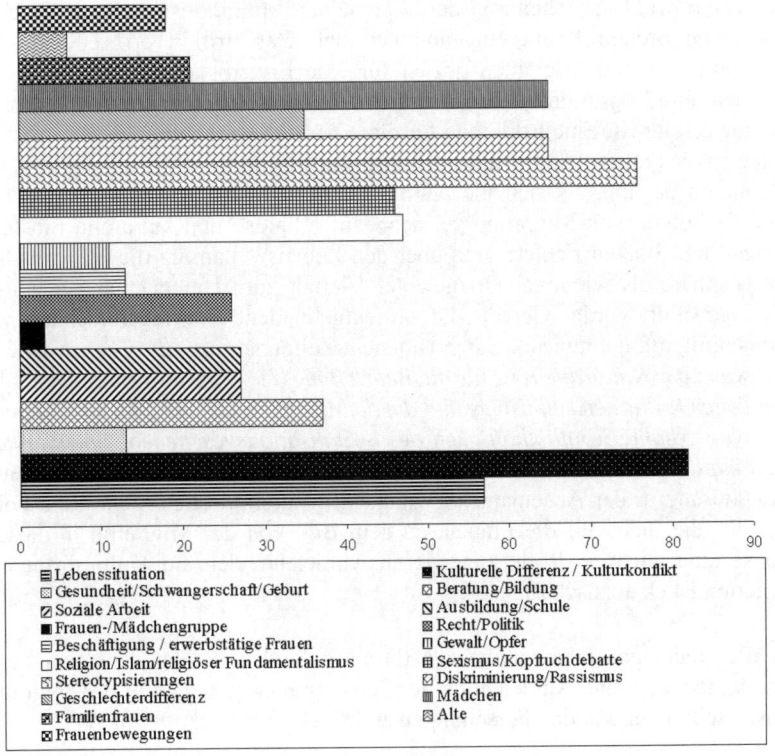

0	10	20	30	40	50	60	70	80	90

≣ Lebenssituation
▨ Gesundheit/Schwangerschaft/Geburt
▨ Soziale Arbeit
■ Frauen-/Mädchengruppe
≣ Beschäftigung / erwerbstätige Frauen
☐ Religion/Islam/religiöser Fundamentalismus
▨ Stereotypisierungen
▨ Geschlechterdifferenz
▨ Familienfrauen
▨ Frauenbewegungen

■ Kulturelle Differenz / Kulturkonflikt
▨ Beratung/Bildung
▨ Ausbildung/Schule
▨ Recht/Politik
▥ Gewalt/Opfer
▨ Sexismus/Kopftuchdebatte
▨ Diskriminierung/Rassismus
▥ Mädchen
▨ Alte

Abbildung 4:   Vergleich gesamte Anzahl der Thematisierungen seit den neunziger Jahren[74]

Wenn die Bereiche Geschlechterdifferenz, Sexismus und die Debatte um das Kopftuch, Islam und religiöser Fundamentalismus als Varianten der Auseinandersetzung um *kulturelle Differenz* angesehen werden, so ist diese Debatte mit über 200 aufgefundenen Titeln diejenige, welche die neunziger Jahre beherrscht hat. Auch Titel zur Lebenssituation von Frauen können von ihrer inhaltlichen Ausrichtung zum Teil diesem Bereich zugeordnet werden. Selbst ein Teil derjenigen Titel, die ich dem Bereich Stereotypisierungen oder Rassismus und Diskriminierung zugeordnet habe, stehen – wenn auch aus kritischer Perspektive – in diesem Zusammenhang und haben auch dort ihren Platz.

---

[74] Eigene Auszählungen.

46

Die praxisbezogenen Anteile der Auseinandersetzung um Migration gingen in diesem Zeitraum offensichtlich zurück und haben sich mehr um die zweite Generation der *Mädchen* gruppiert:

* Mädchen zwischen den Kulturen. Anforderungen an eine Interkulturelle Pädagogik;[75]
* Mädchen zwischen Tradition und Moderne. Folge des Werte- und Normenwandels für die Geschlechtsidentität der Mädchen am Beispiel unterschiedlicher kultureller Ausgangsbedingungen.[76]

Auch die erste Generation der Migrantinnen kommt erneut in den Blick, da nach der Erwerbstätigkeitsphase dieser Gruppe nun das Thema *Altern in der Fremde* aus dem Bereich der Sozialen Arbeit aufgegriffen wurde:

* Die anderen Alten: Zur Situation alter Arbeitsmigrant/innen;[77]
* Zwischen allen Stühlen. Zur Situation von älteren Migrantinnen und Migranten in der Bundesrepublik.[78]

In diesen genannten Schwerpunktbereichen geht es überwiegend darum, wieweit die Herkunftskultur das Prägende im Alltagsleben der Migrantinnen geblieben ist.

Differenzierungen durch die Zeit

Verortung der Thematisierungen in der privaten Sphäre

Im nächsten Schritt verlasse ich die Ebene der groben Zuordnungen. Mit Hilfe einer Titelanalyse stelle ich die Frage nach der Verortung der Auseinandersetzung mit Frauenmigration. Dies beschreibe ich exemplarisch an zwei Themenbereichen, nämlich anhand der erschienenen Titel zu *Erwerbstätigkeit* und zu *Recht*. Beide sind im Vergleich zu den kulturellen Fragestellungen in geringerer Anzahl vertreten. Sie tauchen jedoch über die Zeit hinweg kontinuierlich auf und spielen von daher in der Auseinandersetzung mit Frauenmigration eine Rolle, da Migrantinnen – wenn auch nicht mit erster Priorität – immer wieder auch als Arbeitnehmerinnen und auch als Rechtssubjekte gesehen wurden und ihre Situation als eine solche thematisiert wurde. Bei einem Blick auf die Titel, die dem Bereich der Erwerbstätigkeit zuzu-

---

[75] Ehlers 1997.
[76] Haller 1994.
[77] Papayrikou 1990.
[78] Koch-Straube 1991.

ordnen sind, wird ersichtlich, daß ein Teil von ihnen, wie zum Beispiel die folgenden

- Mutterschutz bei Ausländerbeschäftigung;[79]
- Die Ehefrauen. Mütter und Kinder aus dem Personenkreis der ausländischen Arbeitnehmer;[80]
- Erwerbstätigkeit der Mütter – Betreuungsnotstand der Kinder? Nicht nur ein Problem ausländischer Frauen! Problemthesen;[81]
- Wenn die Frau das Geld verdient ... Machtverhältnisse in städtischen Arbeiterfamilien;[82]
- Der Wandel der Arbeitsmigration der Frau im innerhäuslichen und außerhäuslichen Bereich in den letzten sechzig Jahren;[83]

zwar thematisch diesem Bereich zugehören, die Texte in ihrer inhaltlichen Ausrichtung jedoch auf *Frauen als Ehefrauen und Mütter*, sowie auf die *Kinder der ausländischen Arbeitnehmerinnen* bezogen sind. Hierdurch reduzieren sich letztlich diejenigen Titel noch einmal, in denen es ausschließlich um die Erwerbstätigkeit der Migrantinnen geht, da ein Teil derselben zwar Themen aus der Perspektive des Erwerbsarbeitsbereiches behandelt, diese jedoch von ihren Inhalten her eher der individuellen Sphäre, der Privatsphäre zuzuordnen sind. Auch in der Auseinandersetzung um die *rechtliche Situation* von Migrantinnen zeichnet sich eine solche Tendenz ab. Von den insgesamt 47 aufgefundenen Titeln zu diesem Bereich sind allein 22 Titel explizit im Zusammenhang mit dem Thema *Kind* und/oder *Heirat* oder im Zusammenhang mit problematischen *ehelichen Beziehungen* beziehungsweise *Gewalt in der Ehe* zu sehen, wie die folgenden Titel erkennen lassen:

- Mutterschutz bei Ausländerbeschäftigung;[84]
- Wiederheirat einer Türkin;[85]
- Ausweisungsgrund: Kinder[86];
- Jugendamt als Unterhaltspfleger-Entlassung. Elterliche Gewalt der türkischen Mutter eines nichtehelichen Kindes;[87]
- Befreiung vom Ehefähigkeitszeugnis: Zur Eheschließung von Ausländern islamischen Glaubens in Deutschland;[88]
- Einbürgerung von ausländischen Ehegatten Deutscher;[89]

---

[79] Monjau 1965.
[80] Winkler 1968.
[81] Karsten 1980.
[82] Bolak 1991.
[83] Özgay 1991.
[84] Monjau 1965.
[85] *Wiederheirat einer Türkin* 1976.
[86] Donau 1976.
[87] *Jugendamt als Unterhaltspfleger* 1976.
[88] Dilger 1981.

48

- Zum Recht des nichtehelichen Kindes einer Ausländerin in der Bundesrepublik Deutschland;[90]
- Ausländische Frauen in Trennungssituationen.[91]

Auch die Titel zu Ausweisung oder zum Anspruch auf Arbeitserlaubnis gehören im weiten Sinne in den Bereich einer Thematisierung des Geschlechterverhältnisses, da in diesen Texten die *Abhängigkeit der durch Familienzusammenführung nachgereisten Ehefrauen vom Aufenthaltsstatus des Ehemannes* behandelt worden ist. Ebenso sind in diesen Zusammenhang diejenigen Texte zu stellen, die sich mit der Forderung nach einem *eigenständigen Aufenthaltsrecht für Ehefrauen von Migranten* auseinandersetzen. Und die Prüfung der Titel zur allgemeinen Rechtslage von Frauen zeigt ebenfalls, daß es dort vor allem um die Auswirkungen des jeweils geltenden Ausländerrechts auf die Frauen aufgrund der sich für sie verstärkenden *Abhängigkeiten in den ehelichen Beziehungen* geht, so z. B. in den folgenden Texten:

- Zur Lebens- und Rechtslage türkischer Frauen in der   Bundesrepublik;[92]
- Ausländerrecht und Frauendiskriminierung;[93]
- Ausländische Frauen und Ausländerrecht;[94]
- Auswirkungen des Ausländerrechts auf die Situation der Migrantinnen, insbesondere türkische Frauen;[95]
- Paragraph 19: das »Rückgaberecht« im Ausländergesetz;[96]
- Kein eigenes Aufenthaltsrecht.[97]

Somit haben sich über die Hälfte der Texte zur Rechtssituation von Migrantinnen mit deren spezifischer Rolle als Ehefrau und/oder Mutter auseinandergesetzt oder dieses Thema zumindest mit einbezogen. Auffallend ist in diesem Zusammenhang, daß die besondere Notwendigkeit einer eigenen rechtlichen Absicherung des Aufenthaltsstatus von Ehefrauen mit einer Kritik an bestehenden patriarchal-dominanten ehelichen Beziehungen in den Migrantenfamilien begründet und am Beispiel von Frauen aus der Türkei dargestellt wurde, und weniger als eine generelle Kritik an der rechtlichen Setzung von Abhängigkeitsstrukturen durch die Aufnahmegesellschaft formuliert worden ist.

---

[89] Zuleeg 1981.
[90] Oberloskamp 1985.
[91] Frings 1987.
[92] Bagana u. a. 1980c.
[93] Langenohl-Weyer 1980.
[94] Hüttersen-Kuntz 1986.
[95] Komitee für Grundrechte und Demokratie 1987.
[96] Najafi 1996.
[97] Olthoff 1996.

Am Beispiel des Umgangs mit den Themen *Erwerbstätigkeit* und *Recht* fällt das Fließende zwischen den Grenzziehungen in den thematischen Zuordnungen der Texte auf. Da auch ein sortierender und strukturierender Blick von vorhandenen Ordnungskriterien und subjektiven Gewichtungen beeinflußt ist, würde ohne eine genauere Titelanalyse der von Schulz aufgeführten Texte gar nicht auffallen, wie viele von diesen auch – beziehungsweise primär – im Bereich der Privatsphäre zu verorten sind.

Migrantinnen als nichterwerbstätige Ehefrauen

Ende der siebziger Jahre wurden erstmals die Lebensbedingungen nichterwerbstätiger Migrantinnen beforscht. Es erschienen zwei empirische Studien über diese Gruppe von Frauen, die große Aufmerksamkeit in der Öffentlichkeit erlangten:

- Situationsanalyse nichterwerbstätiger Ehefrauen ausländischer Arbeitnehmer in der BRD[98]

im Jahr 1977 und im Jahr 1981

- Situationsanalyse der nicht erwerbstätigen ausländischen Frauen in der Bundesrepublik.[99]

Diese beiden Studien haben in ihren Ergebnissen die Grundrichtung der künftigen Auftragsforschung vorgegeben und die künftige Hauptblickrichtung auf die in der Bundesrepublik lebenden Migrantinnen festgelegt. Im Rahmen der Studie aus dem Jahr 1977 – bearbeitet von Brandt – wurden erstmals Migrantinnen befragt und ihre Einstellungen und Erfahrungen zur Migrationssituation ausgewertet. Dabei konstatierte Brandt eine besondere Isolation der »nachgereisten Ehefrauen«. Die zweite Studie von Mehrländer aus dem Jahr 1981 griff diese Ergebnisse auf und untermauerte sie empirisch. Dabei wurde als eine zukünftige Aufgabe und Zielrichtung sozialer Arbeit formuliert, nicht-erwerbstätige Migrantinnen aus dieser Isolation wieder herauszuführen, jedoch nicht etwa durch Eingliederung in den Arbeitsprozeß, sondern über spezielle *sozialpädagogische Hilfen*, die zu Begegnungen mit Frauen des Aufnahmelandes führen sollten.

In dieser Phase wurden Migrantinnen als *von der Aufnahmegesellschaft* offensichtlich *vergessene Frauen* gesehen:

---

[98] Bundesministerium für Jugend, Familie und Gesundheit 1977.
[99] Mehrländer 1981.

- Ausländische Hausfrauen – im fremden Land hilflos;[100]
- Ausländische Frauen: Ignoriert, im Stich gelassen, unterdrückt![101]
- Ausländische Frauen isoliert[102];
- Die stummen Schaufensterpüppchen. Ausländerinnen in der Bundesrepublik: Leben ohne Kontakte;[103]
- Ich werde verrückt von Einsamkeit.[104]

Eine isolierte Situation sei für die Migrantinnen entstanden, weil ihnen von der Aufnahmegesellschaft keine adäquaten Möglichkeiten zur Verfügung gestellt worden wären, sich als nichterwerbstätige Ehefrauen außerhalb der eigenen Wohnung aufhalten zu können, so der Tenor der Texte.[105] Diese Blickrichtung wurde aus dem Bereich der *Sozialpädagogik* aufgegriffen und das Fehlen von Konzepten bemängelt:

- Rat und Hilfe – auch für ausländische Mitbürgerinnen;[106]
- Sozial-kulturelle Probleme junger Türkinnen in der Bundesrepublik Deutschland mit einer Studie zum Freizeitverhalten türkischer Mädchen in Köln;[107]
- Arzu – auf ein besseres Leben hoffen.[108]

In der sich anschließenden Konzeptentwicklungsphase lassen sich aus den Texten zur *Beratungs- und Bildungsarbeit*[109] zwei unterschiedliche Zugänge herauslesen. Es wurden Modelle vorgestellt, die am *Muttersein* von Frauen ansetzen wollten:

- Ausländische Kinder im Tagesmüttermodell – ein Problemaufriß;[110]
- Begegnen – verstehen – verändern: Bericht über eine »Gesprächswoche für deutsche und griechische Mütter mit ihren Kindern« aus Stuttgart und Umgebung;[111]
- Ausländische Kinder und ihre Familien. Erfahrungen und Beratungsansätze aus dem Tagesmüttermodell.[112]

---

[100] *Ausländische Hausfrauen* 1977.
[101] Rosen 1980b.
[102] *Ausländische Frauen* 1980.
[103] Schneider 1981.
[104] Klöss 1983.
[105] S. hierzu kritisch Hebenstreit 1984.
[106] Kirincic 1977.
[107] Weische-Alexa 1977.
[108] Mansfeld 1978b.
[109] Vgl. hierzu Münscher 1985.
[110] Franger u. a. 1977.
[111] Anastasiadou 1979.
[112] Franger u. Theilen 1981.

Und es wurden Konzeptionen publiziert, die primär die *Frauengruppe* im Blick hatten, angelehnt an die Vorstellung, dabei an einer vorhandenen Tradition der jeweiligen Herkunftsländer anknüpfen zu können:

- Für eine Zusammenarbeit mit ausländischen Frauen: Kooperationsversuche der DFI-Hamburg mit ausländischen Frauengruppen;[113]
- Sozialpädagogische Arbeit mit ausländischen Frauen;[114]
- Wir brauchen nicht Hilfe, wir brauchen Mitmachen: Türkische Frauen in Berlin.[115]

Zwar gingen auch die Ansätze in der Mütterarbeit von einem Zusammentreffen in einer Gruppe aus, jedoch setzte der Frauengruppen-Ansatz den Gruppenbezug als prioritäre Voraussetzung für eine Konzeptionsentwicklung und sah die inhaltliche Ausrichtung als eine nachrangige Bezugskomponente an.

Ein Erklärungsgrund für den weiteren Anstieg der Publikationen *aus der Praxis für die Praxis* der nächsten Jahre ist darin zu sehen, daß die Beratungs- und Bildungsinstitutionen verstärkt finanzielle Zuwendungen für Frauenarbeit erhielten, und als Folge in den Einrichtungen eigene Frauenarbeitsbereiche entstanden. Spätestens ab dieser Zeit wurden Migrantinnen eindeutig in der Privatsphäre verortet und die Bildungskonzeptionen auf die im Haus lebenden nichterwerbstätigen Frauen ausgerichtet.

Dabei deuten sich zwei Herangehensweisen an. Zum einen wurden Konzeptionen entwickelt, die ihre Arbeit *»in das Haus«* hineinverlagern wollten. Über den Weg der Hausbesuche wurden Kontakte zu Migrantinnen aufgebaut, um die Bildungsarbeit direkt in die Wohnungen der Migrantinnen hineinzuverlegen. Dieser Weg wurde im Bereich der Gesundheitsvorsorge entworfen und ist den Titeln zur Familienplanungsberatung und zur Schwangerschaftsbetreuung zu entnehmen:

- Familienplanungsberatung bei türkischen Frauen in ihrer Wohnung;[116]
- Aktion Familien-Hebamme;[117]
- Familienplanung bei Hausbesuchen;[118]
- Mütterberatung und Mobile Krankenpflege;[119]

---

[113] Flehmig 1979.
[114] Langenohl-Weyer u. Rosen. 1979a.
[115] Mansfeld 1979a.
[116] Tietze 1982.
[117] Deppner u. Guhl 1982.
[118] Rosen 1982.
[119] Jensen 1982.

- Die Betreuung türkischer Familien im Rahmen des Modellversuchs
  »Aktion Familien-Hebamme«.[120]

Zum anderen wurde der Zugang zu den Frauen über den Weg eines *eigenen Hauses* gewählt. Hier deutet sich aus den Titeln der Weg einer Stadtteilarbeit für Migrantinnen an, mit eigens zu diesem Zweck eingerichteten Treffpunkten:

- Treff- und Informationsort für türkische Frauen. Ein Projektantrag;[121]
- Aufbau und Konzeption eines Beratungszentrums. Schwerpunkt: Sexualaufklärung für türkische Frauen und Mädchen;[122]
- Gesundheitsberatung türkischer Frauen in einem Mutter-Kind-Zentrum.[123]

»Migrantin sein« bedeutet *»türkisch sein«*

Parallel zum Auftauchen der Migrantin als *»Hausfrau«* lassen sich Mitte bis Ende der siebziger Jahre zwei weitere Richtungen in den Thematisierungen herauslesen. In den Textüberschriften tauchte das Wort *»Problem«* auf oder es wurden Probleme indirekt signalisiert, wie die beiden folgenden Überschriften exemplarisch belegen:

- Probleme der italienischen Frauen in der BRD;[124]
- Ausländische Frauen: die unsichtbaren, unbekannten Opfer.[125]

In diesem Zeitabschnitt begann eine Umdeutung der Migrantin als einer von der Aufnahmegesellschaft vergessenen Frau hin zur Migrantin als einem *Opfer* patriarchaler Unterdrückung. Als eine solche Opferfigur ist sie seither im Querschnitt in allen Publikationsarten wiederzufinden, besonders jedoch in den Medienartikeln[126] und dies zum Teil bis in die heutige Zeit hinein:

- Ausländerinnen im Frauenhaus;[127]
- Wie eine Sklavin ... ;[128]

---

[120]Collatz 1985.
[121]Bagana 1980b.
[122]Beuster u. Manneschmidt 1982.
[123]Klöss u. Krasberg 1982.
[124]Castagnoli 1976.
[125]Mansfeld 1979b.
[126]Vgl. hierzu die Auseinandersetzungen um den Artikel im Spiegel *Knüpppel im Kreuz, Kind im Bauch* 1990.
[127]Mansfeld 1978a.
[128]*Wie eine Sklavin* 1980.

- Mißhandelte ausländische Frauen – ihre soziale und rechtliche Situation;[129]
- Frauen, die keine Kopftücher tragen, werden getötet;[130]
- Wir sind die Sklavinnen der Sklaven. Eine Türkin erhebt Anklage;[131]
- Wenn Ayse sich scheiden läßt. Treffpunkt für Türkinnen bietet Hilfe an;[132]
- Ausländerinnen im Frauenhaus. Zur Situation von ausländischen Frauen in Trennungskonflikten;[133]
- Lernziel Emanzipation: Ausländerinnen in deutschen Frauenhäusern;[134]
- Ausländische Frauen im Frauenhaus;[135]
- Unterdrückte fremde Geschlechtsgenossin;[136]
- Alleinlebende Frauen aus der Türkei – einsam und hilflos?[137]
- Ich habe Angst. Ich will frei sein;[138]
- Ich konnte die Schläge nicht länger ertragen;[139]
- Heirat? Dann ist alles aus![140]
- Du wirst ihn schon noch lieben. Türkische Eltern zwingen ihre in Deutschland aufgewachsenen Töchter oft zur Heirat in der Türkei.[141]

Es sind vor allem Texte aufzufinden, die sich auf Problembearbeitungen beziehen und Erfahrungen mit den mittlerweile ausgearbeiteten Integrations- und Bildungskonzepten für Frauen wiedergeben. Aber auch neue Themenbereiche aus dem Bereich der Sozialarbeit wurden aufgegriffen, wie die Auseinandersetzung mit *Gewalt* gegen Migrantinnen und den Folgen durch deren Aufnahme in den *Häusern für geschlagene Frauen*. Vor allem aber wurde über *»die türkische Frau«* geschrieben. Insgesamt sind bei dem Blick durch die Zeit nur vereinzelt Texte zur Situation von Frauen aus anderen Herkunftsländern publiziert worden. In der Regel wurde entweder von *»der Ausländerin«* gesprochen oder eindeutig auf Frauen aus der Türkei Bezug genommen, wobei ein besonderer Anstieg der Publikationen über Frauen aus der Türkei seit der Anfangsphase der Auftragsforschung zu bemerken ist:

---

[129]Bagana u. Burgsmüller 1980a.
[130]Birngott u. Riza 1980.
[131]Türkoğlu 1983.
[132]Herrmann 1983.
[133]Lösch 1984.
[134]Rütten 1984.
[135]Eitelmann-Graeff u. a. 1984.
[136]Döhring 1986.
[137]Heinrich u. Wilde 1987.
[138]Özlelik 1988.
[139]Durgut 1991.
[140]Gaserow 1995b.
[141]Ott 1999.

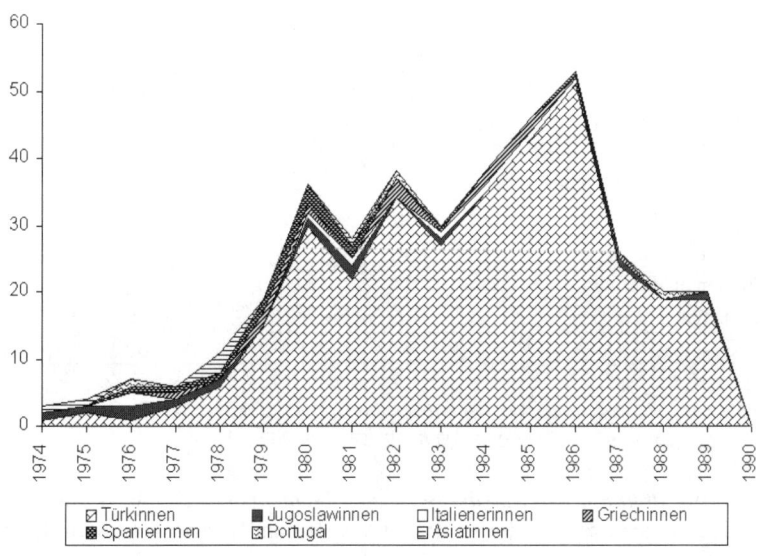

☑ Türkinnen ■ Jugoslawinnen ☐ Italienerinnen ▨ Griechinnen
▦ Spanierinnen ▨ Portugal ⊟ Asiatinnen

Abbildung 5: *Thematisierungen über Migrantinnen nach*
Nationalitätszugehörigkeit

In dieser Phase der Auftragsforschungen bestimmten also drei Zuordnungen
die Auseinandersetzung über Frauenmigration, die auch den Rahmen für die
Zeichnung des Bildes von der Migrantin abgegeben haben: die *Nichterwerbs-*
tätigkeit und das *Hausfrauendasein* der Migrantinnen, die *Problembehaftung*
ihrer Lebenssituation – welche sich von den Beschreibungen einer isolierenden Situation im Aufnahmeland hin zu Problemen aufgrund patriarchaler
Unterdrückung in den Familien gewandelt hatte – sowie die besondere Gewichtung der Gruppe von Frauen aus der *Türkei*.

Auch in den neunziger Jahren blieben *Frauen aus der Türkei* diejenigen, um
die sich die Debatte hauptsächlich gedreht hat. Für diesen Zeitabschnitt waren nur 2 Texte zu Frauen aus dem ehemaligen Jugoslawien aufzufinden, 4
Texte über Italienerinnen, sowie 1 Text über griechische Frauen und 2 Texte
zu spanischen Frauen sowie 2 über Asiatinnen. Auf Frauen aus der Türkei

beziehen sich hingegen 101 Titel. Des Weiteren könnten etliche der Texte, die vom Titel her allgemein dem Thema Migrantinnen[142] zugerechnet worden sind, nach ihrem Inhalt ebenfalls dem Bereich Migrantinnen aus der Türkei zugeordnet werden.

Im Vergleich zu den achtziger Jahren kamen weitere Differenzierungen hinzu, nach denen die sich die vorhandene Literatur Ausrichtung gruppiert:

Thematisierungen	Anzahl der aufgefundenen Titel	Anzahl in %
Frauen allgemein	145	37,3
Frauen aus der Türkei	101	26,0
Minderheiten	60	15,4
Musliminnen	34	8,7
Frauen als Fremde	33	8,5
Sonstige	16	4,1
Insgesamt	389	100

Tabelle 6: *Verteilung der Thematisierung zu spezifischen Gruppierungen in den neunziger Jahren*

Die *Lebenssituation von Musliminnen im allgemeinen*, nicht nur bezogen auf gläubige Frauen aus der Türkei, d. h. die Auseinandersetzung mit dem Islam, erschien als ein weiterer Themenbereich. Von den hierzu aufgefundenen 45 Titeln sind allein 34 in diesem Zeitraum erschienen. Hier macht sich eine Akzentverschiebung bemerkbar. War der Diskurs in den achtziger Jahren geprägt durch die Zeichnung des Bildes von der türkischen Frau als einer *orientalischen Exotin*,[143] so begann sich die Auseinandersetzung in den neunziger Jahren um den in Deutschland gelebten Islam zu drehen, für den das *Kopftuch*[144] als Synomym steht. Besonders von den Medien wurde dieses Thema immer wieder aufgegriffen:

- von der Zeitschrift *Brigitte*: Wann fällt der Schleier?[145]
- von der Zeitschrift *Emma*: A bas le tchador![146]
- von der *TAZ*: Die Nation und das Kopftuch;[147]
- von der *Frankfurter Rundschau*: Unter dem Schleier verborgen;[148]

---

[142]Z. B. Durgut 1991; Heßler 1991; Özbay 1991.
[143]Vgl. hierzu Lutz 1989b und Pinn u. Wehner 1992a+b.
[144]Vgl. hierzu Franger 1990.
[145]Fröhling 1989.
[146]Ott 1990.
[147]Smoltczyk 1990.
[148]Vensky 1992.

- vom *STERN*: Türkinnen in Deutschland. Zerrissen zwischen den Welten;[149]
- von der *Stuttgarter Zeitung*: Kopftücher;[150]
- von der *ZEIT*: »*Ich bin doch kein Alien.*« Mit oder ohne Kopftuch – muslimische Studentinnen in Deutschland sind pragmatisch.[151]

Dabei hat es den Anschein, als habe sich diese Debatte zunehmend um den schulischen Bereich zentriert und um die Frage, welche Konsequenzen aus der Anwesenheit muslimischer Schülerinnen und Schüler an den deutschen Schulen zu ziehen seien, besonders dann, wenn an den Schulen auch muslimische Lehrerinnen unterrichten würden:

- Antwort auf die Kleine Anfrage des Abgeordneten Jarka Pazdziora-Merk – SPD »*Wachsender Einfluß fundamentalistischer Moslems auf muslimische Schülerinnen in Nordrhein-Westfalen*«;[152]
- Kulturkonflikte im Schulrecht;[153]
- Toleranz fängt beim Kopftuch erst an. Zur Verhinderung der Chancengleichheit durch gesellschaftliche Verhältnisse;[154]
- Spagat mit Kopftuch. Muslimische Mädchen im deutschen Sportunterricht;[155]
- Die Gefährdung der Allgemeinbildung durch das Kopftuch;[156]
- Und immer wieder das Kopftuch – Zur Bedeutung des Themas Islam im Kontext Interkultureller Pädagogik.[157]

Des Weiteren tauchten vermehrt Titel auf, die sich nicht mehr ausschließlich auf Migrantinnen beziehen, sondern die Situation von *Minderheiten* in Deutschland, insbesondere die von schwarzen Deutschen thematisiert haben:

- Entfernte Verbindungen. Rassismus, Antisemitismus, Klassenunterdrückung;[158]
- Rassismus und interkulturelle Erfahrungen im Auslandsstudium. Ergebnisse einer Studie über Studentinnen aus Entwicklungsländern an deutschen Hochschulen;[159]
- Psychosoziale Aspekte der Situation von Schwarzen Deutschen und Frauen ethnischer und nationaler Minderheiten in Deutschland;[160]

---

[149]Kolb u. Hunfeld 1993.
[150]Zielke 1994.
[151]Lüders 1998.
[152]Landtag Nordrhein-Westfalen 1993.
[153]Füssel 1994.
[154]Waltz 1996.
[155]Wölk 1997.
[156]Soetard 1998.
[157]Roth 1999.
[158]Hügel u. a. 1993.
[159]Bublitz u. Wehner 1994.
[160]Kampmann 1994.

- Afro-Deutsche, Schwarze Deutsche und Schwarze in Deutschland.
  Die Initiative Schwarze Deutsche und Schwarze in Deutschland;[161]
- Diskriminierung im Alltag. Schwarze Frauen / Migrantinnen
  erzählen.[162]

Von den insgesamt hierzu aufgefundenen 73 Titeln sind allein 60 Titel in den neunziger Jahren erschienen. Hinzu kam die Thematisierung von *Fremdheit*, eine Auseinandersetzung mit *der fremden Frau* im Verhältnis zum eigenen Selbst. War sich seit den achtziger Jahren eher mit der Rolle von Frauen in der Kolonialgeschichte Deutschlands und mit der Sichtweise westlicher Frauen über die *Dritte Welt* beschäftigt worden:

- Afrika und der deutsche Kolonialismus. Zivilisierung zwischen
  Schnapshandel und Bibelstunde;[163]
- Wider die Schamlosigkeit und das Elend der heidnischen Weiber.
  Die Basler Frauenmission und der Export des europäischen
  Frauenideals in die Kolonien;[164]
- Was habe ich mit Afrika zu tun?[165]
- Komplizinnen;[166]
- »*Frauen und Kolonialismus – Täterinnen und Opfer. Eine
  historische Entdeckungsreise*«;[167]
- Interkulturelles Lernen oder verdeckte Dominanz?[168]
- Fremde zwischen Auf- und Abwertung: Die Folgen von
  500 Jahren Kolonialismus für unser Denken.[169]

wurde nun die Aktualität dieses Denkens in der heutigen Zeit thematisiert:

- Den Tunnelblick erweitern – eine Überlebensaufgabe für
  weiße Feministinnen;[170]
- Deutsch, weiß, christlich: Wie leben wir damit? Zur Moral der
  Demoralisierten;[171]
- Schuld und Schuldgefühle im westlichen Nachkriegsdeutschland:
  Zur Wirksamkeit des Vergangenen im Gegenwärtigen;[172]
- »*Rechtsextremismus und Dominanzkultur*«;[173]

---

[161] Oguntoye 1994.
[162] Kutz u. Wiedenroth 1996.
[163] Nestvogel u. Tezlaff 1987.
[164] Prodolliet 1987.
[165] Pirch 1988.
[166] Mamozai 1990.
[167] Mamozai 1992.
[168] Nestvogel 1991.
[169] Nestvogel 1994c.
[170] Schultz 1988.
[171] Koppert 1990.
[172] Koppert 1991b.
[173] Rommelspacher 1992.

- Freundinnen der multikulturellen Gesellschaft;[174]
- Frauen und Rassismus. Zum Widerspruch zwischen Diskriminierung und Dominanz;[175]
- Rassismen & Feminismen. Differenzen, Machtverhältnisse und Solidarität zwischen Frauen;[176]
- Wie ein Monster entsteht. Zur Konstruktion des anderen in Rassismus und Antisemitismus.[177]

Ebenso wie in der allgemeinen Migrationsdebatte gerät das Verhältnis von Angehörigen der Aufnahmegesellschaft zu den Einwanderinnen in den Blick:

- Angst vor den Fremden? Zum Rassismus in der deutschen Frauenbewegung und Frauenforschung;[178]
- Die *»fremde Frau«* in der multikulturellen Gesellschaft;[179]
- Frausein – Fremdsein;[180]
- Der westliche Diskurs aus einem kritischen Blickwinkel. Frauenbewegungen in der Türkei – Immigrantinnenbewegungen in der BRD;[181]
- Sind wir uns immer noch fremd? – Konstruktionen von Fremdheit in der weißen Frauenbewegung;[182]
- Differenz und Differenzen. Zur Auseinandersetzung mit dem Eigenen und dem Fremden im Kontext von Macht und Rassismus bei Frauen;[183]
- *»Fremdes«* oder *»Eigenes«*? Rassismus, Antisemitismus, Kolonialismus, Rechtsextremismus aus Frauensicht;[184]
- Dominanzkultur. Texte zu Fremdheit und Macht;[185]
- Wir und das Fremde. Die Funktionalisierung des Fremden in der Lebensgeschichte von Frauen;[186]

Das zuvor gezeichnete Bild von der Migrantin als *türkische Frau* diente dabei als eine Folie zur Auseinandersetzung um Fremdheit und für den interkulturellen Vergleich. Frauen aus anderen Herkunftsländern tauchten in diesem Zusammenhang – wie schon zuvor – kaum auf.

---

[174] Beyer 1993.
[175] Rommelspacher 1994a.
[176] Fuchs u. Habinger 1996.
[177] Breitenfelder u. Kohn-Ley 1998.
[178] Lenz u. a. 1988.
[179] Gümen u. Westphal 1992.
[180] Akashe-Böhme 1993.
[181] Gümen 1993.
[182] Lutz 1993.
[183] Institut für Sozialpädagogische Forschung Mainz e.V. 1994.
[184] Nestvogel 1994b.
[185] Rommelspacher 1995.
[186] Stetter-Karp 1997.

- Das »*Problem des Anderen*«. Die Darstellung türkischer Mädchen und junger Frauen in der zeitgenössischen Kinder- und Jugendliteratur;[187]
- Erfahrungen türkischer Frauen mit deutschen Frauen;[188];
- Kultur ist nicht geschlechtslos. Geschlechterverhältnisse aus der Sicht deutscher und türkischer Mädchen und Jungen;[189]
- Frauenbilder und geschlechtsspezifische Selbstbilder in interkulturell-vergleichender Perspektive;[190]
- Der Mädchenmythos im Spiegel der pädagogischen Diskussion. Ein empirisch fundierter Diskussionsbeitrag zu Stereotypien über Mädchen türkischer Herkunft;[191]
- Migrantinnen in der Berufsausbildung. Eine Vergleichsstudie zwischen Migrantinnen aus der Türkei und deutschen Frauen im Berufswahlprozeß zum Beruf der Arzthelferin;[192]
- Männlich – Weiblich, Türkisch – Deutsch. Lebensverhältnisse und Orientierungen von Industriebeschäftigten.[193]

Auch die Betrachtung der bundesrepublikanischen Gesellschaft als ein Ort, an dem Frauen über Rassisierungs- und Ethnisierungsprozesse bestimmt werden, begann in den neunziger Jahren.

- Türkische Frauen in der Bundesrepublik Deutschland. Die Macht der Repräsentation;[194]
- Ist Kultur Schicksal? Über die gesellschaftliche Konstruktion von Kultur und Migration;[195]
- Macht der Ignoranz. Das westliche Bild der islamischen Frau[196];
- Bilder – Texte – Macht. Wie die Darstellung von »*anderen*« Frauen als Opfer und »*anderen*« Kulturen als frauenfeindlich zur Rechtfertigung von Ausgrenzung benutzt wird;[197]
- Wir wollen sein ein einig Volk von Brüdern ... Zur sozialen Konstruktion von Geschlecht und Ethnizität;[198]
- Die sozialpolitische Konstruktion »*kultureller*« Differenzen in der bundesdeutschen Frauen- und Migrationsforschung[199];
- Migrantinnenpolitik jenseits des Differenz- und Identitätsdiskurses[200];

---

[187]Grenz 1991.
[188]Ataç-Geiger 1994.
[189]Popp 1994.
[190]Gümen 1995.
[191]Schepker u. Eberding 1996.
[192]Hendrych u. Wagner 1997.
[193]Birsl u. a. 1999.
[194]Broyles-Gonzáles 1990.
[195]Lutz 1992b.
[196]Pinn u. Wehner 1992.
[197]Knecht 1993.
[198]Lenz 1994.
[199]Gümen 1996.

- Grenzziehungen und Öffnungen: Zum Verhältnis von Geschlecht und Ethnizität zu Zeiten der Globalisierung[201];
- Das Soziale des Geschlechts. Frauenforschung und Ethnizität[202];
- Geschlecht im Migrationsdiskurs[203];
- Ethnisierungsprozesse re-visited: Die Relevanz der Kategorie Geschlecht im Umgang mit Fremdheit[204].

Erst jetzt wurden die schon in den achtziger Jahren in Erfahrungsberichten[205] und in Berichten aus der sozialpädagogischen Praxis[206] thematisierten Diskriminierungen von der mittlerweile etablierten feministischen Sozialforschung wahrgenommen und debattiert.

Phasen des Mutterseins der Migrantinnen

Im Folgenden werfe ich den Blick noch einmal aus einer anderen Perspektive auf die Thematisierungen zu Frauenmigration, indem ich die Titel zum *Gesundheitsbereich* und diejenigen, welche die Begriffe *»Problem«* und *»Kulturkonflikt«* enthalten, als einen Text lese, durch den sich die verschiedenen *Phasen des Mutterseins von Frauen durch die Zeit* abbilden lassen. Schon bei dem Überblick über die inhaltliche Ausrichtung der Thematisierungen fiel die breite Beschäftigung mit dem Thema *Gesundheit* auf. Werden die Themen *Geburt* und *Schwangerschaft* hinzugenommen, lassen sich 149 Titel auflisten.

Es sind Studien und Aufsätze, die dem *medizinischen Bereich* zuzuordnen sind, so z. B.:

- Lepra bei ausländischen Arbeiterinnen in Deutschland;[207]
- Bericht über 7000 Geburten in einem mittleren Krankenhaus unter Berücksichtigung der Geburtsverläufe bei Ausländerinnen;[208]
- Über eine Anfallsepidemie bei einer Gruppe jugoslawischer Arbeiterinnen;[209]
- Gynäkologische Erkrankungen bei ausländischen Arbeitnehmerinnen von 1966-1971.[210]

---

[200] Gutiérrez Rodriguez 1996.
[201] Lenz 1996.
[202] Gümen 1998.
[203] Huth-Hildebrandt u. Lutz 1998.
[204] Huth-Hildebrandt 1999c.
[205] Fremgen 1984; Tesfa 1984; Oguntoye u. a. 1986.
[206] Schulz 1984; Broek 1988; Heinrich 1990a+c; Wagner 1990.
[207] Gartmann u. Kiessling 1963.
[208] Loew u. Schrank 1966.
[209] Blum 1972.
[210] Schwarz 1973.

Des weiteren gibt es Titel, die Gesundheitsverhalten in Hinblick auf *kulturelle Differenz* thematisieren, so z. B.:

- Der Koran zur Familienplanung;[211]
- Vorstellungen von Gesundheit und Krankheit bei Frauen aus der Türkei;[212]
- Einstellungen und Erfahrungen über Gesundheit und Krankheit in Abhängigkeit von der Aufenthaltsdauer in Westberlin;[213]
- Krankheitskonzepte und Krankheitsverhalten in der Türkei und bei Migrantinnen in Deutschland: ein Vergleich.[214]

Hinzu kommen Texte für und aus dem *praxis- und handlungsbezogenen* Bereich:

- Vorstellungen und Konzepte türkischer Frauen für den Bereich der Gynäkologie und der Geburtshilfe;[215]
- Mütterberatung und Mobile Krankenpflege;[216]
- Gesundheitsberatung türkischer Frauen in einem Mutter-Kind-Zentrum;[217]
- Mütterkur für türkische Frauen. Von den Schwierigkeiten, Angebote der medizinischen Versorgung in der Bundesrepublik in Anspruch zu nehmen.[218]

Seit Anbeginn einer Auseinandersetzung mit Frauenmigration spielten Themen aus dem Bereich der Medizin, später auch aus dem der Psychoanalyse und Psychotherapie, sowie praxisbezogene Texte mit Bezug zu den zugehörigen beratenden Institutionen eine Rolle. Schon in den sechziger Jahren tauchten Migrantinnen in diesem Wissenschaftsbereich als ein gesondertes Thema auf, das im medizinischen Bereich in der Auseinandersetzung um *Schwangerschaft und Geburt* bis Ende der siebziger Jahre seinen Platz behalten hat. Hier sind thematisch auch die ersten Sprachprogramme für Frauen angesiedelt. Ab Anfang der achtziger Jahre reduzierten sich die Titel zu Schwangerschaft und Geburt, sowie zum Thema Mutter und Kind, so daß diese Diskussion hier ihren Abschluß zu finden scheint. Das Gesundheitsthema wurde nun vom Beratungs- und Bildungsbereich besetzt. Im Rahmen einer allgemeinen Gesundheitsvorsorge wurde es mit dem Blick auf *»spezifische Probleme«* der Mütter in den Bereich der Forschungsförderung über Migrantinnen aufgenommen.

---

[211] Last 1980.
[212] Grottian 1985.
[213] Mönch 1985.
[214] Koen 1986.
[215] Kayankaya 1980.
[216] Jensen 1982.
[217] Klöss u. Krasberg 1982.
[218] Akkent u. a. 1984.

- Mütterberatung und Mobile Krankenpflege;[219]
- Gesundheitsberatung türkischer Frauen in einem Mutter-Kind Zentrum;[220]
- Gesundheitswissen – Gesundheitsverhalten. Materialien für Kurse mit ausländischen Frauen;[221]
- Konzepte und Bemühungen zur Verbesserung der gesundheitlichen Versorgung und Aufklärung ausländischer Frauen und ihrer Familien in Hamburg.[222]

Ziel war es, spezielle Bildungs- und Beratungsprogramme für schwangere Frauen, sowie für Mütter mit Kleinkindern zu entwickeln.

Parallel gerieten in den achtziger Jahren die *Mädchen der zweiten Generation* in den Blick:

- Türkische Mädchen zwischen der türkisch-islamischen und der westdeutschen Gesellschaft. Träger einer bitteren Identitätskrise?[223]
- Ich glaube manchmal, ich bin verrückt. Türkische Mädchen auf der Suche nach einer anderen weiblichen Identität;[224]
- Aus Notwehr den Vater erschossen.[225]

Seither hat es den Anschein, als habe sich die Diskussion um Kulturdifferenz von den Frauen der ersten Generation auf die Töchter als die mittlerweile herangewachsenen Mädchen und jungen Frauen der zweiten Generation zu verlagern begonnen. Dabei fand eine Neubestimmung in der Begrifflichkeit statt. Statt von *Problemen* der Frauen aufgrund von Kulturdifferenz zu sprechen, wie in den achtziger Jahren in den Texten aus dem Bildungs- und Beratungsbereich, war nun die Rede von den *Konflikten* der Mädchen und jungen Frauen:

- Die Geschichte von Suduman K. Kulturelle Konflikte einer türkischen Oberschülerin;[226]
- Türkische Mädchen und Frauen: Rollenkonflikte – nicht erst in der Bundesrepublik;[227]
- Ausländische Mädchen – Opfer eines Kulturkonfliktes;[228]

---

[219] Jensen 1982.
[220] Klöss u. Krasberg 1982.
[221] Senatskanzlei 1983.
[222] Arbeitskreis »*Arbeit mit ausländischen Frauen und Mädchen*« 1984.
[223] Scheinhardt 1980.
[224] Schlüter u. Wunderlich 1982.
[225] Wülfing 1983.
[226] Jancke 1980.
[227] Mertens 1980.
[228] Rosen 1980a.

- Die Gewalt der Ehre. Erklärungen zu einem türkisch-deutschen Sexualkonflikt;[229]
- Geschlechtsrollenkonflikte. Untersuchungen zur schulischen und familialen Situation türkischer Berufsschülerinnen;[230]
- Konflikte zwischen ausländischen Mädchen und ihren Eltern;[231]
- Interkulturelle Konflikte bei 10-18jährigen Mädchen türkischer Herkunft;[232]
- Türkische Mädchen im Kulturkonflikt;[233]
- Kulturkonflikt und Sexualentwicklung;[234]
- Identitäts- und Rollenkonflikte junger Türkinnen. Ein Balanceakt zwischen zwei Kulturen;[235]
- Flucht aus dem Elternhaus. Türkische Mädchen im Konflikt mit Familie und Gesellschaft;[236]
- Tschador. Ehre und Kulturkonflikt.[237]

Diese Verlagerung ist aus zeitlicher Perspektive interessant und demographisch plausibel: Nach ca. 20 Jahren der Auseinandersetzung mit Schwangerschaft und Geburt, sowie mit Mutter-Kind-Themen als einem rückläufigen Trend, ungefähr ab 1979, also 13 Jahre nach den ersten Publikationen zu diesem Thema, wurde der Blick nun auf die mittlerweile herangewachsenen Mädchen gerichtet. Hatten deren Mütter *Probleme*, so wird die Lebenssituation der Mädchen als eine von *Konflikten* und Zerrissenheit bestimmte beschrieben. Hier könnte eine der möglichen Erklärungen des Rückganges der Publikationen zu Frauenmigration und über Migrantinnen gegen Ende der achtziger Jahre liegen, da in der Auseinandersetzung um Kulturdifferenz nun die Mädchen die Folie bilden, auf der eine solche unter Zuhilfenahme der Kategorie Geschlecht weiterhin abgebildet werden kann. Die Mädchen wurden dabei nicht – wie zuvor die Frauen – aufgrund der spezifischen Ausprägung gelebter Geschlechterdifferenz als *Opfer des Migrationsprozesses* dargestellt, sondern aufgrund einer spezifisch gelebten Geschlechterdifferenz in den Migrantenfamilien als die *Opfer vorherrschender patriarchaler Familienstrukturen* gesehen. Mit Hilfe von Beschreibungen familialer hierarchischer Abhängigkeitsstrukturen, basierend auf »*traditionellen Moralvorstellungen*«, wurde *ein »Leben in zwei Kulturen«* bzw. in »*zwei Welten*« konstruiert, welches zur Folge habe, daß die Mädchen in eine Situation gerieten, die sich für sie als ein ohne »*fremde Hilfe*« unlösbarer »*Kulturkonflikt*« dar-

[229]Schiffauer 1983.
[230]Müller-Spude 1985.
[231]Münder 1985.
[232]Dittmann u. Kröning-Hammer 1986.
[233]Gözlü 1986.
[234]Heidarpur-Ghazwini 1986.
[235]Stadt Kassel. Gesamtvolkshochschule 1986.
[236]Reichhelm-Sepehri 1987.
[237]König 1989.

stellt. Konflikte, die sich für die Mädchen aufgrund von Diskriminierungs-tendenzen, wie z. B. durch Ausgrenzungserfahrungen[238] oder durch Außen-seiterinnendasein[239] ergeben, wurden kaum bearbeitet. Und Texte zu Adoles-zenz sind im vorliegenden Zusammenhang ebenfalls nicht aufzufinden, so daß es scheint, als hätte diese Lebensphase in der Entwicklung der Migran-tenmädchen keinen Platz.

Mütter und Töchter als unselbständige Dazwischenstehende

Aus den Titel-Beschreibungen ergibt sich eine *Gemeinsamkeit* von *Müttern und Töchtern*, und das ist die immer wieder auftauchenden Zuschreibung eines sich *zwischen* etwas Befindendem. Ist in frühen Texten zu Arbeitsmig-ration in bezug auf die Männer eher von Anpassungsproblemen in der Ar-beitswelt[240] zu lesen, da diese sich im Verlauf der Migration in eine neue Situation hineinbegeben hätten, mit der sie umgehen lernen müssten, so be-schreiben schon die frühen Texte zu Frauenmigration für die Migrantinnen eine unauflösbare Situation des sich Dazwischenbefindens, die eindeutig negativ konnotiert ist. Migrantinnen befänden sich *»zwischen gestern und morgen«*,[241] nämlich *»zwischen Holzpflug und Fließband«*[242], *»zwischen Kreuzberg und Anatolien«*,[243] *»zwischen anatolischem Dorf und europäischer Großstadt«*.[244] Aus diesen Zuschreibungen entwickelte sich Ende der siebzi-ger Jahre bis hin zu heutigen Texten die Vorstellung von einem *»Leben zwi-schen zwei Kulturen«*[245], bzw. *»zwischen zwei Welten«*[246], das für die Frauen zur Folge hat, sich *»zwischen zwei bzw. allen Stühlen«*[247] zu befinden. Migra-tion von Frauen wurde nicht beschrieben als ein Weg, den diese beschritten haben, indem sie sich von einer Welt des *Holzpfluges* in eine Welt des *Fließ-bandes* begeben, und durch den sie in der Folge Anpassungsprozesse bezüg-lich der vorgefundenen neuen Arbeitsbedingungen und Arbeitsstrukturen zu bewältigen haben. Vielmehr wird die Migrationssituation von Frauen als ein statischer Ist-Zustand eines sich zwischen etwas Befindenden gesehen, näm-

---

[238] Teixeira 1996.

[239] Boos-Nünning 1994.

[240] Beckert 1957; Zwingmann 1961; Kurz 1965; Delgado 1966; Braun 1970; Katsarakis 1974; Eisenstadt u. Kaltefleiter 1975.

[241] Karasan-Dirks 1980.

[242] Scheinhardt 1980.

[243] Baumgartner-Karabak u. Landesberger 1978.

[244] Weische-Alexa 1980.

[245] Mansfeld 1979c; Huth 1981; Westmüller 1985; Stadt Kassel 1986; Kraheck 1994.

[246] Platen 1986; Gauss 1990; Ümitkan 1990; Filter 1991; Kolb 1993; Stienen 1994.

[247] Müller u. Schiller 1982; Koch-Straube 1991; Schuster 1992.

lich *»zwischen Tradition und neuen gesellschaftlichen Strukturen«*[248] bzw. *»zwischen Traditionsgebundenheit und Emanzipation«*[249], welcher zur Folge habe, keinen eigenen Platz mehr zu besitzen, sich *zwischen den Stühlen* zu befinden. Wurde den Männern in der Migrationssituation ein eher aktiver Part mit der Möglichkeit des eindeutigen Agierens zugestanden, welche sich zwischen den Polen einer Integration in das Aufnahmeland und einer verstärkten Rückbesinnung auf die eigene Herkunftstradition ansiedeln konnte, wurde eine solche eigenständige Verortung von Frauen offensichtlich nicht erwartet, und ihnen ein sich unselbständiges im *Dazwischen* Befinden zugeschrieben. Ihr Verhalten in der Migrationssituation wurde als ein Austarierenmüssen beschrieben, bedingt durch das Erfüllenwollen von Anforderungen der die jeweilige Kultur repräsentierenden Instanzen. Durch die Annahme, dabei auf sich widersprechende Anforderungen zu treffen, erscheint ein Dilemma als offensichtlich. Migrantinnen wurden in der Folge als *»verlassen zwischen Fremden«*[250] beschrieben, als Nichtzugehörige. Sie seien Frauen, die sich vereinzelt *»zwischen Auf- und Abwertung«*[251], *»zwischen Diskriminierung und Dominanz«*[252], *»zwischen Ausgrenzung und Vereinnahmung«*[253] sowie *»zwischen staatlicher und alltäglicher Diskriminierung«*[254] zurechtfinden müßten. Dieses Dazwischensein ist in den Titeln auch für die Mädchen aufzufinden. Ihr Leben wird ebenfalls als eines beschrieben, das *»zwischen zwei Kulturen«*[255] stattfindet, als ein *Leben »zwischen der türkischislamischen und der westdeutschen Gesellschaft«*[256]; *»zwischen Tradition und Moderne«*[257]. Die sich aus dieser Situation ergebenden Konflikte werden in den Texten über die Mädchen jedoch in die Familie, in das Elternhaus hineinverlagert. Es seien *»Konflikte zwischen Mädchen und ihren Eltern«*[258], *»zwischen Schule und Elternhaus«*,[259] jedoch mit den gleichen Folgen wie sie zuvor für die Frauen dargestellt worden sind. Auch die Mädchen befänden sich in einer Situation *»zwischen Anpassungsdruck und Ausgrenzungserfahrungen«*[260].

---

[248] Damaschun 1993.

[249] Wengenmayr u. Sengör 1986.

[250] Joop 1983.

[251] Nestvogel 1994c.

[252] Rommelspacher 1994a.

[253] Nestvogel 1994b.

[254] Toker 1983.

[255] Kraheck 1994; Akashe-Böhme 1997; Ehlers 1997.

[256] Scheinhardt 1980.

[257] Haller 1994.

[258] Münder 1985.

[259] Berber u. Emminghaus 1997.

[260] Teixeira 1996.

Frauen wie Mädchen wurden nicht nur besondere Schwierigkeiten bei der Anpassung an das Aufnahmeland zugeschrieben, sondern es wurden darüber hinaus gegen eine solche Integration Widerstände aus dem familiären Umfeld und aus der Migrationsgemeinschaft konstatiert. Dabei wird den Mädchen nicht mehr ausschließlich Hilflosigkeit als Reaktion auf diese Widerstände zugeschrieben. Blieb den Frauen nur ein Leben »Zwischen Gehorsam und Schande«[261], das heißt zwischen Anpassung oder Ausschluß, so werden den Mädchen nun Verhaltensweisen »Zwischen Anpassung und Rebellion«[262], d. h. zwischen Anpassung und einem aktiven Verhalten mit offenem Ausgang zugestanden. Die Angehörigen des weiblichen Geschlechts werden nicht mehr als die besonderen Opfer im Migrationsprozeß dargestellt, sondern als die Opfer in einem Kampf zwischen den Kulturen[263] wahrgenommen, der sich als ein Konflikt zwischen den Generationen in den Migrantenfamilien abspielt und damit in die private Sphäre hineinverlagert worden ist. Die Migrationssituation wird nicht angesehen als eine Auseinandersetzung mit dem Anderen, Unbekannten als etwas Neuem, sondern wird als ein Machtkampf der selbständig agieren Könnenden dargestellt, um die dies angeblich nicht könnenden Abhängigen, repräsentiert durch die Frauen und Mädchen.

Differenzierungen zwischen Müttern und Töchtern

Nach den Beschreibungen der Problemlagen von Frauen und Mädchen werfe ich den Blick auf die Schwerpunktsetzungen für den *Bildungs- und Beratungsbereich*, so wie sie sich aus den Titeln abbilden lassen:

Angebote	Frauen	Mädchen
Arbeit in Beratungsläden / Treffpunkten / Sozialpädagogische Arbeit allgemein	30	18
Schwangerschafts- / Gesundheitsberatung	34	
Alphabetisierung / Sprachkurse	34	
allgemeine Bildungsarbeit / Bildungsurlaub	21	
Mütterberatung	11	
Beratung bei Mißhandlungen oder Scheidungen	7	
Existenzgründungen / berufliche Förderung	5	
psychosoziale Versorgung und Beratung	4	
Freizeit und Sportangebote	2	
berufliche Ausbildung		41

Tabelle 7:   *Spezifische Angebote im Bildungs- und Beratungsbereich*

---

[261] Ingenhoven 1983.
[262] Kiper 1984.
[263] Huntington 1996.

Neben Texten zur allgemeinen Bildungs- und Beratungsarbeit und Berichten über die Arbeit in spezifischen Einrichtungen oder Gruppen liegt der Schwerpunkt der Angebote für Migrantinnen der ersten Generation bei der *Alphabetisierung* und beim *Spracherwerb*. Viele Angebote kombinieren Kurse zum Erwerb von Deutschkenntnissen mit Alphabetisierung, so daß es den Anschein erweckt, Migrantinnen der ersten Generation seien des Lesens und Schreibens nicht mächtig. Einen ebenso großen Raum nehmen Angebote zur *Schwangerschafts-* und *Gesundheitsvorsorge* ein. Offensichtlich wurde für diese beiden Bereiche ein besonderer Bildungsbedarf gesehen. Auffallend ist, daß nicht etwa Erziehungsfragen zu den unterschiedlichen Phasen des Aufwachsens von Kindern im Vordergrund standen, sondern nach der Anzahl der vorhandenen Titel die Gesundheitsaufklärung als das vorherrschende Bildungsthema für Frauen mit Kindern angesehen wurde. Hier stellt sich die Frage, welche Rolle den Müttern in der Erziehung ihrer Kinder zugeschrieben worden ist, und warum die Angebote des Bildungs- und Beratungsbereiches offensichtlich auf die Fürsorge beschränkt waren und kognitive Förderprogramme nicht entworfen wurden.

Bezogen auf die heranwachsenden Töchter der ersten Generation hat es dann den Anschein, als würden die Fähigkeiten und Fertigkeiten, die in den Herkunftsfamilien in bezug auf eine zukünftige Rolle als Ehefrau und Mutter erworben werden, als ausreichend angesehen, so daß z. B. für den Bereich der Gesundheitsaufklärung kaum noch Bildungsangebote zu finden sind. Auch Sprachkurse für diese jungen Frauen sind ein seltenes Thema, so daß zu vermuten ist, daß die in den schulischen Bereich integrierten Sprachmaßnahmen für Migrantenkinder als ausreichend angesehen worden sind. Bezogen auf die Mädchen und jungen Frauen der zweiten Generation liegt der Schwerpunkt neben allgemeinen Beschreibungen sozialpädagogischer Arbeit eindeutig im Bereich der *beruflichen Ausbildung*. *Erwerbstätigkeit* erhielt in bezug auf die Töchter der Migrantinnen eine andere Gewichtung, als dies zuvor für die Frauen der ersten Generation festgestellt werden konnte. Offensichtlich herrschte im Bildungs- und Beratungsbereich bezogen auf die zweite Generation der Migrantinnen nicht mehr die Vorstellung von zukünftigen nichterwerbstätigen Ehefrauen vor. Es ging von vornherein um die Befähigung der Mädchen, das eigene Leben über eine Erwerbstätigkeit selbst finanzieren zu können. Auffällig ist in diesem Zusammenhang, daß keine empirischen Untersuchungen darüber aufzufinden sind, ob diese zunehmende Gewichtung in bezug auf eine Berufsausbildung auf Einstellungsänderungen in den Migrantenfamilien zurückzuführen ist, oder ob sich die Bildungsträger in ihren Konzeptionen lediglich auf die vorhandenen Finanzierungsmöglichkeiten eingestellt hatten, da diese im Bereich von Jugendarbeit und Jugendhilfe in jüngster Zeit eindeutig im Berufsbildungsbereich liegen.

Frauenmigration in der Auseinandersetzung um Migration und Einwanderung

Im Rückblick hat sich gezeigt, daß die Entwicklung von Frauenmigration nicht auf der Folie der vorliegenden Phasierungen zu Migration abgebildet werden kann, da sich mit dem Blick auf die Geschlechterdifferenz für den Umgang mit Migrantinnen eine andere Phaseneinteilung ergibt, als die auf der Basis von Männermigration bisher beschriebene. Da die Migration von Frauen erst gegen Ende der siebziger Jahre öffentlich wahrgenommen wurde, liegt die Frühphase der Debatte zu Frauenmigration in der Hauptphase der allgemeinen Auseinandersetzung mit Migration, so daß ihre eigene Hauptzeit in die Bilanzphase der allgemeinen Migrationsforschung hinein und sogar noch über diese hinaus reicht. Durch diese Nichtbeachtung von Frauenmigration in den Anfängen der Auseinandersetzung mit den Folgen der Anwerbung ausländischer Arbeiter und Arbeiterinnen etablierte sich die Migrantinnenforschung mit einer weitaus größeren zeitlichen Verzögerung, als dies für die allgemeine Forschung zu Migration konstatiert wurde. Sie entstand zu einer Zeit, als im Blick auf das Migrationsphänomen ein Perspektivwechsel vollzogen wurde, der die Diskussion um *Kulturdifferenzen* und die Bewältigung von *Kulturkonflikten* in den Vordergrund gerückt hat, so daß anzunehmen ist, daß dieser auf Kulturdifferenz fixierte Blick die frühe Zeichnung des Bildes von der Migrantin nachhaltig mit beeinflußt hat.

Die Titelanalyse hat ergeben, daß das Augenmerk erst einmal auf diejenigen Zeitabschnitte im Frauenleben gelegt wurde, die Migrantinnen von Arbeitsmigranten *unterscheiden,* nämlich auf die Phase der *Schwangerschaft, Geburt* und *Säuglingsversorgung*. Somit wurde von vornherein nur derjenige Ausschnitt aus dem Frauenleben in den Blick genommen, der durch die vorhandene Grenzziehung zwischen öffentlich und privat eher im privaten Raum angesiedelt ist. Ein weiterer Schwerpunkt in den frühen Texten waren vorhandene *Sprachdefizite* in bezug auf die Landessprache. Schon damals läßt sich ein ambivalenter Umgang mit diesem Thema von seiten der Aufnahmegesellschaft erkennen. Einerseits wird Sprachkompetenz bei denjenigen Migrantinnen angemahnt, die im *Gesundheits- und Pflegebereich* beschäftigt waren, einem Bereich, in dem Verständigung und Verstehen eine ganz andere Relevanz besitzt als beispielsweise bei automatisierten Tätigkeiten in *industriellen Fertigungsbetrieben*. Andererseits ist festzustellen, daß vorhandene Sprachdefizite nicht unerwünscht waren und mangelhafte Verständigungsmöglichkeiten von Migrantinnen gegen Ende der sechziger Jahre in den Industriebetrieben gezielt genutzt wurden, um soziale Spannungen zu reduzieren und die Organisation der damals zunehmende Streikbereitschaft der Belegschaften zu erschweren.[264] Im Gesundheitsbereich hingegen ging es offensichtlich um das Erklären eines angenommenen Anderen, welches notwendig erschien, um in diesen Bereichen überhaupt kommunizieren zu können. Dieser Bereich blieb auch in der Zukunft derjenige, in dem das Augenmerk auf interkultureller Kommunikation bis in die heutige Zeit eine besondere Wichtigkeit behalten hat, wohingegen die Debatte um den Spracherwerb der Landessprache von Erwerbstätigen im industriellen Bereich weitaus zögerlicher angegangen wurde.[265]

Zur Zeit der Hauptphase einer Auseinandersetzung mit Frauenmigration wurde in der allgemeinen Migrationsforschung über den Lebensweltansatz vermehrt die *individuelle Privatsphäre als wichtiger Ort gelebter Vielfalt* zum Untersuchungsgegenstand gewählt. Die Migrantin stand für diesen privaten Raum als einer »Zelle der Kultur der *Anderen*«[266] und der in ihr gelebten Praxis der *Geschlechtertrennung, Frauenverachtung und -unterdrückung*, die nun an ihrem Beispiel ans Licht der Öffentlichkeit gebracht und erörtert wurde. Der Blick auf die erschienenen Texte in der Hauptphase (Abb. 3) bestätigt diese Annahme. Wenn das Fließende zwischen den Grenzziehungen in den vorliegenden Zuordnungen und Sortierungen berücksichtigt wird, ergibt sich aus dem vorliegenden Netz der Thematisierungen zu Frauenmigration und zu Migrantinnen eindeutig, daß hier im Vergleich zur Auseinandersetzung mit Männermigration durchgehend Themen vorherrschend sind, die im Bereich der Privatsphäre liegen, beziehungsweise aus dieser Perspektive aufgegriffen worden sind.

Durch die Einschränkung des Blickes auf nichterwerbstätige Ehefrauen und Mütter blieben weite Bereiche in der Auseinandersetzung mit Frauenmigration de-thematisiert. Untersuchungen zur Vereinbarkeit von Erwerbstätigkeit mit den Familientätigkeiten in der Migrationssituation fehlen. Auch die Lebenssituation alleinmigrierter oder alleingehender Frauen wurde nicht untersucht. Fragen, ob in der Bundesrepublik erwerbstätige verheiratete Migrantinnen ihre Familien und / oder Verwandten nachgeholt haben, oder welche Rolle die Heiratsmigration für diese spielte, wurden nicht gestellt. Somit

---

[264]So berichteten Peter Schneider und Marianne Herzog im Jahr 1970 von ihren Erfahrungen bei Bosch und AEG / Telefunken, daß ausländischen Frauen gezielt überall dort einsetzt wurden, wo deutsche Frauen bereits erste Formen des Arbeitskampfes und der Verweigerung entwickelt hatten, so daß *»immer mehr ausländische Arbeiterinnen, Jugoslawinnen, Türkinnen und Griechinnen zwischen die deutschen Arbeiterinnen gesetzt [wurden], um die Kommunikation zu unterbrechen«.* Kursbuch 1970:89 und 111.

[265]Vgl. hierzu Dittmar 1979 und Ehlich 1980.

[266]Huth-Hildebrandt u. Lutz 1998:162.

wurde nur ein Teil ihrer Lebenswelt und -wirklichkeit abgebildet. Und dies geschah am Beispiel einer als besonders fremd definierten Gruppe, den Frauen aus der *Türkei* (Abb. 4), aus der Perspektive einer als modern definierten Aufnahmegesellschaft und einer sich herausbildenden Frauenforschung. Von daher ist die Geschichte von Frauenmigration bisher nur zu Teilen beschrieben worden, und die vorliegenden Texte sind – auch als ein Ganzes genommen – kaum repräsentativ. Dieser verengte Blick auf die Migrantinnen hatte nicht nur prägende Auswirkungen auf die Zeichnung des Bildes von den Frauen. In der Phase der Konzeptionsentwicklungen im sozialpädagogischen Bereich und in der Erwachsenenbildung bestimmte er die inhaltliche Ausrichtung der Angebote (Abb. 3). Es dominierten Sprachlern- und Alphabetisierungsangebote mit auf den privaten Raum ausgerichteten Themenschwerpunkten, Nähkurse, sowie Maßnahmen zum Umgang mit Kleinkindern und zur familialen Gesundheitsvorsorge.

Seit Ende der achtziger Jahre deutet sich erneut ein Perspektivwechsel an, der jedoch in der Forschung über Migrantinnen noch nicht zu ersten Bilanzierungen geführt hat, wie sie sich im allgemeinen Migrationsdiskurs abgezeichnet haben. Zu Beginn der neunziger Jahre ist eher ein *Abbruch der Diskussion* über die Lebensbedingungen von Migrantinnen zu vermerken und besonders im Alltagsdiskurs ein Festhalten an der weitgehend abgeschlossenen Zeichnung des stereotypen Bildes von der Migrantin festzustellen. In der Folgezeit wurde der Blick von der Migrantin hin auf die Aufnahmegesellschaft und auf die Interaktion zwischen Einwanderergemeinschaft und Aufnahmegesellschaft gerichtet. Handlungsbezogene Texte sind in den Hintergrund getreten. Durch die erfolgte Etablierung von Frauenforschung kehrte sich das bisherige Verhältnis des Textkorpus um, indem in der Folge nun die Auseinandersetzung im sozialwissenschaftlichen Bereich einen breiten Raum einnimmt (Abb. 2). Im Rahmen der Debatten um Rassismus, Macht und Gewalt, sowie der Frage nach den Differenzen von Frauen wurde die Auseinandersetzung mit einer sich für Frauen durch Migration verändernden Lebenssituation jedoch eher vernachlässigt. Erst gegenwärtig nehmen Forscherinnen das Thema aus kritischer Perspektive wieder auf und versuchen erste Bilanzierungen.[267]

---

[267]Broyles-González 1990; Çağlar 1990; Lutz 1992b; Gümen 1993; Otyakmaz 1994; Gümen 1996; Gutiérrez Rodriguez 1996; Gutiérrez Rodriguez 1997; Huth-Hildebrandt u. a. 1998; Gümen 1998; Huth-Hildebrandt 1999c; Gutiérrez Rodriguez 1999.

Auffallend ist jedoch, daß parallel erneut beziehungsweise weiterhin an den erschienenen Texten der Hauptphase angeknüpft wird[268] – so als habe die zwischenzeitliche kritische Auseinandersetzung um Ethnisierung im Migrationsdiskurs nicht stattgefunden. Auch in den neunziger Jahren blieben *Frauen aus der Türkei* diejenigen, um die sich die Debatte überwiegend gedreht hat, auch wenn neue Kategorien wie die der *Muslimin* oder die der *fremden Frau* eingeführt worden sind. Dennoch hat es den Anschein, als hätten sich die allgemeine Migrationsforschung und die Thematisierungen zu Frauenmigration in ihren Schwerpunktsetzungen angeglichen. Hier stellt sich die Frage, ob durch die Zentrierung der Debatte um die Kategorien Ethnizität *und* Geschlecht weiterhin lediglich defizitäre Aspekte kultureller Differenz gesehen und beschrieben werden. Oder vollzieht sich auch in der Literatur zu Migrantinnen – wie in der allgemeinen Migrationsforschung – eine Wende, indem der in den achtziger Jahren vorherrschenden ethnozentrischen Sichtweise nun eine relativistische Konzeption von Kultur entgegengesetzt wird, die kulturelle Differenz nicht mehr – wie zuvor – als Mangel erscheinen läßt, sondern positiv gewendet, als *Anderssein* definiert? Wird kulturelle Differenz eher als gleichwertige gesehen, wenngleich sie auch different bewertet wird? Eine solche Sichtweise würde in der Folge jedoch auch die Gefahr in sich bergen, daß ein kulturspezifisch zugeordneter Patriarchalismus als Ausdruck spezifischer kultureller Rationalität wiederum sein eigenes Recht auf Bewahrung erhalten könnte.

---

[268] Z. B. Warzecha 1993; Ott 1993; Stienen 1994; Gaserow 1995a+b; Dietrich 1996; Strasser 1996; Barth 1997; Bentner 1997; Berber 1997; Ehlers 1997; Kiral 1997; Krahek 1997; Krajczy 1997; Wölk 1997; Yldız 1997, *Die Kopftuchlüge* 1998, *Die Kopftuchlüge* 1999; Ott 1999. Vgl. hierzu die Auseinandersetzung: Kreile 1993; Füssel 1994; Pinn 1995; Waltz 1996; Winter 1996; Wölk 1997; Karakasoğlu-Aydın 1998; Weber 1999.

Rekonstruktionen

Frauen als »Gastarbeiter«

Die Nichtbeachtung von Frauen in der frühen Migrationsphase wird in den vorhandenen Analysen zu Frauenmigration von westdeutschen Forscherinnen vielfach auf die Betrachtung von Migration als einer ausschließlich männlichen Angelegenheit zurückgeführt[1] und sich dabei auf vorliegende Untersuchungen aus dem europäischen Raum bezogen: So sah Taravella[2] – der in seiner Bibliographie über Frauenmigration im europäischen Raum die Jahre 1965 bis 1983 untersucht hat – , daß Frauen vom Wissenschaftsbereich erst dann beachtet und in den Blick genommen wurden, nachdem ihre ökonomische Bedeutung in den Aufnahmeländern Europas unübersehbar geworden war. Und für Morokvašić[3] wurden Migrantinnen – wenn überhaupt – lediglich als »ökonomisch inaktive Ehefrauen und Mütter« vermerkt. Für die Bundesrepublik sind diese Erklärungsansätze nicht schlüssig, da Arbeitsmigration von Frauen bereits seit dem Jahr 1965 stattgefunden hat, die zahlenmäßig stärkste Zuwanderung zwischen 1967 und 1973 erfolgt ist,[4] ihre De-Thematisierung jedoch bis zum Ende der siebziger Jahre angedauert hat.

Diese lange Zeit der Nichtbeachtung erklärt sich aus der damaligen Sichtweise auf das Migrationsphänomen. Es herrschte ein auf die ökonomischen Interessen an den Migrantinnen und Migranten ausgerichteter Blick vor, der sich schon in der Benennung der ersten Migrationsphase als eine *Phase der Rotation ausländischer Arbeitskräfte* ausdrückt. Zu dieser Zeit erfolgte eine anonyme, individuelle Anwerbung von ausländischen Arbeitnehmern und Arbeitnehmerinnen durch die Behörden. Die Kontrakte wurden für einige Monate oder für ein Jahr geschlossen, mit der Möglichkeit einer Verlängerung für ein weiteres Jahr.[5] Dieser Rotationsgedanke schien zu Beginn seiner Einführung durchaus praktikabel, da ein großer Teil der zuerst aus Italien angeworbenen Arbeitnehmer im saisonalen Baugewerbe und in der Landwirtschaft tätig war.[6]

---

[1] So z. B. bei Apitzsch 1994:240 oder Westphal 1996:17.

[2] Taravella 1984.

[3] Morokvašić 1987a:17; vgl. auch Mehrländer 1984:95.

[4] Nauck 1993b:370.

[5] Dieser Rotationsgedanke ist eine Vermischung des bereits im Kaiserreich praktizierten und in der Weimarer Republik weiter entwickelten rechtlichen Instrumentariums einer Arbeitskräfte-Anwerbung und -Verwaltung mit dem Schweizer Modell der Saisonarbeiter-Beschäftigung.

[6] Vgl. Rist 1980:65.

73

Ein Blick in die Statistiken zeigt,[7] daß zwischen den Jahren 1956 bis 1960 weit über die Hälfte der angeworbenen Personen in diese Bereiche vermittelt worden waren und Frauen dort nur selten einen Arbeitsplatz erhalten hatten:

	1956	1957	1958	1959	1960
Landwirtschaft	5.801	3.272	2.360	2.616	4.014
Baugewerbe	2.57	1.354	188	13.123	37.074
Von insgesamt	10.273	7.725	9.691	25.004	93.284
Anteil Frauen insgesamt	49	102	231	574	1.912

Ab 1960 – als zunehmend für den industriellen Bereich angeworben wurde – änderte sich dieses Bild. Die Rotationsidee erwies sich für die Arbeitsorganisation in den Industriebetrieben als unbrauchbar, da im industriellen Sektor nicht saisonal gearbeitet wird. Somit stand diese Regelung der flexiblen und längerfristigen Nutzung der Arbeitskraft von Migranten und Migrantinnen entgegen. Es widersprach den Rentabilitätsinteressen der einzelnen Unternehmen, von der Anlernzeit der Angeworbenen nicht langfristig profitieren zu können.[8] Daher wurden die Rotationsbestimmungen[9] von Seiten der Industrie schon frühzeitig unterlaufen. Die Unternehmen nutzten die kurzzeitige Form der Anwerbung zunehmend als Möglichkeit einer flexiblen Probezeit[10] und wandelten die ersten Kontrakte bei Bedarf und bei Zufriedenheit mit der Arbeitsleistung des Arbeitnehmers oder der Arbeitnehmerin im Anschluß in ein mehrjähriges Arbeitsverhältnis oder gar in einen Dauerarbeitsplatz um. Das Hessische Institut für Betriebswirtschaft veröffentlichte in den sechziger Jahren erste Zahlen, aus denen zu ersehen ist – wie am folgenden Beispiel für Immigration aus Italien dargestellt – ab wann bereits Dauerarbeitsplätze[11] vergeben wurden, und daß diese – wenn auch zunächst in geringer Anzahl – auch Frauen[12] erhalten hatten:

---

[7] Vgl. Hessisches Institut für Betriebswirtschaft e.V. 1961:13-17 (eigene Zusammenstellung).

[8] Vgl. Herbert 1986:197.

[9] Und wie ich noch aufzeigen werde, auch die damit verbundene Vorstellung der Einzelwanderung.

[10] Morokvašić 1987a.

[11] Auch die später im ersten deutsch-türkischen Anwerbeabkommen von 1961 noch vorhandene Rotationsklausel, die eine Arbeitserlaubnis auf 2 Jahre begrenzte, wurde schon bei der Novellierung dieser Vereinbarung im Jahr 1964 wieder aufgehoben. Hinzu kam, daß innerhalb der damaligen Europäischen Wirtschaftsgemein-

	Anwerbezahlen / Dauerarbeitsplatz	insgesamt	davon weiblich
1956	insgesamt davon Dauerarbeitsplatz	486	49
1957	insgesamt davon Dauerarbeitsplatz	7.725 2.435	102 19
1958	insgesamt davon Dauerarbeitsplatz	9.691 2.068	231 70
1959	insgesamt Dauerarbeitsplatz nicht erfaßt	25.004	574
1960	insgesamt Dauerarbeitsplatz nicht erfaßt	93.28	1.912

Nimmt man das Jahr 1960 als ein Beispiel und addiert die Anwerbezahlen aus Italien, Spanien und Griechenland, so ergibt sich bei einer Gesamtzahl der Vermittlungen von 111.706 Personen eine Anzahl von 5.218 Frauen, die überwiegend für den Bereich der Textil- und Metallindustrie angefordert worden waren.[13] Dieser geringe Frauenanteil ist jedoch nicht auf einen mangelnden Bedarf an Arbeiterinnen in der Industrie zurückzuführen, sondern muß als ein unzureichender Erfolg der damaligen Anwerbepraxis gewertet werden. Die Bundesanstalt für Arbeit mußte zugegeben, daß ihr »*die Anwerbung weiblicher Arbeitskräfte [...] besondere Schwierigkeiten*« bereitete. Sie teilte offiziell mit, daß »*deutsche Arbeitgeber [...] nicht ohne weiteres damit rechnen [könnten], daß ihr Vermittlungsauftrag erfüllt*« und ihr Bedarf an weiblichen Arbeitskräften gedeckt werden könne.[14] So begann Frauenmigration in den sechziger Jahren aufgrund der vorhandenen Anwerbeschwierigkeiten seitens der zuständigen Behörden und Ämter erst einmal nur sehr zögerlich. In der Debatte um Migration wurde in den hierzu erschienenen Texten auf eine solche jedoch überhaupt nicht hingewiesen. Die ersten Migrantinnen wurden unter die Kategorie *Gastarbeiter* subsumiert, da Differenzierungen nach Geschlecht in den sechziger Jahren kaum vorgenommen wurden, und *Geschlecht* als eine Ordnungkategorie erst in den siebziger

---

schaft Freizügigkeit vereinbart wurde. Zu dieser Zeit war von den Anwerbestaaten jedoch nur Italien in der EWG.

[12] Vgl. Hessisches Institut für Betriebswirtschaft e. V. 1961:13-17 (eigene Zusammenstellung).

[13] Vgl. Hessisches Institut für Betriebswirtschaft e. V. 1961.

[14] Weicken 1961:37.

Jahren – im Zuge der Etablierung von Frauenforschung – im forschenden Denken seinen Platz erhielt.

Die »Südländerin« als »Weib und Mutter«

In den Begründungen der Anwerbebehörden hinsichtlich ihrer Schwierigkeiten bei der Vermittlung von Frauen sind bereits erste Vorstellungen über die potentiellen Arbeiterinnen aus den »*südlichen Ländern*« nachzulesen. Im Rahmen einer »*Tagung für leitende Herren der Arbeits-, Sozial- und Steuerbehörden, sowie für Botschaftsangehörige aus den Anwerbeländern und Unternehmer des Hessischen Instituts für Betriebswirtschaft, sowie der Hessischen Metallindustrie*«[15] analysierte Maturi diese fehlgeschlagenen Anwerbeversuche von Arbeiterinnen aus Italien. In seinen Ausführungen taucht erstmals das Bild von einer im Vergleich zu deutschen Frauen ganz anderen »*südländischen Frau*« auf. Er führte die damaligen Anwerbemißerfolge bei Italienerinnen auf »*das ganz andere Wesen*« der Frauen aus dem Süden zurück. Hierzu verglich er die damalige Lebenssituation von Frauen aus den Mittelmeerländern und ihre Stellung in Familie und Gesellschaft mit derjenigen von »*Frauen aus dem Norden*«, den in der Bundesrepublik lebenden deutschen Frauen. Er sah »*im Norden eine weitgehende Angleichung an die Mentalität, an die Lebensweise und an das Benehmen des Mannes [durch die Frauen, CHH] offensichtlich vorhanden*«,[16] wobei er besonders die gesetzliche Gleichstellung der Geschlechter als Ausdruck dieser Entwicklung benannte.

Im Süden hingegen existierte seiner Ansicht nach »*ein allgemein anerkannter Grundsatz, daß die Frau ganz anders als der Mann denkt, empfindet und sich auch zu benehmen hat. [...] In Familie und Gesellschaft tritt die Frau wirklich als Frau – man könnte sagen als Weib – auf; die Frau wird hauptsächlich wegen ihrer typischen weiblichen Eigenschaften geschätzt und geachtet. Schon in der Ehe sucht der Mann nicht so sehr die intelligente, gebildete und möglichst weltgewandte Kameradin, die Lebensgefährtin [...] man sucht zuerst die Frau mit ausgeprägten weiblichen Eigenschaften, die vielleicht auf Kosten anderer allgemein menschlicher Vorzüge gehen. In Ehe und Familie gilt die Frau in erster Linie als Weib und Mutter; jegliche Betätigung in einer Erwerbsarbeit außerhalb der Familie ist an und für sich eine Ablenkung vom eigentlichen Ideal der Frau.*« Und er führt fort, in den Ländern des Südens habe die Frau in Haus und Landwirtschaft immer viel gearbeitet, aber all ihre Tätigkeiten hätten sich »*im Rahmen der Familie und Sippengemeinschaft abgespielt. Die immer zunehmende Beschäftigung der Frau außerhalb der*

---

[15] Maturi 1961.
[16] Maturi 1961:183.

*Familie ist zwar eine unaufhaltsame und bald als selbstverständlich angese-
hene Tatsache, sie stößt aber noch immer auf Widerstände und ist mit vielen
Spannungen und Schwierigkeiten begleitet, die hier im Norden entweder nie
vorhanden waren oder bereits überwunden sind. Die Frau hat dort noch
lange nicht die Freiheit und die Unabhängigkeit wie hier im Norden; sie wird
zu sehr als Frau und Weib angesehen, um in allem eine gleichgestellte Ar-
beitskollegin zu sein.«*[17] Und er schlußfolgerte, Frauen aus dem Süden hätten
aufgrund dieser Bestimmung als *»Weib und Mutter«* an einer Erwerbstätigkeit gar kein Interesse, und sie dächten aufgrund der spezifischen familialen
Konstellationen erst recht nicht an eine Erwerbstätigkeit im Ausland. Von
daher sah er auch eine Frauenmigration aus Italien für die Zukunft als eher
unwahrscheinlich an.

Verfolgen wir jedoch den Gang der damaligen Anwerbepraxis[18] – ebenfalls
am Beispiel Italiens – so hatte das konstatierte mangelnde Interesse von
Frauen an einer Vermittlung durch die Behörden augenscheinlich ganz andere
Gründe. Zur damaligen Zeit wurden die Wünsche deutscher Arbeitgeber vom
deutschen Arbeitsamt an die Bundesanstalt für Arbeit weitergereicht und
gingen von dort an die Deutsche Kommission nach Italien, die diese Anträge
dem italienischen Arbeitsministerium zuschickte. Da jedes italienische Pro-
vinzialarbeitsamt diejenigen Berufsgruppen vermerkt hatte, die im eigenen
Bezirk als arbeitslos galten und diese in regelmäßigen Abständen an das
Arbeitsministerium weitergab, konnte vom Ministerium je nach Bedarf in
den Provinzen angefragt werden, um dort die angeforderten Arbeiter zu finden, die eine Auswanderung nach Deutschland einer Arbeitslosigkeit zu
Hause vorzogen.[19] So verwundert es nicht, wenn von den Vermittlern bezüglich der Anwerbung von Frauen immer wieder konstatiert werden mußte,
»daß das Angebot im Verhältnis zur Nachfrage nur sehr gering«[20] sei. Wenn
Frauen aufgrund mangelnder Erwerbsarbeitsplätze in den jeweiligen Provinzen niemals erwerbstätig gewesen waren, konnten sie auch nicht arbeitslos
gemeldet sein.[21] Daher waren sie von den Provinzarbeitsämtern auch nicht
erfaßt. Die Vorstellung, eine andere Art der Anwerbung anzustreben, um
migrationsbereite Frauen anwerben zu können, kam aufgrund des dargestellten Frauenbildes nicht auf, sondern den deutschen Arbeitgebern wurde als
Alternative empfohlen, die vorhandenen Möglichkeiten besser auszuschöpfen

---

[17] Maturi 1961:184.
[18] Bifulco 1961.
[19] Bifulco 1961:59.
[20] Bifulco 1961:66.
[21] Vgl. hierzu die Studie von Cornelisen 1978.

und »*anstelle der weiblichen Arbeitskräfte männliche Arbeitskräfte einzuset-
zen*«[22].

Auf der Folie *Frau* sind hier bereits erste Figuren der von Bukow[23] beschriebenen *unbemerkten* Ethnisierung aufzufinden, verbunden mit einem spezifisch eigenen Nutzen, im beschriebenen Fall einer Rechtfertigung des unzu-
reichenden Vermittlungserfolges von Frauen durch die Behörden. Im Migrationsdiskurs wurde das Bild einer *Südländerin* plaziert, mit ihrer Bestimmung
Weib und Mutter zu sein, welche einer Erwerbstätigkeit, besonders einer
solchen im Ausland, entgegenstehen würde. Im Gegensatz zu der bisher vertretenen These, Migrantinnen wären im frühen Migrationsdiskurs nicht berücksichtigt worden, zeigt sich, daß schon in den ersten Beschreibungen zur
allgemeinen Migrationssituation ein Bild von der Migrantin gezeichnet und
verbreitet wurde, bevor diese überhaupt als Akteurin sozialen Handelns
wahrgenommen werden konnte. Als *Daheimgebliebene* bzw. *Daheimbleiben-
de* wurden Frauen in den beginnenden Ethnisierungsprozeß bereits einbezogen, bevor sie überhaupt Migrationsabsichten äußern konnten, beziehungsweise bevor ihnen diese zugestanden wurden.

Die »*Ausnahme*«-Migrantin

Es stellt sich die Frage, wie mit diesem Bild einer an Erwerbstätigkeit uninte-
ressierten Südländerin bei erkennbar zunehmender Arbeitsmigration von
Frauen umgegangen wurde. Hier treffen wir auf ein auch in der Folgezeit
immer wieder genutztes Konstrukt, das der *Ausnahme*, das allein dazu diente,
das bereits gezeichnete Bild nicht korrigieren zu müssen. Schon Maturi – um
bei seinem Text zu bleiben – bot in seinem Vortrag eine solche Ausnahme-
konstruktion an. Daß der Frauenanteil in der Immigrantengruppe im Jahr
1961 immerhin schon 31,1 Prozent betrug,[24] konnte auch er nicht einfach
ignorieren. Er löste das Problem, indem er Migration als ein großes Risiko
beschrieb, das eine Frau eingehe, wenn sie sich zur Migration entscheide –
obwohl dies »*ihrem Wesen als Weib und Mutter*« gar nicht entspreche – da
eine »*freie Frau [...] dort [im Herkunftsland, CHH] meistens schlechte Frau
[bedeute]*«[25]. Da niemand gerne als eine schlechte Frau gelten wolle, und
Frauen dennoch emigrieren würden, könne man davon ausgehen – so Maturi
– daß es für solche Frauen weit mehr als allein ökonomische Beweggründe
geben müsse, wenn diese einen Entschluß mit solch gravierenden persönlichen Folgen faßten, beziehungsweise zu einem solchen gezwungen wären.

---

[22] Weicken 1961:37.
[23] Bukow 1996.
[24] Nauck 1993b:373.
[25] Maturi 1961:185.

Mit Hilfe dieser Argumentation brauchte er seine allgemeine Beschreibung einer Unmöglichkeit von Frauenmigration nicht zu korrigieren. Maturi unterstützte diese These, indem er die Einzelmigration von Frauen als ein Drama beschrieb: *»Die meisten dieser Menschen tragen ein persönliches Drama in sich. Das soll kein abwertendes Urteil sein, aber die vielen ordentlichen Mädchen, die wir hier finden können, dürfen nicht über die schwerwiegenden psychologischen Probleme der Beschäftigung ausländischer weiblicher Arbeitskräfte hinwegtäuschen. Diese Mädchen und Frauen haben hier nicht den Halt der Familie und der Umgebung; sie befinden sich in einer vollkommen neuen Welt, und sie sind ohne eine besondere Betreuung vielen Gefahren ausgesetzt, die sich sehr negativ auswirken können.«*[26]

In der Folge nutzte Maturi die so konstruierte *Ausnahmefrau* der *dennoch emigrierenden Südländerin* und schlüpfte in die Rolle eines politischen Unterhändlers, der über einen Appell an die Moral und das Gewissen des Aufnahmelandes bessere Lebensbedingungen für seine Landsleute einzuklagen versuchte. Er tat dies jedoch nicht, indem er auf die Schwierigkeiten von Männern *und* Frauen in der Migrationssituation hinwies, sondern indem er das Schicksal von alleinmigrierenden Frauen als ein Drama beschrieb. Obwohl Maturi keinen konkreten Nachweis für seine Charakterisierung weiblicher Migration beziehungsweise deren Unmöglichkeit angeführt hatte, wurde seine Darstellung für zukünftige Argumentationen übernommen. Das ist ein für die frühe Phase der Arbeitsmigration charakteristischer Vorgang. Allein der Hinweis auf eine gleiche nationale Herkunft und die berufliche Tätigkeit als Sozialberater für Arbeitsmigranten reichten zu dieser Zeit aus, um subjektive Einschätzungen ohne gesicherte empirische Belege als allgemein gültige Aussagen anzuerkennen und zu übernehmen.

Frauenmigration als Einzelmigration taucht hier als eine Figur des Elends auf, als ein Unglück für die Frauen, die sich eher im Schoße ihrer Angehörigen in der Heimat aufgehoben sehen wollten, und die diesen Schutz ihrer Familien verlassen mußten, wenn sie durch tragische Lebensumstände dazu gezwungen worden waren. Bei erfolgter Einzelmigration von Frauen wird hier ein persönliches Drama als gegeben gesetzt und nicht in Frage gestellt. Daß dieses angenommene *»persönliche Drama«* migrierender Frauen – wenn es denn überhaupt existiert – nicht unbedingt im fehlenden Halt durch die Familien und Angehörigen begründet sein muß, sondern ganz andere Ursachen haben kann, wird nicht einmal angedeutet. Das Überschreiten von streng definierten Geschlechterrollen, ein uneheliches Kind zu haben, eheliche Zwietracht und körperliche Gewalt, unglückliche oder zerbrochene Ehen,

---

[26] Maturi 1961:186.

die Unmöglichkeit, eine Scheidung zu erlangen oder die Diskriminierung einer bestimmten Gruppe von Frauen[27] spielten in der Diskussion, ob Frauenmigration möglich ist, als Migrationsgründe überhaupt keine Rolle. Eigene Zielsetzungen von Frauen, z. B. erweiterte Ausbildungsmöglichkeiten erlangen zu wollen oder schlicht der Wunsch, eigenes Geld zu verdienen, wurden als Migrationsgründe von Frauen nicht thematisiert.

Hier erfolgte wiederum eine der zunächst unmerklichen ethnisierenden Zuschreibungen, die sich in der Folgezeit kaum mehr verändern sollte. Es begann sich die Annahme durchzusetzen und zu verfestigen, daß es für Frauen aus den südlichen Ländern – im Vergleich zu den im Aufnahmeland lebenden deutschen Frauen – aufgrund eines Lebens in *»anderen«* Familien- und Geschlechterverhältnissen ein besonderes Elend bedeutet, bei einer Emigration den Familienzusammenhang zu verlassen. Die Konstruktion des Elends der alleinmigrierenden Südländerin wurde dabei verallgemeinert und Migration insgesamt als ein *Elend* für Frauen gesehen und für diese *als Normalität* beschrieben. Zur Begründung wurde auf die *»ganz anderen Geschlechterbeziehungen«* verwiesen, die Migrantinnen – im Vergleich zu den Frauen im Aufnahmeland – *»auf eine andere Ebene«* als den Mann stellen, welche durch das hierarchische Verhältnis zwischen den Geschlechtern derjenigen des Mannes untergeordnet sei.[28] Folglich würden auch die Migrantenfamilien durch eine Erwerbstätigkeit der Frauen unausweichlich in einen Konflikt *»stürzen«,* da Migrantinnen sich durch die Annahme einer Tätigkeit außerhalb der Familie aus der ihnen zugeschriebenen Ebene nicht nur entfernen, sondern gar auf diejenige des Mannes begeben würden. Als Folge gerate das Gleichgewicht der Geschlechterbeziehungen ins Wanken, was in der Konsequenz wiederum für die Frauen zu Restriktionen führe, da die herkömmliche Ebenenbalance im privaten Raum weiterhin bestünde, die dadurch dem Manne Dominanz nicht nur erlaube, sondern sogar zuschreibe. Diese Argumentationskette findet sich immer wieder in den frühen Texten der ausländischen Sozialberater.[29]

Auf der Grundlage dieser Vorstellung wurde als eine Konsequenz von Seiten der Herkunftsgesellschaft bzw. von denjenigen, die als Fürsprecher des immigrierten Bevölkerungsteils angesehen wurden, eine besondere *»Rücksichtnahme«* auf die *»weiblichen Bedürfnisse«* eingeklagt, wenn diese denn schon ihr Heimatland verlassen müßten. Interessant sind die hierzu vorgeschlagenen

---

[27] Morokvašić 1987a:75.
[28] Maturi 1961:185.
[29] So z. B. bei Maturi 1961 u. 1964; Andriopoulous 1973 und Katsarakis 1974.

Maßnahmen. Es wurde eine *»gesonderte [...] Unterbringung«*[30] in Wohnheimen gefordert und angeregt, die Betreuung den *»spezifischen weiblichen Bedürfnissen«* anzupassen. Und es wurde vorgeschlagen, *»mit der weiblichen Arbeitskraft einen männlichen Familienangehörigen in denselben Betrieb oder in dieselbe Stadt zu vermitteln«*[31]. Da der Bedarf an Arbeiterinnen von Seiten der Anwerbestaaten zur damaligen Zeit einen Erfolg dieser Vorschläge annehmen ließ, wurden solche Empfehlungen nicht nur von italienischer Seite abgegeben. Auch der Handelsattaché der Königlich Griechischen Botschaft verwies darauf, daß *»besonders die Frauen des griechischen Landvolkes, die nicht nur in der Textilindustrie, sondern auch in anderen Industriezweigen leicht anzulernen und zu verwenden sind, [...] nur schwerlich die Familie, unter deren besonderen Schutz sie stehen, verlassen können. Ebenso schwer [lasse] sich die griechische Frau von ihrem Mann, ganz besonders von ihren Kindern trennen, so daß eine Verschickung der Frau notwendigerweise die Nachreise des Mannes und möglicherweise dessen Beschäftigung am gleichen Ort, wenn nicht in der gleichen Firma, zur Folge haben [müsse].«*[32]

Die Figur der Ausnahmemigrantin wurde hier ganz offensichtlich genutzt, um die Notwendigkeit von Familienmigration zu begründen. Diese Strategie zeigte offensichtlich Erfolg, da auch deutsche Behörden offiziell anzuregen begannen, mit Hilfe des Migrationsanreizes einer möglichen Familienzusammenführung vermehrt weibliche Arbeitskräfte anzuwerben, da aus ihrer Sicht – so die Bundesanstalt für Arbeit – *»eine [wirklich] erfolgreiche Beschäftigung von ausländischen Arbeiterinnen erst durch die Zusammenführung der Familien möglich sein«* würde.[33] So wurde die Figur der Ausnahmemigrantin als ein Spielball ökonomischer Interessen genutzt, um in Zeiten des Bedarfs an weiblichen Arbeitskräften die Möglichkeiten einer Familienmigration durchzusetzen.

Nur wenigen Quellen ist zu entnehmen, daß bezüglich der Frauenanwerbung zunehmend auch so verfahren wurde. Daher muß auch die noch immer vorherrschende Sicht einer Einzelwanderung in der frühen Phase der Arbeitsmigration differenziert werden. Die Anwerbeabkommen sahen zwei Formen

---

[30] Wobei auch diejenigen Frauen als *alleingehend* angesehen wurden, deren Ehemann sich zwar ebenfalls in der Bundesrepublik befand, jedoch im Rahmen des Anwerbeverfahrens einem anderen Betrieb, vielleicht gar in einer anderen Stadt, zugewiesen worden war.

[31] Weicken 1961:37.

[32] Papavassiliou 1961:87.

[33] Maturi 1961:186. S. auch Bundesanstalt für Arbeit 1964:22 sowie FAZ vom 4.4.1965 *»Anwerbung von Frauen wird schwieriger«*.

einer Anwerbung vor. Es gab die schon dargestellte anonyme Anwerbung über die Deutschen Kommissionen der Bundesanstalt für Arbeit, auf die die jeweiligen Unternehmen selbst keinen Einfluß hatten. Des weiteren konnten Unternehmen über das *Sichtvermerksverfahren* einzelne Personen direkt namentlich anfordern. Diese Anwerbung geschah meist mit Hilfe schon in den Firmen tätiger Verwandter und Bekannter von migrationswilligen Personen.

Der Anteil der über dieses zweite Anwerbeverfahren eingereisten Personen stieg im Vergleich zu den Vermittlungen der Bundesanstalt von einem Siebtel im Jahr 1964 auf über ein Drittel im Jahr 1971.[34] Da auf diese zweite Form der Anwerbung selten verwiesen wird, ist in der Literatur kaum vermerkt, daß besonders Frauen von dieser Möglichkeit Gebrauch gemacht haben. Untersuchungen hierzu fehlen vollständig, so daß aus anderen Zusammenhängen interpretiert werden muß. So ergibt sich ein Hinweis aus der Tatsache, daß etwa 35 Prozent der Facharbeiter und Facharbeiterinnen über eine namentliche Anforderung aus der Türkei migrierten,[35] da sie von den offiziellen Stellen ihres Herkunftslandes kaum eine Zustimmung zur Migration erhalten hätten. Es existieren vereinzelt Beschreibungen damaliger Arbeitskämpfe, denen zu entnehmen ist, daß Arbeitgeber gezielt durch personenbezogene Anwerbung soziale Spannungen in den Betrieben zu umgehen gesucht haben.[36] Weitere Hinweise sind in den aufgezeichneten Lebensgeschichten einzelner Migrantinnen und Migranten aufzufinden.[37] Aus dieser Zeit existiert lediglich eine repräsentative Untersuchung über spanische Migrantinnen und Migranten, die von Delgado[38] durchgeführt wurde und bestätigt, daß die befragten Spanierinnen ihren Weg in die Migration eher über Verwandte oder Bekannte gewählt haben, als über die anonyme Vermittlung der Arbeitsämter. Diese Angaben unterstützen die Annahme, daß die sich nur langsam entwickelnde Frauenmigration nicht unbedingt auf das *»Wesen der Südländerinnen«* und deren *»Bestimmung als Weib und Mutter«* zurückzuführen gewesen ist, sondern Frauen ebenso wie Männer die Mög-

---

[34] Erfahrungsberichte 1965:23 und 1972/73:58, zit. nach Pagenstecher 1994:42.

[35] Esser 1983:173. Daß diese Türkinnen und Türken trotz ihrer relativ guten Ausbildung und Berufserfahrung dennoch nur in die niedrigsten Berufspositionen gelenkt wurden, erklärt sich aus der erst relativ spät einsetzenden Migration dieser Gruppe, nachdem andere Gruppen (Italiener, Griechen, Spanier) längst wichtige Bereiche des Arbeitsmarktes besetzt hatten. Esser redet in diesem Zusammenhang sogar von einer *Unter-Unterschichtung*: Esser 1983:174/5.

[36] Herzog 1970:111.

[37] Vgl. als exemplarisches Beispiel Franger 1984.

[38] Delgado 1966:33.

lichkeiten der Migration für sich gewählt haben, und zwar sobald sich ihnen ein solcher Weg erschloß.

Frauenanwerbung

Im Jahr 1961 führte das mit der Türkei unterzeichnete Anwerbeabkommen zu einer verstärkt betriebenen offiziellen Frauenanwerbung. Im Vergleich zu den Anwerbezahlen aus Italien und aus Griechenland migrierten Frauen aus der Türkei zum Zwecke einer Arbeitsaufnahme bis zum Anwerbestopp im Jahr 1973 mit Abstand am häufigsten in die Bundesrepublik.[39]

Jahr	Frauen aus der Türkei	Männer aus der Türkei	Anteil Frauen in %
1960	173	2.527	6,8
1961	430	6.370	6,7
1962	1.563	17.283	9,0
1963	3.569	29.395	12,1
1964	8.045	77.127	10,4
1965	17.759	11.018	15,4
1966	27.215	133.735	13,4
1967	25.456	105.853	16,9
1968	34.257	118.648	19,4
1969	53.573	190.762	22,4
1970	77.405	276.493	21,9
1971	97.358	355.787	21,5
1972	100.763	348.913	20,2
1973	128.808	399.606	20,4

Zur Ergänzung des Bildes der Migrationswilligkeit von Frauen bilde ich für einen Teil des genannten Zeitraums zusätzlich die Anzahl derjenigen Frauen aus der Türkei ab, die eine Arbeit im Ausland angenommen hätten, und die sich aufgrund nicht ausreichender Arbeitsplätze auf den Wartelisten der jeweiligen Arbeitsämter befunden haben.[40] Dabei nahmen sie nach Auskunft des türkischen Arbeitsamtes Wartezeiten von 4 bis 5 Jahren in Kauf.[41]

---

[39] Dokter 1987:33.
[40] Zit. nach Abadan-Unat 1976:23.
[41] Arın 1981:17.

	weiblich	Anteil in Prozent
31.4.1965	3.022	0,6
31.4.1966	10.981	1,8
31.4.1967	9.699	1,5
31.4.1968	9.110	1,3
31.4.1969	23.472	3,1
31.4.1970	74.595	7,4
31.4.1971	86.297	8,1
31.4.1972	108.089	11,7

Diese Zahlen lassen darauf schließen, daß nicht nur die These einer angenommenen Migrationsunwilligkeit von Frauen zunehmend unbrauchbar wurde. Auch das Argument einer »Unehrhaftigkeit« von Frauenmigration konnte von den Herkunftsländern öffentlich kaum mehr genutzt werden, da diese selbst zu einer verstärkten Frauenmigration beitrugen, und Frauenmigration offensichtlich oder notgedrungen auch von den Angehörigen der Herkunftsländer nicht abgelehnt, sondern befürwortet wurde.

Hinzu kommt, daß mit beginnender Einwanderung aus dem damaligen Jugoslawien eine zahlenmäßig große Gruppe von Frauen migrierte, die sich in einer gänzlich anderen Ausgangssituation befand, als die Frauen der übrigen Anwerbeländer. Jugoslawien war zu dieser Zeit das einzige Emigrationsland mit einer institutionalisierten Gleichstellung der Geschlechter, die schon im Lande selbst eine erhöhte Erwerbstätigkeit der Frauen zur Folge gehabt hatte. Erste Migrationsbewegungen aus Jugoslawien, die von der dortigen Regierungsseite zwar nicht offiziell zur Kenntnis genommen, jedoch toleriert wurden, begannen schon in den fünfziger Jahren. Nach der Wirtschaftsreform im Jahr 1963 und der Aufgabe einer Politik extensiver Vollbeschäftigung zugunsten einer intensiven Beschäftigungspolitik, durch die dem Arbeitsmarkt jährlich ca. 200.000 Arbeitsuchende zur Verfügung standen, wurde die Emigration von staatlichen Stellen auch offiziell gefördert. Im Jahr 1961 fungierten im damaligen Jugoslawien 2.958.000 Frauen zwischen 15 und 53 Jahren als »demographische Arbeitsreserve«, und im Jahr 1965 waren 63 Prozent der Arbeitslosen weiblich. Diese Zahl erhöhte sich im Jahr 1966 gar auf 3.173.000 Frauen,[42] die überwiegend in den Emigrationsregionen des Landes gelebt haben. Somit verwundert ihr hoher Anteil an der Gesamtzahl der Wanderungswilligen nicht. Als ein Beispiel habe ich Emigrationszahlen der Frauen aus dem Jahr 1971[43] ausgewählt, das Jahr, in dem die Emigration aus diesem Land ihren Höhepunkt erreicht hatte:

---

[42] Wertheimer-Baletic 1970, zit. nach Morokvašić 1987a:63.
[43] Morokvašić 1987a:64.

	Anteil von Frauenmigration im Jahr 1971 in Prozent
Bosnien/Herzegowina	21,8
Montenegro	19,3
Kroatien	36,8
Makedonien	18,1
Slowenien	40,1
Serbien insg.	31,1
engeres Serbien	35,7
Vojvodina	42,7
Kosovo	4,7
insgesamt	31,4

In diesem Jahr befanden sich anteilig 31,4 Prozent Frauen aus dem ehemaligen Jugoslawien unter den Einreisenden in die Bundesrepublik. Im Vergleich dazu waren lediglich 21,5 Prozent der Immigrationspopulation aus der Türkei Frauen, denen jedoch eine weitaus größere Aufmerksamkeit zuteil wurde, als den vom Balkan eingereisten Migrantinnen.

Die aus einigen Anwerbeländern ausgewählten Zahlen zur Frauenmigration aus den Jahren 1956 bis 1973 haben ausschnitthaft die damalige Entwicklung der Arbeitsmigration von Frauen abgebildet. Sie zeigen auf, wie wenige Jahre es nur gedauert hat, bis sich die Vorstellung von der »Ausnahmemigrantin« faktisch als veraltet erwiesen hatte. Auch die gängige These von der überwiegend männlichen Einzelwanderung und dem Beginn der Konsolidierungsphase der Migrantenfamilien erst nach dem Anwerbestopp im Jahr 1973[44] ist nicht aufrechtzuerhalten, sondern zu korrigieren. Familienwanderung ist staatlicherseits aufgrund von Bedürfnissen seitens der Industrie sehr früh angeregt, toleriert und bewußt in Kauf genommen worden, gerade auch um verstärkt Frauen zur Migration zu bewegen, obwohl auf gesellschaftspolitischer Ebene Gegenteiliges behauptet wurde. Hinzu kommt für die Frauenmigration, daß aus den oben genannten Gründen ebenfalls sehr frühzeitig schon für längerfristig angelegte Arbeitsplätze angeworben wurde, so daß kaum von einer »Rotationsphase« in Bezug auf die Arbeitsmigration von Frauen gesprochen werden kann, wie dies die Phaseneinteilung der Ausländerbeschäftigung in der Migrationsliteratur benennt.

---

[44] Vgl. Mehrländer 1984:95.

Für die frühe Migrationsphase, in der die Migrantinnen und Migranten als einzelne Personen kaum interessierten, sondern lediglich als Gruppe wahrgenommen wurden, bleibt festzustellen, daß dennoch Geschlechterdifferenzierungen in den Beschreibungen auffindbar sind, die jeweils für unterschiedliche Eigeninteressen politisch genutzt wurden. Dabei begannen die Diskurse aus der Perspektive der Aufnahme- und aus der der Herkunftsgesellschaft in der Annahme dieser ersten Beschreibungen des Bildes von der Migrantin offensichtlich eine Koalition einzugehen. Indem Frauenmigration als unmöglich und somit als Ausnahme angesehen und als Folge Migration allgemein als besonderes Elend von Frauen gesetzt wurde, schien mit Hilfe dieser Konstruktion beiden Seiten – den Angehörigen der Herkunftsgesellschaft wie den Behörden der Aufnahmegesellschaft – gedient zu sein: Familienzusammenführung wurde ermöglicht, und die Anwerbemöglichkeit von Migrantinnen für spezielle Frauenarbeitsplätze vereinfachte sich für die Behörden.

Migrationsmotivationen

Nicht anders als Männermigration hängt auch Frauenmigration von Zeitperioden ab, von den Charakteristika des Arbeitsangebotes in den Herkunftsländern, sowie von der jeweiligen Nachfrage in den Aufnahmeländern. Darüber hinaus wird sie von einer Politik beeinflußt, die Frauen- aber auch Familienmigration entweder begünstigt oder aber einschränkt, sowie von Zwängen, denen die geographische Mobilität von Frauen unterworfen ist. Jansen[45] hat anhand einer Reihe von Untersuchungen aus verschiedenen Teilen der Welt beschrieben, daß diese Faktoren zeitlich und räumlich erheblich variieren und keine Gesetzmäßigkeiten festgelegt werden können. Im Einzelnen weisen die Wanderungen von Frauen jedoch Verschiedenheiten zur Männermigration auf, die dem Blick entgehen, wenn Frauenmigration – wie bei der Migrationsmotivation von Männern geschehen[46] – lediglich aus dem Blickwinkel einer ökonomischen Zweckgerichtetheit heraus betrachtet wird.

Nur wenige Forscherinnen sind diesen Unterschieden und somit auch den spezifischen Migrationsgründen von Frauen nachgegangen. Morokvašić ist aufgrund ihrer Analyse der Forschungsliteratur zu dem Schluß gekommen, daß »man [...] im allgemeinen davon aus[ging], daß Frauen entweder ›pas-

---

[45] Jansen u. a. 1970:17.

[46] Mir ist keine Studie bekannt, die den Migrationsmotivationen von Migranten der ersten Generation nachgeht. Unhinterfragt werden rein ökonomische Gründe angenommen, Konflikte zwischen den Generationen aufgrund patriarchaler Strukturen, Differenzen in der Herkunftsfamilie, aber auch Verheiratungsabsichten durch die Familie werden als Migrationsgründe bei Männern überhaupt nicht in Betracht gezogen und von daher nicht untersucht. Spuren sind vereinzelt in der sogenannten *Gastarbeiterliteratur* zu finden.

siv‹ ihren Männern folgten, oder daß sie eine autonome Migration unterneh-
men. Der erste Fall erweckte keine besondere Neugier der Wissenschaftler,
und im zweiten Fall wurde vorausgesetzt, daß ökonomische Gründe für die
Migration überwiegen«[47]. Auch Thadani und Todaro[48] vermuten, daß man
möglichen Unterschieden zwischen männlicher und weiblicher Migration
nicht nachging, weil es als gegeben angesehen wurde, daß die Muster der
weiblichen Emigration jene der männlichen spiegeln. Von daher fehlen solche Untersuchungen, da ihnen weder eine spezifisch theoretische noch eine
besondere empirische Bedeutung beigemessen worden ist.

Eine der wenigen Forscherinnen, die in ihren Studien die erfolgte Wanderung
von Frauen zur allgemeinen Arbeitsmigration in Bezug gesetzt hat, ist Morokvašić[49]. Sie hat die für jene Zwänge verantwortlichen gesellschaftlichen
Kräfte beleuchtet, welche hinter den allgemeinen Erklärungen weiblicher
Migration unter dem Gesichtspunkt individueller Motivation verborgen
geblieben sind. Hierzu widmete sie sich dem Lebenshintergrund der Migrantinnen vor deren Entschluß zur Migration. Für sie unterteilt *»die übliche*
Unterscheidung zwischen der Migration aus ehelichen Gründen und der
autonomen Migration von Frauen aus wirtschaftlichen Gründen [...] Migran-
tinnen künstlich in solche, die abhängig sind, und in solche, die der Arbeiter-
schaft aktiv angehören«[50]. Ihre eigenen Forschungen haben zwar auch bestätigt, daß Frauen mit den Ehemännern gemeinsam fortgehen oder diesen folgen. Jedoch handele es sich nach Morokvašić dabei keineswegs nur um eine
Migration aus ehelichen Gründen, durch die eine Frau sich verpflichtet fühle,
mit dem Ehemann auszuwandern. Migration könne für Frauen gleichzeitig
immer auch eine ökonomische Komponente haben und die Strategie beinhalten, ein ökonomisches Ziel erreichen zu wollen.[51] In ihren eigenen Befragungen hat Morokvašić verschiedene Motive von Frauenmigration herausgearbeitet. Die von ihr am häufigsten aufgefundene und sozial akzeptierteste Art
der Emigration war dabei diejenige, nach der zuerst der Mann migrierte, um
eine Arbeit aufzunehmen, eine Wohnung zu finden und dann erst die Ehefrau
ins Aufnahmeland nachzuholen. Dieser Weg war für eine Migration in die
Bundesrepublik jedoch oft nicht realisierbar,[52] da viele Paare nicht am selben
Ort Arbeit und Unterkunft fanden und somit während der Zeit, auf die sich

---

[47] Morokvašić 1987a:68.

[48] Thadani u. Todaro 1978:4 nach Morokvašić 1987a:68.

[49] Morokvašić 1987a:26.

[50] Morokvašić 1987a:70.

[51] Morokvašić 1987a:70.

[52] Die Untersuchungen von Morokvašić befassen sich mit Frauenmigration im europäischen Raum.

ihr jeweiliger Kontrakt belief, in verschiedenen Wohnheimen oder gar in verschiedenen Städten leben mußten.[53]

Des weiteren beschreibt Morokvašić die Gruppe der sogenannten *»Vorläuferinnen«* unter den Migrantinnen. Das sind für sie solche Frauen, deren Männer im Herkunftsland eine Arbeit hatten, während sie selbst lediglich von Zeit zu Zeit in der Landwirtschaft oder als Saisonarbeiterinnen beschäftigt sein konnten. Hinzu kam ein weiterer Motivationsgrund, da Frauen in den Aufnahmeländern zeitweise leichter Arbeit gefunden hatten als ihre Ehemänner.[54] Außerdem wurden ihnen schon zur Zeit der Rotationsphase auch längerfristige Verträge angeboten, um Frauenmigration überhaupt zu erreichen. Viele dieser migrierten Frauen waren nach Morokvašić zu Beginn davon überzeugt, für ihre Männer ebenfalls eine Arbeit zu finden, so daß diese nachkommen könnten. Einige taten es, andere nicht. Hierzu einige Beispiele:

V.[55] aus Kragujevac, ausgebildete Lehrerin, konnte im Herkunftsland keine Arbeit finden und ging nach Deutschland. Sie sparte in zwei Jahren 2.000 DM, für die ein Vermittler Arbeit für ihren Mann und eine Aufenthaltserlaubnis beschaffen sollte.

A.[56] kam 1970 nach Deutschland und lebte 15 Jahre mit 5 Frauen in einem Frauenwohnheim. Ihr Mann und ihre sechs Kinder blieben zu Hause. Sie blieb in der Bundesrepublik, da ihr Mann seine Arbeit in Jugoslawien verlor. *»Wir hätten es nicht anders geschafft,«* ist ihre Begründung. *»Bald werde ich pensioniert und kehre zurück.«*

V.[57] aus Imotski ging in der Erwartung fort, daß ihre Familie und ihre vier Kinder folgen würden: *»Ich fand Arbeit für ihn, aber er wollte das Land nicht verlassen, es bedeutete ihm zuviel, dieses Stückchen Land.«*

---

[53] Obwohl im Jahr 1961 56 Prozent der 25jährigen, 88 Prozent der 35jährigen, 85 Prozent der 45jährigen und 64 Prozent der 55jährigen immigrierten Frauen angaben, verheiratet zu sein, kann nicht davon ausgegangen werden, daß die Ehepaare im Immigrationsland zusammenlebten, auch dann nicht, wenn sich beide Partner im selben Immigrationsland aufhielten (Quelle: Amtliche Statistik).

[54] Morokvašić 1987a:72.

[55] Morokvašić 1987a:73.

[56] Morokvašić 1987a:73.

[57] Morokvašić 1987a:73.

Oder A.[58] aus Mus in Ostanatolien, die über Binnenmigration nach Izmir vor ihren Schwiegereltern floh, die sie 8 Jahre lang im Haus eingesperrt hatten. Als ihr Mann nach Australien auswandern wollte, versucht sie dies zu verhindern, indem sie sich selbst nach Deutschland bewarb und hoffte, die für die Auswanderung nötigen Papiere schneller als ihr Mann zu erhalten. So ging sie 1969 nach Deutschland und arbeitete und lebte dort allein, bis sie später erst ihren zwölfjährigen Sohn, und noch später, ihren Mann nachholen konnte.

Immer wieder finden sich solche Einzelbeispiele in der Literatur. Systematisch ist dieser Frage jedoch nicht nachgespürt worden. Die vorhandenen empirischen Belege lassen jedoch den Schluß zu, daß zu Beginn der siebziger Jahre nicht nur unverheiratete Frauen, sondern auch 10 bis 12 Prozent der verheirateten Migrantinnen ohne ihre Männer in die Bundesrepublik migrierten, um dort zu arbeiten.[59] Da angenommen wurde, daß Frauen ausschließlich aus ökonomischen Gründen ihr Herkunftsland verlassen und ihre Männer nachholen würden, wenn Möglichkeiten dazu vorhanden wären, blieben die auch weiterhin alleinmigrierenden verheirateten, besonders aber die unverheirateten Frauen in den bundesdeutschen Forschungen unberücksichtigt.

Blickt man über den bundesdeutschen Kontext von Frauenforschung hinaus, so existieren einige Untersuchungen, die auf weitere mögliche Dimensionen der Migrationsmotivation hinweisen und weibliche Besonderheiten herausgearbeitet haben. Nach Boserup[60] – die über Frauen in Afrika, Asien und Lateinamerika gearbeitet hat – migrieren Frauen um so wahrscheinlicher, wenn ihre Funktion in der heimischen Wirtschaft als nicht wesentlich angesehen wird. Thadani und Todaro[61] wiesen daraufhin, daß Heiratsaussichten verbunden mit gesellschaftlichem Aufstieg im Emigrationsland oder Geschlechterrollenzwänge eine Rolle spielen können. Young[62] arbeitete heraus, daß junge Mädchen und alleinstehende Frauen für eine Migration auch »ausgewählt werden« können, wenn sie in den Herkunftsdörfern ihrer Heimatländer keine lebensfähige Alternative haben.[63] Abadan-Unat[64] geht davon aus, daß Frauen

---

[58] Franger 1984:15ff.

[59] Borris u. a. 1973.

[60] Boserup 1982.

[61] Thadani u. Todaro 1978.

[62] Young 1982.

[63] Aus diesem Grund entschlossen sich beispielsweise viele der koreanischen Kankenschwestern, sich über das Koreaprogramm in die Bundesrepublik vermitteln zu lassen.

[64] Abadan-Unat 1985a.

aus ländlichen Gebieten der Türkei *»traditionell erzogen, in intellektueller Hinsicht völlig unvorbereitet, und in einem bemerkenswerten Maß unwillig, [...] von ihren Vätern, Männern oder anderen männlichen Verwandten dazu gedrängt [wurden], Arbeit in der Industrie oder im Dienstleistungsbereich anzunehmen, um damit sicherzustellen, daß ihre männlichen Verwandten die Möglichkeit erhielten, in naher Zukunft gewinnbringende Jobs zu erhalten.«*[65] Von der Gesellschaft marginalisierte oder ausgegrenzte Gruppen von Frauen, so Hirata[66], können gar unter gesellschaftlichen Druck geraten, damit sie ihr Herkunftsland verlassen. Auch Heiratsmigration ist ein Beweggrund. Diese Faktoren können in ihrer Bedeutung noch zunehmen, wenn Emigration in der eigenen Herkunftsumgebung keine außergewöhnliche Handlung mehr darstellt.

In der Bundesrepublik ist die Studie von Wolpert[67] aus den achtziger Jahren eine der ersten, die Migrationsbeweggründe von Frauen thematisiert und am Beispiel von Heiratsmigrantinnen untersucht hat. Auch in den mittlerweile zur Verfügung stehenden Lebensgeschichten von Pionierinnen der neuen Migrationsbewegung werden vielfältige Gründe angeführt, warum Frauen in die Bundesrepublik migriert sind:

Da ist E.[68] aus Torregreca im Süden Italiens, deren Mann in Süddeutschland Arbeit gefunden hatte, und in deren *»Gegenwart nicht von Deutschland gesprochen werden durfte. [...] Nein, sie würde nicht nach Deutschland gehen! Sie würde nicht ihre Kinder opfern! Diese mußten in die Schule gehen, in eine italienische Schule, und sie brauchten die Mutter.«* Cornelisen[69] beschreibt diese Geschichte der E., die nicht migrieren wollte, und deren Mann Anfang der siebziger Jahre zwei der drei Kinder nach Deutschland mitnahm. *»Eddas Kapitulation schien nur eine Frage der Zeit«*, denn *»für die Stadt war sie eine ›vedova bianca‹, eine weiße Witwe, und mußte einen ungeschriebenen Verhaltenskodex befolgen, fast so streng wie die offizielle Trauer. Das war kein Leben.«* Und als 1972 eine Tochter zur Welt kam, zog auch Edda 1973 mit ihrer noch bei ihr in Italien lebenden Tochter und dem Neugeboren nach Deutschland.

---

[65] Abadan-Unat 1985b:208.
[66] Hirata 1979.
[67] Wolbert 1984.
[68] Cornelisen 1981:57/58.
[69] Cornelisen 1981:58.

R.[70] folgte ihrem Mann nach Frankfurt, aber nicht nur aus ökonomischen Gründen: *»Ich wollte von meiner Schwiegermutter weg, sie hielt mich eingeschlossen, nachdem er weggegangen war.«*

H.[71] entschloß sich nach Deutschland zu gehen und gehörte zu den ersten Mädchen, die über Binnenmigration nach Istanbul kamen, dort wieder in ihrer *»Istanbuler Dorfgemeinschaft«* wohnte und in Istanbul schon in der Fabrik gearbeitet hatte. *»Ich wollte einfach ausprobieren, was ist das. Ich war jung, in der Türkei gab es keine große Perspektive. [...] Ich glaube, es war der Drang, mal was anderes zu erleben, diese fixe Idee oder diese Traumvorstellungen, Europa erst mal zu sehen.«*

Frauen können aber auch Initiatorinnen von Wanderungsprozessen sein, wie die folgenden Beispiele zeigen:

»Wir lebten bei seiner Mutter, bekamen einen Sohn, dann noch einen. Er arbeitete in Dj., ich saß Zuhause. Was sollte ich tun, die Tage waren lang, er verdiente wenig. Also sagte ich mir, so geht es nicht weiter, wir gehen nach Deutschland. Ich bereitete alles vor, schickte all meine Papiere ein und erzählte meinem Mann erst etwas, als wir den Termin vom Einstellungsbüro bekamen. Er war nicht gerade begeistert, aber was konnte er tun? Wir gingen fort, unsere beiden Söhne blieben bei seiner Mutter.«[72]

»In diesem Heim zum Beispiel, in das ich zuerst kam, waren wir 40 Frauen. Darunter waren vielleicht 10 bis 15 ledige Frauen, die anderen waren alle verheiratet oder verwitwet. Darunter war auch eine Frau, die hatte nie geheiratet und war schon Ende 30. Sie kam aus A. bei Istanbul, noch nicht mal eine Großstadt. Die anderen waren eben verheiratet, die Familien waren in der Türkei; sie kamen alleine oder geschieden oder als Witwen. Und später haben sie alle geheiratet. In dem anderen Heim in Iserlohn war auch etwa die Hälfte der Frauen verheiratet, die anderen waren ledig. Die ledigen Frauen haben Freunde gehabt, sind aber immer wieder zurückgekommen, sind nicht ausgezogen, sondern in der Gemeinschaft geblieben und haben ihr Vergnügen draußen gehabt. Sehr viele haben früher oder später geheiratet. Nachdem die Frauen

---

[70] Morokvašić 1987a:71.
[71] Sellach 1988:26.
[72] Morokvašić 1987a:72.

hierher nach Deutschland kamen, waren sie zum ersten Mal ohne Nachbarschaft, Verwandtschaft, Ehemann oder Bruder. Für sie war es einfach ein Auskosten, das Leben, wie man es sich vorgestellt hat, gewünscht hat.«[73]

Solche Einzelzitate zeugen von der Vielfalt der Migrationsgründe und -verläufe, und sie zeigen zugleich die Wichtigkeit des biographischen Ansatzes für die Migrantinnenforschung, da ohne eine Analyse der Lebensgeschichten dieser Frauen viele Spezifika von Frauenmigration nicht erkannt und aufgezeigt worden wären. Dennoch hilft auch diese Forschungsmethode nicht aus der generellen Schwierigkeit, bezüglich der frühen Frauenmigration lediglich Richtungen andeuten zu können. Obwohl internationale Mobilität zu einem Strukturmuster moderner Gesellschaften geworden ist, und Frauenmigration eine zunehmend wichtige Rolle in diesem Prozeß einnimmt, ließ die konventionelle Demographie mit ihren eher auf Haushaltskomposition und Meldestatistik bezogenen Methoden diese Entwicklung lange Zeit unberücksichtigt.[74] Erst in den neunziger Jahren wurde vereinzelt auch empirisches Material über Migration und Re-Migration von Frauen dieser frühen Phase aufbereitet und so die Möglichkeit eröffnet, rückwirkend neu, bzw. konkreter interpretieren zu können.[75]

Erste Gesichter

Zum Alltagsleben in der Migrationssituation ist für die erste Phase kaum Material aufzufinden, aus dem Rückschlüsse auf die damaligen Lebensbedingungen der Frauen gezogen werden könnten, jedenfalls nicht über die schon angesprochenen Einzelbeschreibungen – meist in Migrationsbiographien[76] – oder vereinzelte Hinweise zum Freizeitverhalten hinaus. Eine Ausnahme bildet die schon genannte Untersuchung von Delgado,[77] der in seiner Studie über *Anpassungsprobleme spanischer Gastarbeiter in Deutschland* nach Geschlecht differenziert, und dabei signifikante Unterschiede in den Einstellungen der von ihm befragten Spanier und Spanierinnen festgestellt hatte. Aus seiner repräsentativen Untersuchung lassen sich im Vergleich zu den befragten Männern für die Frauen weitaus positivere Einstellungen herausle-

---

[73] Sellach 1988:28.

[74] Nauck 1993a:342.

[75] Nauck 1993a+b; Münz u. a. 1997.

[76] Z. B. über das Leben in den Heimen, daß diese nach Geschlechtern getrennt wurden und die Frauen strengen Heim-Regelungen unterworfen waren, wobei es bei der Zuteilung eines *Schlafplatzes* unerheblich war, ob die jeweilige Migrantin ohne oder mit ihrem Ehemann gekommen war und dieser gar in der gleichen Stadt arbeitete und lebte.

[77] Delgado 1966.

sen, so zum Beispiel bei der Frage nach den Gegebenheiten in der Bundesrepublik im Vergleich zum Herkunftsland. Weitaus mehr Frauen, im Vergleich zu den befragten Männern, stellten ihre Situation im Aufnahmeland positiv dar, wobei unter anderem eine vorgefundene größere individuelle Freiheit von ihnen als wichtig vermerkt wurde. Beim Vergleich der Erwartungen an die Situation im Aufnahmeland mit den real vorgefundenen Lebens- und Arbeitsbedingungen stellte Delgado insgesamt fest, daß sich bei den Männern mit der Länge des Aufenthalts eine Verschiebung ins *»mehr Negative«* und bei den Frauen ins *»mehr Positive«* ergeben hatte. So zeigten die Spanierinnen zum Beispiel eine weitaus größere Kontaktbereitschaft zu Angehörigen der Aufnahmegesellschaft und zwar mit einer Häufigkeit, die für Delgado *»über den theoretisch zu erwartenden Werten«* lag, aber auch insgesamt prozentual höher als die der befragten Spanier. Seine Studie wurde jedoch kaum rezipiert, was am damaligen mangelnden Interesse an den konkreten Lebenssituationen der ausländischen Arbeitnehmerinnen und Arbeitnehmer liegen kann, vielleicht aber auch daran, daß seine Ergebnisse den zur damaligen Zeit gängigen Annahmen über die Emigrantinnen als Opfer und Verliererinnen im Migrationsprozeß nicht entsprochen haben.

Aus dieser frühen Zeit sind zwei Gesichter präsent geblieben, die noch heute das Bild des *Gastarbeiters* symbolisieren: Da ist zum einen *Armando Rodriguez* aus Vale de Madeiras in Portugal, der am 10. September 1964 von den Deutschen Arbeitgeberverbänden dazu auserkoren wurde, als *Millionster Gastarbeiter* in die Bundesrepublik eingereist zu sein, und der auf einer Zündap sitzend fortan als dpa-Foto um die Welt reiste.[78] Und es ist das Bild einer Frau mit Kopftuch, die als *Shirin* im Film von Helma Sanders[79] Zeugnis darüber ablegen sollte, daß Migration in die Bundesrepublik – aus der Perspektive einer Feministin – als ein Elend für die Frauen anzusehen ist und in Prostitution und gewaltsamem Tod enden kann. Schon hier spiegelt sich die Relevanz der Geschlechterdifferenz in den dargestellten Bildern wider, auch wenn die Migrantinnen im Alltagsdiskurs offiziell unter den Begriff des *Gastarbeiters* subsumiert wurden: Von der Armut zum unverhofften Reichtum in Form eines Mopeds auf der einen Seite und auf der anderen Seite von der Flucht vor dem Verkauf an einen Mann, die bei einer ledigen Frau ohne Arbeitsplatz in die Prostitution führt und ausweglos endet.

---

[78] Siehe hierzu Meier-Braun 1995:35f.

[79] *Shirins Hochzeit* von Helma Sanders aus dem Jahr 1975 ist einer der ersten Filme, der explizit die Vorstellung von Migration als einem Elend für die Frau zum Thema wählt. Er entstand im Zuge der Neuen Frauenbewegung, dem *cinéma militant* entstammend, verstanden als Mittel zur kämpferischen Gegenöffentlichkeit und als ein politischer Zielgruppenfilm anzusehen.

Armando Rodriguez repräsentiert den damaligen Blick auf das Migrationsphänomen noch auf einer anderen Ebene, die sich im Alltagsdiskurs anhand von *Gastarbeiter*-Zahlen ausdrückte. Als *Einemillionster Eingereister* symbolisierte er einerseits den Erfolg der Industrie, die mit ihm auf die *Steigerungsrate* von 500.000 angeworbenen Migrantinnen und Migranten im Jahr 1961 hin zu 1.000.000 angeworbener Menschen im Jahr 1964 hinweisen wollte, und die mit seinem Bild ihre damalige Hochkonjunktur medienwirksam feierte. Gleichzeitig drückte sich in dieser Zahl – der *Million* – aber auch die Sorge großer Teile der Bevölkerung in Bezug auf die eigene Zukunft aus. Nach einer Befragung des Allensbacher Instituts für Demoskopie im Herbst 1964 sah die Mehrheit der bundesrepublikanischen Bevölkerung die zunehmende Beschäftigung ausländischer Arbeitnehmerinnen und Arbeitnehmer eher als ein *»schwerwiegendes Problem«* an. Lediglich ein Drittel der Befragten glaubte, daß es in der Zukunft *»mit den Gastarbeitern gut gehe[n]«* würde.[80] Hinzu kam die Möglichkeit, Zahlen zur Unterstützung der jeweils eigenen Blickrichtung nutzen zu können, so daß die Verdopplung der Anwerbezahlen von 500.000 auf 1.000.000 in dem genannten kurzen Zeitraum bewußt als Doppelung angesehen und beschrieben und nicht etwa als reale Zahl in Vergleich zur Anzahl der Bevölkerung im Lande insgesamt gesetzt wurde. Migrantinnen und Migranten erschienen als Zahlen und Statistiken, als konkrete Personen wurden sie höchstens zur Symbolisierung *von etwas* genutzt. Wie austauschbar sie dabei blieben, wird an folgendem Beispiel deutlich: Nicht nur die Arbeitgeberverbände hießen am 10. September *Armando Rodriguez* als *Millionsten Gastarbeiter* in Köln willkommen. Auch der damalige Präsident der Bundesanstalt für Arbeit ließ es sich nicht nehmen, ein solches Ereignis zu feiern. Auch er empfing am 28. November in München ebenfalls medienwirksam den *Millionsten Gastarbeiter*, jedoch nicht *Armando Rodriguez*, sondern einen namenlos gebliebenen Mann aus der Türkei.[81]

In der frühen Migrationsphase tauchten immigrierte Frauen in den Medien nicht auf, und das Bild der *Shirin* wurde von Helma Sanders erst im Jahr 1975 als Rückblick auf diese Phase gezeichnet. Lediglich in zwei Bereichen sind aus dieser Zeit in der Migrationsliteratur Verweise auf Frauen zu finden, nämlich dort, wo mangelndes Wissen und Verständigungsschwierigkeiten zum Problem – nicht für die Betroffenen selbst, sondern – für andere im Gesundheits- und Pflegebereich geworden waren. Einerseits wurden Probleme mit einer Gruppe von Frauen im Arbeitsprozeß thematisiert, den *asiatischen Krankenschwestern*. Fast alle westlichen Industrieländer litten während der sechziger bis in die siebziger Jahre hinein unter einem sogenannten *Pflegenotstand*, da zu wenig Personal in den Krankenhäusern zur Verfügung

[80] Zit. nach Spaich 1981:212.

[81] Vgl. hierzu Spaich 1981:212.

stand. Daher wurden Krankenschwestern und -pfleger überwiegend aus dem südost-asiatischen Raum angeworben.[82] Das besondere Interesse in bezug auf diese Personengruppe galt den immer wieder konstatierten Verständigungsschwierigkeiten und sprachlichen Mißverständnissen im Kranken- und Pflegebereich, die für die Arbeitgeber eine andere Tragweite besaßen, als die anfänglichen Kommunikationsschwierigkeiten in den Industriebetrieben, die mit Hilfe von Dolmetscherinnen und Dolmetschern gelöst werden konnten. Die Verständigungsprozesse zwischen der die Kranken pflegenden Migrantinnengruppe und den Deutschen waren jedoch von zentraler Bedeutung für einen gefahrlosen und reibungslosen Ablauf in den Krankenhäusern und Kliniken und somit auf deutscher Seite von fundamentalem Interesse.[83] Zum anderen wurden seit Mitte der sechziger Jahre bis Ende der siebziger Jahre Migrantinnen im medizinischen und gynäkologischen Bereich, in ihrer Funktion als »Weib und Mutter« in den Blick genommen. Anlaß waren Ängste, daß durch eine zunehmende Anzahl gebärender Migrantinnen in deutschen Krankenhäusern vermehrt Komplikationen während des Geburtsvorgangs auftreten könnten.

Über diese genannten Bereiche hinaus ist keine weitere Literatur zu Frauen auffindbar, jedoch sind im Nachhinein verschiedene Texte entstanden, die sich auf diesen Zeitabschnitt beziehen. Wie der genannte Film Shirins Hochzeit zeichnen sie ebenfalls einheitlich das Bild von Migration als einem Elend für die Frauen. Zu nennen sind dabei insbesondere der Roman Elephteria[84], der mit dokumentarischen Mitteln, am Beispiel der bei Pierburg-Neuss beschäftigten Migrantinnen, die damaligen Mißstände in den Betrieben aufgezeigt hat, die Anfang der siebziger Jahre mit zu einer großen wilden Streikbewegung geführt hatten. Elephteria ist die Heldin des Romans, die sich, aus

---

[82] Für diese Gruppe galten in der Bundesrepublik Sondervereinbarungen. Seit Beginn der sechziger Jahre arbeiteten koreanische Krankenschwestern auf private und kirchliche Vermittlung in der Bundesrepublik. Erst 1971 wurde offiziell zwischen der Deutschen Krankenhausgesellschaft (DKG) und der Korea Overseas Development Cooperation KODCO ein Anwerbevertrag für koreanische Krankenpflegekräfte geschlossen, das sogenannte »Korea-Programm zur Beschäftigung qualifizierter koreanischer Krankenschwestern und Krankenpflegehelferinnen in deutschen Krankenhäusern«; ein weiterer Vertrag wurde 1974 zwischen der DKG und dem Overseas Employment Development Board (OEDB) des philippinischen Arbeitsministeriums unterzeichnet. Bis Mitte der siebziger Jahre waren aufgrund dieser Verträge oder durch Einzelanwerbung ca. 11.100 koreanische Frauen in die Bundesrepublik gekommen. 1976 waren noch 5.600 koreanische, 2.500 philippinische und 2.000 indische Krankenpflegekräfte im Bundesgebiet beschäftigt. Vgl. Bundestagsdrucksache 8/1783 v. 8.5.1978

[83] Vgl. hierzu u. a.: Poser u. Scheel 1971; Kim 1972; Zawadzky 1973:40.

[84] Spix 1975.

Griechenland kommend, aus dem Elend der Migrationssituation mit Hilfe ihrer deutschen Kolleginnen *emanzipierte*. Und es entstand die autobiographische Erzählung der *Vera Kamenko*[85], die von Marianne Herzog publiziert wurde. Erzählt wird die Geschichte eines Frauenlebens als ein Elend im Herkunfts- wie auch im Immigrationsland. Wie schon zuvor bei *Armando Rodriguez*, ging es auch in diesen Texten nicht um die Migrantinnen als Personen. Ähnlich wie im Film *Shirins Hochzeit* wurden die Lebensgeschichten der Frauen als Erzählung genutzt, durch die der Blick kritisch auf die in den siebziger Jahren verstärkt thematisierten, spezifischen Benachteiligungen von Frauen gelenkt werden sollte. An diesen Beispielen wird bereits die Abnutzung des Bildes von der Ausnahmemigrantin deutlich. In der Vermischung von imperialismuskritischem Denken mit frühen feministischen Ansätzen wurde die steigende Anzahl der Frauen zunehmend interessant, da so die Aussagen über die Migrantinnen potenziert und politisch genutzt werden konnten. Migration wurde nicht mehr als ein Elend für die einzelne betroffene Frau thematisiert. Vielmehr wurde die *massenhafte* Wanderung von Frauen in Länder des westlichen Kapitalismus patriarchalischer Prägung nun genutzt, um anhand der Lebensgeschichten Einzelner eine allgemeine Kritik an den Arbeits- und Lebensbedingungen in einem westlichen Industrieland zu formulieren.

Die Feminisierung der Migration.

Frauenmigration ist bis heute ein *Bindestrich-Thema* im Migrationsdiskurs geblieben, und das, obwohl sich weltweit der Anteil von Frauen, die ihre Herkunftsländer verlassen haben und in andere Länder immigriert sind, immer weiter erhöht hat.[86] Es gibt eine Reihe von Hinweisen, daß mittlerweile eine Feminisierung von Migration stattgefunden hat, die sich weiterhin fortsetzt.[87] Frauenforscherinnen sprechen von fünfzig Millionen *»Unsichtbaren«* weltweit, Frauen, die in den Statistiken und Forschungsberichten noch immer überwiegend unerwähnt bleiben.[88] Auch die Mehrheit der Flüchtlinge, so wird geschätzt, sind Frauen und ihre kleinen Kinder. Unterscheidungen in den Migrationsmotivationen wie zwischen Flucht und Einwanderung sind dabei nicht immer eindeutig auszumachen. So z. B. auch in der Bundesrepublik gegen Ende der achtziger Jahre, als es zu einer neuen Welle von Zuwanderung kam. Diese war bedingt durch steigende Zahlen von Asylbewerberinnen und Asylbewerbern, durch Kriege und ethnische Säuberungen im ehemaligen Jugoslawien sowie durch die sich zuspitzende Situation im kurdisch

---

[85] Kamenko 1978.

[86] Potts 1993; Lutz 1997; Münz u. a. 1997.

[87] Potts 1989.

[88] Strigl 1993:13.

besiedelten Teil der Türkei. Diese Konflikte schlugen sich nicht nur in der Statistik aufgrund von Asylanträgen nieder, sie waren auch ein Anlaß für in Deutschland lebende Immigranten und Immigrantinnen aus den beiden Ländern, weitere Familienangehörige zu sich zu holen.[89] Darüber hinaus trug der kurze Wirtschaftsboom anläßlich der deutschen Vereinigung Ende der achtziger Jahre mit zur Rekrutierung neuer ausländischer Arbeitnehmerinnen und Arbeitnehmer bei, vor allem aus Polen und der Tschechischen Republik, aber auch aus den übrigen Staaten Osteuropas. Seit Anfang der neunziger Jahre wurden neue legale Zuzugsmöglichkeiten und Beschäftigungsformen für individuell befristete Zeiträume für osteuropäische Saison- und Kontraktarbeiterinnen und für Grenzgängerinnen und Grenzgänger geschaffen.[90] Neben Flucht und Zuwanderungen aus den klassischen Anwerbeländern im Rahmen von *Heiratsmigration* und *Familienzusammenführung* existieren zwei weitere bedeutsame Bewegungsrichtungen: es gibt eine Süd-Nord Wanderung, vor allem aus dem nord-afrikanischen Mittelmeerraum und die seit dem Zusammenbruch des Ostblocks zunehmend relevante Ost-West-Migration.[91] Da eine offizielle Einreise als Arbeitsmigrantin nahezu unmöglich ist,[92] ist eine touristische oder illegale Einreise oft der einzig verbleibende Weg für eine Immigration. Dabei hat sich eine spezifische Form von Migration entwickelt, die ausschließlich weiblich ist.[93] Als Hausangestellte, als Putzfrau oder als Näherin versuchen Frauen über Mundpropaganda und Zufallsvermittlungen außerhalb ihrer Herkunftsländer eine Arbeit zu finden. Hinzu kommt, daß sich in und nach Europa eine ganz eigene *Branche*, der *Handel mit Frauen und Mädchen* etabliert hat. Agenturen vermitteln Heiratsmigrantinnen und/oder Prostituierte. Neben Frauen aus Asien und Afrika werden in den letzten Jahren Frauen aus Lateinamerika und der Karibik, sowie aus Osteuropa für den westeuropäischen Heiratsmarkt wie für die Sex- und Vergnügungsindustrie[94] gehandelt. Diese Frauen tauchen jedoch in den offiziellen Migrations-Statistiken nicht auf. Über sie wird im Zusammenhang mit Migration-

---

[89] Münz u. a. 1997:40ff.

[90] Rudolph 1996.

[91] Telöken 1991:11.

[92] Ob sich durch die geplanten Zuwanderungsregelungen auch für Frauen weitere Möglichkeiten einer Arbeitsaufnahme in Deutschland ergeben werden, bleibt abzuwarten.

[93] Vgl. hierzu Südwind e.V. u. a. 1994.

[94] Bereits 1971 beauftragte die Generalversammlung von Interpol ihr Generalsekretariat, eine Untersuchung über die zunehmende internationale Zuhälterei durchzuführen. Vgl. hierzu Interpol-Bericht Frauenhandel: Neue Trends, in: Barry 1983:318-335.

sentwicklungen kaum gesprochen, höchstens im Zusammenhang mit *illegaler Einwanderung und/oder Menschenhandel.*[95]

Zwar werden Migrantinnen insgesamt seit den achtziger Jahren nicht mehr ignoriert, doch werden sie noch immer in Zusammenhang mit Männermigration gesehen und Forschungsfragen aus dieser Perspektive an sie gerichtet. In Deutschland beschränkt sich die Diskussion um Einwanderung von Migrantinnen und deren Kinder dabei überwiegend auf Personen aus den klassischen Anwerbeländern, meist am Beispiel derjenigen aus der Türkei, unabhängig davon, ob sie zum Zwecke der Arbeitsaufnahme oder im Rahmen der Familienzusammenführung eingereist sind. Aber auch bezogen auf die Migrantinnen aus diesen traditionellen Anwerbeländern ist das Wissen noch nicht auf eine breitere empirische Basis gestellt worden.[96] Es wurden lediglich Trends beschrieben. Auf viele relevante Fragen gibt es bis heute keine Antworten, obwohl auch in Europa unter den Immigranten und Flüchtlingen die Gruppe der Frauen von zunehmender Bedeutung ist und seit den siebziger Jahren die größte Zuwachsrate aufweist.[97] In der Bundesrepublik lag der Anteil der Immigrantinnen im Jahr 1961 noch bei 31,1 Prozent. Bis zum Jahr 1987 hat er sich dann bereits auf insgesamt 44,6 Prozent erhöht, wobei beim Blick auf die Zahlen nach Nationalitätszugehörigkeit starke Differenzierungen bemerkbar sind, wie der folgende Vergleich der türkischen und der italienischen Zuwanderinnen in diesem Zeitraum exemplarisch zeigen soll. 1973 waren 32,9 Prozent Frauen aus der Türkei und 33,6 Prozent Italienerinnen in die Bundesrepublik immigriert. Bereits 1975 begannen sich die Zahlen umzukehren. Es lebten 37,8 Prozent Frauen aus der Türkei in der Bundesrepublik und bei den Italienerinnen waren es nur noch 36,9 Prozent. Diese Entwicklung hielt durch den verstärkten Familiennachzug bei der aus der Türkei eingewanderten Population an. Im Jahr 1987 kamen 45,2 Prozent Zuwanderinnen aus der Türkei und im Vergleich aus Italien nur 39,6 Prozent.

Diese verstärkte Frauenmigration hat nicht nur die Zusammensetzung der Migrationspolulation im Aufnahmeland verändert. Nach Sassen[98] ist eine der ernsthaftesten und paradoxesten Folgen dieser Feminisierung von Migration die zunehmende Arbeits- und Perspektivlosigkeit unter den Männern. Diese müssen nicht nur mit dem neuen Angebot an weiblichen Arbeitskräften konkurrieren. Der massive Fortzug junger Frauen aus dem ländlichen Raum der Herkunftsländer, in denen ihnen eine Schlüsselrolle im Kampf ums Überle-

---

[95] Maier 1981; Skrobanek 1983; Schmidt 1985; Tübinger Projektgruppe 1989; agisra 1990; Hummel 1992; Rueenkaew 1995 und Henning 1997.

[96] Bei den folgenden Angaben beziehe ich mich auf Nauck 1993b:364-395.

[97] Baringhorst 1994:169.

[98] Sassen 1993.

ben zugewiesen war, vermindert auch die Möglichkeiten von Männern, dort zu überleben.[99] So sind junge Frauen in der Türkei mittlerweile ein »knappes Gut« und das nicht nur auf dem Heiratsmarkt. Nach Nauck kann die Migration von Frauen »durch das Fehlen als Arbeitskräfte im (landwirtschaftlichen) Familienbetrieb zu einer ernsthaften Gefährdung der Produktionseinheit führen, zumal bei der existierenden Geschlechtsrollenorientierung (Schwieger-)Töchter weitaus flexibler einsetzbar sind als Söhne«[100]. Rückwanderung von jungen Frauen aus den Immigrationsländern zum Zwecke der Heirat, aber auch Migration der jungen Männer sind hier zu beobachten. Ist letztere über Arbeitsmigration ausgeschlossen, wird zunehmend der Weg über Heiratsmigration mit anschließender Familienzusammenführung gewählt. Die Frage, welche Rolle die Heiratsmigration besonders unter den eingewanderten Nicht-EG-Angehörigen spielt, ist in der deutschen Migrationsliteratur jedoch kaum kein Thema.[101] Dabei deuten Trends darauf hin, welche Bedeutung diese im Leben junger Migrantinnen der zweiten und dritten Generation hat. Im Rückblick wird sichtbar, daß im Jahr 1961 noch 91 Prozent der 35jährigen Arbeitsmigranten und 88 Prozent der Arbeitsmigrantinnen verheiratet waren. In den siebziger Jahren veränderten sich die Heiratsbedingungen für die ausländische Bevölkerung zunehmend, da sich die Gruppe im heiratsfähigen Alter immer mehr aus Angehörigen der zweiten Generation von Arbeitsmigranten zusammensetzte. Das führte zunächst bei den ausländischen Männern zu einem deutlichen Engpaß auf dem Heiratsmarkt. Diese hatten zur damaligen Zeit nicht nur eine schwache Position auf dem Arbeitsmarkt. Zu ihrem hohen Arbeitslosenrisiko kam die für sie unvorteilhafte Geschlechterproportion auf dem ethnisch segmentierten Heiratsmarkt im Aufnahmeland hinzu, so daß sie sich im Vergleich zu den Frauen in einer weitaus ungünstigeren Position befanden. Das führte bei den Männern zu einer Verzögerung der Heirat und zu einer hohen Unverheiratetenquote.[102] Am Beispiel von Immigranten aus der Türkei stellte Nauck fest, daß »die hohe Nachfrage nach (jungen) Frauen, [der] Männerüberschuß der türkischen Gesellschaft und [der] ›leergefegte‹ Heiratsmarkt« Ursachen dafür zu sein scheinen, daß inzwischen die Hälfte der männlichen Arbeitsmigranten in Deutschland bis zum fünfunddreißigsten Lebensjahr niemals verheiratet gewesen ist.[103] Für Migrantinnen stellt sich die Lage weitaus günstiger dar. Diese hatten die Möglichkeit, ihre Arbeitserlaubnis – wenn sie eine solche besaßen – an ihren zukünftigen Ehemann zu »verleihen«. Das steigerte ihre Attraktivität auf dem Heiratsmarkt in ihrem Herkunftsland, wenn die Frauen

---

[99] Sassen 1993:74.

[100] Nauck 1993a:318.

[101] Vgl. hierzu Wolbert 1984 und Pataya 1995.

[102] Nauck 1993b:375.

[103] Nauck 1993b:320.

aus einem sich außerhalb der EG befindenden Land immigriert waren. Des weiteren konnten die jungen Migrantinnen von der unausgeglichenen Geschlechterproportion profitieren. Von daher ist es nicht verwunderlich, daß der Anteil der verheirateten Türkinnen in allen Altersgruppen höher ist, als der aller Migrantinnen insgesamt, was im Vergleich sicherlich nicht nur mit kultureller Differenz zu begründen ist, wie dies bei dem Thema Heirat immer wieder geschieht.[104]

Nauck nimmt an, daß durch rechtlich-administrative Steuerungen unbeabsichtigte Folgen für das Heiratsverhalten des eingewanderten Bevölkerungsteils entstanden sind. Durch einen Vergleich des Heiratsverhaltens von Angehörigen eines nicht durch rechtliche Regelungen beeinflußten EG-Landes mit einem Nicht-EG-Land fühlt er sich in seiner Annahme bestätigt.[105] Auch an gemischt-nationalen Ehen läßt sich für ihn der Einfluß der jeweiligen Migrationspolitik auf das Eheschließungsverhalten des immigrierten Bevölkerungsteils herauslesen. Er stellte fest, daß *»Heiraten zwischen deutschen Frauen und türkischen Männern [...] zu Beginn der Zuwanderung in der ›Pionier‹-Situation relativ häufig [waren], [...] jedoch zu Beginn der siebziger Jahre beträchtlich zurück[gingen], als die Periode der Kettenwanderung neue Alternativen auf dem minoritätenspezifischen Heiratsmarkt eröffnete. Zu Beginn der achtziger Jahre explodierte sie jedoch förmlich auf mehr als ein Prozent aller Heiraten in Deutschland (als die ökonomische Situation ausländischer Arbeiter problematisch wurde und die Bundesrepublik ihren Druck auf Rückwanderung verstärkte), um sich dann Mitte der achtziger Jahre auf einem Niveau von unter 0,4 Prozent einzupendeln.«*[106] Heirat scheint somit ein akzeptiertes Mittel nicht nur zur ökonomischen Absicherung zu sein, sondern sie dient immer auch zur Ausweitung und Absicherung von Aufenthaltsrechten.

Daher stellt sich die Frage, ob sich nicht auch bei den Immigrantenfamilien Veränderungen in den Erwartungen an die unverheirateten Mädchen und Frauen feststellen lassen, die längerfristig Einfluß auf die Geschlechterbeziehungsstrukturen in den Familien haben könnten. Nauck hatte – ebenfalls in einer vergleichenden Untersuchung – schon Mitte der neunziger Jahre festgestellt, daß sich die ökonomisch-utilitarischen Erwartungen türkischer Eltern an ihre Kinder im Laufe der letzten Jahrzehnte langsam zu verändern beginnen. Am Beispiel der Türkei hat er nicht nur aufgezeigt, daß dort die Erwartungen an die Kinder *»außerordentlich hoch«* seien, sondern daß auch die

---

[104] So z. B. Atabay 1998:42ff.
[105] Nauck 1993b:376.
[106] Nauck 1993b:376.

»Töchter nunmehr etwas stärker in die ökonomisch-utilitarischen Erwartungen einbezogen«[107] würden, so daß *»eine ›Mobilisierung‹ auch der weiblichen Nachkommen für utilitaristische Erwartungen statt[findet].«*[108] Diese Veränderung in den Erwartungshaltungen der Elterngeneration muß Einfluß auf die Lebensplanung der Mädchen haben, besonders dann, wenn nicht mehr davon ausgegangen werden kann, daß diese über eine Heirat dauerhaft ökonomisch abgesichert sind. Hier scheint sich abzuzeichnen, daß im Rahmen des Familienzusammenhangs einer eigenständigen Erwerbstätigkeit der Mädchen eine größere Rolle als in der Vergangenheit zugemessen wird. Wird Heirat darüber hinaus als ein Mittel zur ökonomischen Absicherung derjenigen Familienmitglieder genutzt, die keine Arbeit haben, oder dient sie zur Ausweitung und Absicherung von Aufenthaltsrechten derjenigen, die diese benötigen, befinden sich erwerbstätige Mädchen in qualifizierten Berufen mit gesichertem Aufenthalt in Deutschland in einer vorteilhafteren Situation gegenüber denjenigen, die eine Tätigkeit in weniger qualifizierten Berufen ausüben, weil sie diese zwecks späterer Heirat und einer Perspektive als Mutter und Hausfrau eher als eine Übergangssituation ansehen. Bestätigt sich der Eindruck von Nauck, müßten sich diese Veränderungen auch im Bildungsverhalten der Mädchen abzuzeichnen beginnen.

Für Münz unterscheiden sich Immigrantinnen in ihrer Bildung nur wenig von den Männern.[109] Nach seinen Untersuchungen haben ein Viertel aller Immigranten im erwerbsfähigen Alter gar keinen Schulabschluß, und über einen höheren Bildungsabschluß verfügen nur 10 Prozent der erwachsenen Immigranten in Deutschland. Er stellt jedoch fest, daß ausländische Jugendliche, die hier zur Schule gehen, im Durchschnitt einen höheren Bildungsabschluß als ihre Eltern erwerben.[110] Anhand der Entwicklungen in den Jahren 1985-1994 zeigt er auf, daß die inzwischen in Deutschland geborenen Kinder von Arbeitsmigranten der sechziger und siebziger Jahre allmählich Zugang zu weiterführenden Schulen und damit zu höheren Bildungsabschlüssen finden. Der Anteil junger Ausländer mit Realschulabschluß stieg in diesem Zeitraum von 19 auf 27 Prozent. Der Anteil der Abiturienten verdoppelte sich nahezu von 5,6 auf knapp unter 10 Prozent. Der Anteil der Hauptschulabsolventen und der von ausländischen Jugendlichen ohne Bildungsabschluß verringerte sich dagegen von 76 auf 64 Prozent.[111] Hier zeichnet sich ein Trend ab, der für die Diskussion über Geschlechterdifferenz von Interesse sein kann, besonders

---

[107] Nauck 1994:48.

[108] Nauck 1994:50.

[109] Münz u. a. 1997:67

[110] Münz u. a. 1997:68

[111] Das sind allerdings noch immer zwei von drei ausländischen Schulabgängern!

wenn er in Zusammenhang mit dem Aspekt der Heiratsmigration gesehen wird.

Dies stelle ich wiederum am Beispiel der Immigrationspopulation eines Nicht-EG-Landes – der Türkei – dar. Männer aus der Türkei hatten bereits 1976 unter allen Migrantengruppen die niedrigste Erwerbstätigenquote. 1993 lag diese unter 50 Prozent. Insgesamt sank die Erwerbsbeteiligung ausländischer Männer von 64 Prozent im Jahr 1976 auf 53 Prozent im Jahr 1993. Bei Frauen sind die Unterschiede ausgeprägter als bei den Männern. Bei den spanischen Frauen stieg die Erwerbsquote von 41 Prozent im Jahr 1976 auf 48 Prozent im Jahr 1993. Bei den Italienerinnen war die Tendenz zuletzt ebenfalls steigend, im Jahr 1993 waren es 37 Prozent der Frauen. Auch Frauen aus dem ehemaligen Jugoslawien – im Jahr 1993 waren es 44 Prozent – und aus Griechenland – im Jahr 1993 waren es 43 Prozent – haben vergleichsweise hohe Erwerbstätigenquoten. Die mit Abstand niedrigste Erwerbstätigenquote haben Frauen aus der Türkei. Bereits 1976 waren nur 31 Prozent der Frauen türkischer Herkunft erwerbstätig, und 1993 reduzierte sich ihre Zahl auf 24 Prozent.

In den sechziger und frühen siebziger Jahren gab es in der Bundesrepublik kaum erwerbslose Ausländer. Wer keine Arbeit hatte, kehrte in der Regel freiwillig ins Herkunftsland zurück, oder er verlor die Aufenthaltserlaubnis und mußte das Land verlassen. Daher tauchten diese erwerbslosen Arbeitsmigranten in den Arbeitslosenstatistiken auch nicht auf. Dies änderte sich mit der zunehmenden Zahl von Anwesenheitsberechtigten. Die Rückkehr ins Herkunftsland wurde seltener, und seit Ende der siebziger Jahre liegt die Arbeitslosenquote der Migrantinnen und Migranten in Deutschland über jener der Inländerinnen und Inländer. Besonders betroffen ist die Bevölkerungsgruppe aus der Türkei, deren Erwerbslosigkeit im Jahr 1995 bei 20 Prozent lag und damit über derjenigen aller Immigranten. In diesen Zahlen spiegelt sich besonders der niedrige Ausbildungsgrad. 1995 hatten 78 Prozent der erwerbslosen Ausländer und Ausländerinnen keine berufliche Ausbildung abgeschlossen, und 73 Prozent von ihnen waren zuvor als un- oder angelernte Arbeiter und Arbeiterinnen beschäftigt gewesen. Auffallend ist, daß Frauen nicht stärker als Männer von Erwerbslosigkeit betroffen waren.[112] Sie wurden zwar häufiger arbeitslos, waren dies aber im Durchschnitt kürzer als Männer. Ein kürzerer bzw. geringerer Anspruch auf Arbeitslosengeld oder eine größere Bereitschaft, notfalls einen weniger attraktiven Arbeitsplatz zu akzeptieren, könnte hier eine Rolle gespielt haben.[113] Dennoch erhöhte sich unter

---

[112] Münz u. a. 1997:76.
[113] Münz u. a. 1997:78.

ihnen nicht nur die Zahl der Putzfrauen, Kindermädchen, Köchinnen und Blumenverkäuferinnen. Auch die Zahl der Selbständigen in Handel, Gewerbe und der Industrie hat sich auf mittlerweile 19 Prozent erhöht.[114] D. h. nicht nur der Bildungsgrad von Migranten und Migrantinnen der zweiten Generation liegt im Durchschnitt über jenem ihrer Eltern, es gibt auch deutliche Hinweise auf einen höheren Grad an ökonomischer Integration. Im Jahr 1984 war zwar nahezu die Hälfte der Angehörigen der zweiten Generation aus den klassischen Anwerbeländern als un- oder angelernte Arbeiterinnen und Arbeiter tätig – nämlich 47 Prozent – 32 Prozent waren als Facharbeiter beschäftigt. Im Jahr 1994 war zwar noch immer mehr als ein Drittel der Beschäftigten – nämlich 34 Prozent – als un- oder angelernte Arbeiterinnen und Arbeiter tätig, aber ein Drittel – nämlich 31 Prozent – hatte mittlerweile einen Facharbeiter- oder Meisterposten inne, und 16 Prozent arbeiteten in mittleren und gehobenen Angestelltenpositionen. Dieser Trend betrifft beide Geschlechter. Auch Immigrantinnen waren 1984 noch zu 83 Prozent als un- und angelernte Arbeiterinnen tätig. Im Jahr 1994 waren es dann nur noch 64 Prozent, und in den mittleren und höheren Angestelltenpositionen sind mittlerweile 28 Prozent Frauen aufzufinden.[115]

Auch im Schulbereich sind Änderungen sichtbar. In Untersuchungen zu Bildung und Berufswahl beobachteten Boos-Nünning[116], Schepker und Eberding[117] bei Mädchen aus der Türkei eine hohe Leistungsmotivation und finden diese weitaus stärker in den Real-, Gesamtschulen und Gymnasien vertreten als die Jungen derselben Nationalitätszugehörigkeit.[118] Man kann offensichtlich in bezug auf Bildung und Berufswahl bei den in Deutschland lebenden jungen Migrantinnen Entwicklungen beobachten, die darauf zurückzuführen sind, daß die Orientierung an einer Hausfrauen- und Mutterrolle Änderungen erfahren hat, *»selbst wenn es für die Mehrheit völlig sicher [ist], einmal zu heiraten und Kinder zu bekommen«*, wie dies die jüngste Studie *Jugend 2000* beschreibt.[119] Offensichtlich spielt Heirat nach wie vor bei der in Deutschland lebenden Migrationspopulation eine herausragende Rolle. Wird diese jedoch ausschließlich unter dem Stichwort *Kulturdifferenz* debattiert, ohne gleichzeitig auch die gesellschaftspolitischen Implikationen im Kontext von Migration zu berücksichtigen, bleibt eine wichtige Komponente unberücksichtigt, und die jungen Migrantinnen können weiterhin auf

---

[114] Münz u. a. 1997:83.

[115] Münz u. a. 1997:85

[116] Boos-Nünning 1993.

[117] Schepker 1995 und Schepker u. Eberding 1996.

[118] Eberding 1998:318.

[119] Blank 2000:11.

der Folie des Ehrkonzeptes[120] in einer sie unterdrückenden, unentrinnbar durch männliche Macht dominierten Lebenssituation dargestellt und beschrieben werden.

---

[120] Siehe z. B. bei Atabay 1998.

Zuschreibungen

Südländerinnen als unzivilisierte, körperlich Verschiedene

Ab Mitte der sechziger Jahre wurden Migrantinnen im Bereich der Medizin zum Gegenstand von Studien und Untersuchungen.[1] In den hierzu vorliegenden Schriften aus dem gynäkologischen Bereich ging es darum, für den Geburtsvorgang relevantes Anderssein von Migrantinnen im Vergleich zu deutschen Frauen beschreiben zu wollen, um bei der Geburtsvorsorge und beim Geburtsvorgang angemessen auf diese angenommenen Verschiedenheiten reagieren zu können. Auslöser dieser Forschungen war die Annahme, daß durch die zunehmende Zahl gebärender Migrantinnen vermehrt Komplikationen während des Geburtsvorgangs auftreten könnten. Es bestand die Sorge, daß ein verspätetes Reagieren auf diese Veränderungen die Bundesrepublik im internationalen Vergleich zu negativen Geburtsstatistiken führen könnte.[2]

Dieser medizinische Diskurs basierte ebenfalls auf der Vorannahme eines Andersseins der eingereisten »Südländerinnen«, das sich jedoch für die Gynäkologen – anders als in den Schriften der ausländischen Sozialberater – nicht aus der spezifischen Organisation der Geschlechterbeziehungen und den sich für die Frauen daraus ergebenden verinnerlichten Aufgabenbestimmungen ergab. Die Mediziner interessierte die Frage nach einer *essentiellen Verschiedenheit von Frauen* unterschiedlicher »Rassen«, die diese an den Herkunftsregionen der nach Deutschland migrierten Frauen festmachten. Untersucht wurde in großem Umfang, ob Migrantinnen *körperliche Unterschiede im Vergleich zu deutschen Frauen* aufweisen. Die hierzu vorliegenden Studien[3] basieren überwiegend auf Messungen von Beckenanomalien,[4] sowie auf Beobachtungen beim Geburtsvorgang. So verglich Saurwein[5] die Ursachen von Schnittentbindungen bei deutschen und bei ausländischen Frauen. Nach seinen Untersuchungen waren von 7.465 Geburten bei deutschen Frauen 308 (4,1%) und bei 297 Entbindungen von Ausländerinnen 26 (8,0%)[6] Schnittentbindungen notwendig. Bei der Suche nach den Gründen für diese Schnittentbindungen stellte er bei 19% der 308 deutschen Frauen und

---

[1] Vgl. hierzu ausführlich Huth-Hildebrandt 1999d.

[2] Huth-Hildebrandt 1999d:2.

[3] Ich habe mich in meiner Analyse auf die Darstellungen in den medizinischen Fachzeitschriften beschränkt, da dort auch die angegebenen Studien und Dissertationen zusammenfassend dargestellt wurden.

[4] Ein für den Geburtsvorgang zu kleines Becken.

[5] Saurwein 1969.

[6] Nach meiner Berechnung sind dies 8,8 Prozent.

bei 58% der 26 Ausländerinnen eine Beckenanomalie fest, was er in bezug auf die Ausländerinnen als einen »gewaltigen Unterschied« ansah. Rechnet man seine Prozentzahlen jedoch in konkrete Personenzahlen um, so kommt man bei den 308 deutschen Frauen auf 58,5 und bei den 58% der untersuchten Ausländerinnen auf 15 Frauen mit einer Beckenanomalie. Bei diesen 15 nichtdeutschen Frauen betrug das untersuchte Becken »achtmal unter 10,5 cm und einmal 6,5 cm und auch der Rest (6 von den 15 Frauen, CHH) [war] nie größer als 11 cm (normal ist 11,4 cm, CHH)«[7].

Beck, Brandner und Wittlinger[8] bestätigten diese These einer vorfindlichen Beckenanomalie bei Migrantinnen zwei Jahre später. Zwar erkannten sie in ihrer Studie über Frühgeburtenhäufigkeit, perinatale Mortalität, sowie der Häufigkeit von Falschlagen und Mehrlingsschwangerschaften statistisch erst einmal keinen Unterschied zwischen Ausländerinnen und deutschen Frauen. Auch hinsichtlich Müttersterblichkeit, Wendungen und Extraktionen sowie Embryotomien gab es für sie keine statistisch signifikante Verschiedenheit festzustellen. Selbst die untersuchte Kaiserschnittquote ergab keine signifikanten Unterschiede. Jedoch fielen ihnen die Spanierinnen auf, da von diesen von ihnen untersuchten 99 Personen 12 Frauen mit Kaiserschnitt entbunden hatten. Das waren 12,1% im Vergleich zu 5,16% bei den deutschen Frauen (376 von 7.292 Personen) und 6,28% bei den Ausländerinnen insgesamt (39 von 621 Personen). Dies erschien den Autoren signifikant erhöht. Sie verglichen daraufhin ihre erhobenen Entbindungszahlen noch mit denen an sechs weiteren europäischen Kliniken und glaubten die These von Saurwein – nämlich die einer vorfindlichen Beckenanomalie bei Ausländerinnen – als bestätigt ansehen zu können und zogen das Fazit: bei Südeuropäerinnen – insbesondere bei Spanierinnen – sei mit einem erhöhten Anteil verengter Becken zu rechnen.

Im Jahr 1975 behaupteten dann Schliemann und Schliemann[9] gleich in zwei medizinischen Zeitschriften, daß bei einem Verhältnis von 5,3% zu 3,4% die Sektiofrequenz »statistisch gesichert [...] bei den Gastarbeiterinnen der iberischen Halbinsel« überwiege, wobei die Indikation »Mißverhältnis« und speziell das »allgemein verengte Becken« bei den »Gebärenden im westlichen Mittelmeerraum signifikant häufiger als bei den deutschen Frauen«[10] erscheine. Des weiteren vermerkten sie, wenn »man die Sektiofrequenz einzelner Ausländerinnengruppen mit dem deutschen Kollektiv« vergleichen würde, es auffiele, »daß bei den Portugiesinnen so wie bei der Zusammenfassung Portugiesinnen plus Spanierinnen – also der Bevölkerung der iberischen

---

[7] Saurwein 1969:731.
[8] Beck u. a. 1971.
[9] Schliemann u. Schliemann 1975.
[10] Schliemann u. Schliemann 1975:210.

Halbinsel – häufiger der Kaiserschnitt durchgeführt werden mußte, als jeweils bei den Deutschen«.[11]

Von 1967 bis 1974 untersuchte dann Berg[12] insgesamt 20.448 Entbindungen, von denen 1.092 *»gebärende Gastarbeiterfrauen«* waren. Er stellte jedoch *»entgegen den Erwartungen«* keine Besonderheiten fest, so daß nach seinen Untersuchungen *»der Anstieg der Gastarbeitergeburten keine negative Belastung der Geburtenstatistik«* bedingte.[13] Auch Höfling[14] gab ein Jahr später an, in dem von ihm untersuchten Zeitraum zwischen den Gastarbeiterinnen und den deutschen Patientinnen keine Unterschiede bemerkt zu haben. Dennoch stellten Scholtes und Schultze-Naumburg[15] ein Jahr später erneut die Frage, ob die *»Ausländerinnengeburt«* nicht doch eine Risikogeburt sei. Auch sie konnten aufgrund ihrer Untersuchungen keine Unterschiede bemerken, sondern fanden sogar heraus, daß *»die Zahl der operativ entbundenen Kinder [...] überraschenderweise bei den Ausländerinnen niedriger als bei den Deutschen«* lag.[16]

Es soll hier nicht in Abrede gestellt werden, daß es im gynäkologischen Bereich von Wichtigkeit ist, bei schwangeren Frauen die Größe des Beckens zu messen, um den Geburtsverlauf eher einschätzen zu können. Aufgrund der vorliegenden Texte entsteht jedoch der Eindruck, als wurde aus minimalen Unterschieden ein großer kategorialer Unterschied konstruiert, der in der Folge in eine Theorie einmündete, wobei nicht mehr reflektiert wurde, auf welche minimale, fragwürdige Basis er sich überhaupt stützte. Darüber hinaus wurde in den vorliegenden Studien nicht nur gemessen, sondern es wurden auch Vergleiche angestellt. In Kenntnis der Tradition von Messungen an und Vergleichen von Körpern im biologistisch-rassistischen Diskurs[17] im Zusammenhang mit den Klassifizierungssystemen der modernen Naturwissenschaft, in der dem Becken bzw. dem *»Gesäß«* eine besondere klassifikatorische Rolle in der Beschreibung von Frauen – im Gegensatz zum Schädel bei den Männern – zugeschrieben wurde, verwundern einige Parallelen bei der Vorannahme, daß das Becken der *»südländischen Frauen«* im Vergleich zu den deutschen Frauen anders *»gebaut«* sein könnte. Die Studien der Gynäkologen erwecken den Anschein, als bewegten sich die Autoren noch immer in der Tradition des im medizinischen Bereiches besonders im 19. Jahr-

---

[11] Schliemann u. Schliemann 1975:212.
[12] Berg 1975.
[13] Berg 1975:45.
[14] Höfling 1975.
[15] Scholtes u. Schultze-Naumburg 1976.
[16] Scholtes u. Schultze-Naumburg 1976:64.
[17] Vgl. hierzu Gilman 1992; Braun 1992; Schiebinger 1993; Gilman 1995 Tischleder 1995.

hundert weit verbreiteten biologistischen Determinismus[18], der die Sicht auf bestimmte ethnisch und sozial untergeordnete Gruppen, so zum Beispiel fremde Frauen und/oder Prostituierte,[19] aber auch Angehörige von Migrations-Gemeinschaften[20] bestimmt hatte. Obwohl die biologistisch-konstitutionalistische Hypothese immer wieder entkräftet und ihre Unhaltbarkeit nachgewiesen wurde[21], dauerte es insgesamt ein ganzes Jahrzehnt, um diese Auseinandersetzung zu beenden.

Die Autoren in den hier untersuchten Studien beließen es nicht bei dem Versuch einer Auf- beziehungsweise Entdeckung körperlicher Verschiedenheiten der Frauen durch den Vergleich, sondern sie stellten zwischen dem angenommenen Unterschied der Beckengröße und dem kulturellen Background der untersuchten Frauen einen Zusammenhang her. Dabei wurde eine andere *»Mentalität«* von *»Südländerinnen«* konstatiert, welche wiederum eine *»andere Reaktionsfähigkeit«* zur Folge habe und dann während der Geburt zu einer *»ungewollten Aggravierung«[22]* führen könne. Als Ursache für eine erschwerte Geburtsleitung seien daher nicht mangelnde Verständigungsschwierigkeiten anzusehen,[23] sondern *»mangelnde Disziplin, die ein Großteil der Südeuropäerinnen«* zeigten, so die Autoren Rimbach und Saurwein.[24] Auch Beck, Brandner und Wittlinger[25] äußerten sich zu kultureller Differenz. Sie wiesen auf die *»psychologischen, sozialen, religiösen sowie rassisch-geographischen Besonderheiten dieser Menschen«* hin, in der Annahme, daß die vorhandenen Probleme bei der Entbindung von Migrantinnen auf diese selbst zurückzuführen seien: *»Die Frauen sind zum großen Teil einem tiefverwurzelten Aberglauben verhaftet und stehen den technischen Apparaturen moderner Kreißsäle mißtrauisch und ängstlich gegenüber. Der Verlust der Geborgenheit in der heimatlichen Sippe und ein Gefühl der Vereinsamung in der Fremde potenzieren Angst und Verkrampfung«*, so die Autoren. Aus dieser *»andersartigen Mentalität und Affektivität der Südeuropäerin»* resultiere oft eine *»scheinbar hemmungslose Disziplinlosigkeit sowie ein unkooperati-

---

[18] Castelnuovo 1990:300.
[19] Vgl. Gilman 1992.
[20] Vgl. Castelnuovo u. Risso 1986.
[21] Rimbach 1967; Beck u. a. 1971, Berg 1975; Scholtes u. Schultze-Naumburg 1976.
[22] Rimbach 1967:295.
[23] Rimbach 1967.
[24] Saurwein 1969:729. Obwohl verschiedentlich in Studien Gegenteiliges behauptet wird, nämlich daß die Frauen ihren Schmerz zurückhalten, wenn sich andere Menschen, besonders Verwandte in ihrer Umgebung aufhalten, wird obige Einstellung immer wieder verallgemeinernd weitergegeben. Vgl. hierzu Cornelisen 1978 :121/2.
[25] Beck u. a. 1971.

ves und unkoordiniertes Verhalten«[26]. Die Folge seien protahierte Geburtsverläufe und drohende kindliche und mütterliche Gefahrenzustände, die eine erhöhte operative Geburtsbeendigung zur Folge hätten.

Hohlweg-Majert[27] griff in seinem Artikel über die gynäkologische und geburtshilfliche Betreuung von Gastarbeiterinnen 1974 das bisher Gesagte noch einmal auf, indem er von Wittlinger, Beck und Brandner übernahm, daß »*neben Sprachschwierigkeiten [...] psychologische, soziale, religiöse sowie rassisch-biographisch bedingte Besonderheiten dieser Menschen diagnostische und therapeutische Probleme*«[28] aufwerfen würden. Und er folgerte, daß »*bei diesen Menschen, die aus dem Schutz der Großfamilie herausgelöst und gleichzeitig in der Industriegesellschaft isoliert [wurden], leicht das sogenannte Entwurzelungssyndrom [entstehe]. Die Folge [sei], daß südeuropäische Gastarbeiter in verstärktem Maße zu Ulzerationen von Magen und Zwölffingerdarm neigen [würden]. Pschosomatische Störungen, wie Aggression und Depression, bis zum Suizid [kämen daher] häufig vor.*«[29] Die Migrantinnen könnten sich daher nur »*besonders schwer [...] an die neuen Lebens- und Umweltbedingungen an[passen]*«[30], da diese »*aus einer archaisch-magischen Vorstellungswelt kommenden Südeuropäerinnen [...] ohne Verständnis für die technisch-rationalisierte Welt des Mitteleuropäers*«[31] seien. Und er beendete seinen Text wiederum mit Wittlinger, Beck und Brandner, indem er von ihnen übernahm, daß »*mit der andersartigen Mentalität und Affektivität der Südländerinnen [...] auch die oft scheinbare, hemmungslose Disziplinlosigkeit sowie unkooperatives und unkoordiniertes Verhalten zu erklären*« sei[32].

Burckhardt-Tamm und Pfund[33] war es wichtig, »*um sich ein Urteil über die Einstellung dieser hilfesuchenden Frauen zu machen, [...] sie nach ihren Heimatländern zu unterscheiden*«[34], da sich ihrer Ansicht nach die »*Mentalität zum Beispiel von Frauen aus Italien und Spanien [...] deutlich von der aus Jugoslawien oder der Türkei*«[35] unterschied. Die berufliche Tätigkeit der Ehefrauen von Gastarbeitern sowie deren andauernde Stress-Situation durch die Doppelbelastung von Berufs- und Hausfrauenarbeit führten ihrer Ansicht

---

[26] Beck u. a. 1971:1182.
[27] Hohlweg-Majert 1974.
[28] Hohlweg-Majert 1974:780.
[29] Hohlweg-Majert 1974:780.
[30] Hohlweg-Majert 1974:780.
[31] Hohlweg-Majert 1974:781.
[32] Hohlweg-Majert 1974:781.
[33] Burckhardt-Tamm u. Pfund 1975.
[34] Burckhardt-Tamm u. Pfund 1975:578.
[35] Burckhardt-Tamm u. Pfund 1975:578.

nach häufiger *»zu psychovegetativen Störungen, besonders in Form eines hyperästhetisch-asthenischen Syndroms und schließlich auch zu einer Erschöpfungsdepression«.* Sehr auffällig fanden die Autoren in diesem Zusammenhang *»die große Zahl der vorzeitig gealterten Frauen, auch abgesehen davon, daß viele Südländerinnen überhaupt früher altern«*[36] würden. *»Auch die Probleme, die durch die Entwurzelung, Sprachschwierigkeiten, Trennung von der weiteren Familie, fremde Mentalität und Heimweh«* entstünden, seien *»sehr schwerwiegende Faktoren, die die Tragfähigkeit der Frauen beeinträchtigen«* würden. Daher litten diese sehr oft auch an *»Depressionen und hypochondrischen Entwicklungen sowie an psychosomatischen Erkrankungen, die schwer zu beheben«* seien, die sich aber *»bei der Rückkehr in die Heimat, auch schon bei längerem Ferienaufenthalt zu Hause, [...] rasch bessern«*[37] würden.

Hohlweg-Majert wiederholten im Jahr 1977 zusammen mit Sievers und Wittlinger[38] noch einmal wörtlich ihre schon 1971 vertretenen Vorstellungen, daß *»neben Sprachschwierigkeiten [...] pychologische, soziale, rassische sowie religiöse Besonderheiten dieser Menschen zahlreiche diagnostische und therapeutische Probleme«* aufwerfen würden, wobei sie – da in den Kliniken inzwischen zahlreicher vertreten – nun auch die Frauen aus der Türkei in ihre Argumentation mit einbezogen: *»Die Gewohnheiten der Südeuropäer und mehr noch der Türken weichen von den unseren hinsichtlich Ernährung, Körperpflege, Wohn- und Sexualverhalten erheblich ab. Diese Menschen entstammen einer archaisch-magischen Vorstellungswelt, sie wurden dem Schutz der heimischen Großfamilie entrissen und fühlen sich in unserer technisch-rationalisierten Industriegesellschaft hilflos und isoliert«*[39], so informierten die Autoren ihre Fachkolleginnen und -kollegen in der Zeitschrift *Medizinische Klinik.*

Die Auseinandersetzung um die Verschiedenheit zwischen deutschen Frauen und den Migrantinnen wurde Ende der siebziger Jahre im medizinischen Diskurs dann mit der Einschätzung abgeschlossen, daß nicht restlos geklärt werden könne, *»inwieweit unterschiedliche rassische und körperbauliche Merkmale, [und] die von der mitteleuropäischen grundverschiedene Mentalität der Gastarbeiterfrauen [...] bei diesen eine höhere Frequenz operativer*

---

[36] Burckhardt-Tamm u. Pfund 1975:578.

[37] Auch zu den Ehemännern äußern sie sich in diesem Zusammenhang: *»Es ist darauf hinzuweisen, daß auch die Männer (die allerdings meist nicht die Doppelbelastung durch Haushalt und Berufstätigkeit zu bewältigen haben) unter jenen Problemen leiden und sogar noch weniger belastbar sind, so daß sie ihren Frauen zu wenig Hilfe bieten können«;* dies.:578.

[38] Hohlweg-Majert u. a. 1977.

[39] Hohlweg-Majert u. a. 1977:33.

Entbindungen, eine höhere Frühgeburtenrate und eine höhere perinatale Letalität zur Folge habe«[40]. Die beschriebenen Unterschiede der Beckengröße von deutschen Frauen und Südländerinnen wurden nun auf eine *»teilweise geringere zivilisatorische Stufe«* der untersuchten Migrantinnen zurückgeführt, so wie sie *»bei uns vor 50 Jahren bestand[en]«*[41] habe. Dieser ›Zivilisationsrückstand‹ wurde erst einmal nur den Bewohnern Süditaliens zugeschrieben, in der Folge dann auf den gesamten europäischen Mittelmeerraum ausgedehnt und besonders auf die iberische Halbinsel bezogen. In späteren Texten bezog man dann auch die Angehörigen des Lebensraumes Türkei mit ein, so daß sich in der zeitlichen Abfolge der Texte die Veränderungen der Migrationsströme in die Bundesrepublik, mit den sich ebenfalls verändernden Nationalitätszugehörigkeiten spiegeln. Diese Vorstellung eines zivilisatorischen Stufenmodells gab für die Untersuchenden wiederum die Legitimation ab, erneut nachzuprüfen, ob nicht doch körperliche Verschiedenheiten existierten, nämlich solche, die bei den nordeuropäischen Frauen zu einer Zeit auffindbar gewesen seien, als diese sich ebenfalls noch auf einer *»geringeren zivilisatorischen Stufe«* befunden hätten. Somit wurde eine Brücke von der biologistisch-rassistischen hin zu einer kulturalistisch-rassistischen Argumentation geschlagen, wobei in der Folge das biologistische Denken nicht einfach abgelöst, sondern beide Denkweisen miteinander verknüpft wurden.

Hier zeigt sich sehr deutlich, wie der frühe Blick auf Frauenmigration aus der Perspektive der Aufnahmegesellschaft auf einen spezifischen Ausschnitt im Frauenleben von Migrantinnen – die Schwangerschaft in der Fremde – ausgerichtet und beschränkt blieb. Dabei wurden nicht die möglichen Auswirkungen von Fremdheitserfahrungen durch die Migrationssituation auf den Schwangerschaftsprozeß und den Geburtsvorgang zum Ausgangspunkt der Analyse gewählt, sondern anhand der durchgeführten Beckenmessungen entstand Fremdheit als ein Konstrukt, das als biologisches Anderssein im Vergleich zum Eigenen gesetzt und mit kulturalistischen Annahmen aufgefüllt wurde.

Frauen als Erwerbstätige

Mitte der siebziger Jahre entstanden dann in der Bundesrepublik erste Studien, die sich explizit mit der Migrationssituation von Frauen auseinandersetzten. Nach Taravella[42] entwickelte sich zu dieser Zeit in allen westeuropäischen Industrienationen ein Interesse an diesem Thema. Er begründete diese Hinwendung mit der gestiegenen Anzahl emigrierter Familien und einer

---

[40] Hohlweg-Majert u. a. 1977:36.

[41] Saurwein 1969:732.

[42] Taravella 1984.

zunehmenden Erwerbstätigkeit der Frauen, sowie mit einem deutlich feminisierten Erscheinungsbild der Migration durch die Anwesenheit von muslimischen Frauen. Dies mag auf den ersten Blick auch für der Bundesrepublik stimmig erscheinen, da Mitte der siebziger Jahre über 40 Prozent der anwesenden Migrantinnen erwerbstätig waren, und die Arbeitnehmerinnen aus der Türkei dabei die größte Gruppe bildeten. Auffällig für die Bundesrepublik ist jedoch, daß hier die Texte, die sich mit den Folgen einer Arbeitsmigration von Frauen auseinandersetzten, und der Frage, ob Migration von Frauen im Vergleich zu der von Männern Verschiedenheiten aufweist,[43] weder Eingang in die wissenschaftliche Diskussion über Migration, noch in der öffentlichen Diskussion Beachtung gefunden haben.

Diese Frauenstudien entstanden zu einem Zeitpunkt, als in der deutschen Frauenbewegung die These von der Befreiung bzw. der Emanzipation der Frau durch außerhäusliche Erwerbstätigkeit einen wichtigen Stellenwert in der Debatte einnahm. Sie entstanden aber auch in einem politischen Klima, in dem die Migrationspolitik angesichts einer ökonomischen Krisensituation im Land restriktiver gehandhabt wurde. Durch den Anwerbestopp im November 1973 begrenzte man die Zuwanderung von Migrantinnen und Migranten und strebte parallel mit Hilfe des *Inländerprimats*[44] eine Verdrängung der ausländischen Arbeitnehmerinnen und Arbeitnehmer vom Arbeitsmarkt an. Weitere Regelungen kamen hinzu, wie der generelle Ausschluß vom Arbeitsmarkt bei erfolgter Arbeitslosigkeit, oder die Sperrung des Zugangs zu diesem für nachgereiste Familienangehörige, letzteres unter anderem auch, um eine Begrenzung des rechtlich nicht zu verhindernden Familiennachzuges zu erreichen.[45] Familienangehörige, die zur Ehepartnerin oder zum Ehepartner in die Bundesrepublik nachzogen, erhielten nun nicht mehr automatisch eine Arbeitserlaubnis. Eine solche konnte erst nach einer Wartezeit von 4 bis 5 Jahren erworben werden. Waren zuerst die Frauen eingereist und deren Ehemänner nachgefolgt, so erhielten letztere keine Arbeitserlaubnis mehr. Das veranlaßte Frauen immer wieder, ihre eigene Arbeitserlaubnis auf den Ehemann zu übertragen – was rechtlich möglich war –, mit der Konsequenz, nun selbst erwerbslos geworden zu sein. Und umgekehrt bekamen diejenigen Migrantinnen, die zu ihren Männern in die Bundesrepublik zogen, als Familienangehörige ebenfalls zunächst keine Arbeitserlaubnis. Somit stieg zwar die

---

[43] Morokvašić 1974; Castagnoli 1976; Jacobi 1976; Lucrezio 1976; Maros 1976; Mediavilla 1976; Morokvašić 1976; Nölkensmeier 1976; Ley 1979.

[44] Das *Inländerprimat* sollte die bevorzugte Behandlung und Vermittlung von Inländerinnen und Inländern an erster, sowie der von Arbeitssuchenden aus den Europäischen Ländern an zweiter Stelle, vor Arbeitssuchenden aus den restlichen Anwerbeländern ermöglichen.

[45] Bommes u. Scherr 1991:297.

Anzahl der Frauen kontinuierlich – 1973 lebten 1.443.00 Migrantinnen, 1974 waren es 1.588.900 und Ende 1980 lebten bereits 1.657.600 Frauen aus den Anwerbeländern in der Bundesrepublik[46] –, die Gruppe der Erwerbstätigen unter ihnen nahm jedoch ab: Waren 1974 bis 1976 noch über 40 Prozent der Migrantinnen erwerbstätig, so sank diese Quote von 1977 bis 1982 auf 31,4 Prozent und ging bis 1988 auf 26,2 Prozent zurück.[47]

Zu dieser Zeit nahm die Auseinandersetzung um eine Erwerbstätigkeit unter den Migrantinnen selbst einen hohen Stellenwert ein. Während der ersten europäischen Migrantinnenkonferenz im Jahr 1974[48], an der über 200 Frauen aus den verschiedenen Anwerbeländern teilnahmen, waren es überwiegend die Erwerbsarbeitsbedingungen in den Aufnahmeländern, die diskutiert wurden. Zum Abschluß der Konferenz verabschiedeten die Frauen ein Manifest[49], das zwar mehrere Themenbereiche anschnitt, in dem jedoch der *»job security«* eindeutig Priorität zugewiesen wurde. Es war den Frauen bewußt, daß sie diejenigen waren, die aufgrund ökonomischer Zweckmäßigkeitserwägungen als erste ihre Arbeit verlieren würden, und daß ihnen dies mit Hilfe einer Nutzung des traditionellem Denkens, das den Frauen den Platz im *Heim* zuweist, auch noch schmackhaft gemacht werden sollte. *»More than any other group, we women suffer from the fluctuations of the labour market,«* schrieben sie in dem Manifest. *»The discrimination against us as migrants ist even greater because of the regulations restricting changes of job.«* Von daher forderten sie *»the guarantee of every woman's right to work; it is unjust to use women as the ›buffer‹ reserve of the economy«.*[50]

Die Konferenz wurde von den Medien in den Aufnahmeländern mit besonderer Aufmerksamkeit verfolgt, da hier Migrantinnen zu einer Zeit öffentlich auftraten und erstmals selbst das Wort ergriffen, als die feministische Debatte über Frauen als bezahlte und unbezahlte Arbeitskräfte, verbunden mit der politischen Forderung nach einem *»Recht auf einen Arbeitsplatz außerhalb des Hauses«*[51], in der Öffentlichkeit sehr präsent war. Von daher trafen sich die Vorstellungen dieser Feministinnen nach Selbstverwirklichung im Beruf mit den ökonomischen Interessen der Migrantinnen, die in der Bundesrepublik das Geld mitverdienen wollten, welches ihnen eine Existenz im Herkunftsland und ihren Familien eine baldige Rückkehr ermöglichen sollte. Interessant ist, daß in den folgenden Jahren auf dieses Manifest der Migran-

---

[46] Mehrländer 1981:572.
[47] Schulz 1992b:130.
[48] Sie fand im Februar 1974 in Zürich statt.
[49] Guyot u. a. 1978:97-110.
[50] Guyot u. a. 1978:101.
[51] Dokumentationsgruppe der Sommeruniversität e. V. 1978:6f.

tinnengruppe vor allem von den Beratungs- und Betreuungsverbänden immer wieder zurückgegriffen wurde, allerdings nicht auf die Forderungen nach einer Arbeitsplatzsicherung für Frauen, sondern auf diejenigen Teile des Textes, die von prekären familialen Situationen, mangelnder Gesundheitsversorgung sowie sozialen Probleme der Migrantinnen handelten. So konnten mit Hilfe authentischer *Stimmen von Betroffenen* Forderungen nach eigenständigen Betreuungseinrichtungen für Migrantinnen im Rahmen der Wohlfahrtsverbände mehr Nachdruck verliehen werden.

Es bleibt festzuhalten, daß Migrantinnen in den siebziger Jahren sehr wohl als erwerbstätige Frauen wahrgenommen wurden, und sie sich auch als solche zu Wort meldeten. Die Studien machten überwiegend auf die spezifischen Benachteiligungen der Frauen im Erwerbsleben aufmerksam und beschrieben auch den privaten Lebensbereich der Migrantinnen aus dieser Perspektive, da Emanzipation in der bundesrepublikanischen Feminismusdebatte zu jener Zeit als die Notwendigkeit des sich Herauslösens aus familialen Abhängigkeiten in der privaten Sphäre thematisiert wurde. Eine Erklärung, warum diese Untersuchungen in der Folgezeit weitgehend unberücksichtigt blieben, ist sicherlich, daß sie zu einer Zeit publiziert wurden, in der es kein vordringliches Ziel war, eine Erwerbstätigkeit von Frauen überhaupt zu fördern. So ging dann auch der exemplarische Charakter dieser Studien unter, die erstmals die doppelte Marginalisierung von Migrantinnen im sozialpolitischen wie im privaten Bereich thematisiert hatten, da sie keinen Eingang in die Diskussion über Migration fanden.[52]

Migrantinnen als Opfer patriarchaler Unterdrückung

Ende der siebziger, Anfang der achtziger Jahre wurde angeführt, es seien Gruppen aus der Frauenbewegung gewesen, die in den Stadtteilen, durch Projektarbeit verankert, die Situation der dort vorfindlichen Migrantinnen aufgegriffen und die besondere Unterdrückung dieser Frauen thematisiert hätten[53]. Dies habe in der Folge zu einer öffentlichen Debatte über die Lebensbedingungen jener Frauen geführt[54]. Es waren jedoch nur vereinzelte Initiativen, die sich damals bemühten, Migrantinnen in die autonomen Frauenzentren einzubeziehen, oder eine eigene Arbeit *für sie* aufzubauen. Des weiteren ist zu berücksichtigen, daß zu dieser Zeit die Gleichsetzung von

---

[52] Siehe hierzu Frigessi in: Ley 1979:8.

[53] Flehmig 1979; Mansfeld 1979a+b.

[54] Hierzu muß vermerkt werden, daß Frauenbewegung und Frauenforschung – letztere entwickelte sich zu dieser Zeit in der Bundesrepublik erst in Ansätzen – vom politischen Anspruch her noch weitgehend als miteinander verwoben gesehen und gedacht wurden, und noch keine Ausdifferenzierung erfolgt war, so wie dies gegenwärtig der Fall ist.

Migrantin mit *türkischer Frau* erfolgte, und dies keineswegs nur, weil Frauen aus der Türkei die größte Gruppe der Einwanderinnen bildeten und im Vergleich zu Frauen aus den anderen Anwerbeländern in der Öffentlichkeit sehr sichtbar waren. Die Lebenssituation von Migrantinnen wurde in der Öffentlichkeit so präsentiert, daß diese Frauen als *dreifache Opfer patriarchaler Unterdrückung* erschienen. Es wurde argumentiert, als Arbeiterinnen hätten sie die statusniederen Arbeitsplätze erhalten und seien in Krisenzeiten überwiegend von Arbeitslosigkeit betroffen; als Ausländerinnen und Minoritätsangehörige wären sie rechtlich diskriminiert und sozialen Diskriminierungen ausgesetzt, und als Frauen wären sie zusätzlich noch der geschlechtsspezifischen Arbeitsteilung sowie der Ungleichheit in Familie und Beruf unterworfen.[55]

Diese Position wurde im Jahr 1981 während einer bundesweiten Konferenz für Ausländerfragen[56] erstmals mit Vertreterinnen und Vertretern kirchlicher und staatlicher Stellen öffentlich diskutiert. Das Thema stieß auf ein breites Interesse, und die Medien berichteten ausführlich darüber. Zu diesem Zeitpunkt begann sich eine Wende in der Diskussion um die Migrantin anzudeuten. Man sprach nicht mehr über die benachteiligte Arbeitsmigrantin, sondern mehr über die »*Not*« der immigrierten Frauen, die in der Öffentlichkeit nicht hätte wahrgenommen werden können, da die Frauen nicht sichtbar gewesen seien. Als Grund für deren Unsichtbarkeit wurde angeführt, daß durch die »*überwiegend patriarchalen Familienstrukturen in den Heimatländern der Gastarbeiter [...] in der Regel auch in der Bundesrepublik die Männer ihre Familien nach außen [vertreten]*«[57] würden. Daher seien diese Migrantinnen »*von der Außenwelt meist völlig abgeschnitten – durch Unkenntnis der deutschen Sprache, durch die Unkenntnis der neuen Lebensumstände in der Bundesrepublik, die so völlig anders als die in ihren Heimatländern [seien] und auf die sie niemand vorbereitet*«[58] habe. Zu einem späteren Zeitpunkt wurde zwar eingestanden, daß solche Zuschreibungen nicht immer frei von paternalistischem Denken gewesen seien.[59] Sie wurden als Formulierung einer Position dennoch insofern verteidigt und betont, als die vergleichsweise deprimierenden Lebensbedingungen von Migrantinnen anders überhaupt nicht in den Blickpunkt des öffentlichen Interesses hätten gerückt werden können.[60] Si-

---

[55] Mansfeld 1979b; Bagana u. Burgsmüller 1980a; Rosen 1980b; Weische-Alexa 1980; Gürkan u. a. 1981; Münscher 1981; Rosen 1981.

[56] 36. Konferenz für Ausländerfragen der Evangelischen Kirche in Deutschland zum Thema »*Ausländische Frauen*«. Vgl. hierzu die Dokumentation Huth 1982.

[57] Schneider 1981.

[58] Ebenda.

[59] Vgl. zur Kritik Kalpaka u. Räthzel 1985; Spohn 1986.

[60] Münscher 1985:5; Heinrich 1990a:27.

cherlich haben engagierte Frauen aus der Frauenbewegung einen Anteil an dieser spezifischen Diskussionsperspektive zu verzeichnen. In einer Zeit, in der das Private zum Politischen und in der feministischen Debatte unter anderem auch die Forderung nach Lohn für Hausarbeit erhoben wurde, war die Debatte um die privaten Lebensbedingungen der Migrantinnen für die Medien eine willkommene Möglichkeit, drastisch und anschaulich auf die Folgen einer Isolierung im privaten Raum hinzuweisen.

Es bestand jedoch noch ein weiteres Interesse, warum das Thema verstärkt aufgegriffen und in die Öffentlichkeit gebracht wurde.[61] Diese Thematisierung der Lebensbedingungen von Migrantinnen fand zu einem Zeitpunkt statt, als die Arbeitsplätze in der Bundesrepublik knapp geworden waren und Massenentlassungen anstanden. Durch die Setzung der *Not der Migrantin* als *Opfer privater Beziehungsstrukturen* konnte von der Migrantin als *Opfer ökonomischer Veränderungen* ablenkt werden. Das aus feministischer Perspektive gezeichnete Opferbild, das ge- bzw. zum Teil auch überzeichnet worden war, um auf die Notwendigkeit einer Veränderung der Verhältnisse für die Frauen im privaten Raum aufmerksam zu machen, konnte aus sozialökonomischer Perspektive auch genutzt werden, um Nichterwerbstätigkeit von Migrantinnen unhinterfragt als kulturelle Differenz zu setzen und so von der Verdrängung dieser Frauen aus dem Arbeitsmarkt ablenken.

Exkurs: Migration als ein Elend für die Frau

In der Auseinandersetzung mit der Figur der Frau als Opfer der Migrationssituation gegen Ende der achtziger Jahre, bezogen sich die Kritikerinnen dieser Konstruktion[62] lediglich auf die Texte, die seit den späten siebziger Jahren entstanden waren[63]. Das ist in Zusammenhang damit zu sehen, daß bisher der Frage nicht nachgegangen worden ist, ob Geschlechterdifferenz schon vor der Beschäftigung mit Frauenmigration im Migrationsdiskurs thematisiert wurde und somit auch keine Diskurssträinge gesucht worden waren, die zu einer früheren Zeichnung des Bildes von der Migrantin hätten führen können. Dabei hat gerade die Opferkonstruktion als Figur eines *Scheiterns an der Migrationssituation als einem Schicksal* sehr früh als Klischee Eingang in die Migrationsforschung gefunden, nämlich immer dann, wenn es eine Projektionsfläche zu finden galt, auf der die entstandenen Migrationsprobleme dra-

---

[61] Apostolidou 1981:20; Heinrich 1990a:27.

[62] Hebenstreit 1984b; Kalpaka u. Räthzel 1985; Lutz 1986; Lutz 1989a+b und Broyles-Gonzáles 1990.

[63] Hier wurden besonders die beiden Studien von Weische-Alexa 1977 und Baumgartner Karabak u. Landesberger 1978 in den Blick genommen, aber auch die Sichtweisen über Migrantinnen in den praxisbezogenen Texten der Sozialpädagogik einbezogen.

matisiert werden konnten. Schon Anfang des 20. Jahrhunderts zeichneten Thomas und Znaniecki[64] in ihrer berühmt gewordenen Studie über »*The Polish Peasant*« – die nicht ohne Einfluß auf den Migrationsdiskurs in der Bundesrepublik geblieben ist – ein solches Bild am Beispiel der zweiten Generation polnischer Einwandererfamilien in den USA. Diese Figur ist in der Folge immer wieder genutzt worden, um die Migrationssituation von Frauen zu beschreiben.[65] Auch die sich entwickelnde Rede über die Migrantin in der Bundesrepublik wurde wesentlich durch sie mitbestimmt, obwohl sich hierzulande kaum jemand direkt auf diese Studie bezogen hat. Es hat den Anschein, als habe sich die damals gezeichnete Figur verselbständigt, so daß es sinnvoll erscheint, diese in den zwanziger Jahren entstandene Figur von *Migration als einem Elend für Frauen* noch einmal in ihren Zusammenhang zu stellen.

Thomas und Znaniecki gingen bei ihrer Analyse der Lebensbedingungen damaliger Einwandererkinder polnischer Herkunft von einem starken Ungleichgewicht zwischen den Geschlechtern aus, da in der Migrationssituation an die Mädchen vergleichsweise höhere Anforderungen als an die jungen Männer gestellt würden. Nach ihren Beobachtungen unterlagen Mädchen einer weitaus strikteren sozialen Kontrolle, da in der fremden Umgebung auf deren Jungfräulichkeit besonders geachtet würde. Des Weiteren gaben die Autoren an, daß die Erledigung der Hausarbeit überwiegend alleinige Aufgabe der Mädchen sei und im Falle einer Erwerbstätigkeit die Abgabe des Verdienstes verlangt würde, was sie bei den Jungen so nicht beobachtet hätten. Nach Meinung von Thomas und Znaniecki hätten einige dieser Vorschriften im Herkunftsland zwar noch eine gewisse Berechtigung gehabt, so zum Beispiel die Abgabe des Verdienstes, da dieser »*went toward her future dowry or marriage outfit*«[66], oder von diesem die ökonomische Sicherung der Familie mit bestritten werden mußte. Auch das Verbot vorehelicher Sexualität habe in der streng katholischen Herkunftsgesellschaft noch einen nachvollziehbaren Sinn gehabt, da dort die Ehe als einzig mögliche Lebensform für Frauen gegolten habe und eine Heirat nur ohne voreheliche Beziehungen möglich gewesen sei. Diese tradierten Sozialisationsanforderungen und zugehörigen Normen- und Verhaltenskodexe würden von den Mädchen und jungen Frauen im sozialen Kontext des Immigrationslandes nun nicht mehr als sinnvoll angesehen. Durch das Nachlassen sozialer Kontrolle seitens der Aufnahme-

---

[64] Thomas u. Znaniecki 1972; hier besonders S. 1800 bis 1827.

[65] Rosen stellte in ihrer Studie über Biographien türkischer Frauen heraus, daß die Autoren »*einige wesentliche Aspekte*« der Situation von Migrantinnen herausgearbeitet haben, die »*in einigen Bereichen auch noch einen Aussagewert für die gegenwärtige Diskussion besitzen*«. Rosen 1986:49.

[66] Thomas u. Znaniecki 1972:1800.

gesellschaft könnten sich daher Vorstellungen von individuellen Chancen durch persönliche Unabhängigkeit entwickeln. Der in der Aufnahmegesellschaft beobachtete Liberalisierungsprozeß konfligiere jedoch mit den strikten Erziehungsanforderungen, die aus den Herkunftsfamilien weiterhin an die Mädchen gerichtet würden. Hinzu komme, daß sich die Einwanderergemeinschaft insgesamt als eine neue Gruppe im Migrationsland formiere, wobei sie Werte und Normen beider Kulturkreise beizubehalten bzw. zu adaptieren suche, und von daher als eine *Gruppe-im-Werden* noch nicht in der Lage sei, ihren Mitgliedern verbindliche Verhaltensregeln anzubieten. Dies führe insgesamt zu Verhaltensverunsicherungen und *individueller Desorganisation* in der Gemeinschaft,[67] die sich besonders in restriktiven Verhaltensnormen für die Mädchen und Frauen ausdrücke. Real würden jedoch beide Gesellschaftsbereiche – Gemeinschaft wie Aufnahmegesellschaft – den Frauen nur begrenzte, auf die traditionelle Rolle zugeschnittene Erfahrungsmöglichkeiten zubilligen. Diese ausweglose Situation könnten die Mädchen und jungen Frauen jedoch erst verstehen, wenn sie die Realität der amerikanischen Gesellschaft zu durchschauen begännen, die ihnen lediglich verspräche, durch individuelle Anstrengung alles erreichen zu können.

Nach Thomas und Znaniecki konnten die Mädchen in einer solchen Situation nur zwischen *Ausbruch* durch ein radikal-revolutionierendes Verhalten oder *Anpassung* wählen, wobei der erste Weg aufgrund der vorfindbaren Bedingungen überwiegend ein Abgleiten in die Amoralität zur Folge hätte, da in einer solchen Situation weder von der Gemeinschaft noch von der Aufnahmegesellschaft Hilfestellungen angeboten würde, und den jungen Frauen in letzter Konsequenz oft nur der Weg in die Prostitution übrig bliebe.[68] Oder aber sie würden sich anpassen und den für sie vorgesehenen Weg beschreiten, von dem sie selbst jedoch wüßten, daß er ihnen kein zufriedenstellendes Leben bieten könne, sondern eher »... *a more or less dissatisfied acceptance of the necessary practical limitations of her desires and of the more or less superficial rules of decorum*«[69]. Im Gegensatz zu den Erfahrungen im Herkunftsland sähen die Betroffenen jedoch auch die potentiellen Möglichkeiten eines anderen Lebens am Beispiel der amerikanischen Mädchen, die sich jedoch als ein Schein erweisen würden, da ihnen selbst weiterhin nur begrenzte, auf die traditionelle Rolle zugeschriebene Erfahrungen im Rahmen der Familie zugebilligt würden und somit der einzige Weg aus dem traditionellen Elternhaus über eine Heirat führe. Letztlich blieben die Mädchen somit ohne wirkliche Chance, die Mehrzahl von ihnen etikettiert und festgezurrt als

---

[67] Thomas u. Znaniecki 1972:1477.
[68] Thomas u. Znaniecki 1972:1802.
[69] Thomas u. Znaniecki 1972:1821.

zukünftige Familienfrauen, im traditionellen Familienelend erstickend, umgeben von einer freien auf Individualität begründeten liberalen Gesellschaft. Aus dieser Beschreibung heraus ließen Thomas und Znaniecki die Figur der depressiven, kranken Migrantin entstehen, deren Elend in der Migrationssituation begründet liege.

Interessant ist in diesem Zusammenhang die Materialgrundlage, auf der die beiden Sozialwissenschaftler ihre Konstruktion dieser tragischen *Figur des Scheiterns* aufbauten. Die Studie ist ein Abschnitt eines umfassend angelegten Werkes aus den Jahren 1918-1920. Das Gesamtwerk basiert auf einem breiten Spektrum persönlicher Dokumente, wie Briefe oder Autobiographien von Einwanderern. Grundlage der Situationsbeschreibungen der Mädchen und jungen Frauen sind hingegen Aktenauszüge, sowie Protokolle von Sozialhilfeeinrichtungen oder von Gerichten. Somit bezogen sich die Autoren in diesem Teil ihrer Analyse nicht nur auf Fallgeschichten aus zweiter Hand, sondern beschränkten sich darüber hinaus in ihrer Text-Auswahl auf öffentlich gewordene *auffällige Biographien*, mit deren Hilfe sie dann die für die weibliche Gruppe in der Migration verallgemeinernd beschriebene ausweglose Situation konstruierten. Dieses Vorgehen der Autoren wurde mittlerweile kritisch kommentiert. So monierte Kohli[70] bezogen auf diesen Abschnitt der Studie, daß die Autoren ihr Material, ohne auf den Entstehungskontext zu rekurrieren, einfach als etwas Gegebenes betrachtet hätten. Diese Methoden-Kritik hat bisher jedoch nicht dazu geführt, sich auch kritisch mit den Inhalten der Darstellung auseinanderzusetzen.

Die von den Autoren so konstruierte und verallgemeinerte Figur von *Migration als einem Elend für die Frauen* erhielt auch in Deutschland ihren festen Platz im Alltagsdiskurs über Migration und ist auch in der neueren Migrationsforschung, aber auch im feministischen Blick auf die Migrantinnen in vielen Variationen erhalten geblieben. Sie wurde zu einer Grundfigur im Bereich der Sozialpädagogik sowie in der entstehenden Migrantinnenbildungsarbeit, wobei auffällt, daß sie erst seit der intensiveren Beschäftigung mit Frauenmigration in den pädagogischen Praxisfeldern einen zentralen Stellenwert in der wissenschaftlichen Debatte einzunehmen begann.

Künstliche Hausfrauisierung.

Wird der Blick, der seit Mitte der siebziger Jahre auf die Migrantinnen gerichtet wurde, in Zusammenhang mit der Änderung der damaligen Ausländerpolitik gebracht, so kann für die Bundesrepublik gesagt werden, daß weder die zunehmende Erwerbstätigkeit von Migrantinnen diese in den Blick-

---

[70] Kohli 1981:278.

punkt des öffentlichen Interesses gerückt hatte, noch die Stimmen der Feministinnen allein ausgereicht hatten, um die Lebensbedingungen der Frauen zu einem öffentlichen Thema zu machen. Entscheidender war die Tatsache, daß durch die ausländerrechtlichen Bestimmungen willkürlich eine neue Gruppe – die der *nichterwerbstätigen nachgezogenen Ehefrauen* – geschaffen worden war, die den Anstoß für eine Diskussion über die soziale Situation der Migrantinnen gegeben hat. Diese Gruppe war insofern künstlich geschaffen worden, als die Frauen nicht angeworben, sondern im Rahmen des Familiennachzuges in die Bundesrepublik eingereist waren, und ihnen aufgrund der rechtlichen Bestimmungen keine Arbeitserlaubnis zugestanden worden war.

Auch wenn diese Migrantinnen zum Zweck einer Familienzusammenführung in die Bundesrepublik eingereist waren, hieß das für sie nicht automatisch, daß sie sich im Aufnahmeland lediglich als Hausfrauen betätigen wollten. Die folgenden Tabelle aus dem Jahr 1977 zeigt, daß sehr wohl ein Interesse an Erwerbstätigkeit bei den Frauen vorhanden gewesen ist.[71] Sie gibt den Wunsch nichterwerbstätiger Migrantinnen Mitte der siebziger Jahre wieder, eine Erwerbstätigkeit aufzunehmen, wenn es ihnen die rechtliche Situation erlaubte:

Nationalität	Ja	Nein	Vielleicht
Griechinnen	52	36	12
Italienerinnen	48	36	16
Jugoslawinnen	72	16	12
Türkinnen	80	8	12
Alter			
unter 25	90	10	-
25-35	48	35	17
35 und älter	66	18	16

Bei einem Großteil dieser zugereisten Frauen, und hier besonders bei den jungen Frauen, aber auch bei einem verhältnismäßig hohen Teil der über 35jährigen bestand also die Vorstellung, in der Bundesrepublik erwerbstätig sein zu wollen. Dieser Wunsch wird auch in späteren Studien immer wieder konstatiert, ohne daß er als ein Problem aufgegriffen wurde, das es zu lösen gelte. In einer von Mehrländer durchgeführten Repräsentativuntersuchung zur Nichterwerbstätigkeit von Migrantinnen betont diese, daß zwei Drittel der

---

[71] Absicht ausländischer Hausfrauen, sich dem Arbeitsmarkt zur Verfügung zu stellen, in Prozent. Aus: Brandt 1977, Tabelle 11.

befragten Frauen eine grundsätzliche Erwerbsbereitschaft signalisiert und nur 9,4 Prozent diese für sich abgelehnt hätten.[72] Diese Studie bezog sich in ihren Hypothesen auf die im Jahr 1977 von Brandt[73] für das Bundesfamilienministerium erstellte Situationsanalyse nichterwerbstätiger Migrantinnen, in der erstmals authentische Äußerungen nichterwerbstätiger Migrantinnen veröffentlicht und die Folgen aufgezeigt worden waren, die die rechtlichen Regelungen in der Folge des Anwerbestopps für das alltägliche Leben von Frauen mit sich gebracht hatten. Dennoch wurde auch in dieser Studie bei den zu treffenden Maßnahmen zur Verbesserung der Lebenssituation der befragten Frauen das Gewicht auf sozialpädagogische Maßnahmen zur Behebung der isolierenden Situation aufgrund des Hausfraudaseins gelegt.

Migrantinnen sind Mütter

Auch die Studien von Brandt und von Mehrländer – beide als Auftragsarbeiten entstanden – müssen in Zusammenhang mit der damaligen Umbruchsituation in der Ausländerpolitik gesehen werden. Durch die Hinwendung zu einer Integrationspolitik gegenüber den Migrantinnen und Migranten – parallel zur beschriebenen Verdrängungspolitik als eigentlichem Hauptziel – richtete sich der Blick auf die schon anwesenden und verstärkt auf die neu hinzugezogenen nichterwerbstätigen Familienangehörigen der Arbeitsmigrantinnen und -migranten. In diesem Zusammenhang wurde das Problem der schulpflichtigen Kinder öffentlich gemacht, da die Schulen klagten, daß sie auf den raschen Zuwachs ausländischer Schülerinnen und Schüler nicht vorbereitet worden seien.[74] Erste Zahlen hierzu erschienen Mitte der sechziger Jahre. Im Schuljahr 1965/66 hatte das Sekretariat der Kultusministerkonferenz Daten zum Schulbesuch von Kindern aus Migrantenfamilien veröffentlicht. Zu diesem Zeitpunkt besuchten 24.000 Migrantenkinder in der Bundesrepublik eine Schule. Im Jahr 1968/69 stieg ihre Zahl auf 59.921 und erhöhte sich sprunghaft auf 246.956 im Jahr 1973/74 und auf 413.164 Kinder im Jahr 1978/79.[75] Hinzu kam, daß diese Kinder ihren Weg durch das deutsche Schulsystem großteils noch ohne deutsche Sprachkenntnisse und ohne eine frühkindliche Förderung in den vorschulischen Einrichtungen begannen und ihnen aufgrund dieser Situation eine »*mangelnde Integrationsfähigkeit*« zur Eingliederung in den schulischen Bereich zugeschrieben wurde. Zur Abhilfe dieser konstatierten Defizite wurden erste Konzeptionen in der Vorschul- und Schulpädagogik[76] entwickelt: die *Ausländerpädagogik* entstand.

---

[72] Mehrländer 1981:598.

[73] Brandt 1977.

[74] Vgl. Dohse 1981:304.

[75] Vgl. Siewert 1980:1090.

[76] Vgl. hierzu Auernheimer 1990 und Diehm 1993.

In der Öffentlichkeit wurde die Situation der Kinder zunehmend dramatisiert. So formulierte Bodenbender[77] im Jahr 1976, es entstände ein Problem in Bezug auf die zukünftige Stabilität des Landes, wobei er das Bild vom *»sozialen Zündstoff mit Zeitzünder«*[78] gebrauchte. Im September 1979 stellte der damalige Ausländerbeauftragte der Bundesregierung Kühn[79] in einem Memorandum zur *Integration der ausländischen Arbeitnehmer und ihrer Familien* die Schulsituation als einen *»alarmierenden Befund«* dar, *»insbesondere im Hinblick auf die Zukunftsperspektiven von 1 Mio. ausländischer Kinder und Jugendlicher im Bundesgebiet«*, die nach seiner Ansicht *»umfassende Anstrengungen dringlich [mache], um größten individuellen und gesamtgesellschaftlichen Schaden abzuwenden«*. Auch er befürchtete, daß – wenn sich nicht eine *»rasche entscheidende Wende«* für die nahe Zukunft abzeichnete – die Probleme unlösbar zu werden drohten und *»verhängnisvolle Konsequenzen«* zu befürchten seien.[80] Ein Blick auf die Zahlen der Jahre zwischen 1973 und 1980[81] verdeutlicht das Anwachsen der Migrantenkindergruppe und der jugendlichen Migrantinnen und Migranten seit dem Anwerbestopp im Jahr 1973:

	Ausländer aus europäischen Anwerbeländern			
	insgesamt		darunter aus der Türkei	
Alter in Jahren	1973	1980	1973	1980
	- in Tausend -		- in Tausend -	
unter 6	251,2	336,5	86,6	201,5
6 bis unter 10	118,3	266,9	37,5	142,6
10 bis unter 15	106,3	274,0	34,4	146,1
15 bis unter 21	253,9	312,0	76,8	172,5
Zusammen	729,7	1.219,4	235,3	662,7

Im sogenannten *Kühn-Memorandum* ging es vor allem um diese Kinder, für die *»alle Chancen«* geschaffen werden sollten, damit sie sich in die bundesrepublikanische Gesellschaft integrieren könnten. Der Schwerpunkt der vordringlichen integrativen Maßnahmen sollte daher *»insbesondere auf die junge Generation ausgerichtet und dementsprechend vor allem im vorschulischen und schulischen Sektor und im Bereich der Berufsausbildung gesehen wer-*

---

[77] Ministerialdirigent im Bundesministerium für Arbeit und Sozialordnung.

[78] Bodenbender 1976:12/14, zit. nach Czock 1993:60.

[79] Kühn 1979.

[80] Kühn 1979:2.

[81] Trommer u. Köhler 1981:86.

den«[82]. Die vorhandenen Angebote, wie auch die Nachfrage nach ihnen, waren für Kühn gleichermaßen unbefriedigend, da nach seiner Einschätzung *»von den insgesamt rd. 260.000 ausländischen 3- bis 6-Jährigen im Bundesgebiet [...] mehr als 180.000 allein auf die familiäre Erziehung angewiesen«* (damals knapp zwei Drittel, CHH) seien. Noch ungünstiger stellten sich für ihn die Verhältnisse in Bezug auf Kinderkrippen und Tagespflegestätten für Kinder bis zum Vorschulalter dar.[83] Die Ursachen der Probleme im vorschulischen Bereich sah er zwar auch im mangelnden Platzangebot und den *»unvorbereiteten Einrichtungen«*, die ihren Integrationsaufgaben nicht genügten. Weitaus wichtiger waren für ihn jedoch die *»offensichtlich subjektiven Hemmnissen seitens der ausländischen Eltern«,* die ihre Kinder aus persönlichen Gründen nicht in die Einrichtungen schicken würden.

Wegen des Nebeneinanders von staatlichen, kirchlichen, freien gemeinnützigen und privaten Trägern können für die gesamte Bundesrepublik keine exakten Zahlen über den Besuch von vorschulischen Betreuungseinrichtungen gegeben werden. Ein Versuch der Bund-Länder-Kommission für Bildungsplanung, Zahlen zu ermitteln, ergab, daß im Jahr 1980 nur 132.900 Migrantenkinder eine vorschulische Einrichtung besuchten, also 50,5 Prozent der betreffenden Altersgruppe. Eine Repräsentativuntersuchung der Friedrich-Ebert-Stiftung ermittelte jedoch zu dieser Zeit, daß 92 Prozent aller verheirateten Migranten und Migrantinnen mit Kindern unter sechs Jahren es begrüßen würden, wenn ihre Kinder die Gelegenheit hätten, eine solche vorschulische Einrichtung zu besuchen.[84] Von daher scheint es fraglich, ob der damalige ungenügende Besuch dieser Einrichtungen durch die Migrantenkinder allein auf die von Kühn angegebenen Berührungsängste in den Familien zurückzuführen ist. Indem die Fehlentwicklung in Bezug auf die Ausbildungschancen der Migrantenkinder und -jugendlichen ausschließlich als eine fehlende Integrationsleistung der ausländischen Arbeitnehmer und ihrer Familien angesehen und beklagt wurde, konnte von der mangelhaften Sozialpolitik gegenüber dieser Gruppe abgelenkt werden. Indem die Verantwortung für diesen Zustand als eine individuelle festgeschrieben und an die Migrantenfamilien abgegeben wurde, brauchte das unzureichende Betreuungsangebot nicht als eine der möglichen Hauptursachen dieses Zustandes thematisiert zu werden. Die nichterwerbstätigen Ehefrauen der ausländischen Arbeitnehmer war dabei die Gruppe, der die meisten Widerstände gegenüber der Aufnahmegesellschaft zugeschrieben wurden. Deshalb waren diese Frauen auch die zukünftigen Adressatinnen für die aus dieser Zuschreibung abgeleiteten

---

[82] Kühn 1979:16/17.

[83] Kühn 1979:18/19.

[84] Bischoff u. Teubner 1991:134/5.

sozialpädagogischen Maßnahmen.[85] Kühn forderte in seinem Memorandum, daß *»der besonderen Problemlage der ausländischen Familien im Hinblick auf die ungewohnte Lebensumwelt, auf Erziehungs- und Bildungsprobleme der Kinder und auch im Hinblick auf die durch die Orientierung am Herkunftsland gegenüber den hiesigen Verhältnissen zumeist sehr abweichend geprägten Rolle der Frau [...] nicht zuletzt – wenigstens für eine Übergangszeit – mit einem verstärkten Angebot beratender und aufklärender Hilfen Rechnung getragen werden [muß] [...]. Die im vorschulischen Bereich liegenden Chancen, die familiäre Erziehung auch auf die integrativen Ziele hin zu unterstützen, haben für die ausländischen Familien [daher] besonderes Gewicht, weil sie infolge ihrer eigenen problembelasteten Situation ohne entsprechende Hilfe selten in der Lage sind, ihre Kinder auf die gegenüber ihren Heimatländern durchweg wesentlich anderen Lebensverhältnisse in der Bundesrepublik ausreichend vorzubereiten.«*[86] So sollten *»weiterführende Maßnahmen«* insbesondere an den genannten *»neuralgischen Punkten auf der Elternseite«*[87] ansetzen und intensiv vorangetrieben werden. Es sollte *»eine erhebliche Steigerung der Besuchsquoten der ausländischen Kinder in den Vorschuleinrichtungen«* angestrebt werden, *»namentlich durch intensive Aufklärung und Beratung der Eltern, insbesondere im Hinblick auf ihre Ängste vor einer familiären und kulturellen Entfremdung ihrer Kinder und ihrem Unverständnis gegenüber dem Wert und den Zielen einer besonderen vorschulischen Erziehung, sowie ihrer entsprechenden Einbeziehung in die Arbeit der Einrichtungen, wobei der diesbezüglichen Motivierung der ausländischen Mütter ein besonderes Gewicht [zukomme].«*[88]

Insbesondere das gegenüber den Verhältnissen in der Bundesrepublik stark abweichende Rollenverständnis der Gesamtfamilie, sowie innerhalb der Familie die besondere Stellung der Frau und der Kinder, zwinge zu einer intensiven Beschäftigung mit diesen Fragen und einer entsprechenden Ausrichtung der integrativen Maßnahmen, da *»die generelle, praktisch alle Lebensbereiche umfassende Problemlage der ausländischen Familien [...] sie auf beratende Hilfe besonders angewiesen sein [läßt]«*[89]. Dieser Bereich erschien Kühn so wichtig, daß *»für die werbende Elternarbeit [...] neben Kräften der Träger der Vorschuleinrichtungen auch die allgemeinen Beratungsdienste und ebenso die Medien und staatlichen Stellen aktiviert werden«*[90] sollten. Als Folge dieser Situation faßte die Bundesregierung auch unter Bezug auf

---

[85] Kühn 1979:19.
[86] Kühn 1979:18.
[87] Kühn 1979:19.
[88] Kühn 1979:19.
[89] Kühn 1979:19.
[90] Kühn 1979:20.

das Kühn-Memorandum am 19. März 1980 *Beschlüsse zur Weiterentwicklung der Ausländerpolitik*[91], in denen sie die soziale Integration der zweiten und dritten Ausländergeneration als eine gesellschaftspolitische Schwerpunktaufgabe in den Mittelpunkt ihrer zukünftigen Integrationspolitik stellte. Die Integrationsbemühungen sollten sich dabei auf sämtliche Lebensbereiche der ausländischen Kinder und Jugendlichen richten und deren soziales Umfeld mit einbeziehen. Diese Beschlüsse sind als die Grundlage anzusehen, auf der in der Folgezeit spezifische Migrantinnenfördermaßnahmen projektiert und durchgeführt wurden, und die in der Folge eine eigene Sozial- und Bildungsarbeit für Migrantinnen entstehen ließen.[92]

Rückblickend bleibt festzuhalten, daß die Lebenssituation von Migrantinnen zwar erstmals von engagierten Feministinnen *sichtbar* gemacht wurde, so daß die Frauen nicht mehr so einfach als *ausländischer Arbeitnehmer* in der öffentlichen Diskussion untergehen konnten; im Alltagsdiskurs wurden die Frauen jedoch weiterhin nicht als eigenständige Personen, sondern vorrangig in der Rolle der Ehefrau eines ausländischen Arbeitnehmers gesehen. So wurde die Migrantin vom *Gastarbeiter* zur *Ehefrau des Gastarbeiters* und ihre Lebenssituation als die einer *nichterwerbstätigen ausländischen Ehefrau* festgeschrieben. Gestützt durch Studien – wie die von Brandt und Mehrländer – wurde sie in einer ihr zugeschriebenen, *gegenüber den hiesigen Verhältnissen sehr abweichenden Rolle als Frau* (Kühn) gesehen, als ein Defizitwesen, das aus staatlicher Sicht nicht in der Lage sei, den eigenen Kindern Hilfen zur Integration in die Aufnahmegesellschaft zu geben. Es ist zu vermuten, daß die Differenzierung der Migrantenfamilie von einer Beschreibung des Arbeitnehmers und *seiner* Familie hin zu einer geschlechtsspezifischen Differenzierung, in der dann auch die Frauen in den Blick kamen, nicht vorgenommen worden wäre, wenn nicht die Gruppe der nichterwerbstätigen Ehefrauen ausländischer Arbeitnehmer durch ausländerrechtliche Bestimmungen künstlich erzeugt und die Migrantenkinder aufgrund der konstatierten Integrationsschwierigkeiten als eine Problemgruppe festgeschrieben worden wären. Seitdem wurde das Konstrukt *ausländische Frau* zwar differenziert und begonnen, in erwerbstätig oder nichterwerbstätig, alleinstehend oder familienbezogen zu unterscheiden. Doch von Interesse blieben dabei primär die Frauen mit Kindern, und auch nur dann, wenn letztere nicht im Herkunftsland geblieben, sondern in die Bundesrepublik mit eingereist waren. Auch weiterhin wurden weniger die Frauen als Personen in den Blick genommen, wie am Beispiel der Bildungsprogramme aufgezeigt wurde, sondern es interessierte,

---

[91] Beschlüsse der Bundesregierung 1980.

[92] Langenohl-Weyer u. Rosen 1979a+b; Rosen 1979. Vgl. hierzu auch Münscher 1985; Rosen u. Stüwe 1986; Heinrich u. a. 1990a+c.

ob die Migrantinnen Kinder als Säuglinge oder im Vorschul- und Schulalter oder als jugendliche Heranwachsende in ihrem Haushalt zu versorgen hatten.

Klientelisierungen

Entmündigungen der politischen Subjekte

Bis in die siebziger Jahre hinein wird von Seiten der Aufnahmegesellschaft kein wirklicher Bedarf an einer Auseinandersetzung mit den Konsequenzen der durch Migration im Lande anwesenden Menschen gesehen. Ihre Anwesenheit ist für die Mitglieder der Aufnahmegesellschaft augenscheinlich irrelevant. Sie waren präsent, ohne besonders wahrgenommen zu werden. Es gab kein Interesse an der Aufnahme von sozialen Beziehungen zu ihnen, für die auch die Zeichnung eines genaueren Bildes der Anderen notwendig gewesen wäre. Dennoch sind in dieser Zeit Bilder über die Migrantin entstanden – wie ich sie anhand der Beschreibung von Maturi über die »südländische Frau« exemplarisch vorgestellt habe – , an denen sich die Relevanz der Geschlechterdifferenz in der Darstellung des eingewanderten Bevölkerungsteils nachzeichnen läßt. Diese Bilder eines Andersseins sind zum Teil aus den Immigrationsgemeinschaften heraus formuliert worden und in den öffentlichen Äußerungen der damaligen Interessenvertretung dieser Gruppen aufzufinden.[1]

In diesem Zusammenhang ist die Frage zu stellen, wo die *Interessenvertretung* des eingewanderten Bevölkerungsteils im gesellschaftlichen Gefüge ihren Platz gefunden hatte. So ist für den Beginn der Migration durch Anwerbung eine solche – bestehend aus Vertreterinnen oder Vertretern des immigrierten Bevölkerungsteils – auf den ersten Blick nicht auszumachen. Es existierte keine organisierte Struktur in Form von Verbänden oder Parteien, die es sich zur Aufgabe gemacht hätten, als Mittler des eingewanderten Bevölkerungsteils gegenüber der Aufnahmegesellschaft zu fungieren. Dies war auch von Seiten der Aufnahmegesellschaft nicht nur nicht vorgesehen, sondern bewußt untersagt und als Verbot im Ausländergesetz festgeschrieben worden. In der Allgemeinen Verwaltungsvorschrift zur Ausführung des Ausländergesetzes hieß es dazu: *»1. Ausländer genießen alle Grundrechte, mit Ausnahme der Grundrechte der Versammlungsfreiheit (Art.8 GG), der Vereinsfreiheit (Art.9 Abs. 1 GG) [...] 2. Aus dem auch für Ausländer geltenden Grundrecht der freien Meinungsäußerung (Art.5 GG) kann kein Recht auf uneingeschränkte politische Betätigung hergeleitet werden, da sich die Begriffe der freien Meinungsäußerung und der politischen Betätigung nicht decken. Eine politische Betätigung wird daher durch Artikel 5 GG nur insoweit geschützt, als sie sich in der Äußerung und Verbreitung von Meinungen*

---

[1] Vgl. hierzu Andriopoulos 1973; Katsarakis 1974;

und in der Unterrichtung aus allgemein zugänglichen Quellen schöpft. Eine darüber hinausgehende politische Betätigung kann unter den in § 6 Abs. 2 AuslG bestimmten Voraussetzungen eingeschränkt oder untersagt werden.«[2] Somit konnte der immigrierte Bevölkerungsteil nach der geltenden Rechtslage in der Bundesrepublik keine eigenen Parteien oder politischen Verbände gründen. Obwohl die Parteienfreiheit als ein Spezialfall der Vereinsfreiheit anzusehen ist, gilt dieses Parteienprivileg zum einen nur für Parteien mit Sitz im Inland und zum anderen nur für Parteien mit mehrheitlich deutschen Mitgliedern. Hat eine Partei mehrheitlich ausländische Mitglieder bzw. besteht der Vorstand einer Partei mehrheitlich aus einem ausländischen Vorstand, so hat die Partei in der Bundesrepublik keinen Rechtsstatus.[3] Von daher konnten weder die Parteien der jeweiligen Herkunftsländer, noch im Inland gegründete Schwesterparteien eine Interessenvertretung für den immigrierten Bevölkerungsteil in der Bundesrepublik öffentlich wahrnehmen.

Bezogen auf den Status der Migrantinnen und Migranten als Arbeitnehmerinnen und Arbeitnehmer entwickelte sich eine Interessenvertretung, da der erwerbstätige immigrierte Bevölkerungsteil Zutritt zu den deutschen Gewerkschaften hatte und auch selbst eigene Gewerkschaften bilden konnte.[4] Das Verhalten der hiesigen Gewerkschaften war jedoch bis Ende der sechziger Jahre noch von der Annahme bestimmt, die Ausländerbeschäftigung sei lediglich eine vorübergehende Erscheinung, so daß weiterhin in erster Linie die Interessen der deutschen Arbeitnehmerinnen und Arbeitnehmer wahrgenommen wurden, die zum Teil explizit gegen die der ausländischen Arbeitnehmerinnen und Arbeitnehmer gerichtet waren.[5] Nach der Rezession der Jahre 1966/67 und der weiter andauernden Ausländerbeschäftigung änderte sich diese Haltung im Deutschen Gewerkschaftsbund. Da der Organisierungsgrad auf deutscher Seite stark gesunken war, so daß der Einfluß der Gewerkschaften besonders auf den unteren Ebenen der Produktion zu schwinden drohte, versuchte man dem mit dem Aufbau aus Migrantinnen und Migranten bestehender Vertrauensleutekörper entgegenzuwirken.[6] In der Annahme, die Interessen der ausländischen Arbeitnehmerschaft seien mit denen der deutschen Arbeitnehmerinnen und Arbeitnehmer identisch,[7] wurden spezifische Probleme der Migrantinnen und Migranten nicht gesondert aufgegriffen. Interessant waren die Immigrantinnen und Immigranten lediglich als Gruppe, die aufgrund ihrer Anzahl die Existenz- und Einflußsicherung der Gewerkschaf-

---

[2] Heine u. Marx 1978:44/45.

[3] Decker 1982.

[4] Heldmann 1979:61.

[5] Vgl. hierzu Dohse 1981:299.

[6] Kleff 1985:132f.

[7] Kleff 1985:129f.

ten weiterhin garantieren konnte. Unterschiede zwischen der ausländischen und deutschen Arbeitnehmerschaft wurden eher als schädlich und spaltend angesehen, und auf ein Sprachproblem zu reduzieren versucht.

Die geringe Aufmerksamkeit, die Migrantinnen – aber auch Migranten – als konkrete Personen noch bis Mitte der siebziger Jahre erfuhren, ist auch im Bereich der parteinehmenden Forschung[8] wiederzufinden. Sie entstand Ende der sechziger Jahre, als Arbeitsmigration von der westdeutschen Linken als Folge wie als Ausdruck einer imperialistischen Wirtschafts- und Gesellschaftspolitik gesehen und beschrieben wurde. Der forschende Blick richtete sich dabei nicht nur auf Befreiungsbewegungen in der *Dritten Welt*, sondern auch auf die entstehenden Arbeitskämpfe in den Metropolen. Der Arbeitsmigration wurde dabei die Rolle zugeschrieben, gesellschaftliche Gegensätze im internationalen Maßstab so zuzuspitzen, daß als eine Folge davon die Klassenkämpfe auch im westlichen Europa neu belebt werden könnten. Die Arbeiterschaft – und somit auch die Migrantinnen und Migranten – avancierte so zum Agitationsobjekt linker Studentengruppen, die in die Betriebe gingen, um diesen Prozeß zu organisieren und zu forcieren. Es entstanden gleichzeitig Forschungsprojekte im Bereich der Industriesoziologie. In diesen Studien und Forschungsarbeiten tauchten Frauen – und damit auch Migrantinnen – kaum auf, außer wenn sie sich als Gruppe in den Streikbewegungen besonders hervorgetan hatten. Einzelne Dokumentationen der europäischen und westdeutschen Streikbewegungen aus den siebziger Jahren zeigen jedoch, daß Frauen besonders aktiv waren und kreativ und radikal die von ihnen aufgestellten Forderungen durchsetzten. In den Chroniken sind die hiesigen Arbeitskämpfe jedoch als solche der *Arbeiter*schaft eines bestimmten Betriebes dargestellt,[9] ohne genauer zu kennzeichnen, ob es sich dabei in der Mehrzahl um ausländische oder deutsche Teile der Belegschaft und um Frauen oder Männer gehandelt hat. Dabei waren die nach Deutschland zugewanderten Migrantinnen und Migranten bei den im Jahr 1973 in der Bundesrepublik entstandenen wilden Streikbewegungen nicht nur beteiligt, sondern hatten diese maßgeblich bestimmt. Der bekannteste Streik bei Ford in Köln wurde weitgehend von türkischen Arbeitnehmern geführt. Auch bei Mannesmann in Duisburg-Huckingen oder bei Karmann in Osnabrück wurde der Streik »*massenhaft*« von den Migranten getragen. Und der Streik bei Hella in Lippstadt war überhaupt »*ein Streik der Ausländer*«. Bei Pierburg in Neuss waren es Migrantinnen, die den Streik initiiert hatten und dabei die »*radikals-*

---

[8] Vgl. hierzu Berger 1990.

[9] Der bekannteste spontane Streik in dem Neusser Betrieb Pierburg Autogerätebau KG im Jahr 1973, ein Frauenstreik, in den Jahrbüchern *Gewerkschaften und Klassenkampf* unter dem Titel *Streikberichte aus den Betrieben – Streik bei Pierburg, Neuss* zu finden.

ten Forderungen und Interessen vertraten« [10]. An weiteren Streiks war die Beteiligung von Frauen ebenfalls groß, beispielsweise bei Hülsbeck und Fürt in Velbert.[11] In den Streikanalysen wurde dieses Phänomen jedoch nicht gesondert betrachtet, da der Blick auf die *Arbeiterschaft* als Gesamtgruppe geworfen wurde, um mögliche gesellschaftliche Veränderungen herausarbeiten und beschreiben zu können. Selbst die Anfang der siebziger Jahre entstandene neue Frauenbewegung beschäftigte sich nicht mit den damaligen Arbeitskämpfen von Frauen, so daß bis heute nur wenige der ausgewiesenen reinen Frauenstreiks[12] als solche dokumentiert sind. Analysen zum selbstbestimmten politischen Engagement von Migrantinnen entstanden erst gegen Ende der achtziger Jahre.[13] Doch auch in diesen wurden die Aktivitäten der Frauen nur von dem Zeitpunkt an rekonstruiert, seit die Gewerkschaften die ausländische Klientel in ihre Arbeit einbezogen hatten. Für die Migrantinnen hat diese begrenzende Sichtweise zur Folge, daß ihre aktive Rolle in den frühen Arbeitskämpfen der siebziger Jahre nicht erforscht ist und diese somit auch keinen Einfluß auf das von ihnen gezeichnete Bild haben konnte.

Infolge einer Migrationspolitik, die das aktive politische Engagement untersagt hatte, und aufgrund eines mangelnden Interesses nach Differenzierung in einheimische und ausländische Arbeitnehmer und Arbeitnehmerinnen seitens der Gewerkschaften, war eine spezifische Interessenvertretung des eingewanderten Bevölkerungsteils im öffentlichen Bereich *nicht präsent*, obwohl eine solche organisierte Interessenvertretung seit Beginn der Einwanderungsbewegung durchaus aufgebaut worden war und existiert hat. Trotz Parteigründungsverbotes hatten sich die Parteien der jeweiligen Herkunftsländer auch in der Bundesrepublik zu etablieren begonnen, indem sie sich nicht als politische Parteien, sondern zunächst als Kulturvereine und/oder religiöse Vereinigungen konstituiert hatten. Da der politischen Interessenvertretung der Migrantinnen und Migranten kein Ort in der Aufnahmegesellschaft zugewiesen worden war, sondern eine solche in die Illegalität verwiesen wurde, konnte sich diese – außer zu Themen wie Kultur und Religion – nicht öffentlich äußern. In der frühen Migrationsphase bestand also weder im politischen noch im gewerkschaftlichen Bereich für den immigrierten Bevölkerungsteil

---

[10] Siehe hierzu: Pinl 1974. Die Streikaktion bei Pierburg wurde u. a. auch in dem Roman von Spix 1975 verarbeitet.

[11] Vgl. hierzu: Wieser 1984.

[12] Erst gegen Ende der 70er Jahre sind auch Arbeitskämpfe von Frauen für Fraueninteressen von öffentlichem Interesse. Im Jahr 1980 erscheint als Buch der Bericht über den Arbeitskampf der *»Heinze«*-Frauen, einer Gruppe von deutschen Arbeiterinnen und Migrantinnen, die gegen einen Fotolaborbetrieb in Gelsenkirchen ihre Interessen auf gleichen Lohn für gleiche Arbeit durchkämpften, vgl. Kaiser 1980.

[13] Toksöz 1989; Toksöz 1991a+b.

die Möglichkeit, die Stimme im eigenen Interesse zu erheben, so daß eine Ethnisierung des immigrierten Bevölkerungsteils durch das Herausstreichen von Verschiedenheiten in diesen Bereichen nicht betrieben wurde. Auch in den Beschreibungen der parteinehmenden Forschung bestand kein spezifisches Interesse an einer solchen, sondern eher das an einer Gleichstellung des erwerbstätigen immigrierten Bevölkerungsteils, so daß die ausländischen Arbeitnehmerinnen und Arbeitnehmer lediglich als Rollenträger – als *revolutionäres Subjekt* – fungierten. So konnten auch hier die im Alltagsdiskurs vorherrschende indifferenten Positionen ihnen gegenüber bestehen bleiben und die Migrantinnen und Migranten dennoch zweckgerichtet in die wissenschaftlichen Beschreibungen einbezogen werden.

Übernahme einer Stellvertreterpolitik durch die Betreuungsverbände

Parallel zur Einwanderungsentwicklung reklamierten die Wohlfahrtsverbände in der Bundesrepublik für sich die *Zuständigkeit* der Betreuung des immigrierten Bevölkerungsteils, die sie zu einer auch staatlicherseits anerkannten Monopolstellung ausbauten.[14] Diese Betreuungsaufgaben waren von Anfang an nicht in die Regeldienste der Verbände integriert, die von der Säuglingsfürsorge bis zur Altenhilfe nach Altersgruppen und zusätzlich in eine Sondergruppenhilfe wie die Behindertenfürsorge oder die Krankenhilfe aufgegliedert sind. Für die Gruppe der Immigrierten wurde ein eigener *Sonderbereich* geschaffen, in dem es weder alters- noch geschlechtsspezifische Ausdifferenzierungen gab, noch die in den Regeldiensten vorhandenen weiteren Differenzierungen. Durch die Installierung dieses Sonderbereiches wurde der immigrierte Bevölkerungsteil als eine betreuungsbedürftige Gruppe definiert und als solche homogenisiert und ausgegrenzt. Als einziges Unterscheidungskriterium blieb die Religionszugehörigkeit insofern, als die Migrantinnen und Migranten auf die verschiedenen Wohlfahrtsverbände nach den in den jeweiligen Ländern als dominant angesehenen Religionen bzw. Konfessionen und Weltanschauungen aufgeteilt wurden, als Katholiken, griechischorthodoxe Christen, Muslime und Atheisten.[15] In der Literatur wird diese Differenzierung jedoch meist als nationalitätenspezifischer Ansatz[16] benannt und ist so festgeschrieben worden.

---

[14] Puskeppeleit u. Thränhardt 1990:45. Erst im Jahr 1984 verabschiedete der Bund-Länder-Ausschuß *»Ausländerpolitik«* im Einvernehmen mit den Betreuungsverbänden die *»Grundsätze zur Ausländer-Sozialberatung«*, die die bis dahin gängige Betreuungspraxis festschrieben.

[15] Tiedt 1985:156.

[16] Waren die Differenzierungen in EG- und Nicht-EG-Zugehörige relativ unproblematisch, so konnten sich Teile der immigrierten Bevölkerung in der nationalitätenspezifischen Differenzierung nicht wiederfinden, da sie die spezifischen Minderhei-

Somit ist die beginnende Ethnisierung in dieser frühen Phase im sozialpoliti-schen Bereich angesiedelt. Im Gegensatz zur gewerkschaftlichen Interessen-vertretung und zur parteinehmenden Forschung, die – wie dargestellt – an keiner Differenzierung zwischen deutschen und ausländischen Arbeitnehme-rinnen und Arbeitnehmern interessiert waren, entwickelte sich die Stärke der Betreuungsverbände umgekehrt gerade durch eine ethnisch-weltanschauliche Differenzierung. Die Aufteilung in EG-Ausländer und Nicht-EG-Ausländer, bzw. in erwerbstätige und nichterwerbstätige Ausländerinnen und Ausländer wurde nun durch die Aufteilungen des immigrierten Bevölkerungsteils auf die Betreuungsverbände als deren potentielles Klientel in eine nationalitäten-spezifische Gliederung ausdifferenziert. Mit dieser Sonderklientelisierung begann die Ethnisierung des immigrierten Bevölkerungsteils, bei der in der Folgezeit die ausländischen Sozialberater eine nicht unwichtige Rolle über-nehmen sollten.

Sozialberater als Schlüsselpersonen im beginnenden Ethnisierungsprozeß

Im Zuge der Entwicklung des »*nationalitätenspezifischen*« Betreuungsansat-zes etablierte sich die Berufsgruppe der *Ausländersozialberater* in den Ver-bänden. Begründet wurde das neue Berufsfeld mit spezifischen Problemen und Bedürfnissen des immigrierten Bevölkerungsteils. Für diese Professio-nellen wurden »*einschlägige Sozialisations- und Lernerfahrungen in der jeweiligen Heimatkultur*« als wichtige Voraussetzung angesehen, um eine Beratungstätigkeit überhaupt ausüben zu können. Später wurden diese Vor-aussetzungen sogar im Sozialbetreuungskonzept festgeschrieben und damit begründet,[17] daß es wichtig sei, »*unterschiedliche Entwicklungen und Erfah-rungen im jeweiligen Heimatland und in der Bundesrepublik Deutschland mit ihren Auswirkungen auf das Verhältnis zwischen den Generationen und Un-terschiede im Rechtsstatus*« selbst erfahren zu haben, um so bei »*Einsatz der Muttersprache*«[18] in der Berufsausübung das Klientel überhaupt verstehen und zwischen den Kulturen vermitteln zu können. Da die ausländischen Bera-ter über eine solche »*Betroffenheitseigenschaft*«[19] verfügen würden, seien sie eher als deutsche Sozialarbeiter in der Lage, »*Konflikte, Probleme und Ver-*

---

tensituationen der jeweiligen Herkunftsländer unberücksichtigt ließ, und sich diese Gruppierungen durch den nationalitätenspezifischen Ansatz als benachteiligt ansa-hen, so z. B. die Gruppe der Kurden oder die christlicher Minderheiten aus der Türkei.

[17] Ausführlich begründet wurde dieses Konzept erst später in den sogenannten *Grundsätzen* (vgl. Fn. 14 in diesem Kapitel), auf die ich mich in der Folge beziehe.

[18] *Grundsätze,* in Tiedt 1985:155.

[19] *Grundsätze,* in Tiedt 1985:156.

haltensweisen der Ausländer aus deren Entwicklungsgeschichte heraus zu verstehen und einer Lösung zuzuführen. In Verbindung mit dem Einsatz der Muttersprache bedeute [...] dies eine Qualifikation, die von deutschen Fachkräften in der Regel weder erreicht noch kompensiert werden«[20] könne, so die damalige Sichtweise.

Insgesamt gab es von staatlichen Stellen keine klare Definition der Ziele und Aufgaben für die Sozialbetreuungsinstitutionen und somit auch keine Präzisierungen der eigentlichen Aufgaben der *Ausländersozialberater.*[21] Den Verbänden verblieb so jeweils genügend Spielraum zur eigenen Interpretation des neuen Tätigkeitsfeldes. Die in der Beratung tätigen Personen entwickelten sich in der Folge zu »all-round-Beratern« und zu »Schlüsselpersonen« im Integrationsprozeß des immigrierten Bevölkerungsteils.[22] Ihnen wurde die »Bewältigung einer Fülle von pädagogischen, kulturellen, sozialpädagogischen und psycho-sozialen Aufgaben und somit auch die fachliche Kompetenz zu deren Erledigung zugeschrieben, ohne daß verifiziert worden wäre, ob die Sozialberatung und die Berater aufgrund ihrer quantitativen und qualitativen Situation überhaupt hierzu in der Lage«[23] waren. Indem die ausländischen Sozialberater zu Mittlern zwischen den Sozialbetreuungsinstitutionen und ihrem Klientel erklärt wurden, übernahmen sie über diese Institutionen hinaus indirekt auch Mittlerfunktionen zwischen der Aufnahmegesellschaft und dem immigrierten Bevölkerungsteil. Dabei gerieten sie in ein Dilemma. Bei ihren Vorlagen und Formulierungen zur Wahrnehmung der politischen Interessenvertretung der Wohlfahrtsverbände mußten sie mit dem ihnen zur Verfügung stehenden Wissen über ihre Klientel verallgemeinernd operieren, wohl wissend, daß sie nur einen Ausschnitt des Migrantenlebens aus der spezifischen Betreuungsperspektive erfahren hatten und wiedergeben konnten. Die Berichte der Sozialberater konnten daher keinesfalls auf den gesamten immigrierten Bevölkerungsteil bezogen werden und wurden dennoch genutzt, um diesen stellvertretend zu repräsentieren.

---

[20] *Grundsätze,* in Tiedt 1985:157.

[21] Die Bund-Länder-Kommission »*Ausländerpolitik*« hatte lediglich nach einer für die Eingewöhnungsphase als notwendig erachteten Einzelfallberatung eine Umorientierung hin zu einer »*integrationsorientierten Gruppenarbeit*« vorgesehen (Bundesminister für Arbeit und Sozialordnung 1977:21) Im *Kühn-Memorandum* wurde darüber hinaus empfohlen, zukünftig in Ballungsgebieten die ortsteilbezogene Sozialarbeit unter Beteiligung ausländischer Fachkräfte zu intensivieren (Kühn 1979:51).

[22] Puskeppeleit u. Thränhardt 1990:51.

[23] Puskeppeleit u. Thränhardt 1990:51.

Die durch die Betreuungsverbände übernommene Stellvertreterposition gegenüber den politischen Institutionen stand in enger Verbindung mit einer
gesellschaftlichen Legitimierung der eigenen sozialen Arbeit für den immigrierten Bevölkerungsteil und trieb somit indirekt den Prozeß einer Klientelisierung der Migranten und Migrantinnen voran. Aufgrund ihrer strukturellen
Machtposition konnten die Verbände eigene Definitionen und Konstruktionen
der sozialen Lage und der angenommenen notwendigen Formen einer sozialen Versorgung der Immigrantinnen und Immigranten weitgehend unter
Ausschluß der Betroffenen und der Positionen anderer freier Träger durchset-
zen.[24] Heute wird den damaligen sozialpädagogischen Interventionsformen
vorgeworfen, durch ihren *»paternalistischen Stil«* zu einer Entmündigung der
Klienten und Klientinnen beigetragen zu haben, indem partizipatorische
sowie verbandsübergreifende Arbeitsansätze von vornherein verhindert worden wären.[25] Nach Puskeppeleit und Thränhardt lassen sich *»seit den Anfängen der Sozialberatung [...] in betreuungsverbandlichen Dokumenten [...]
Tendenzen nachweisen, den Ausländern moralische, sittliche, soziale und
politische Fähigkeiten abzusprechen, bzw. diese in Frage zu stellen«*[26]. Die in
der Zwischenzeit entstandenen Migrantenverbände wurden in die Rolle von
Bittstellern gegenüber den Betreuungsverbänden verwiesen, weil den
Migrantinnen und Migranten eine eigene Interessenvertretung verweigert
worden war. Dabei erhielten die ausländischen Berater eine weitere zusätzliche Bedeutung für die im Lande anwesenden politischen Gruppierungen der
Immigranten und Immigrantinnen. Sie wurden als wichtige Schlüsselpersonen in politischen Auseinandersetzungen über Migrationsfragen wahrgenommen. Dementsprechend wurde versucht, soweit wie möglich auf die
Besetzung der jeweiligen Stellen in den Betreuungsverbänden Einfluß zu
nehmen.[27]

---

[24] Berger u. Luckmann 1969.

[25] Besonders in den 60er Jahren sind die Einstellungen in den Institutionen sowie die
der eingestellten Berater deutlich von paternalistischen Mustern geprägt. So kam
den Sozialberatern in der katholischen Ausländerarbeit unter anderem die Aufgabe
zu, mit zur *»Beseitigung der geistigen Orientierungslosigkeit«* ihrer Landsleute
beizutragen, damit diese dann bei der Rückkehr ins Herkunftsland nicht *»religiös
abständig, sittlich entordnet und politisch fehlorientiert heimkommen«*. Winkler
1964:88 nach Puskeppeleit u. Thränhardt 1990:116.

[26] Puskeppeleit u. Thränhardt 1990:116.

[27] Der Zusammenhang zwischen der mangelnden Möglichkeit einer politischen Interessenvertretung durch die Immigrantenverbände und der daraus erwachsenden
Machtposition der ausländischen Berater in der frühen Phase der Migrationsbewegung ist in der Migrationsforschung bislang nicht thematisiert worden und nur indirekt den frühen Texten zu entnehmen.

Die Dominanz des verstehenspädagogischen Ansatzes in den Betreuungsverbänden trug wesentlich dazu bei, daß das Bild der Migranten vor allem von den ausländischen Sozialberatern bestimmt wurde, da von Seiten der Aufnahmegesellschaft angenommen wurde, es selbst durch die Nichtzugehörigkeit zum anderen Kulturkreis so nicht zeichnen zu können. Durch den nationalitäten- resp. religionsspezifischen Ansatz,[28] der kulturelle Differenz an die Stelle der für die deutsche Bevölkerung geltenden Differenzierung der sozialen Dienste in ein generations-, geschlechts- und problemgruppenspezifisches Versorgungs- und Beratungsangebot rückte, verfügten die ausländischen Berater der frühen Migrationsphase auch über das Definitions- und Interpretationsmonopol des Bildes von der Migrantin. Dabei bedienten sie sich zumeist aus der wissenschaftlichen Literatur übernommener statischer kulturanthropologischer und/oder sozialiationstheoretischer Modelle – aber auch der eigenen Alltagstheorien –, um ihre Darstellungen legitimieren und dementsprechend soziale Maßnahmen beantragen und einleiten zu können. In dieser Zeit wurden die zum Teil noch bis heute das Bild von den Migranten und Migrantinnen prägenden stereotypen Bilder gezeichnet. Zu nennen sind hier – wie schon aufgezeigt – besonders die Texte von Maturi[29], einem ehemals beim Deutschen Caritasverband tätigen Sozialberater. Seine Thesen über die südländische Frau, die über das Ideal der Jungfräulichkeit und der Mutterschaft Verehrung und Schutz der Männergemeinschaft beanspruchen kann,[30] erlangten in den siebziger Jahren gesellschaftliche Aufmerksamkeit und fanden Anklang bis in die späten achtziger Jahre hinein.[31]

Migrantinnen als doppelt Fremde

Anfänglich war die Sozialberatung nur an den Themen ausgerichtet, die in Zusammenhang mit der Erwerbstätigkeit der einzelnen ausländischen Arbeitnehmer und Arbeitnehmerinnen eine Rolle spielten. Erst im Zuge der staatlichen Integrationspolitik machte sich ein Funktionswandel bemerkbar, und die Familie geriet in den Blick. Es wurde angenommen, daß Angehörige von Migrantenfamilien sich in einer weitaus schwierigeren psycho-sozialen Lage befänden als deutsche Arbeitnehmer oder Arbeitnehmerinnen und deren Familien. Es existiere *»eine große Zahl von Ausländern, alte wie junge«* so beschrieb Tiedt[32] die damalige Situation, die aufgrund des *»teilweise drastische[n] Wechsel[s] ihrer gesamten Lebensbedingungen [...] überfordert*

---

[28] Puskeppeleit u. Thränhardt 1990:71.

[29] Vgl. hierzu seine Ausführungen angesichts der von ihm konstatierten Nichtvermittelbarkeit italienischer Frauen, in Maturi 1961.

[30] Maturi 1961:185.

[31] Herrmann 1982.

[32] Tiedt 1985.

[scheinen]«, so daß *»die Kräfte und Energie der einzelnen Betroffenen [...]* *überstrapaziert [seien], was sich in Existenz-, Lebens-, Beziehungs-, Famili-* *en-, Leistungs- und Perspektivkrisen«*[33] niederschlagen würde. Aus den *»ver-* *schiedensten Gründen«* könnten diese individuellen, persönlichen Krisenzu-stände und -entwicklungen von den Betroffenen – insbesondere von den ausländischen Frauen – nicht erkannt oder nicht artikuliert werden, sondern würden verdrängt.[34] Als eine Folge dieses Verdrängungsprozesses glaubte Tiedt, *»daß offensichtlich ein Großteil der Ausländer unterschiedlichen Al-* *ters, verschiedener Nationalität und beiderlei Geschlechts nicht ohne indivi-* *duelle Konflikte, persönliche Schäden und Krisen den Druck äußerer und* *innerer Belastungen verarbeiten«*[35] könne.

Durch diese Zentrierung auf die Familien und deren psycho-soziales Befin-den kamen die Frauen in den Blick der Betreuungsinstitutionen. Ihre Lebens-situation wurde als eine von den Migranten verschiedene und verstärkt nega-tiv erfahrene dargestellt. Es wurde angenommen, daß Frauen *»die Widersprü-* *che zwischen Heimatkultur und Lebensalltag mit ihren dortigen Rollen und* *Aufgaben und ihrem Dasein in der Bundesrepublik Deutschland besonders* *eindringlich«* erleben und ihnen von daher frauenspezifische Hilfen anzubie-ten seien, die ihnen eine Integration in die Aufnahmegesellschaft erleichtern würden.[36] Ab dieser Zeit wurde die Migrantin zur Adressatin derjenigen sozialpädagogischen Maßnahmen, die eigentlich die gesamte Migrantenfami-lie, insbesondere aber die Kinder im Blick hatten. Die Migrantin sollte be-treut werden als eine Person, die in der Migrationssituation auf spezifische Probleme trifft, die sich aus ihrer Rolle als Frau ergeben. Und sie sollte be-treut werden als eine Person, die als Ehefrau und Mutter auf spezifische Prob-leme trifft, weil sie es ist, die im Familiengefüge für die Stabilität aller Fami-lienangehörigen zu sorgen habe.

Das von den Beratern beschriebene Bild der Migrantin in ihrer *doppelten* *Fremdheit*, als Angehörige eines anderen Kulturkreisen und in diesem wie-derum als Frau in einer *von der Männerwelt separierten Frauenwelt* lebende Person, verfestigte sich und nahm im Alltagsdenken seinen festen Platz ein. So erschien es auch unpraktikabel, die *frauenspezifischen Hilfen* von den damaligen Stelleninhabern der Ausländerberatung entwickeln und durchfüh-ren zu lassen, da die Beratungsstellen zu dieser Zeit ausschließlich mit Män-

---

[33] Tiedt 1985:53.
[34] Tiedt 1985:53.
[35] Tiedt 1985:53.
[36] Tiedt 1985:49.

nern besetzt waren.[37] Die Ausländerberatungstätigkeit als ein Männerberuf legitimierte sich durch die Sichtweise von der Arbeitsmigration als einer ausschließlich männlichen Angelegenheit und der anfänglichen Übernahme des Betreuungskonzeptes aus der betrieblichen Arbeit, als überwiegend administrative Aufgaben im Zusammenhang mit der Erwerbstätigkeit der Klientel zu übernehmen waren. Im Rahmen der sich verändernden politischen Vorstellungen hinsichtlich eines Integrationsangebotes in die Aufnahmegesellschaft begannen auch die Betreuungsverbände, ihre Sozialberatung dem Integrationsansatz anzupassen.

Es entstand ein neuer, separater Bereich in der Ausländerarbeit der Betreuungsverbände und später auch in der Familienbildung – eingerichtet und durchgeführt von Frauen – mit Betreuungs- und Bildungsangeboten exklusiv für Migrantinnen. In der Annahme, diese seien über Beraterinnen eher zu erreichen, wurden Stellen mit ausländischen Frauen besetzt. Die Stelleninhaberinnen rekrutierten sich zum großen Teil aus der Gruppe der Migrantinnen mit höheren Bildungsabschlüssen, die sich trotz ihrer Qualifikation für eine Fabrikarbeit hatten anwerben lassen, um in Deutschland einen Arbeitsplatz und damit auch eine Arbeitserlaubnis zu erhalten.[38] Ein Teil dieser Frauen konnte die neuen Möglichkeiten einer Erwerbstätigkeit als Sozialberaterin oder Dolmetscherin für sich nutzen, wobei als Qualifikation *Frau sein*, ein höherer Schulabschluß und Zweisprachigkeit ausreichten. Die Berufsqualifikation zur Sozialberaterin konnte parallel zur ausgeübten Tätigkeit erworben werden.[39] Dieser Gruppe der ersten Generation von Sozialberaterinnen wurde allerdings nicht automatisch die gleiche Definitionsmacht in Bezug auf das Bild von Frauen in der Migrationssituation zuerkannt, wie dies zuvor den männlichen Kollegen selbstverständlich zugeschrieben worden war. Nur wenige von ihnen errangen in den Verbänden eine Position, aufgrund derer

---

[37] Es hatte immer wieder erfolglose Vorstöße von Frauen gegeben, dies zu verändern. Vgl. Özüs 1981.

[38] Hierüber sind wenig Informationen zu finden. Durmazel beschreibt, daß die ersten großen, aus der Türkei angeworbenen Gruppen nicht nur aus den Kohlbergarbeitern von Zonguldak bestanden, sondern auch aus jungen Leuten, die die Prüfung an den Universitäten nicht bestanden hatten. Die Männer wurden überwiegend nach Köln zu Ford geschickt, und die Frauen arbeiteten über verschiedene Städte Deutschlands verteilt in den Fabriken. Durmazel 1983:188. Vgl. auch Mehrländer 1981:584.

[39] Die Verordnung über die berufliche Fortbildung zum Geprüften Sozialberater/zur Geprüften Sozialberaterin für ausländische Arbeitnehmer und ihrer Familien vom 13.7.1982 schuf eine ausschließlich auf diese Beraterinnen-Gruppe bezogene Berufsqualifikation, die nicht in die üblichen Berufssparten der Sozialarbeit mündete. Vgl hierzu Puskeppeleit u. Thränhardt 1990:87.

sie sich in der Folge auch öffentlich zur Migrationssituation von Frauen äußern konnten.

Separierungen im Betreuungsbereich

Die sozialpädagogische Arbeit mit Migrantinnen gliederte sich seit den achtziger Jahren in zwei Bereiche. Es entstand der separate Frauenbereich in den Betreuungsverbänden, der – wie die Betreuungsarbeit insgesamt – »nationalitätenspezifisch« organisiert wurde. Dieser wurde installiert, ohne daß im Vorfeld dafür gesorgt worden war, daß speziell ausgebildete Frauen für diese Tätigkeit zur Verfügung standen. So entstand ein doppelter Nachholbedarf: der nach einer Qualifizierung der neu eingestellten Beraterinnen und der nach gezielten Informationen über das Alltagsleben und die soziale Situation der potentiellen Klientel. Von den Kirchen und den Betreuungsverbänden wurden Studien in Auftrag gegeben, um sich einen Einblick in die Lebensbedingungen der Migrantinnen zu verschaffen und die angeschlossenen Betreuungsverbände mit Material über die Frauen zu versorgen.[40] Auch hier waren die Themen nicht etwa die Folgen einer Doppelbelastung der Frauen durch die Erwerbssituation bei gleichzeitiger Familienarbeit, sondern die Probleme, die im Zuge einer Nichterwerbstätigkeit in einer für die Frauen fremden Umwelt entstehen können. Diese Beschreibungen wurden von den europäischen Kirchen zum Anlaß genommen, ihre Gliedkirchen in den einzelnen Ländern zu beauftragen, sich über den Bereich der Sozialbetreuung hinaus gezielt mit der Situation derjenigen Frauen zu befassen, die von den zugehörigen Wohlfahrtsverbänden jeweils zusammengefaßt als eine »ethnische Gruppe« betreut wurden.[41] Das sich herausbildende Interesse an Informationen über die jeweilige »ethnische« Zugehörigkeit der Frauen ist daher primär in Zusammenhang mit dem Wunsch nach einer Lösung von Problemen der den Betreuungsverbänden jeweils zugewiesenen Gruppe von Frauen zu sehen und zu interpretieren. Diese Differenzierung nach der Herkunft in den Beschreibungen über Migrantinnen hatte etwas Einschränkendes an sich, da der stärksten Migrantinnengruppe aus der Türkei die meiste Aufmerksamkeit gewidmet wurde. Studien, die sich auf Frauen aus anderen Migrationsländern bezogen haben, wurden weitaus weniger rezipiert.[42]

---

[40] Internationale Katholische Kommission 1976; Guyot et al. 1978; Huth u. a. 1982a; Huth 1982b.

[41] Vgl. Micksch 1978:179; Huth 1982b:1.

[42] Studien wie die von Morokvašić wurden so kaum zur Kennntnis genommen und in die Analysen zur Migrationssituaton von Frauen einbezogen, da sich diese in ihren Forschungen auf Frauen aus dem ehemaligen Jugoslawien bezieht und diese Gruppe nur für die Arbeiterwohlfahrt von Interesse war. Ebenso bestand für den Praxisbereich an international vergleichenden Forschungen kein Interesse.

Die Zuordnung der Migrantinnen nach dem nationalitäten- und religionsspezifischen Ansatz fand im Rahmen der Migrantinnensozialarbeit nicht nur Zustimmung. Es fanden eigene Frauentagungen statt, an denen verbandsübergreifende Konzepte für die Beratungstätigkeit formuliert und alternative Vorstellungen eines integrierten Ansatzes entwickelt wurden.[43] In Gruppenberatungen sollten ein Bewußtsein für die strukturellen Problemen geweckt werden, um der häufig anzutreffenden Vorstellung begegnen zu können, auftretende Schwierigkeiten seien ausschließlich dem persönlichen Versagen zuzuschreiben[44]. Gefordert wurden autonome, interkulturelle Frauengruppen der Migrantinnen, die eine Verstärkung gemeinsamer frauenspezifischer Aktivitäten bewirken und einer Aufsplittung der Frauen nach Nationalitätszugehörigkeit und zugehörigem Betreuungsverband entgegenwirken sollten[45]. Diese Vorschläge fanden in den Institutionen jedoch kaum Beachtung, so daß aus einem Eigeninteresse der Betreuungsverbände auch in der Frauenarbeit am »nationalitätenspezifischen« Ansatz und an der Einzelbetreuung festgehalten wurde.

Migrantinnenprojekte im Beratungs- und Bildungsbereich

Parallel zur Frauenberatung in den Betreuungsverbänden bildete sich als weiterer Bereich die sozialpädagogische Migrantinnenforschung heraus, eng verbunden mit der Institutionalisierung von Modellprojekten in verschiedenen Städten der Bundesrepublik.[46] Diese Projekte waren überwiegend im Rahmen von Auftragsforschung als *action research* konzipiert und mußten der doppelten Anforderung des pädagogischen Handelns und gleichzeitigen Forschens Rechnung tragen. Sie wurden entweder von staatlichen Stellen

---

[43] Bagana u. a. 1980b.

[44] Bagana u. a. 1980b.

[45] Während einer Tagung des Instituts für Sozialarbeit und Sozialpädagogik im Jahr 1977 in Frankfurt.

[46] Modellprojekt *Analyse der Lebenswelt türkischer und kurdischer Frauen*, Berlin, gefördert vom Bundesministerium für Bildung und Wissenschaft und dem Land Berlin; Forschungsprojekt *Treff und Informationsort für Frauen aus der Türkei (TIO)*, Berlin, gefördert vom Berliner Senat in Kooperation mit der FU Berlin; Modellprojekt *to spiti*, Berlin, gefördert durch das Bundesministerium für Jugend, Familie und Gesundheit und dem Diakonischen Werk; Modellprojekt *Frühkindliche Erziehung ausländischer Kleinkinder*, Nürnberg und Frankfurt, gefördert durch das Bundesministerium für Jugend, Familie und Gesundheit in Kooperation mit dem Institut für Sozialarbeit und Sozialpädagogik in Frankfurt; Modellprojekt *Vorberufliche Qualifizierung von Ausländerinnen für soziale Berufe*, Hamburg, gefördert durch das Bundesministerium für Bildung und Wissenschaft und der Robert-Bosch-Stiftung; Projekt *Internationales Mütterzentrum*, München, gefördert vom Bundesministerium für Jugend, Familie und Gesundheit und dem Deutschen Jugendinstitut in München.

oder von den Wohlfahrtsverbänden eingerichtet, mit der Aufgabe, eine Art *Nach-Sozialisationsprogramm für Migrantinnen* zu entwerfen, das sich an den Anforderungen der Aufnahmegesellschaft ausrichten und zum Ziel haben sollte, den Frauen zu ermöglichen, »*alte und neue Erfahrungen im Gast- oder Aufnahmeland in Einklang zu bringen, den neuen Anforderungen zu begegnen, sich als Subjekte entfalten zu können*«[47].

Dabei hatten die zur damaligen Zeit in der Frauenforschung diskutierten *Postulate zur Frauenforschung*[48] als politisch-moralischer Anspruch einen wesentlichen Einfluß auf die Vorstellungen einer Erarbeitung von Handlungswissen, sowie auf die Auswertung in den Projekten selbst, indem die *wissenschaftliche* und die *ethisch-politische* Seite feministischer Forschung als inhaltsgleich gesetzt und rezipiert wurde.[49] Mit der Kategorie *Gemeinsamkeit* durch das *Frauenleben* und dem aus ihm fließenden gemeinsamen Besitz an identifikatorischen Prozessen wurde eine scheinbar persönliche wie politische Verbindung unter Frauen – den Forscherinnen und den Klientinnen – herzustellen gesucht, und da *Differenz* aufgrund des existierenden Migrantinnenbildes sichtbar auf der Hand lag, als etwas über das politische Bewußtsein Herzustellendes gedacht.[50] Migrantinnen konnten so weiterhin als *besondere Opfer* gesehen und ihre Lebenssituation als eine doppelt isolierende dargestellt werden, hervorgerufen durch patriarchale Strukturen in den Migrantenfamilien und einer den Frauen ablehnend gegenüberstehenden fremden Umwelt.

Dabei bestand Einigkeit darüber, daß das Leben der Frauen primär von der Macht männlicher Migranten geprägt sei, die ihre Frauen nicht nur kaufen könnten,[51] sondern auch das Recht hätten, diese in der Emigration zu isolieren, um sie vor den Verführungen des Aufnahmelandes zu schützen. Aus dem Gefangensein in hierarchischen Geschlechterbeziehungen wurde eine Situation der Ohnmacht konstruiert, von der angenommen wurde, daß die Migrantinnen ihr ohne fremde Hilfe – nämlich der von (weiblichen) Angehörigen

---

[47] Rosen 1986:228.

[48] Mies 1978.

[49] Vgl. hierzu Thürmer-Rohr 1988:124 und Wohlrab-Sahr 1994.

[50] Thürmer-Rohr 1988:125.

[51] Durch den Buchtitel *Die verkauften Bräute*, von dem bereits in den ersten fünf Monaten des Jahres 1978 über 10.000 Exemplare verkauft wurden, etablierte sich die Vorstellung, daß Frauen in der Türkei »*als halbe Kinder in die Ehe verkauft wurden*«, wobei »*der Ehemann gegen den Brautpreis die unbedingte Unterwerfung seiner Frau erwarb*« und somit »*die meisten Frauen gar nicht gefragt wurden, ob sie nach Deutschland auswandern wollen*« – so Susanne von Paczensky im Vorwort Baumgartner-Karabak u. Landesberger 1978:9.

des Aufnahmelandes – nicht entkommen könnten. In diesem Sinne sollten die Beratungs- und Bildungsprojekte zur *Emanzipation* der Migrantinnen beitragen. *Gemeinsame Betroffenheit durch patriarchale Unterdrückung* und die *bewußte Parteilichkeit der Forscherinnen* waren dabei zentrale Ansatzpunkte in den Projekten.

Auffällig ist, daß trotz dieses feministischen Anspruchs keine Zusammenhänge und Berührungspunkte zu den damaligen aus der Frauenbewegung entstandenen Beratungs- und Bildungsprojekten aufzufinden sind.[52] Keines der Beratungsprojekte für Migrantinnen, die Ende der siebziger Jahre eingerichtet worden waren,[53] ist aus den jeweiligen Frauenzentren in den verschiedenen Stadtteilen heraus entstanden oder von in den Frauenzentren tätigen Frauen initiiert worden.[54] In vielen Großstädten gab es im gleichen Stadtteil ein Frauenzentrum für deutsche Frauen und eines für Migrantinnen. Ansätze zu einer Aufhebung dieser Trennung gab es nur vereinzelt, angeregt von engagierten Feministinnen aus dem Bereich der Migrantinnenarbeit.[55] Überwiegend wurde dagegen die in der Gesellschaft vollzogene Trennung zwischen Angehörigen der Mehrheitsgesellschaft und den jeweiligen Minderheiten in der damaligen Frauenbewegung und -arbeit unhinterfragt angenommen und weitergeführt.[56] Erst Ende der achtziger Jahre wurde verzeinzelt problematisiert, daß *»fremde Frauen«* in Deutschland in den verschiedenen Strömungen und Diskurslinien der deutschen Frauenforschung nicht wahrgenommen würden.[57] Der Hauptstrom der Frauenforschung war entschieden *»einheimisch«* geblieben. Es hatte sich lediglich eine Spezialistinnen-Orientierung in Bezug auf die *Dritte Welt* und eine in Bezug auf die in Deutschland lebenden Migrantinnen herausgebildet, wobei auch diese beiden Bereiche kaum inhaltliche Bezüge zueinander aufgewiesen haben.[58]

---

[52] Vgl. hierzu Huth-Hildebrandt 1992b.

[53] Vgl. hierzu: Rosen 1979; Mansfeld 1980; Franger u. Theilen 1981; Bagana u. a. 1982; Beuster u. Mannesschmidt 1982; Akkent u. Franger 1985; Münscher 1985; Agaçe 1987; Rosen 1986; Heinrich 1990a.

[54] Lenz u.a. 1988a:39.

[55] Vgl. Courage Initiative und Gruppe um Berliner Sommeruniversität, Frauenstadtteilzentrum Kreuzberg e. V. 1984:77-79; Flehmig 1979; Burger u. Poppendicker 1980.

[56] Lutz 1986.

[57] Huth-Hildebrandt 1988a.

[58] Lenz 1988b.

Sozialpädagoginnen und die Zeichnung des Bildes von der Migrantin

Seit der Etablierung des separaten Beratungs- und Bildungsbereiches für Migrantinnen, der mit der Einrichtung von Forschungsstellen und/oder eigenen Abteilungen in den sozialpädagogischen Institutionen einherging,[59] kann man nachzeichnen, daß die Definitionsmacht über das Bild von der Migrantin von den ausländischen Sozialberatern nicht etwa an die in der Zwischenzeit in den Betreuungsverbänden arbeitenden ausländischen Sozialberaterinnen überging, sondern an die in den sozialpädagogischen Forschungsprojekten arbeitenden deutschen Frauen. Da diese es jedoch mit einer ihnen erst einmal unbekannten Klientel zu tun hatten, deren Sprache sie nicht mächtig waren, entstand ihr Bild von *der Migrantin* im Zusammenspiel mit denjenigen Migrantinnen, die als angestellte Beraterinnen nicht nur die Rolle der Klientelbeschafferinnen, sondern auch die der Dolmetscherinnen übernommen hatten. Im Rahmen dieser arbeitsteilig und hierarchisch ausgerichteten Zusammenarbeit zwischen Migrantinnen und deutschen Sozialpädagoginnen wurde das Bild von *der Migrantin* weiter geformt.

Zunächst wurde diese Form der Zusammenarbeit nicht als ein Problem angesehen.[60] Kritisiert wurde lediglich, daß deutsche und ausländische Frauen hinsichtlich ihres beruflichen Status und demzufolge auch in der Entlohnung nicht gleich behandelt wurden. Unproblematisch erschien auch, daß Migrantinnen als Klientel im Bereich der Sozialpädagogik als eine von deutschen Frauen gesondert zu behandelnde Gruppe angesehen wurden.[61] Kritik an dieser Separierung und an dieser Definitionsmacht der überwiegend deutschen Sozialpädagoginnen erfolgte erst in den achtziger Jahren.[62] Nachdem sich die »*Arbeit mit ausländischen Frauen*« als ein Spezialgebiet in der Sozialpädagogik und der Erwachsenenbildung etabliert hatte, verlor die Auseinandersetzung über die Situation der Migrantinnen im sozialpädagogischen und im Bildungsbereich wieder an Bedeutung. Die institutionalisierte Migrantinnenarbeit geht seither fast einheitlich von dem Bild der Migrantin

---

[59] Z. B. die Forschungsstelle *Ausländische Frauen und Familien* am Deutschen Jugendinstitut in München oder der Schwerpunkt *Ausländische Frauen* am Institut für Sozialarbeit und Sozialpädagogik in Frankfurt am Main.

[60] Rosen 1986:239.

[61] Meines Wissens existierte aus dieser Zeit lediglich ein vom Bundesministerium für Bildung und Wissenschaft im Jahr 1983 finanziertes Modell-Projekt über die Möglichkeiten gemeinsamer, interkultureller Lernprozesse von Frauen, unabhängig von ihrer Nationalitätszugehörigkeit. Vgl. hierzu Huth u. a. 1986 und Huth-Hildebrandt u. a. 1988b; Mansfeld 1998:10f.

[62] Vgl. Hebenstreit u. Mansfeld 1984a; Tesfa 1984; Westmüller 1985; Spohn 1986; Mansfeld 1987; Heinrich 1990a; Renka 1990 sowie die beginnende Rassismusdiskussion in der Frauenforschung gegen Ende der 80er Jahre.

als einem hilfsbedürftigen Wesen aus, ein Bild, das für die Konzeptionen der Sozial- und Bildungsarbeit und in den zahlreich zu findenden Publikationen und Kursmaterialien bis heute bestimmend ist.[63]

Rückblickend bleibt festzuhalten, daß der immigrierte Bevölkerungsteil *keinen Ort* gehabt hat, an dem er aus eigener Perspektive seine Migrationserfahrungen darstellen, interpretieren und öffentlich machen konnte, sondern daß dies von Institutionen der Aufnahmegesellschaft übernommen wurde, die wiederum selbst entschieden, wer aus ihrem eigenen Umfeld als befähigt und berechtigt angesehen wurde, diese Stellvertreterposition öffentlich zu vertreten. Ein Bereich, der Migranten und Migrantinnen jedoch schon sehr früh offen gestanden hat, um ihre Sicht der Auswirkungen von Migration beschreiben zu können, ist der literarische. Doch auch diese literarischen Texte wurden als »*Migrantenliteratur*« separiert und lange Zeit von der Öffentlichkeit kaum wahrgenommen. Die Anfänge dieser Veröffentlichungen reichen bis in die erste Anwerbezeit in den sechziger Jahren zurück. Aus dem Bedürfnis heraus, die neuen Erfahrungen zu verarbeiten, hatten italienische Arbeitsmigranten begonnen, – meist in ihrer Muttersprache – autobiographisch ausgerichtete Gedichte und Texte zu schreiben.[64] Die ersten Texte erschienen in Missionszeitungen oder in hektographierten literarischen Heften und in Anthologien. Die Suche nach Identität und die veränderten Lebensbedingungen in der Migration sind Hauptthemen dieser Literatur. Gegen die als abweisend erfahrene Fremde wird ein verklärendes Bild der Heimat, der Familie, der Mutter, der Ehefrau gestellt, das ähnlich wie der Rückzug auf die eigene Herkunft im privaten Alltag oder in der Folklore Sicherheit und Geborgenheit versprechen sollte. Ähnlich entwickelte sich in den siebziger Jahren die Literatur der türkischen Migranten. Es entstanden Lieder und Gedichte aus »*Bitterland*« Deutschland, die in türkischen Zeitschriften erschienen, für literarische Wettbewerbe geschrieben wurden und in Anthologien gesammelt herausgebracht wurden. Die Mehrzahl dieser Autoren sind keine ausgebildeten Literaten, obwohl sich auch renommierte Schriftsteller in den Herkunftsländern und emigrierte Autoren in der Bundesrepublik des Migrationsthemas annahmen. Für Torossi hat diese Art von Literatur damit begonnen, daß »*die Leute Briefe für Mütter, Schwestern oder Frauen nach Hause geschrieben haben. Diese Briefe waren manchmal so schrecklich, daß sie gar nicht abgeschickt wurden, sondern in der Schublade geblieben sind, damit die Familie in Griechenland oder Italien nicht traurig gemacht wird. Und ich denke, daß einige von diesen Leuten über solche Briefe hinaus immer mehr für sich selbst geschrieben haben, Tagebücher oder ähnliches. Am*

---

[63] Huth-Hildebrandt 1992c.

[64] Siehe hierzu Reeg 1988 und Heinze 1986.

Anfang waren das vor allem Italiener. Irgendwann kommt dann einmal der Punkt der Reifung, wo man das Gefühl hat, man müßte veröffentlichen, man müßte raus mit ein paar Schriften«[65]. Diese zum Teil stark autobiographisch geprägten Texte können als das wenige Material angesehen werden, das die frühe Migrationsphase aus der Perspektive von Migranten aufgreift und dokumentiert. Vereinzelt publizierten auch Frauen. Sie meldeten sich unter diesen Autoren jedoch erst relativ spät zu Wort, so daß auch hier wieder über *die Migrantin* aus der Perspektive von Männern geschrieben wurde. Somit wurde zu einer Zeit, in der Feministinnen mit Blick auf die *einheimische Frau* vehement die aus männlicher Perspektive gefertigten Frauen-Bilder kritisierten und ihnen eigene entgegensetzten, das Bild von der Migrantin in Frauenprojekten unkritisch und unhinterfragt übernommen und weiter gezeichnet.

---

[65] Torossi 1990:68/9.

Koalition der Diskurse

Die Frau im Heim als Verkörperung von Heimat in der Fremde

Werden die Texte zu Migrantinnen in Zusammenhang mit dem allgemeinen Migrationsdiskurs diskutiert, so fällt auf, daß Migrantinnen erst dann in den Blick kommen, seit Migration auch im Alltagsdiskurs nicht mehr als eine Ausnahmesituation beziehungsweise als eine nur kurzfristige Abwesenheit vom Herkunftsland angesehen wird. Durch die Entwicklungen im gesellschaftspolitischen Bereich hatten die Angehörigen sowohl der Aufnahmegesellschaft als auch die des immigrierten Bevölkerungsteils begonnen, sich von der Idee der Rotation zu verabschieden und sich in ihrem Denken und in ihren Einstellungen auf die Vorstellung einer längerfristigen Anwesenheit im Immigrationsland eingelassen. Hier ist der Beginn eines Perspektivwechsels zu verzeichnen, dessen Denkrichtung sich auch in einer Veränderung der Begrifflichkeiten ausdrückt. Seither ist kaum noch von *Herkunftsland* und *Gastland* die Rede, an die Stelle tritt das gegensätzliche Begriffspaar *Heimat* und *Fremde*, hinter dem sich wiederum jeweils »*dezidiert statische Bedeutungsgehalte*«[1] verbergen. Heimat wird dabei in der Regel als Synonym für Herkunftsland, Nationalität, Tradition oder traditionale Sozialisation genutzt, und dieser – um überhaupt beschreibbar zu werden – *die Fremde* als das Andere gegenübergestellt. Heimat unterstellt eine durchweg »*positive Beziehung zur Herkunft, die ein ›Leben in der Fremde‹ als wenig befriedigend erscheinen lassen kann.*«[2] In der Fremde wird sie meist auf etwas Konkretes projiziert und – soweit möglich – als emotionale Stütze zu sich geholt.

Wie kann nun *Heimat* von den Angehörigen der Migrationsgemeinschaft als das Andere in der Fremde dokumentiert werden, wenn diese doch *zu Hause* geblieben ist? Wie wird *Heimat* von den Personen selbst thematisiert, um das positive Andere als einen Wert, an dem auch in der Migrationssituation festzuhalten ist, beschreibbar und nachvollziehbar zu machen? Die ökonomische Ebene und die Ebene des Fortschritts scheiden aus, da diese von der Fremde besetzt sind und darüber hinaus die Begründungen in sich bergen, die zur Migration beigetragen haben. Übrig bleiben die sozialen Beziehungen der Personen zueinander. Konkretisiert wurden diese durch die Beschreibung einer konstatierten *Andersheit* in den Geschlechterbeziehungen und durch den Vergleich der *ganz anderen* Frauen des jeweiligen Herkunftslandes mit den *ganz anderen* Frauen des Immigrationslandes. Die mitgebrachten

---

[1] Roth 1991:66.
[2] Roth 1991:66.

und/oder abwesenden Frauen werden so zur Projektionsfläche, um Heimat abzubilden. Die – im Vergleich zum Immigrationsland erfahrenen *anderen* – Beziehungen zu ihnen symbolisieren und erhalten in der Fremde den Wert, der dem Begriff *Heimat* zugeschrieben wird, und den es als ein Gut zu schützen gilt.

Von daher wird auch verständlich, wenn sich in den Texten der Berater Ängste vor einer Aneignung der Frauen durch *das Fremde* herauslesen lassen. Bei Andriopoulus wird die Sorge über eine solche Aneignung mit dem Eintritt der Migrantinnen in das Erwerbsleben begründet, da die Frauen aufgrund ihrer Sozialisation im Herkunftsland *»zur Unselbständigkeit erzogen«*, nun im Migrationsland *»auf einmal [...] wirtschaftlich unabhängig«* würden. Darüber hinaus komme die Frau durch Erwerbstätigkeit *»im Betrieb [...] mit den deutschen Frauen zusammen, die sich ihrem Mann gegenüber gleichwertig und gleichgestellt fühlen, die oft die Führung des Haushaltes fest in der Hand haben. Die ausländische Frau sieht, daß die deutsche Partnerin Ansprüche stellen kann, daß sie sich mit ihrem Mann über die Probleme ausspricht, daß sie ihre Freizeit selbst gestaltet, daß sie ihren Mann nicht als ihren Herrn akzeptiert. Vollkommen unvorbereitet versucht die Griechin nun das gleiche zu praktizieren, was ihre deutsche Kollegin für selbstverständlich hält«*[3]. Diese zunehmende Selbständigkeit der Migrantinnen, von der nicht angenommen werden kann, daß sie im privaten Bereich einfach wieder abgelegt wird, hat nach Andriopoulus für das Geschlechterverhältnis in der Migrationssituation schwerwiegende Folgen. *»Der Mann sieht seine Position in Gefahr. Seine väterliche Autorität* (gegenüber der Ehefrau, CHH) *wird in Frage gestellt. [...] Seine Autorität wird zu einer ›Schein-Autorität‹ umgewandelt. Die Frau will das Geld und das Vermögen der Familie mitverwalten. Sie stellt ihm gegenüber Ansprüche. Sie will auch ihre Freiheit genießen, wie der Ehemann es immer getan hat. [...] Er versucht mit Schlägen und Grobheit seinen wankenden Stuhl zu halten, seine Herrschaft in der Familie zu retten. Die Frauen akzeptieren diesen Zustand nicht und versuchen allmählich, die neue Rollenverteilung durchzusetzen. Die Folge ist, daß das familiale Leben voller Spannungen und Konflikte ist. Diese Spannungen führen oft zu einer Zerrüttung der Ehe, zu der Vernichtung der Familie. Um vor der Zerrüttung die Familie zu bewahren, versucht der Mann die Familie in die Isoliertheit zu führen und nach außen hin abzukapseln«*.[4]

Die Angst vor Veränderung durch die Migrationssituation, als Sorge *keine Heimat mehr zu haben* durch ein mögliches *Entgleiten* der Frauen *in die*

---

[3] Andriopoulos 1973:207.
[4] Andriopoulos 1973:207/8.

146

Fremde, ist ein immer wiederkehrendes Thema.[5] Es wird vom Sog der Macht des Immigrationslandes gesprochen, dessen *»Verführungen«* sich besonders die *»unselbständig«* gehaltenen Frauen nicht entziehen können und denen sie aufsitzen. Um diesen Einfluß und die damit einhergehenden Veränderungen aufzuhalten, wird der Frau trotz zunehmender Erwerbstätigkeit in der Migrationssituation die Rolle zugeschoben, *im Heim* – als Verkörperung von Heimat in der Fremde – durch Aufrechterhaltung der traditionellen Gepflogenheiten, die *Heimat* in die Aufnahmegesellschaft hineinzuholen.

Hieraus wird für die Männer ein Dilemma konstruiert. Einerseits wird angenommen, daß sie den Migrationserfolg möglichst schnell für sich vermerken wollen, wobei sie zu akzeptieren hätten, daß eine solche Vorstellung ohne die Mithilfe der gesamten Familie ein unrealistisches Unterfangen bleibt. Andererseits wird angenommen, daß durch den möglichen Machtzuwachs der Frauen, durch eine Angleichung an vorfindliche Beziehungsstrukturen, bei ihnen die Sorge um die Stabilität des symbolischen Heims wachse. So können Vorstellungen entstehen, auf Grundlage der traditionell zugeschriebenen patriarchalen Macht, zum Schutze des *Heims* und somit auch der *Heimat*, die Frauen vom Immigrationsland möglichst absentieren und – im Extremfall – in *Schutzhaft* nehmen zu wollen.[6] Legitimiert und unterstützt wurden solche Vorstellungen von einem *verordneten* Denken in der Aufnahmegesellschaft, das für *Verständnis* und *Toleranz* gegenüber dem statisch festgeschriebenen ganz Anderen warb und von Wissenschaftlern, die glaubten, dieses die *Anderen* prägende *Andere* bis in die Knochen von schwangeren Frauen hinein nachweisen zu können.

Auch in der Aufnahmegesellschaft sind es die sozialen Beziehungen der Migranten, mit deren Hilfe das *Anderssein* des immigrierten Bevölkerungsteils in der Öffentlichkeit thematisiert wird. Dies geschieht von dem Zeitpunkt an, an dem die Migranten – bedingt durch Veränderungen in der offiziellen Migrationspolitik – die Wohnheime und Betriebsghettos zu verlassen begin-

---

[5] Wie mit dieser migrationsbegleitenden Herausforderung umgegangen wird, ist bisher im deutschen Sprachraum nicht erforscht worden. Vgl. hierzu Herwartz-Emden 2000:34-41.

[6] Dieses Problem thematisiert Tevik Başer rückblickend in seinem 1985 gedrehten Film *40 qm Deutschland,* in dem er die Geschichte eines Migranten aus der Türkei erzählt, der seine aus dem Heimatdorf mitgebrachte junge Ehefrau in eine Hamburger Hinterhofwohnung bringt. Binnen weniger Tage wird diese heruntergekomme Behausung von ihr durch Mitgebrachtes aus der Heimat in eine Wohnung verwandelt, die ein Heim bietet, das dann – samt seinem *Inhalt* Ehefrau – beim morgendlichen Weggang zur Arbeit als in der Fremde Wohlzubehütendes vom Ehemann sorgsam verschlossen wird.

nen und sich zunehmend in den Stadtteilen ansiedeln. Indem sie nicht mehr nur als Arbeitskräfte angesehen werden können, die außerhalb der Betriebe nur an den für sie vorgesehenen Orten und Plätzen anzutreffen sind, sondern zunehmend auch in den Wohnvierteln der Städte präsent sind, geraten sie als Personen in den Blick, und dazu gehört neben ihrer Sozialität auch ihre Geschlechtlichkeit. Letztere wurde als ein besonderes Problem angesehen – aus *gesundheitlichen Aspekten* – , wie es Mediziner formulierten.[7] *»Sind unsere Gastarbeiter gesundheitlich lupenrein?«* faßte ein Artikel die Sorgen deutscher Mediziner zusammen, die sich 1966 während des Nordwestdeutschen Internistenkongresses mit der *»Gastarbeiterproblematik und Infektionskrankheiten«* befaßt hatten.[8] Diese *»Besorgnis um die Seuchengefahr«*[9] – welche real zu keiner Zeit bestanden hat – führte immer wieder zu Überlegungen, wie dieser im Alltag effektiv zu begegnen sei.[10] Schwarz berichtete vor dem Fachausschuß Gesundheit der Salzgitter AG, daß man in Süddeutschland bestrebt sei, *»Wohnheime von Gastarbeitern und -arbeiterinnen gleicher Länder möglichst in Ortsgemeinschaften zu belassen. Bei größeren Heimen für ausländische Arbeiter sind bordellartige Einrichtungen zu befürworten, um die Homosexualität zu verringern und den Kontakt mit der einheimischen Bevölkerung durch sexuelle Situationen nicht zu stören«*[11]. Immer wieder warnten Ärzte vor den Gefahren einer *»Bevölkerungsmischung zwischen Deutschen und Ausländern«*. Und das Magazin *Der Spiegel* schrieb im Jahr 1982 über die Forschungen des Gießener Genetikers Anders: *»Völkervermischung bringt Krebs: [...] industrielle Ballungszentren und darüber hinaus das angebliche Krebsnest Mitteleuropa stellen eben auch rassische Schmelztiegel dar [...] Daß die Annahme eines Zusammenhangs zwischen Völkermischung und Krebshäufigkeit nicht reine Spekulation ist, folgt aus den Arbeiten des Gießener Genetikers Fritz Anders«*[12]. Anders hatte nach Kreuzungsexperimenten zwischen verschiedenen Zahnkarpfenpopulationen eine erhöhte Krebshäufigkeit bei deren Nachkommen festgestellt.[13]

---

[7] Neumann 1964:1; Arens 1967:196; Schwarz 1966:84-102.

[8] Püllmann o. J.:286-287.

[9] Vgl. hierzu Gartmann u. Kiessling 1963 und Blum 1972. Sich auf Schwarz beziehend sieht auch Zimmermann 1981 neben den allgemeinen Verschleißerscheinungen der Migranten besonders Tuberkulose und Geschlechtskrankheiten, sowie intestinale Parasitosen (der sog. *Südländerbauch*) als die Krankheiten, die neben psychischen und psychosomatischen Störungen am meisten auftreten. S. hierzu auch Zimmermann 1981:33/4.

[10] Vgl. hierzu: Collatz u. Schmoll 1973:449-548.

[11] Zit. nach Warnach 1984:165.

[12] Der Spiegel Nr. 1, 1982.

[13] Anders o. J.: 943-956, zit. nach Warnach 1984:177.

Aber nicht nur Mediziner, auch Sozialwissenschaftler wie z. B. Stirn[14] warnten vor aufkommenden Problemen durch mögliche Kontakte aus der Migrationspopulation zu Angehörigen der Aufnahmegesellschaft, und zwar besonders vor Kontakten zwischen den Geschlechtern. Gelänge es nicht, den *»Ausländer als [...] voll geachtetes und anerkanntes Mitglied einer Wohngemeinde«* anzusehen, so werde dieser nach Einschätzung von Stirn *»gerade dadurch immer wieder in einer Weise reagieren, daß neue Spannungen entstehen. Wenn er schon nicht als Ausländer anerkannt ist, wird er z. B. die Anerkennung als Mann suchen und sein Verhalten den einheimischen Frauen gegenüber entsprechend orientieren«*[15]. Auch von den Medien wurde das Thema immer wieder aufgegriffen. So erschien im Jahr 1962 im *Stern*-Magazin eine Reportage über *»Frauenknappheit«* in den *»Gastarbeiterlagern«*.[16] Aufhänger für diesen Artikel war eine Prügelei zwischen Deutschen und Italienern in Wolfsburg, nachdem der Italiener *Dino Fontana* in einem Lokal mit einem deutschen Mädchen getanzt hatte. Diese öffentlichen Debatten um die Geschlechtlichkeit der Migranten blieben nicht ohne Einfluß auf den wissenschaftlichen Diskurs. Auch in Studien zu Migrationsfolgen wurden Fragen nach den Auswirkungen möglicher geschlechtlicher Kontakten mit Angehörigen der Aufnahmegesellschaft gestellt. Kurz[17] griff dieses Thema in ihrer Untersuchung über ein *»Italiener-Wohnlager«* auf. Sie las aus ihren Interviews, daß ein partielles Eingehen von Beziehungen zwischen Migranten und deutschen Frauen von den Migranten als selbstverständlich angesehen und von den jungen ledigen Italienern *»als Abweichung vom familistischen Muster [...] vor der Eheschließung [sogar] erwartet und* (von der Gemeinschaft, CHH) *entsprechend kontrolliert«*[18] würde.

Diese Sichtweise auf Migration, eingekleidet in die Sorge um mögliche negative Folgen eines Kontaktes zwischen den Geschlechtern von Angehörigen der Herkunfts- und der Aufnahmegesellschaft,[19] läßt sich in vielen Einstellungsäußerungen wiederfinden. Sie wirkte sich nicht nur nachhaltig auf den Alltagsdiskurs aus, sondern fand über die Thematisierungen im Gesundheitsbereich auch Eingang in den psychosozialen und therapeutischen Beratungs-

---

[14] Stirn 1964.

[15] Stirn 1964:36.

[16] Vgl. hierzu 50 Jahre Stern, Nr. 15:18f.

[17] Kurz 1965.

[18] Kurz 1965:824.

[19] Interessant wäre in diesem Zusammenhang eine Durchsicht der Faltblätter und Broschüren der *Bürgerinitiative Ausländerstopp,* in der nach Tsiakalos viele Akademiker und überproportional viele Ärzte zu finden sind. Tsiakalos 1983:57.

bereich.[20] Besonderen Einfluß hatte in diesem Zusammenhang eine Untersuchung von Risso und Böker[21] über den *Verhexungswahn* süditalienischer Arbeiter in der Schweiz. Die Autoren gingen von der Annahme aus, daß sich die »Welt« der Migrantinnen und Migranten aus den südlichen Ländern von der des Aufnahmelandes strukturell unterscheide, da man sich dort an Regeln und Relevanzstrukturen orientiere, welche die der Aufnahmegesellschaft allenfalls am Rande berührten. Diese Studie[22] kann als exemplarisch für die vorherrschende duale Weltaufteilung in den Beschreibungen der sechziger Jahre angesehen werden. Die Autoren zeigen am Beispiel psychisch kranker süditalienischer Einwanderer, wie es infolge von Migration zum »*Zusammenprall der magisch-archaischen Welt Süditaliens mit der rationalistischen, individualistischen Welt Mitteleuropas*« komme, der unvermeidlich zu Konflikten in den Individuen führe.[23] Beschrieben wird dieser Zusammenprall angenommener Unvereinbarkeiten mit Hilfe einer Darstellung des im Vergleich zum Aufnahmeland ganz anderen Geschlechterverhältnisses am Beispiel der süditalienischen Frau.

Diese frühen Diskussionen um die sozialen und geschlechtlichen Beziehungen zwischen Angehörigen der Migrationsgemeinschaft und Angehörigen der Aufnahmegesellschaft, um Verschiedenheiten der Migranten festzuschreiben und negativ zu konnotieren, sind in der Auseinandersetzung um Ethnisierung kaum berücksichtigt und bisher auch nicht in den retrospektiven Blick einbezogen worden.[24] Daher hat es zunächst den Anschein, als stünden die Aussa-

---

[20] Siehe hierzu die Studien von Zimmermann 1981; Zimmermann 1982 und Zimmermann 1988.

[21] Risso u. Böker 1964.

[22] Risso und Böker untersuchten 1960 und 1961 an 16 psychiatrischen Kliniken sowie an Heil- und Pflegeanstalten der deutschsprachigen Schweiz insgesamt 709 Krankengeschichten italienischer Patienten. Hierbei fiel ihnen auf, daß viele der Kranken ihre Beschwerden auf eine magische Beeinflussung zurückführten.

[23] Risso u. Böker 1964:2.

[24] Erst in Zusammenhang mit Arbeitsmigration aus der Türkei entstanden Studien explizit zu den Geschlechterbeziehungen, legitimiert durch die Annahme, in einem *ganz anderen, islamisch geprägten Kulturkreis* seien diese – unter Bezugnahme auf den Koran – völlig verschieden von denen in den Aufnahmeländern, so daß ein Wissen über dieselben als notwendig angesehen wurde, um *die Menschen zu verstehen*. Daß ein solches Denken weitaus früher und unabhängig von den Herkunftsländern der Migranten vorherrschend war, ist bislang noch nicht systematisch herausgearbeitet worden, sondern in der Literatur nur durch Einzelbeispiele belegt. So zeigt Mansfeld Beispiele der von deutscher Seite produzierten Vorurteile und implizierten Ängste auf. Sie weist u. a. auf die in den Medien publizierten Geschichten von deutschen Frauen hin, die Beziehungen zu ausländischen Männern eingegangen sind, und die in den Kommentaren als »*drittklassige Ehen*« abqualifiziert werden; vergl. Mansfeld 1985:68. Auch in Untersuchungen über heranwachsende Ju-

gen über die Frauen in den aufgefundenen Texten der ausländischen Sozialberater und die Sichtweise der Gynäkologen über Migrantinnen lediglich für sich. Wird jedoch die Breite der Thematisierung möglicher, beziehungsweise tatsächlicher Veränderungen in den Geschlechterbeziehungen im Alltagsdiskurs einbezogen, erschließt sich ein Netz von Thematisierungen, das abbildet, wie »*Geschlecht*« schon in den sechziger und frühen siebziger Jahren als strukturierende Kategorie in der Diskussion um die Migrationsauswirkungen genutzt wurde. Mit Hilfe eines statischen bi-polaren Denkens wurde den Geschlechterbeziehungen eine dominante Rolle als hierarchisierendem Element zugewiesen, über die im Alltagsdiskurs Grenzziehungen vorgenommen und gefestigt wurden. So konnte eine Separierung in einen *einheimischen* und einen *ausländischen* Bevölkerungsteil über den als rational angeführten nationalen Aspekt hinaus begründet und auf emotionaler Ebene in den Individuen verankert werden.

Der Wunsch nach einer Herstellung von *Heimat*, wie sie von Angehörigen der Herkunftsgesellschaft formuliert worden war – beziehungsweise die Forderung an die Aufnahmegesellschaft hierzu Bedingungen zu schaffen – wurde vom Aufnahmeland aufgegriffen, indem Familienmigration offiziell unterstützt wurde. Hierdurch kam es zu einer (Schein)-Lösung des Dilemmas, *Fremdes* zu brauchen, jedoch *Fremdes* nicht zu nah haben zu wollen. Indem Migranten und Migrantinnen die Möglichkeit erhielten, im Aufnahmeland als *intakte* Familien leben und ethnischen Gemeinschaften[25] bilden zu können, konnte die staatliche Politik suggerieren, das Leid und Elend der Einzel-Migration mindern zu wollen. Der aufkommenden Kritik aus der Aufnahmegesellschaft, staatlicherseits eine isolierende Situation der Migranten begünstigt zu haben[26] und darüber hinaus bezüglich des Schutzes von Ehe und Familie mit zweierlei Maß zu messen[27], konnte so der Boden entzogen werden.

---

gendliche ist diese Konkurrenz um das andere Geschlecht ein Thema; siehe Korte 1983:26. Eine reiche Materialfülle zu diesem Thema bieten auch die Erfahrungen der Interessengemeinschaft der mit Ausländern verheirateten deutschen Frauen (IAF), die diese in ihrer jahrzehntelangen Tätigkeit gesammelt und immer wieder, überwiegend als individuell erlebte Erfahrungen publiziert hat.

[25] Die Koloniebildungen wurden erst zu einem späteren Zeitpunkt als weniger wünschenswert mit dem Ghettoverdacht belegt, so z. B. im Jahr 1982 durch Richard von Weizäcker als er in der Frankfurter Allgemeinen Zeitung am Beispiel Berlins davon sprach, daß durch eine verstärkte zentrierte Ansiedlung von Migranten Ghettos gebildet wurden, »*die für Deutsche praktisch unbewohnbar geworden*« sind. Zit nach Radtke 1996:339.

[26] Vgl. hierzu Spaich 1981:220f.

[27] Vorwiegend die Kirchen vertraten diese Position aus ethischen Gründen und versuchten das Recht auf Familiennachzug mit Hilfe des Grundgesetzes und dem in ihm festgeschriebenen Schutz von Ehe und Familie zu legitimieren.

Da das Integrationsprogramm implizierte, als ausländische Familie in den Stadtteilen – zwischen, bzw. am Rande der deutschen Bevölkerung – weiterhin unter sich zu leben, wurden reale Problem (scheinbar) befriedet, ohne die weiterhin bestehenden realen Ungleichheiten zwischen den Angehörigen der Mehrheitsgesellschaft und den eingewanderten Minderheiten thematisieren zu müssen. Des weiteren konnte der zunehmenden Ablehnung gegenüber der wachsenden Gruppe von Migrantinnen und Migranten und der Sorge, die Fremden würden sich zu sehr unter die eigene Bevölkerung mischen, erst einmal begegnet werden.[28]

Somit erhielt die Frau vom Herkunftsland wie vom Aufnahmeland die Funktion zugeschrieben, zur Separierung der Migranten beizutragen, indem sie in der neuen Umgebung für den Heimatersatz sorgen sollte. Nicht als ausländische Arbeitnehmerin war sie primär gefragt, sondern als Ehefrau eines ausländischer Arbeitnehmers. Zwar wurde den Frauen eine Erwerbstätigkeit zugestanden, da diese seitens der Industrie in dieser Zeit benötigt wurden, im Gegenzug erwartete man jedoch von ihnen, daß sie für die Eingliederung der Ehemänner Sorge tragen, indem sie ein Heim schafften, damit sich diese auch in der Migrationssituation ausschließlich auf ihre Familie konzentrierten. Das Privatleben des immigrierten Bevölkerungsteils sollte sich im Rahmen der ethnischen Gemeinschaft bewegen, um zu keinem öffentlichen Ärgernis für Angehörige der Aufnahmegesellschaft zu werden. Von Seiten des Herkunftslandes erhielten die Frauen die Funktion, bestehende Bindungen an das Herkunftsland und an die dort verbleibenden Familienangehörigen weiterhin zu garantieren, um so eine Entfremdung des emigrierten Familienteils durch eine Angleichung an das Migrationsland abzuwehren. Als abgekapselte Insel in der Modernität wurde so die Migrationsgemeinschaft konstruiert und der Frau in dieser die Rolle einer Bewahrerin der Tradition zugesprochen. Von daher erklärt sich auch, warum die einreisenden Migrantinnen weniger als Arbeitnehmerinnen, sondern eher als Ehefrauen der ausländischer Arbeitnehmer gefragt waren. Ihnen wurde die Aufgabe zugeschrieben, einen Heimatersatz im Aufnahmeland zu schaffen und dafür Sorge zu tragen, daß die Migranten sich in der Privatheit auf *ihre* Familie konzentrieren, statt zum *öffentlichen Ärgernis* für die (weiblichen) Angehörigen der Aufnahmegesellschaft zu werden. Nicht als Grenzgängerin sollte die Frau in dieser Phase fungieren, sondern als die Person, die darauf zu achten hat, daß die gezogenen Grenzen nicht übertreten werden.

---

[28] Erst durch die Sorge einer zunehmenden Ghettobildung wird diese Separierung in den achtziger Jahren problematisiert.

Aufnahmeland und Angehörige der Migrationsgemeinschaft gingen hier erste Koalitionen in den Beschreibungen eines Andersseins der Migrantin ein. Die Rede über die Frau ist dabei eingebunden in ein zweifaches Hierarchiemodell. Mittels biologistisch-kulturalistischer Begründungen wurde die Migrantin einem *niederen Kulturkreis* zugeordnet und über die in diesem Kulturkreis vorherrschenden besonderen patriarchalen Geschlechterbeziehungsstrukturen erklärt, daß ihr im Vergleich zu den Männern eine niedrigere Stellung in diesem zugewiesen sei. Der Zwang zum Verlassen des schützenden Familienzusammenhanges durch Migration und in der Folge die Konfrontation mit einer gänzlich fremden Wirklichkeitsordnung lieferte die Begründung dafür, warum die Migrationssituation für Frauen in ihrer *doppelten Fremdheit* als ein besonderes Elend anzusehen sei. Bevor also Migrantinnen in den Bereichen der Pädagogischen Praxisfelder als Personen überhaupt einbezogen wurden und lange bevor sie zum Untersuchungsgegenstand der Forschung avancierten, wurde ein Bild von ihnen im Rahmen der Beschreibungen zur allgemeinen Migrationssituation geprägt, das im Alltagsdiskurs unhinterfragt seinen festen Platz eingenommen hat. Gleichzeitig wurde das Problem des Umgangs mit dieser doppelten Fremdheit an die Frauen rückverwiesen, indem es dem immigrierten Bevölkerungsteil als eine zu erbringende *Eigenleistung* zugeschrieben wurde, sich für die Dauer des Aufenthaltes einen Heimatersatz in der Fremde zu schaffen. Dadurch entstand die paradoxe Situation, daß einerseits konstatiert wurde, Fremdheit durch Migration bedeute für Frauen im Vergleich zu den Männern ein doppelt Negatives, es gleichzeitig jedoch die Frauen waren, mit Hilfe derer sich diese Fremdheit in Heimat verwandeln sollte. So waren es wiederum die Frauen selbst, die sich am fremden Ort eine Heimat zu schaffen hatten,[29] und denen das Aufnahmeland zu dieser Zeit als *Hilfe* lediglich erleichternde rechtliche Bedingungen über die Familiennachzugsregelungen anbot.

Die Frau als Schlüssel(figur) zur Modernisierung der Migrantenfamilie

Gegen Ende der siebziger Jahre ist wieder ein Perspektivwechsel im Blick auf die Migrantinnen und Migranten zu verzeichnen. Diese werden nun nicht mehr allgemein als Angehörige einer anderen Wirklichkeitsordnung dargestellt, sondern als anwesende Andere in die Beschreibungen einbezogen, indem anhand von Befragungen und biographischen Interviews jeweils Einzelner über sie allgemein Typisierendes herausgearbeitet wird. Vermehrt wird die kulturelle Differenz herausgestellt, wobei in den Beschreibungen eine

---

[29] Vgl. zum Thema *Heimat – kein Ort für Frauen?* Schöning-Kalender 1990 und List 1993:126-131.

Orientalisierung des eingewanderten Bevölkerungsteils feststellbar ist,[30] nicht zuletzt weil als Herkunftsland zunehmend ein islamisches Land *gedacht* wird.

Diese Sichtweise veränderte insbesondere die Diskussion über die Migrantin, in der Folge aber auch die Debatte über die Anderen. Die in islamischen Ländern vorfindbaren Geschlechterbeziehungen wurden mit Hilfe ethnologischer Dorfstudien auf bestimmte Muster festgeschrieben und zu im Aufnahmeland reproduzierten und wiederfindbaren stilisiert.[31] Grundlage dieser Beschreibungen ist dabei eine angenommene strikte Trennung der Lebenswelt in ein Innen und ein Außen, wobei die Innenwelt, symbolisiert durch das Haus, dem weiblichen Teil zugeschrieben wird. Auch das Migrantinnenleben wurde, unabhängig davon, ob Frauen zum Zwecke einer Arbeitsaufnahme in die Bundesrepublik gereist oder im Rahmen der Familienzusammenführung nachgezogen waren, zunehmend als das Leben von Hausfrauen gedacht. Obwohl Mitte der siebziger Jahre über 40 Prozent der Migrantinnen offiziell einer Erwerbstätigkeit nachgingen und von einer großen Anzahl nicht offiziell registrierter Berufstätigkeiten auszugehen ist, wird *Nichterwerbstätigkeit* und *Hausfrauendasein* in der Folgezeit als die *dominante Lebensform von Migrantinnen* dargestellt,[32] aus der sich die weiteren Thematisierungen ableiten.

Auch im Alltagsdiskurs wurden Migrantinnen nun wahrgenommen und ihre – im Vergleich zu den Männern – anderen Lebensbedingungen im Aufnahme- aber auch im Herkunftsland thematisiert.[33] Apostolidou[34] vermutet die Gründe für diese zeitlich *späte Entdeckung* in der beginnenden Klientelisierung der Frauen durch die Wohlfahrtsverbände als eine Folge von Differenzierungen in der Wahrnehmung des eingewanderten Bevölkerungsteils. Auch in dieser Phase sind es Entwicklungen im gesellschaftspolitischen Bereich, die den Perspektivwechsel in der Sichtweise über *die Anderen* nach sich ziehen. Aus der damaligen Zeit ist zwar kein einheitliches politisches Konzept auszumachen, da höchst unterschiedliche und auch widersprüchliche Ansätze nebeneinander auffindbar sind;[35] dennoch kann gesagt werden, daß neben einer Sicherung des Arbeitsmarktes vor allem auch eine Sicherung des sozia-

---

[30] Lutz 1989.

[31] Weische-Alexa 1977; Baumgartner-Karabak u. Landesberger 1978; Gürkan u. a. 1981.

[32] Brandt 1977; Mehrländer 1981.

[33] Meister 1975; Wolf 1975; Mansfeld 1979c; Ebert-Behr 1980; Kols 1981; Schneider 1981; Zaccai 1981; *Sie haben ihre Liebe für sich behalten* 1982; Balkenhol 1982.

[34] Apostolidou 1980; Apostolidou 1981.

[35] Vgl. hierzu Schulte 1992.

len Friedens als vordringliche Aufgabe angesehen wurde. In diesem Zusammenhang ging es in der Migrationspolitik gleichzeitig um eine Integration der anwesenden Migranten und Migrantinnen und/oder um deren Rückkehr in ihre jeweiligen Herkunftsländer.

Die Integrationsaufgabe zur Sicherung des inneren Friedens wurde primär nicht als eine von der Aufnahmegesellschaft zu lösende angesehen, sondern als ein Anpassungs- und Leistungsprozeß vom zugewanderten Bevölkerungsteil erwartet. Das *Wie* dieses Prozesses bestimmte sich nach den Kriterien der Aufnahmegesellschaft, die lediglich begleitende Hilfen durch die Wohlfahrtsverbände anbot. Hatte zuvor kaum jemand Anstoß daran genommen, *»daß sich die Arbeiter in den Werksheimen nur ›partiell anpaßten‹ und im übrigen ihre gesamte Orientierung auf die Rückkehr und die Heimatkultur ausrichteten«*[36], so wurde diese Haltung unter der Perspektive eines Verbleibs und/oder einer Rückkehr der Migrantinnen und Migranten nun als der Beleg einer mangelnden Integrationsfähigkeit angesehen. Die von der Aufnahmegesellschaft selbst forcierte Separierung des immigrierten Bevölkerungsteils wurde nun nicht mehr als begrüßenswert betrachtet, sondern darauf mit Ablehnung reagiert. Durch den Wandel in den Begrifflichkeiten vom Gastarbeiter zum ausländischen Arbeitnehmer stand nun nicht mehr der Gaststatus auf Zeit im Vordergrund der Diskussionen, sondern die dauerhafte Anwesenheit von Fremden, beschränkt auf diejenigen, die eine Arbeit hatten. Die Arbeitslosen wurden mit Rückkehrforderungen konfrontiert. Das Denken in den Begriffen *Heimat* und *Fremde* wandelte sich zu einem Sprechen über *Herkunftsland* und *Aufnahmeland*. *Herkunftsland* wurde zumeist gleichgesetzt mit *Türkei* und stand für Rückständigkeit und Armut, wohingegen vom *Aufnahmeland*, in das es sich zu integrieren galt, lediglich die Vorzüge der Moderne herausgestellt wurden. Die Sichtweise auf die Migrantinnen und Migrantinnen sortierte sich dabei in einem groben Raster nach der Integrationsfähigkeit und/oder Rückkehrwilligkeit der jeweils Einzelnen.

In der Öffentlichkeit wird sich zu dieser Zeit insgesamt überwiegend kritisch bis ablehnend mit der Anwesenheit der Migrantinnen und Migranten auseinandergesetzt.[37] Die Bandbreite der ablehnenden Haltungen in der öffentlichen Diskussion um *»den Fremden«*[38] in der deutschen Bevölkerung kann exemplarisch an der Debatte um das sogenannte *»Heidelberger Manifest«*[39]

---

[36] Esser 1983b:26.

[37] Vgl. zur Rolle der Medien in dieser Auseinandersetzung Durmazel 1983; Tsiakalos 1983; Leuninger 1984.

[38] Vgl. hierzu Korte 1983:22-29; Schueler 1983; Tsiakalos 1983; Hoffmann u. Even 1984; Schweitzer 1985; Geiger 1985 und Hoffmann 1986.

[39] Heidelberger Manifest vom 17.6.1981 in: Frankfurter Rundschau vom 4.3.1982:14.

nachvollzogen werden. Mit dieser Schrift bekundete eine Gruppe von Hoch-schulprofessoren *»mit großer Sorge«, daß sie »die Unterwanderung des deut-schen Volkes [...], die Überfremdung unserer Sprache, unserer Kultur und unseres Volkstums«* beobachteten. Ausgehend von der Prämisse, *»Völker seien [biologische oder kybernetische] lebende Systeme höherer Ordnung mit voneinander verschiedenen Systemeigenschaften, die genetisch und durch Tradition weitergegeben werden«*, behaupteten sie, daß *»die Integration gro-ßer Massen nicht-deutscher Ausländer [...] bei gleichzeitiger Erhaltung unse-res Volkes nicht möglich [ist] und [...] zu den bekannten ethnischen Katastro-phen führ[e]«*[40]. Das Erscheinen des Manifestes im Jahr 1981, das die Positi-onen der Intellektuellen der Neuen Rechten bündelte, kann als Höhepunkt der in den achtziger Jahren ausgetragenen Kontroverse um das Verhältnis zum eingewanderten Bevölkerungsteil angesehen werden. Diese bewegte sich auf der Bandbreite zwischen der Position, Migrantinnen und Migranten würden zu Sündenböcken erklärt, indem ihnen ein Anteil an den ökonomischen und sozialen Problemen in der Bundesrepublik zugemessen werde, und der Zu-schreibung einer staatlichen Verantwortung für diese Situationen durch eine unkontrolliert erfolgte Übervölkerung des Landes mit Fremden.

Gleichzeitig fällt zu dieser Zeit eine besondere Heimatorientierung in den Migrationsgemeinschaften auf, die sich nicht nur darin ausdrückte, daß grie-chische Gruppierungen nationale Schulen forderten oder islamisch ausgerich-tete Gruppen aus der Türkei für eine Einrichtung von Koranschulen in der Bundesrepublik votierten. Ein besonderes Problem ergab sich in den achtzi-ger Jahren durch das Hineintragen politischer Konflikte aus den jeweiligen Herkunftsländern in die Immigrationsländer. So wurden die politischen Pola-risierungen der Türkei als Folge des Putsches durch die Militärs im Septem-ber 1980 in der Bundesrepublik deutlich sichtbar. Die dortigen Gruppierun-gen und Parteien versuchten, ihren Widerstand überwiegend im und vom Ausland aus zu organisieren, da ein Großteil der Opposition, der nicht verhaf-tet oder getötet worden war und aus der Türkei hatte fliehen müssen, sich in den europäischen Immigrationsländern aufhielt. Da in der Bundesrepublik den Migrantinnen und Migranten eine eigenständige politische Organisierung in Parteien und Verbänden gesetzlich verboten war, hatte dies *Strukturen im Verborgenen* – der rechten wie der linken politischen Gruppierungen – inner-halb der Migrationsgemeinschaften wachsen lassen. In jenen Jahren ist in der Bundesrepublik ein intensives politisches Engagement seitens der türkischen wie der kurdischen Migrationsgemeinschaften zu verzeichnen, das sich für die Öffentlichkeit in großen Demonstrationen bemerkbar machte, die sich gegen die herrschenden Militärs in der Türkei richteten. Hinzu kam, daß die

---

[40] Heidelberger Manifest 1981:14.

Angehörigen der Migrationsgemeinschaften zunehmend den einzigen ihnen verbliebenen Bereich einer politischen Artikulationsmöglichkeit wahrnahmen, indem sie sich in der hiesigen Gewerkschaftsbewegung engagierten oder Schwester-Gruppen ihrer heimatlichen Gewerkschaften gründeten.[41] Diese waren über Jahre hinweg bei allen Veranstaltungen, z. B. den 1. Mai-Kundgebungen, eindeutig als die größten Blöcke – zumeist unter inhaltlicher Bezugnahme auf die Situation in den Herkunftsländern[42] – auszumachen. Es wurden aber auch Themen aufgegriffen, die in Zusammenhang mit Benachteiligungen durch Migration gesehen wurden. So organisierten die Migrantengruppierungen zum Beispiel Großdemonstrationen gegen die Kürzungen des Kindergeldes der Familien für im Herkunftsland lebende Kinder.[43] Diese Aktivitäten wurden im Alltagsdiskurs wiederum genutzt, das Bild eines Separatismus der Migrationsgemeinschaften zu zeichnen. Hinzu kam, daß die Zentrierung des eingewanderten Bevölkerungsteils in einzelnen Wohngebieten mit dem Begriff des *Ghettos*[44] belegt und durch die spezifische Bedeutung dieses Begriffs für die deutsche Diskussion besonders negativ konnotiert und als besorgniserregend angesehen wurde.

Um diese zum Teil dramatisierte und aufgeputschte Diskussion im Bereich des öffentlichen Lebens zu entspannen und zu ent-emotionalisieren, wurden als wichtige Ziele staatlicher Integrationspolitik besonders solche sozialen und pädagogischen Maßnahmen anvisiert, die aufgetretene Gegensätze und bestehende Spannungen zwischen dem deutschen und dem nicht-deutschen Bevölkerungsteil sukzessive wieder abbauen sollten. Neben der Arbeit in den herkömmlichen Sozialbetreuungsinstitutionen der Wohlfahrtsverbände entstand nun als ein weiterer Schwerpunkt in der Sozialen Arbeit die Gemeinwesenarbeit mit spezielle Zentren in Stadtteilen mit hohem Ausländeranteil. Bei der Umsetzung dieser Konzepte auf kommunaler Ebene machte sich jedoch bemerkbar, daß es staatlicherseits versäumt worden war, über die Möglichkeiten eines politischen Dialogs zwischen Aufnahmegesellschaft und Migrationsgemeinschaften nachzudenken und den Migrationsgemeinschaften der Aufbau eigener politischer Strukturen per Gesetz untersagt worden war. Zwar war der Organisationsgrad in den Migrationsgemeinschaften durch die

---

[41] Vgl. hierzu Özcan 1989.

[42] Hier ist auch der Zeitpunkt zu vermerken, seitdem nicht mehr von homogenen Gemeinschaften aus einem bestimmten Migrationsland ausgegangen wird. Anlaß hierzu ist ein *Involviertsein am Rande* in die Auseinandersetzungen der jeweiligen Herkunftsländer, wie am Beispiel der Türkei und deren Konflikt mit der kurdischen Bevölkerung und später am Beispiel des Konfliktes im ehemaligen Jugoslawiens zu sehen ist.

[43] Vgl. hierzu Bernadoni 1978.

[44] Vgl. hierzu Müller 1983.

sich entwickelnden *Strukturen im Verborgenen* gewachsen und als ein Zusammenhalt nach innen bemerkbar. Aus diesen ergaben sich jedoch für die gewünschte staatliche Einflußnahme in bezug auf eine mögliche Umsetzung der Integrationsvorstellungen weder offizielle Ansprechpartner, noch eine nach außen ersichtliche Struktur.

Da die Etablierung einer politischen Interessenvertretung der Migrantinnen und Migranten staatlicherseits auch weiterhin abgelehnt wurde,[45] blieben die *Medien* eine der wenigen offiziellen Kommunikationsmöglichkeiten in die Migrationsgemeinschaften hinein. Hierzu wurden besondere Hörfunk- und Fernseh-Programme in den jeweiligen Herkunftssprachen der Migrantinnen und Migranten eingerichtet, die die spezifischen Belange des eingewanderten Bevölkerungsteils aufgriffen. Der direkte Zugang zu Teilen der Migrationsgemeinschaft lief jedoch über die Elternarbeit in den Schulen und über den Beratungs- und Bildungsbereich der sozialen Einrichtungen, der sich zunehmend mit den Stadtteilprojekten vernetzte. Über dieses Hineingehen in die jeweiligen Stadtteile bis in die einzelnen Haushalte[46] der Migrantenfamilien wurden Kontakte in die als geschlossen wahrgenommenen Migrationsgemeinschaften aufgebaut und im Laufe der Zeit eine Parallelstruktur zu den bestehenden *Strukturen im Verborgenen* geschaffen.

Die Ausweitung der sozialstaatlichen Fürsorge auf die Angehörigen der Migrationsgemeinschaften hatte den Migrantinnen und Migranten durch den nationalitätenspezifischen Ansatz einen eigenständigen, separaten Platz in der Gruppe der Klientel der Betreuungsverbände zugewiesen, den es immer wieder zu legitimieren und zu behaupten galt und für den öffentlich geworben werden mußte. Gleichzeitig wurden die Sozialbetreuungsinstitutionen durch die Nichtbeachtung der Notwendigkeit einer eigenständigen politischen Interessenvertretung der Migrationsgemeinschaften zu politischen Sprechern nicht nur ihrer tatsächlichen Klientel, sondern der gesamten ihnen als potentieller Klientel zugeteilten Gruppe. Da die Debatte über die Folgen von Migration weniger aus der Perspektive struktureller Probleme und Aufgaben der Aufnahmegesellschaft, sondern aus der Perspektive individueller Probleme von Migrantenfamilien geführt wurde, ist diese Zuordnung im Rückblick verständlich. Integration wurde dabei dem immigrierten Bevölkerungsteil als eine individuelle Aufgabe zugeschrieben. Dies geschah mit Hilfe einer Um-

---

[45] Erst zu einem späteren Zeitpunkt wurden auf kommunaler Ebene Ausländerbeiräte gebildet, die jedoch, wie an der Wahlbeteiligung zu diesen Gremien abzulesen ist, von den Migrationsgemeinschaften als eine eigene Interessenvertretung bis heute nicht anerkannt werden.

[46] Eine wichtige Rolle spielten hier die Hausbesuche, die gezielt die Frauen ansprachen.

formulierung vorfindbarer struktureller Unzulänglichkeiten in individuelle Schwierigkeiten, begründet in der kulturellen/ethnischen Zugehörigkeit der betreffenden Personen,[47] wie am Beispiel des Verhältnisses einer mangelhaften Nutzung der vorschulischen Einrichtungen durch Migrantenkinder und der Anzahl der jeweils real vorhandenen Plätze aufgezeigt wurde.

Durch den Topos Kulturdifferenz als allgemeine Erklärung für die mangelnde soziale Integration des immigrierten Bevölkerungsteils, erhielt die Thematisierung des Geschlechterverhältnisses – besonders in Bezug auf die zweite Einwanderergeneration – wiederum einen wichtigen Stellenwert in der Debatte.[48] Während in den siebziger Jahren die Integrationsprobleme der jungen Einwanderergeneration als Sprachdefizite in der Verknüpfung mit sozialen Schwierigkeiten identifiziert wurden, erfolgte nun die Ablösung dieses Erklärungsmodells, indem man bei den Kindern und Jugendlichen eine kulturelle Isolation konstatierte, deren Ursache man in einer Familienzentriertheit der Migrantinnen und Migranten sah.[49] Mit der Setzung einer strikten geschlechtsspezifischen Rollenteilung wurde eine streng auf geschlechtsspezifische hierarchische Unterschiede ausgerichtete Erziehung der Kinder konstatiert, die den Jungen eine dominante und den Mädchen eine niedrige Stellung zuwies. In einem Großteil der Texte findet sich die Vorstellung, daß bei den Mädchen die moralische Erziehung insofern im Vordergrund stünde, als sie primär zu Gehorsam, Respekt und Achtung – wenn notwendig mit Gewalt – gegenüber Männern und älteren Brüdern erzogen würden.[50] Um eine Integration dieser zweiten Generation in die Aufnahmegesellschaft zu erreichen, wurde die Familie in den Blick genommen und die »Modernisierung« der integrationswilligen Migrantenfamilien[51] ein erklärtes Ziel der entstehenden Projekte und Maßnahmen. Als Hausfrau – gedacht als in der Migrantenfamilie zu Hause anwesend – wurde die Migrantin zur Adressatin und Ansprechpartnerin und avancierte zur Schlüsselfigur im anvisierten Modernisierungsprozeß. Mit Hilfe spezifischer auf die Migrantenfamilie ausgerichteter Frauenprojekte wurde über sie ein direkter Weg in die Familien und somit in die Migrationsgemeinschaften hinein geöffnet. Erreichbar waren über diese Integrationsangebote vor allem zuerst einmal Migrantinnen mit Kindern und

---

[47] Im Zusammenhang mit der Defizit- und/bzw. der Kulturkonflikthypothese in der frühen Ausländerpädagogik ist diese Verschiebung mittlerweile hinreichend beschrieben und kritisiert worden (vgl. Hamburger u. Wolter 1981; Giordano 1988; Czock 1988; Castelnouvo 1990; Hamburger 1990; Czock 1993).

[48] Vgl. hierzu ausführlich Huth-Hildebrandt 1999d.

[49] Schrader u. a. 1979.

[50] Scheinhardt 1980; Ingenhoven 1983; Kiper 1987; Münder 1985; Rosen u. Stüwe 1985.

[51] S. hierzu Kühn 1979.

Jugendlichen in den Familien und diejenigen, welche aufgrund besonderer Problemlagen, die nicht im familialen Umfeld zu lösen waren, eine Beratungseinrichtung aufsuchten. Sie sind es, über die anteilig am meisten erfahren und am meisten geschrieben wurde, und die das zukünftige Bild der Immigrantenfamilien prägten.

Liest man die erschienenen Publikationen zu Migrantinnen und diejenigen über die angebotenen sozialpädagogischen Maßnahmen im Rückblick, so hat es den Anschein, als ginge es auch in den späten siebziger und den frühen achtziger Jahren gar nicht um die erste Migrantinnengeneration als eine Gruppe konkreter Personen, obwohl sich mit ihren Lebensbedingungen auseinandergesetzt wurde. In Anlehnung an die in den zwanziger Jahren in den USA entworfene Kulturkonflikthypothese, die von einem Modell fortschreitender Akkulturation der Einwandererfamilien – , dem *»three generation-assimilation cycle«* ausgeht, in dem die erste Generation als *»lost generation«* gilt, während die Ak- oder Enkulturation frühestens bei der zweiten Einwanderergeneration erfolgt, wurde in Bezug auf die Rolle der Migrantin im Integrationskonzept in spezifischer Weise auf Veränderungen gesetzt. Traditionelles Denken sollte die Migrantin dabei nicht um ihrer selbst, sondern um ihrer Kinder willen ablegen; diesen sollte sie Wege zur Anpassung an die Aufnahmegesellschaft eröffnen. Im Zentrum der Familie stehend, wurde ein weibliches Leitbild als Integrationsfigur im Modernisierungsprozeß der Migrantenfamilien entworfen. Der Topos Mütterlichkeit erfuhr dabei eine Umwertung, beziehungsweise Neudefinition: Nicht das Bewahrende und Schützende ist weiterhin gefragt, sondern das Loslassen in das Neue, Fremde, Unbekannte. Wichtigste Sozialisationsinstanz ist nun nicht mehr die traditionell ausgerichtete Migrantenfamilie, sondern diese Aufgabe wird zunehmend den schulischen und außerschulischen Institutionen zugewiesen. Für die Frauen blieb lediglich die Aufgabe, den Kindern ein gesundes Aufwachsen zu ermöglichen und ihnen emotionalen Rückhalt und Eingliederungshilfen in Richtung einer Öffnung gegenüber der Aufnahmegesellschaft zu geben. So konzentrierten sich soziale Maßnahmen und deren Begleitforschung auch überwiegend auf Frauen mit Kindern und richteten ihre Inhalte an den verschiedenen kindlichen Entwicklungsphasen und der Gesundheitsvorsorge in der Familie aus. Die Migrantin wurde nun als Mutter angesprochen; als Mutter mit Säuglingen oder als Mutter eines kranken Kindes. Der Schwerpunkt lag auf dem Versorgungsaspekt. Sie wurde angesprochen als Mutter mit Kindern in vorschulischen oder schulischen Einrichtungen und als Mutter, deren Kinder eine nachschulische Betreuung notwendig haben, mit dem Ziel, die Kinder in den Einrichtungen unterzubringen. Darüber hinaus wurden den Migrantinnen Maßnahmen angeboten, um die Sprache des Aufnahmelandes und die Rolle einer *modernen* Haushälterin zu erlernen. Hierzu gehörten Hilfen bei der Haushaltsführung und im Bereich der Gesundheitspflege. Über diese *Familien*-Hilfen hinaus blieb den Migrantinnen die Möglichkeit, sich in Kursen und Gesprächskreisen mit der durch Migration veränderten Lebenssituation auseinanderzusetzen.

In diesem Zusammenhang wurde auch die bisherige Zuschreibung einer Schaffung des Heims durch die Migrantin als Integrationsaufgabe in Bezug auf den immigrierten männlichen Teil umdefiniert und in ihr Gegenteil verkehrt. Herkunftsland, Nationalität, Tradition und traditionale Sozialisation wurden zunehmend negativ konnotiert, und die Migrantenfamilie als Keimzelle bestehender Unintegriertheit und Unintegrierbarkeit des immigrierten Bevölkerungsteils angesehen. Als Aufgabe der Frau wurde kaum noch definiert, sie solle durch das Heim die Erinnerung an die Heimat aufrechterhalten, sozusagen als Fürsorgerin gegen das *Heimweh* fungieren. Ihre Aufgabe wurde nun zunehmend darin gesehen, in der Aufnahmegesellschaft ein *neues Heim* für die Mitglieder der Migrantenfamilie zu schaffen.[52] War die Frau bislang positiv als Bewahrerin von Tradition und kulturellen Werten angesehen, die die Heimat in der Fremde zu schaffen habe, wurde diese Zuschreibung nun uminterpretiert in Rückständigkeit und als eine Behinderung angesehen, blockierend bezüglich einer Integration der Migrantenkinder in die Aufnahmegesellschaft. Somit ist mit dem Wechsel in der Migrationspolitik auch eine Veränderung der Vorstellungen und Anforderungen an die Frauenrolle in der Migrationssituation aufzufinden. Die Vorstellung, Heimat in der Fremde schaffen zu sollen, rückt in den Hintergrund angesichts der Anforderung nach einer Integration in die Fremde. Integration bedeutete dabei weniger eine Eingliederung der Migrantin in den Erwerbsarbeitsprozeß, sondern es ging darum, einen Balanceakt zwischen Herkunfts- und Aufnahmegesellschaft zu vollführen, und in der Familie ein Bewußtsein dafür zu schaffen, daß das eigene Andere zwar weiterhin bewahrt, das Neue und erst einmal Fremde jedoch in Bezug auf die eigenen Kinder nicht einfach abgewehrt, sondern dieses ebenfalls zugelassen werden sollte. Die Auseinandersetzung mit Tradition und Moderne – der vorherrschenden Annahme eines Identitätskonfliktes der Kinder durch das Erleben von *zwei Kulturen* und des eigenen Dazwischenstehens – wurde so in die Privatsphäre, in die Migrantenfamilien hineinverlagert. Dort sollte sie ausgetragen werden, um den öffentlichen Bereich mit diesem Konflikt nicht zu belasten und möglichst störungsfrei zu halten. Lediglich sozialpädagogische Hilfestellungen wurden versprochen und anvisiert, wobei diese nicht an die Männer gerichtet waren, um aufgrund des vorherrschenden Patriarchalismus in den Familien bei ihnen durch Überzeugungsarbeit ein Einverständnis in die Notwendigkeiten einer Integration

---

[52] Im Film *40qm Deutschland* von Tevik Başer ist diese Fähigkeit von Frauen eindrucksvoll nachgezeichnet.

der Kinder in die Aufnahmegesellschaft zu erstreiten. Es war die Frau, von der angenommen wurde, daß sie es sei, die einen solchen Denkprozeß in den Familien einleiten könne.

Ist Heimat und damit die Schaffung des Heims als ein Teil von Heimat, bzw. als das ganz Andere in der Fremde im öffentlichen Diskurs kein Thema mehr, wird auch einleuchtend, warum sich die Definitionsmacht über das Leben von Frauen in der Migrationssituation, aber auch über das Frauenleben in den Herkunftsländern in dieser Phase von den ausländischen Sozialberatern auf die deutschen Sozialpädagoginnen verschieben konnte. Im Zusammenhang mit dem angestrebten Integrationsprozeß ging es nicht mehr darum, auf der Folie *Frau* das Andere der sozialen Beziehungen darzustellen, um sich vom jeweils Anderen abgrenzen zu können. Kulturelle Traditionen und traditionelle Beziehungsstrukturen wurden nun als dasjenige Andere angesehen, das den staatlicherseits bei erfolgter Integration angekündigten Inklusionsprozeß der Migrantinnen und Migranten durch den immigrierten Bevölkerungsteil selbst verunmöglicht. Indem Integration als ein Anpassungs- und Leistungsprozeß der Einzelnen angesehen wird, der sich nach den Kriterien der Aufnahmegesellschaft zu richten hat, ging es nun darum, dieses Andere auf der Folie der Aufnahmegesellschaft abzubilden, um diejenigen Elemente herauszufiltern, die einen Integrationsprozeß der Einzelnen behindern bzw. befördern könnten. Und dies geschieht wiederum auf der Folie *Frau*. Stereotypisierende Beschreibungen des Lebens von Frauen in den Herkunftsländern, wie die von Baumgartner-Karabak und Landesberger[53], aber auch Bildbände wie die von Taroni[54] und Ebert-Behr[55] und Filme wie Sürü und Yol von Güney[56] oder *Shirins Hochzeit* von Sander[57] wurden in der öffentlichen Diskussion genutzt, um das Leben im Aufnahmeland aus der Perspektive des Herkunftslandes zu thematisieren und das Opferkonstrukt zu Lasten kultureller Differenz zu beschreiben. Die als unterdrückt und in Gewaltverhältnissen gefangen dargestellte Migrantin wurde willkommenes Vehikel, diese anstehenden Umdeutungen zu verbildlichen. Die eingewanderten Frauen wurden dabei als solche dargestellt, denen aufgrund ihres Eingebundenseins in ein Netz kultureller Zuschreibungen und Setzungen keine individuellen Spielräume zum selbständigen Agieren außerhalb dieser Normen zur Verfügung stehen.

---

[53] Baumgartner-Karabak u. Landesberger 1978.
[54] Taroni 1986.
[55] Ebert-Behr 1980.
[56] Heijs 1983; Güney 1980. Vgl. hierzu auch Türkoğlou 1984.
[57] Vgl. hierzu Brauerhoch 1995; Brauerhoch 1997.

Mit Hilfe der in den Beschreibungen immer wieder genutzten Themen wie Geschlechtersegregation, Ehre und Schande, Jungfräulichkeit vor der Ehe, Verheiratung der Mädchen durch die Eltern, wird die Welt so in die Gruppe derjenigen mit vorherrschend patriarchal dominierten und derjenigen mit emanzipatorisch orientierten Geschlechterbeziehungsstrukturen aufgeteilt.[58] Die Vorstellungen von Emanzipation/Gleichstellung der Frauen in der deutschen Debatte galten dabei als Meßlatte für den Integrationsfortschritt, bei gleichzeitiger Verhinderung der hierzu notwendigen rechtlichen (rechtliche Eigenständigkeit) und sozialen (ökonomische Eigenständigkeit) Bedingungen seitens des Aufnahmelandes durch die angestrebte Hausfrauisierung der Migrantinnen. Differenzierendere Beschreibungen und Analysen über das Frauenleben in den Herkunftsländern wie die von Cornelisen[59] oder die differenziertere Studien über die Lebensbedingungen von Migrantinnen wie die von Morokvašić[60] oder Abadan-Unat[61], die diese Eindeutigkeit des Opferkonstruktes ins Wanken bringen würden, erscheinen in diesem Zusammenhang als Hintergrundwissen erst einmal nur störend und verwirrend. Von daher dominieren die Ansichten und Beschreibungen über das Frauenleben von Migrantinnen seitens der Aufnahmegesellschaft als einem isolierten Leben im patriarchalen Kleinfamiliengefüge, eingebunden in eine Migrationsgemeinschaft, die wiederum als patriarchalisch dominant angesehen wird, bei gleichzeitigem Verlust bisheriger Zuständigkeiten im privaten Bereich, nämlich als Erzieherin und Kulturträgerin in der Familie zu wirken.

Hier verzahnen sich in den achtziger Jahren zwei politische Diskurse, die dafür gesorgt haben, daß Migrantinnen überhaupt in den öffentlichen Blick genommen wurden, und die darüber hinaus auch Einfluß nahmen auf die Art der Darstellung und Wahrnehmung dieser Frauen. Zum einen lenkte die Debatte um die *Integrationspolitik im ausländerpolitischen Bereich* das Augenmerk über die Kinder und Jugendlichen auf die Migrantin als Ehefrau und Mutter. Nimmt man die Idee von Apostolidou auf, daß es bei der sogenannten *Entdeckung der ausländischen Frau* um die Klientelisierung einer neuen Gruppe in den Wohlfahrtsverbänden ging, dann wird die verstärkte öffentliche Beachtung zu dieser Zeit verständlich. Eine unbeachtete, sozial benachteiligte Gruppe kann nur durch verstärkten Lobbyismus Aufmerksamkeit erringen. Dies geschieht in der Regel durch Dramatisierung der Situation in ihren Folgen für die Betroffenen und in den Konsequenzen auch für die Gesellschaft.

---

[58] Siehe hierzu Kalpaka u. Räthzel 1990; Lutz 1989a+b; Çağlar 1990.

[59] Cornelisen 1978.

[60] Morokvašić 1987.

[61] Abadan-Unat 1985 und Abadan-Unat 1986.

Indem die Lobbyistinnen aus dem Sozialberatungsbereich und der Frauenbewegung die Diskussion um die Geschlechterbeziehungen aufgriffen, konnte die damalige verstärkte öffentliche Aufmerksamkeit Frauenthemen gegenüber genutzt werden, um den Aufbau einer Migrantinnensozialarbeit zu begründen und voranzutreiben. Zum anderen blieb die von *Feministinnen geführte Debatte über die Haus- und Reproduktionsarbeit,*[62] die Problematisierung der Rolle von Frauen als *Nur-Hausfrau*, verbunden mit der Vorstellung, Emanzipationsprozesse seien über den Zugang zur Erwerbsarbeit eher zu erreichen, nicht ohne Einfluß auf das entstehende öffentliche Interesse an den Migrantinnen. Hatte der beginnende Diskurs über Migrantinnen diese in einer *doppelten Opferrolle* dargestellt, durch die Beschreibungen ihrer *»Verwandlung von Bäuerinnen in Hausfrauen«* und ihrer gleichzeitig durch die vorherrschenden Erwerbsarbeitsstrukturen in den westlichen Industrieländern *»niedrige[ren] soziale[n] Stellung [...] in der gesellschaftlichen Arbeitsteilung«*[63], so verschieben sich nun die Argumentationslinien im Zuge ihrer Hausfrauisierung. Die Veränderung der Lebensbedingungen vom Herkunftsland zum Aufnahmeland mit der Zuschreibung *von der Bäuerin zur Hausfrau* wird zwar weiterhin als eine Beschreibungsebene genutzt, die Argumentationslinie bezüglich der Veränderungen durch das Leben in einem Industrieland hingegen erhält eine Wendung. Der Erwerbsarbeitsbereich wird kaum noch thematisiert und der Schwerpunkt der Argumentation nun auf die Annahme eines Weiterbestehens traditionaler patriarchalischer Familienstrukturen im Aufnahmeland gelegt. Als Folge wird für die Migrantinnen im Vergleich zu deutschen Hausfrauen eine zusätzliche Isolationssituation konstatiert und beschrieben. Dabei werden aus diesen Beschreibungen von Feministinnen kaum Forderungen nach Erwerbstätigkeit von Migrantinnen abgeleitet, sondern statisch am Hausfrauendasein als einem Bleibenden angesetzt und daraus die als notwendig gedachten Integrationshilfen in Form von sozialen Zusammenkünften für Frauen abgeleitet.

Das Zusammendenken von Hausfrauisierung und kultureller Differenz basierend auf besonderen patriarchalen Geschlechterverhältnissen erklärt auch die Etablierung eines Frauenbildungs- und Beratungsbereiches an separatem Ort, als eigenem Raum oder als eigenem Haus, beziehungsweise das Hineingehen in das Haus der Migrantenfamilie durch Besuche von Sozialberaterinnen, da als Grundlage für die zu planenden Maßnahmen die Vorstellung einer strikten Trennung von privatem und öffentlichen Bereich in den Migrantenfamilien gedacht wird. Dieser notwendig eigene Ort *für Frauen unter Frauen* legiti-

---

[62] Vgl. hierzu u. a. Frauen in der Offensive 1974; Dokumentationsgruppe der Sommer-Universität e. V. 1978.

[63] Fırat 1987.

mierte die Etablierung der Maßnahmen und den Aufbau eines eigenen Frauensozialbereiches. Gleichzeitig ermöglichte diese Separierung aber auch eine Akzeptanz dieser Maßnahmen in den Migrationsgemeinschaften, angelehnt an die Vorstellung, das tägliche Treffen unter Frauen am *heimatlichen Dorfbrunnen* – als ein in der Herkunftsgesellschaft dem häuslichen Bereich hinzugefügter akzeptierter öffentlicher Ort – durch einen Gesprächskreis am – in der Aufnahmegesellschaft öffentlich akzeptierten[64] – *eigenen Frauenort* ersetzen zu können. Das Treffen unter Frauen sollte zum einen anknüpfen an vorhandene Formen des Zusammenlebens in den Herkunftsländern und zum anderen eine Möglichkeit bieten, sich im *herrschaftsfreien* Raum – ohne soziale Kontrolle von Männern – über Herrschaft und Unterdrückung, sowie über Möglichkeiten des Widerstandes austauschen zu können.[65] Somit entstanden die neuen Arbeitsfelder im Bereich der Sozialpädagogik und später in der Erwachsenenbildung, ohne das Bedürfnis und Interesse nach diesen Einrichtungen auf Seite der Migrantinnen überhaupt abgefragt zu haben. Sie wurden von den öffentlichen Auftraggebern als für den Integrationsprozeß notwendig vorausgesetzt und eingerichtet.[66] Möglichkeiten für Migrantinnen, selbst agieren und gestalten zu können, kommen zu dieser Zeit aufgrund des gezeichneten Bildes von den Frauen nicht in den Blick.

Auch in dieser Phase ist die Rede über die Migrantin eingebunden in ein zweifaches Hierarchiemodell. Es bleibt zum einen die schon zuvor konstatierte Zugehörigkeit zu einem Kulturkreis, der als »*rückständig*« definiert ist. Dies wird nicht mehr, wie am Diskurs der Mediziner aufgezeigt, biologistisch-kulturalistisch begründet, sondern nun als kulturelle Differenz an patriarchalen Beziehungsstrukturen festgemacht. Hinzu kommt, daß der Privatbereich und die dort zu erledigenden Arbeiten im Vergleich zum öffentlichen Bereich – die Erwerbsarbeitssphäre einschließend – bezüglich der Vorstellungen von Gleichheit zwischen den Geschlechtern ebenfalls hierarchisiert dargestellt und aus der Perspektive einer Arbeitsgesellschaft offensichtlich niedriger bewertet werden. So kann – trotz gegenteiliger Beteuerungen – weiterhin an der Ausgrenzungsstrategie festgehalten werden, bis am Tage X der jeweils individuelle Integrationsprozeß als das Gemeinsame der Migrationsgemeinschaft von der Aufnahmegesellschaft als abgeschlossen angesehen wird. Gradmesser bleibt wiederum die imaginäre ausländische Frau, projiziert auf die Folie einer imaginären deutschen Frau. Indem der Gruppe mit

---

[64] Vgl. hierzu Nadig 1996.

[65] Bagana u. a. 1980:115.

[66] Ein wichtiger Diskussionspunkt war immer wieder, wie denn Migrantinnen überhaupt in solche Projekte hineinzubringen seien. Es existiert eine ganze Liste von Literatur über geglückte und mißglückte Erfahrungen, z. B. mit den damals beginnenden Hausbesuchen. Vgl. hierzu Huth-Hildebrandt u. a. 1988.

patriarchal dominierenden Geschlechterbeziehungen Starrheit und Enge zugeschrieben werden, wird eine Bipolarität konstruiert zwischen patriarchal dominiert = unbeweglich = Angehörige der Migrationsgemeinschaft und emanzipatorisch orientiert = dynamisch = Angehörige der Aufnahme- bzw. Mehrheitsgesellschaft. Die Separierung in einen einheimischen und einen ausländischen Bevölkerungsteil wird so über den rational begründeten rechtlichen Aspekt hinaus als kulturelle Differenz auch im lebensweltlichen Bereich verankert.

Die Frau als Verliererin im Migrationsprozeß

Noch zu Beginn der neunziger Jahre werden Migrantinnen genutzt, um im öffentlichen Diskurs als Folie für »rückständige Kulturpraktiken«, »mangelnde Integrationsfähigkeit« oder fehlende Bereitschaft zur »Assimilation« herzuhalten. Dabei wird meist Bezug genommen auf die aus den achtziger Jahren vorliegenden Forschungsergebnisse über Frauen aus der Türkei. Diese sind zwischenzeitlich einer harschen Kritik unterzogen worden. Es wurde nachgewiesen, daß sich die Studien und Texte überwiegend aus Behauptungen zusammensetzen, die als selbstverständliche Aussagen über die Anderen erscheinen, illustriert mit aneinandergereihten biographischen Äußerungen einzelner Frauen, ohne Einbeziehung von Hintergrundinformationen oder konkreten Belegen. Broyles-González hat in einer Analyse der Literatur über Frauen aus der Türkei herausgearbeitet, wie »auf diese Weise ein ganzes Repräsentationssystem wirksam [wurde], in dem immer wieder mehr solche Gemeinplätze aus zweiter Hand publiziert [wurden], die sich wiederum auf andere derartig verallgemeinernde Publikationen stützen«[67]. Sie zeigt auf, wie in den sechziger und frühen siebziger Jahren erschienene Studien über das dörfliche Leben in der Türkei als »autoritative« Quellen für die ersten Publikationen über türkische Frauen dienen, auf die sich dann weiterhin bis Ende der achtziger Jahre unkritisch gestützt wird, so daß eine »ganze Genealogie von Forschungsergebnissen [entstand], die in ihren Auffassungen im Grunde nicht zu unterscheiden ist«[68].

Besonders auffallend ist an diesen Texten, daß es scheint, als lebten Migrantinnen mit ihren Ehemännern in feindseligen Beziehungen. Hier macht sich bemerkbar, daß die Sozialbetreuungsinstitutionen nicht in ihrer eigentlichen Rolle als öffentliche Sprecher des ihnen jeweils zugewiesenen Klientel agiert haben, sondern die Informationen aus diesem Betreuungs- und Beratungsbereich zunehmend verallgemeinernd auf die Gesamtheit der Migrationspopulation übertrugen. So sind auch die Beschreibungen über vorfindliche Ge-

---

[67] Broyles-González 1990:111.
[68] Ebenda.

schlechterbeziehungsstrukturen in den Migrantenfamilien immer wieder mit Beispielen aus diesem Bereich gefüllt. Nicht über das Wie des Funktionierens einer Ehe in der Migrationssituation wird berichtet, sondern darüber, wo Schwierigkeiten und Probleme in den Beziehungen entstehen, und welche Folgen diese für Frauen haben. Von daher ist es nicht verwunderlich, daß immer wieder Erfahrungen aus den Häusern für geschlagene Frauen herangezogen wurden,[69] die verallgemeinernd das Geschlechterverhältnis als ein Machtverhältnis erscheinen ließen, das von dem männlichen Teil der Familienangehörigen mit Hilfe von brutaler Gewalt durchgesetzt und aufrecht erhalten wurde.

Besonders drastisch führte im Jahr 1990 das Magazin *Der Spiegel* den *»türkischen Mann«* im Umgang mit den weiblichen Mitgliedern der Familie als potentiell kriminellen Gewalttäter vor. Türkinnen – so die Beschreibung – müßten aufgrund der vorherrschenden Macht- und Gewaltstrukturen in der Bundesrepublik nach der Regel *»Knüppel im Kreuz, Kind im Bauch«* leben und seien dabei den ständigen Bedrohungen durch vergewaltigende Ehemänner und mordende Brüder ausgesetzt.[70] Dabei ginge es um die *Ehre* in den türkischen Familien, die es durch die Männer zu verteidigen gelte. Wenn es um diese gehe, so *Der Spiegel*, dann herrsche *»in Berlin-Wedding, Hamburg-Wilhelmsburg oder auch der Schwanthaler Höhe im Münchner Westend oft nur noch das Faustrecht wie im hintersten Anatolien oder im wilden Kurdistan: Mittelalter mitten in Deutschland.«* Immigranten aus der Türkei, das sind in diesem Report Männer, die *»hinter aufreizenden deutschen Mädchen herstarren, die sie unter sich Huren nennen«*, und die ihre Frauen *»zu Hause [...] hocken (lassen, sie) dürfen gerade noch zum Aldi an der Ecke und natürlich zur Arbeit«*[71]. Der Report basiert auf einer ebenso tendenziösen Studie, die den Titel trägt *»Tschador. Ehre und Kulturkonflikt. Veränderungsprozesse türkischer Frauen und Mädchen durch die Emigration und ihre soziokulturellen Folgen«*[72], und die kurz zuvor als Promotion veröffentlicht worden war. Diese Studie ist als ein weiterer Mosaikstein in die von Broyles-González beschriebene Art der Rede über die Anderen durch das unkritische Übernehmen gängiger Stereotype einzugliedern. Kiesel nennt es die *»»Trinität der bösen Mächte«, die da sind: die Männerherrschaft, die islamische Religion und die traditionalen Lebenszusammenhänge«*[73], welche die Perspektive

---

[69] Mansfeld 1978a; Bagana u. a. 1980; Metzger u. Herold 1982:51-55; Eitelmann-Graeff u. a. 1984; Lösch 1984; Rütten 1984; Frings 1987; Heinrich u. a. 1988; Schultz u. a. 1990; Durgut 1991; Aktaş 1993.

[70] Knüppel im Kreuz, Kind im Bauch. In: Der Spiegel 1990, Nr. 44:99.

[71] Knüppel im Kreuz, Kind im Bauch. In: Der Spiegel 1990, Nr. 44:98-113.

[72] König 1989.

[73] Kiesel 1996:157.

kennzeichnen, auf deren Grundlage das Migrantinnenleben beschrieben wird. Auch hier – wie seit dem Erscheinen der Studie von Baumgartner-Karabak und Landesberger[74] in den meisten Texten zu Migrantinnen – ist es die *Ehre*, dargestellt als ein spezifisch muslimisches Konstrukt, um die sich das Abbild der Geschlechterbeziehungen zentriert: *»Um Zugang zu dem uns oft fremden Verhalten von türkischen Frauen und Männern zu finden«*, so die Autorin, *»ist es wichtig, die für die öffentliche und nichtöffentliche Moral zentralen Begriffe Ehre (namus) und Achtung (saygı) zu kennen und ihre Bedeutung zu wissen. Die Ehre eines Mannes beinhaltet seine Würde (şeref), die Ehre seiner Frau ist gleichzusetzen mit Sittlichkeit (namus). Die Frau kann keine Würde wie der Mann erlangen, ihre Ehre liegt ausschließlich in ihrer unbedingten sexuellen Reinheit«.* Und sie fährt fort: *»Deshalb muß jede Handlungsweise überdacht und überprüft werden, damit weder die Ehre der Familie, noch die der islamischen Gesellschaft beschmutzt wird. Ehrverletzungen und Übertretungen [...] können in äußerster Konsequenz mit dem Ausschluß aus der Gemeinde oder dem Tod geahndet werden«*[75].

»Sevgi«, die Liebe, scheint bei den *Begriffsklärungen* für das Verständnis des Verhältnisses der Migrantinnen und Migranten zueinander nicht notwendig zu sein. Sie wird dem Bereich der Kunst und der Literatur zugeordnet und ist bis in die Gegenwart auf diesen beschränkt geblieben. Man muß jedoch keine Türkeiexpertin sein und/oder Studienreisen in das Herkunftsland dieser Migrantinnen unternehmen, um zu sehen, daß *sevgi* sehr wohl ihren Platz und ihre Bedeutung im Alltagsleben der Menschen hat. Allein schon durch Beobachtung fällt auf, wie wichtig sie in den Migrantenfamilien für das Verhältnis der Mitglieder untereinander ist. Darüber hinaus wird sie auch im Munde geführt, als eine Normerwartung, die sich an die gesamte Nation und/oder die ethnische Gemeinschaft richtet[76]. *Sevgi* und *saygı* scheinen eng aneinander gekoppelt zu sein, als ein Verhältnis, das sich wechselseitig bedingt. Von daher scheint es untersuchenswert, warum *segvi* im Blick auf Migrantinnen aus der Türkei als zu Beobachtendes und zu Erklärendes offensichtlich nicht relevant erscheint.

Die vorliegenden Studien richten ihren Blick einhellig nicht darauf, ob und wo Frauen und Mädchen Liebe und/oder Achtung entgegengebracht wird, sondern auf vorfindliche Machtstrukturen und Gewalt in den zwischenmenschlichen Beziehungen. Die Beziehungsstrukturen in den Familien werden dabei entweder aus der Perspektive einer ökonomisch notwendigen

---

[74] Baumgartner-Karabak u. Landesberger 1978:48f.
[75] König 1989:244/245.
[76] Vgl. hierzu Atabay 1998:25f..

Zweckgemeinschaft betrachtet und dabei positive Gefühle zwischen den Geschlechtern als fraglich angesehen, wobei immer wieder mit Annahmen wie der folgenden operiert wird: *»Daß die Männer völlig emotionslose Wesen sind, halte ich allerdings für fraglich, sie haben sehr wohl Gefühle, nur richten sie diese nicht primär auf Frauen oder auf ihre Familie, sondern auf einen anderen Lebensbereich, den Männerbund«*[77]. Oder die Beziehungsstrukturen werden als einer übergeordneten Macht untergeordnet beschrieben, in dem fundamentalistisches Denken herangezogen und mit Fanatismus vermischt wird. Sprach beispielsweise *Der Spiegel* in dem genannten Artikel allgemein von *»türkischen Frauen und Mädchen«*, die terrorisiert und geschlagen würden und in einer ständigen Angst vor gewalttätigen Ehemännern, Brüdern oder männlichen Anverwandten lebten, so sind es für die Zeitschrift *Emma* zwei Jahre später unter Nutzung dieser Aussage als Zitat *»vor allem die rund 750.000 türkischen Frauen und Mädchen«*, die *»in den türkischen Gettos«*[78] zu Opfern solcher Gewalttaten durch fanatische Fundamentalisten werden. Unter zu Hilfenahme von Dramatisierungen wird hier ein stereotypes Männerbild gezeichnet, ohne das das vorherrschende Bild von der Migrantin keinen Sinn ergeben würde. In der Wiederholung gehen diese Annahmen in der Folge unbemerkt in Setzungen über und schreiben sich in das öffentliche Bewußtsein ein.

Ein Interesse an der Bedeutung von Gefühlen ist in den vorliegenden Untersuchungen zu Migrantinnen – wenn überhaupt – nur auf die Gefühlswelt der Frauen gerichtet und darauf, wie sie diese unter sich ausleben. Das Hauptaugenmerk wird auch hier auf diejenigen negativen Gefühle gerichtet, die durch das Ausüben von Macht und Gewalt hervorgerufen werden. Und das sind Angst, Leid, Schmerz und Trauer. In diesem Zusammenhang beginnt sich das Bild von *der Migrantin* zu differenzieren. Das vorgängige Bild von der Frau als einem Opfer des Migrationsprozesses spaltet sich. Es entsteht die Figur einer *Komplizin patriarchaler Herrschaft* – das sind die Mütter beziehungsweise die Schwiegermütter der ersten Einwanderergeneration –, und es entsteht die Figur der *Dulderin,* dem *jugendlichen Opfer* – das sind die Töchter und Schwiegertöchter –, wobei Kulturdifferenz am Beispiel des *Ehr*konzeptes weiterhin als signifikantes Unterscheidungsmerkmal im Vergleich zu den Müttern und deren Töchter in der Mehrheitsgesellschaft genutzt wird. Geht es um die Familienehre – so ist in den Texten immer wieder zu lesen – dann haben die Mädchen *alle* Angehörigen gegen sich: *»den Vater, den Bruder und oft auch die Mutter, die sich in der Fremde wie eine Ertrinkende an die Traditionen klammert und von den Männern ihrer Familie stark unter Druck ge-*

---

[77] Dokter 1987:64.

[78] Filter 1992:102.

setzt wird«[79]. Holzer behauptet sogar, daß die erste physische Gewalt, die die Migrantenmädchen erleben *»weitgehend von Frauen [...], nämlich von Müttern und Schwiegermüttern«*[80] ausgehen würde. Sie begründet ihre Annahme, indem sie als Beispiel drei junge Frauen zitiert, die sie im Rahmen ihrer Untersuchung befragt hatte, und die, *»um der Gewalt ihrer Mütter zu entgehen«*, welche sich in *»Schlägen und Arbeit rund um die Uhr«* ausdrückte, heirateten, und sich dadurch *»erneut in einer Situation der Repression befanden«*, unter anderem durch Gewalttätigkeiten, ausgeübt von den jeweiligen Schwiegermüttern.[81]

Erklärungen dieser Gewaltanwendungen von Frauen an Frauen werden von der Forscherin wiederum mit dem Ehrkonzept begründet. Für Holzer versuchen die türkischen Schwiegermütter *»Menschenwürde und Ehre zu erringen, indem sie über die Arbeit, den Körper und die Sexualität ihrer Schwiegertöchter verfügen«*. Dies ermöglichen sich die Schwiegermütter nach Holzer dadurch, daß sie *»aus ihrer Position der Unterdrückung hervortreten, indem sie sich selbst zum Haupt von Frauen machen«*[82]. So würden Frauen, um ihre eigene Situation zu verbessern, *»stellvertretende Gewalttäterinnen«*, da ihre einzige Chance, *»Mensch«* zu werden, darin läge, *»sich mit einzelnen Männern bzw. den Regeln des Männerbundes zu identifizieren«*[83]. Textstellen über die emotional distanzierten Schwiegermütter sind seit Mitte der siebziger Jahre in den Beschreibung über das Frauenleben in den Herkunftsländern der Migrantinnen auffindbar.[84] Sie sind in Zusammenhang mit den Darstellungen von Verheiratung als einem *Braut-Kauf* beziehungsweise *-Verkauf* zu sehen, in denen beschrieben wird, wie durch Heirat auf der Seite der Herkunftsfamilie der Braut eine Arbeitskraft verlorengeht und andererseits die Familie des Bräutigams Geld bezahlt, um sich eine solche Arbeitskraft in die Familie hereinzuholen. Die vorliegenden Beschreibungen beziehen sich dabei meist auf Untersuchungen über den Ausgleich von Arbeitskräften zwischen Verwandtschaftskollektiven in frühen Gesellschaften, für die nicht der Besitz an

---

[79] Filter 1992:104.

[80] Holzer 1987:65.

[81] Holzer 1987:66.

[82] Holzer 1987:69.

[83] Holzer 1987:70.

[84] Vgl. hierzu Baumgartner-Karabak u. a. 1978:62-63 als einen der ersten Texte, in dem die Schwiegermütter beschreiben werden, bis hin zu Rödig 1988:39 oder Küper-Başgöl 1992:69; Warzecha 1993:114, Atabay 1998:60-62 und Güngör 2000.

Produktionsmitteln, sondern primär der von Arbeitskräften zum Überleben notwendig war.[85]

Durch die Übernahme solcher Textstellen als Beschreibungsmuster für das Leben in der Migrationssituation, wird dann auch für die Bundesrepublik davon ausgegangen, daß Migrantenmädchen zum Zwecke der Heirat verkauft werden: *»Ihr ›Verkauf‹ findet seinen Ausdruck im Brautpreis, den ihre Eltern bekommen, während sich der ›Einkauf‹ einer Schwiegertochter (gelin) in einer billigen Arbeitskraft ausdrückt«*, so ist dies in der o. g. Studie über *Veränderungsprozesse türkischer Frauen und Mädchen durch die Emigration*[86] nachzulesen. Solche Darstellungen über *»zu verheiratende«* oder verheiratete junge Migrantinnen erwecken in der Folge dann den Anschein, als sei auch in Deutschland die Schwiegermutter das zentrale Problem junger verheirateter Migrantinnen, obwohl nur ein vergleichsweise geringer Anteil dieser Frauen mit den Schwiegereltern zusammenlebt[87] und somit auch kaum von täglich erlebter Gewalt durch diese älteren Frauen ausgegangen werden kann. Wie und ob Schwiegermütter in der Migrationssituation dennoch versuchen, ihre Söhne zu beeinflussen und/oder Macht auszuüben, und wie sich diese im Vergleich zu einem Leben unter einem Dach überhaupt gestalten kann, ist meines Wissens bisher nicht untersucht worden, vielleicht, weil weiterhin unhinterfragt an der Vorstellung festgehalten wird, daß *»auch in der BRD [...] das junge Paar, falls es nicht eine eigene Wohnung hat, zu den Schwiegereltern [zieht]«*[88].

In den Beschreibungen sind es jedoch nicht nur die Schwiegermütter, sondern auch die Mütter, denen nachgesagt wird, als Komplizinnen an der männlichen Macht zu partizipieren und dabei selbst Macht über andere auszuüben. *»Geht es um die Familienehre«*, so der o. g. Spiegel-Artikel, dann *»können auch Mütter ihren Töchtern gefährlich werden [...] Hilflosigkeit gegenüber den Töchtern, die meistens eine bessere Schulausbildung genossen haben, Panik über das eigene Versagen und Angst vor den Vorwürfen des Ehemanns – türkische Mütter haben viele Motive, ihre Töchter ebenso rigoros abzurich-*

---

[85] Bezug genommen wird meist auf das Kapitel *Brautpreis und Frauentausch* von Wesel 1980:134-142 und auf die ethnologischen Studien von Stirling 1965 und Planck 1972. So z. B. bei Rosen 1986:76-78.

[86] König 1989:300.

[87] *»Es ist immer das Mädchen, das verkauft wird. Ihr ›Verkauf‹ findet seinen Ausdruck im Brautpreis, den ihre Eltern bekommen, während sich der ›Einkauf‹ einer Schwiegertochter (gelin) in einer billigen Arbeitskraft ausdrückt«*; König 1989:300.

[88] König 1989:306.

171

ten, wie sie selbst zur folgsamen Ehefrau dressiert worden sind«[89]. Es ist kein mit Stolz gefülltes, sondern ein mit Angst besetztes Ehrkonzept, das in den Argumentationen auftaucht, und auf dessen Grundlage argumentiert und überlegt wird, ob und wo es Frauen nicht auch Vorteile bringen könnte. Dabei wird zum einen auf die mögliche Arbeitserleichterung verwiesen, die es mit sich bringt, wenn die Töchter in den Migrantenfamilien über das Ehrkonzept in den Privatbereich des Hauses verwiesen werden, sozusagen als ein *positives Abfallprodukt* im Unterwerfungsprozeß, jedoch nur für einen Teil der Frauen, die älteren unter ihnen, die Mütter. Es wird von der Annahme ausgegangen, daß *»Töchter im Haus zu haben [...] für Mütter natürlich auch Arbeitserleichterungen«* bedeute. Daher schafften die *»Frauen [...] sich Hausfrauen, um die Situation der Ausbeutung überhaupt tragen zu können«*. In dieser Argumentation wird den Müttern von Töchtern unter den Migrantinnen sowohl die *»Kontrolle [...] über die Sexualität ihrer Töchter«* durch die Bindung an das Haus, sowie *»die Zurichtung der Töchter als Hausfrauen«* zugeschrieben und als *»Aspekte der ›Stellvertreterinnengewalt‹«*[90] definiert. In der Migrationssituation wird für die Generation der Mütter jedoch noch mit einem weiteren *Elend für Frauen* argumentiert, das begründen soll, warum Mütter so sorgsam über ihre Töchter wachen. Holzer entdeckt eine große Angst unter den Migrantinnen, daß *»die Töchter ihre eigenen Wege gehen könnten«*, die sie auf *»dem Hintergrund der Beziehung der Eheleute«* interpretiert. Da nicht von einer positiven emotionalen Beziehung zwischen Mann und Frau ausgegangen werden könne, führe eine Angst vor emotionaler und sozialer Isolation dazu, *»daß die Mütter Anstrengungen unternehmen, ihre Töchter an sich [zu] binden«*[91]. Hier ist das Bild von einer Tochter gezeichnet, nicht nur als einer Arbeitskraft im Haushalt, sondern darüber hinaus als das einer wehrlosen *Gespielin gegen die Einsamkeiten* von Müttern.

Das Bild der Mutter als Mittlerin im zu leistenden Integrationsprozeß verkehrt sich nun in der Folge in sein Gegenteil. Indem Bildung in diesem Zusammenhang lediglich als ein Streben angesehen wird, *»aus der Situation, zu gesellschaftlich ›wertloser‹ Arbeit verdammt zu sein, auszubrechen«*[92], wird nicht nur angenommen, daß ein verstärktes Bildungsstreben der Töchter zu vermerken sein müsse. Nach Holzer ergibt sich durch die angenommene Übernahme der *»Definition von Hausarbeit als ›gesellschaftlich‹ nicht anerkannter, ›wertloser Beschäftigung‹«* auch eine *»aktive Distanzierung von der Arbeit der Mütter«*. Die Mutter verliere somit nicht nur ihren Status als Ex-

---

[89] Der Spiegel 1990, Nr. 44:109-112.
[90] Holzer 1987:72/73.
[91] Holzer 1987:72/73.
[92] Holzer 1987:79.

pertin für die Bildung der Töchter im häuslichen Bereich, sondern, die »*Rolle der Mutter beschränkt sich in den Augen der Töchter als die Dienstleistende, die ihr durch ihre Arbeit den Weg bereitet, dorthin, wo Menschen gesellschaftliche Anerkennung bekommen*«[93]. Und so müßten die Mütter zusehen, »*wie ihre Töchter entschwinden, wie sie selbst an Bedeutung für sie verlieren, ja wie sie zur völligen Bedeutungslosigkeit herabsinken, in die soziale Isolation im Alter, an den Rand der Gesellschaft*«[94].

Diese Mütter verachtende Tochter ist seit Beginn der achtziger Jahre in den Texten zu Frauenmigration als Figur immer wieder aufzufinden, wie das folgende Zitat exemplarisch aufzeigen soll: »*Diese Kinder beginnen häufig ihre Mütter zu verachten, deren auf bäuerliche Lebensweise bezogenes Wissen und Fertigkeiten in der Emigration überflüssig geworden sind, die ihren Kindern auch sprachlich in Deutschland unterlegen sind. Diese emotionale Entfremdung zu den Kindern wiegt für nicht-erwerbstätige Türkinnen besonders schwer, weil sie durch den Verlust der Verwandtschaftsbeziehungen und der alten Tätigkeitsbereiche in den Kindern häufig ihre wichtigste Lebensaufgabe sehen*«[95]. Diese Figur der Mutter dient unter anderem als Argumentationshilfe im Sozialbereich, um auf die Notwendigkeit von sozialen Zusammenkünften von Frauen, besonders aber, um auf die Wichtigkeit von Sprach- und Alphabetisierungsprogrammen hinzuweisen. Es ist der *Analphabetismus* der Mütter, der sich als ein Stigma auch in den Köpfen der Kinder festzusetzen scheint und auf den sie in der Folgezeit – wie hier zum Beispiel *Faruk* – immer wieder entschuldigend hinweisen, wenn sie über ihre Eltern erzählen und darüber nachdenken, warum die eigene Mutter sich in die Rolle einer »*Unwissenden*« gefügt hat, eine Rolle, die man aus heutiger Sicht für die eigene Ehefrau ablehnt. »*Meine Mutter ist Analphabetin, und sie war schon, sie ist keine schlaue Person, und wenn ich so zurückdenke, wir haben sie so oft unterdrückt und so schikaniert, das gibt's nicht*«[96]. Und ein wenig später: »*Sie ist eine alte Person, sie hat keine Persönlichkeit, sie hat fast nichts zu erzählen gehabt, sie ist Analphabetin*«[97]. Von daher ist es erst einmal gar nicht das Kopftuch, sondern der Analphabetismus, der Migrantinnen in den frühen Texten als Rückständige stigmatisiert und der eine Erklärungsmöglichkeit dafür bietet, daß im Bildungsbereich eine verhältnismäßig hohe Anzahl von Alphabetisierungs- und Sprachlernangeboten für Frauen der ersten Generation und im Vergleich dazu Berufsbildungsmaßnahmen eher für

---

[93] Holzer 1987:80.

[94] Holzer 1987:81.

[95] Bagana u. a. 1980:117.

[96] Faruk in Atabay 1998:77.

[97] Faruk in Atabay 1998:79.

Mädchen der zweiten und dritten Einwanderergeneration angebotenen wurden.

Parallel zum Bild der Frau als einer Komplizin patriarchaler Herrschaft wird noch ein anderes Bild gezeichnet. Hier wird die Mutter als eine Komplizin des Opfers dargestellt. Rosen beschreibt sie als Mittlerin, die sich *»für Interessen des Mädchens ein[setzt]«*, wenn es die traditionelle weibliche Rolle überwinden will, zum Beispiel in dem Wunsch nach Bildung und Berufstätigkeit. Dies geschieht ihrer Ansicht nach *»oft gegen den Widerstand der männlichen Familienmitglieder«*[98]. Auch Bock und Kürsat-Ahlers sehen die Rolle der Mutter eher als die einer Vermittlerin, die dazu neigt, der Tochter mehr Freiheiten als der Vater einzuräumen, und die die Mädchen in Konfliktsituationen auch vor dem Vater schützt.[99] Mütter sind für diese Autorinnen Frauen, die gar bereit sind, auch *»Normbrüche der Töchter (z. B. längeres Ausbleiben, Freundschaft mit männlichen Jugendlichen) zu decken«*[100]. Auffallend an dieser Sichtweise ist, daß den Müttern zwar zugeschrieben wird, Partei für ihre Töchter zu ergreifen, dies jedoch wieder relativiert wird, da ihnen gleichzeitig abgeschrieben wird, aus eigener Überzeugung zu handeln, indem ihr Verhalten als ein von außen bestimmtes beschrieben wird, ohne *»eigene personale Einsicht«*, ausgerichtet an den jeweils an sie herangetragenen Erwartungen.[101] Durch diese Zuschreibung einer Fremdbestimmtheit ihrer Handlungen entsteht das Bild einer Frau, die einen ständigen Balanceakt *»zwischen den normativen Ansprüchen des Vaters, der ethnischen Gruppe und den faktischen Freiheitswünschen der Töchter«*[102] vollführt, indem sie alle in gleicher Weise zufrieden stellen will. Es erscheint ein Bild von Indifferenz, ausgerichtet im Verhalten nicht an eigenen Überzeugungen, sondern an den am massivsten vorgetragenen Erwartungen an die Frau. Auch in dieser Sichtweise übernimmt die Tochter die Rolle einer *Gespielin gegen die Einsamkeiten*, da dem Mann diese Fähigkeit nicht zuerkannt wird.

»Welche Rolle spielt der Mann in dieser Gefühlswelt der Bedürfniserwartung und Bedürfnisbefriedigung?«, fragt Rosen in diesem Zusammenhang und gibt sich auch gleich die Antwort: *»Kaum eine. Die Bedürfnisse der Frau erfüllt er nicht, weil er die Separation liebt. [...] Die Frau kann ihre Bedürfnisse nach Beziehung und Kontinuität nicht in dem gewünschten Maße mit einem Mann verwirklichen. Deshalb sucht sie diese Bedürfnisse in der Beziehung zu ihrer Tochter zu befriedigen. Die Beziehung zur Tochter gibt ihr*

---

[98] Rosen 1993:58.
[99] Bock 1988:57.
[100] Kürsat-Ahlers 1986:55.
[101] Rosen 1993:68.
[102] Rosen 1993:68.

erneut das Gefühl von Einheit und Kontinuität«[103]. Aufgrund dieses emotionalen Bedürfnisses der Mutter kann die Tochter hoffen, eine Stützung durch sie zu erfahren. Ebenfalls wichtig ist für Rosen die Erfahrung der Mütter, daß im Aufnahmeland *»neue Anforderungen an die Mädchen (gestellt werden), wenn sie in der außerhäuslichen Berufs- und Arbeitswelt gewünscht sind«,* und es von daher nicht mehr möglich sei, *»die Tochter ungebrochen an eine traditionelle Lebensweise heranzuführen«*[104]. Hier erscheint die Aufnahmegesellschaft als eine Machtstruktur, die von den Mädchen ihren Müttern gegenüber nutzbar gemacht werden kann, da durch diese in den Augen der Autorin offensichtlich die am massivsten vorgetragenen Erwartungen an die Mutter verkörpert sind, so daß sich die Mutter – auch gegen den männlichen Willen – an ihnen ausrichtet. Werden hingegen die Normen der Herkunftsgesellschaft als von den Müttern verinnerlichte Erwartungen an ihr Erziehungsverhalten gesehen, wie bei Kürsat-Ahlers, bleiben die Rollenbeschreibungen gleich, und lediglich die Ausrichtung ändert sich. So hat auch für Kürsat-Ahlers die Rolle der Mutter zwei Seiten. *»Auf der einen Seite schafft sie den Töchtern ein Minimum an persönlichen Entfaltungsmöglichkeiten, auf der anderen Seite verursacht sie die Perpetuierung der türkischen patriarchalischen Normen«* und trägt von daher zu einer *»Verlangsamung eines offenen, gesellschaftlich anerkannten Wandels dieser Werte in Deutschland«*[105] bei.

Migrantinnen werden in beiden Betrachtungsperspektiven als von außen bestimmt handelnde Personen wahrgenommen; aus kulturalistischer Perspektive sind sie gefangen im Ehrkonzept, aus feministischer Perspektive kommt eine Befangenheit durch die an sie gestellten Anforderungen der Aufnahmegesellschaft hinzu. Dabei wird weiterhin als ein wichtiger Diskursstrang auf der Auffassung beharrt, daß die Frauen in Bezug auf die eigene Person *»nur äußerst begrenzte Integrationsleistungen vollbringen können. Sie bleiben ein ›Hort der Tradition‹*[106] *in einem rigide strukturierten sozialen Netz und werden als unfähig betrachtet, die aus dem Werte- und Normenkonflikt resultierenden Rollen- und Identitätskonflikte zu lösen«*[107]. Und obwohl Ergebnisse aus empirischen Studien aufzeigen, daß schon in den achtziger Jahren *»eine gestiegene (auch autonome) Partizipation der Ehefrau an (insbesondere außerfamiliären) Aufgabenbereichen«* zu vermerken ist, so daß Nauck es für nicht unangemessen hält, *»von einem wachsenden ›heimlichen Matriarchat‹ in der türkischen Migrantenfamilie zu sprechen«*[108], werden Frauen der ersten

---

[103] Rosen 1993:95/96.

[104] Rosen 1993:62.

[105] Kürsat-Ahlers 1986:54.

[106] Hebenstreit 1986:180.

[107] Kiesel 1996:159.

[108] Nauck 1985:463.

Generation aus der Türkei, so das Fazit von Kiesel *»vor dem Hintergrund ihrer Sozialisation und Stellung in der Herkunftsgesellschaft selbst in der Aufnahmegesellschaft keine Perspektiven einer individuellen Modernisierung eingeräumt«*[109]. Die Begründungen hierzu liefert ihr Eingebundensein in Geschlechterbeziehungsstrukturen, die auf einem an Tradition und Konvention gebundenen *Ehrkonzept* basieren, wobei in den Beschreibungen immer wieder von den aus der Türkei immigrierten Einwanderern und Einwanderinnen ausgegangen wird, um dieses Konzept dann verallgemeinernd auf die gesamte Einwanderungspopulation zu übertragen.[110]

Diese Schwerpunktsetzung auf die Thematik der *Ehre* in den Beschreibungen und Analysen ist im Bereich der selbstreflexiven Ethnologie mittlerweile hinreichend als eine ethnozentrische Sichtweise kritisiert worden.[111] In Bezug auf die vorliegenden Beschreibungen im Migrationskontext kommt eine reduzierte Sichtweise hinzu, durch die sich m. E. der Blick auf historische Zusammenhänge, sowie auf Entwicklungen und Veränderungen verstellt. Indem nämlich das Ehrkonzept lediglich als *»sozialmoralische Arbeitsteilung zwischen Mann und Frau«* beschrieben wird, das die Legitimationsgeltung der männlichen Autorität begründet,[112] bleibt die Ebene der *»kollektivpersönlichen Ehre«*[113] mit ihren politischen Implikationen und ökonomischen Aspekten ausgeblendet. Diese Nichtbeachtung könnte in Zusammenhang dazu stehen, daß nach 1945 in der Bundesrepublik mit der deutschen Ehrsemantik radikal gebrochen wurde. Ehre wurde in Zusammenhang mit dem Nationalsozialismus als eine *»falsche Systemehre«*[114] beschrieben, die künstlich geschaffen und *»systematisch«* als Instrument von Herrschaft genutzt worden war, d. h. Ehre wurde als ein Element der ideologischen Innenseite des NS-Systems und gleichzeitig als ein Element seiner Funktionsweise gesehen. Die *»Kollektivehre«* der Deutschen zur Zeit des Nationalsozialismus in ihrer Eigenschaft als Deutsche verschob sich im Nachfaschismus zur Vorstellung einer *»Kollektivschuld«* und entzog einer öffentlichen Rede über kollektive Ehre lange Zeit jede Plausibilität.[115] Ehre und Demokratie scheinen seit der

---

[109] Kiesel 1996:158.

[110] So schreibt beispielsweise Warzecha über die *»soziokulturelle Dimension der Geschlechterdifferenz und Koedukationsdebatte am Beispiel türkischer Schülerinnen«* und bezieht sich dabei allgemein auf das Ehrkonzept der *»islamisch arabischen Welt«* unter der Überschrift *»Sozialisationsbedingungen ausländischer Mädchen«*. Warzecha 1993:114.

[111] Vgl. hierzu Giordano 1994.

[112] Siehe hierzu Giordano 1994.

[113] Siehe hierzu Simmel 1923:326.

[114] Spranger 1947:136ff.

[115] Zingerle 1994:97.

176

nachfaschistischen Zeit in Deutschland Gegensätze zu sein, die kaum etwas miteinander zu tun haben.[116] Von daher ist auch die kollektivpersönliche Ehre in den siebziger und achtziger Jahren in der öffentlichen Sprache des demokratischen Deutschlands nicht verhandelbar,[117] sondern nur diejenige, die sich auf das Individuum in Bezug auf seine Menschenwürde[118] oder auf die Integrität einer Person[119] bezieht.[120]

Anders in den Herkunftsländern der Migrantinnen und Migranten. Noch heute ist der Ehrkodex in vielen Mittelmeerländern ausgeprägt und steuert die »politics of reputation« und das Statusmanagement.[121] Giordano sieht das Konzept der *Ehre* als eine »*Selbsthilfeinstitution*«, welche die Beziehungen einer Gemeinschaft regelt.[122] Es beruht auf einem Gesellschaftsbild nach außen geschlossener, sich gegen potentielle Rivalen abgrenzen müssender Familien- und Verwandtschaftskreise. Dabei ist die *Ehre* ein *Relationsbegriff*. Sie wird durch praktisches Verhalten erworben, indem die vollzogenen Handlungen durch die jeweilige Gesellschaft bzw. Gemeinschaft, der die Handelnden angehören, betrachtet und bewertet werden. Sie ist ein Instrument sozialer Differenzierung, über die persönliche Überlegenheit und die der eigenen Gruppe im sozialen Bereich dokumentiert wird. Da sich Gesellschaft bzw. Gemeinschaft in die Gruppe der *Ehrvollen* und in die der *Schamlosen* dichotomisch aufgliedert und hierarchisch organisiert, kann *Ehrverhalten* auch als ein *Wettbewerbsverhalten* gesehen werden, wobei der Anspruch auf sozial-moralische Überlegenheit mitgeprägt ist durch ihren möglichen Verlust und der einhergehenden Angst vor sozialer Degradierung und Abstieg.[123] Nach Giordano verhalten sich die Akteure daher nicht nur konform, weil sie das Normensystem internalisiert haben, sondern auch, um ihren guten Ruf vor den urteilenden Instanzen der sozialen Kontrolle am geschicktesten zu »verwalten«[124]. Demzufolge müssen die Handelnden nicht unbedingt von der moralischen Richtigkeit des Ehrenkodexes überzeugt sein. Relevanter ist die Anerkennung »*der eigenen ›sozialen Identität‹, d .h. der Handlungen und Attribute eines Individuums, die der ›öffentlichen Meinung‹ der Gesellschaft, in der es lebt, zu erkennen geben, welche soziale Position es in der dichoto-*

---

[116] Vgl. hierzu Zingerle 1991 und 1994.

[117] Zingerle 1994:97.

[118] Siehe hierzu Bölls »*Die verlorene Ehre der Katharina Blum*«.

[119] Siehe hierzu die jüngste Debatte um Helmut Kohls »*Ehrenwort*«.

[120] Gegenwärtig hat es den Anschein, als würde sich im Zuge eines Nachdenkens über ein *deutsch-deutsches Einsseins* dem Begriff gegenüber wieder geöffnet.

[121] Giordano 1994:190.

[122] Giordano 1994:172.

[123] Giordano 1994:181.

[124] Giordano 1994:183.

mischen Ordnung der Ehrbaren und der Schamlosen innehat«[125]. Von daher fühlen sich die Mitglieder und gelten erst dann als entehrt oder schamlos, wenn die Ehrverletzung öffentlich geworden ist. Die *»politics of reputation«* als rationales Kalkül geschickten Managements von Status, Position und Ehre, d. h. die Maskerade[126] bzw. die Fassade als kalkulierte Selbstdarstellung in der Öffentlichkeit, gewinnen so eine herausragende Bedeutung. Ehrverhalten ist dabei als der Kern einer bestimmten Art von Lebensform anzusehen, welche mit ihrem kulturellen Eigengewicht gegenüber der ökonomisch definierten Schichtstruktur relativ unabhängig ist.[127] *»Ehre wird so zum Instrument hierarchischer Gliederung. Ehre wird zum symbolischen Kapital, das sich im materiellen Sektor investieren läßt, wie umgekehrt materielles Kapital in das symbolische Kapital ›Ehre‹ investiert werden kann«*[128]. So kann die Ehrbarkeit eines unberührten Mädchens hinsichtlich ihrer Heiratschancen auch finanzielle Vorteile mit sich bringen, indem sich Heiratsperspektiven mit Angehörigen einer ökonomisch privilegierteren Gruppe eröffnen können. Daher bietet nach Giordano eine geschickte *»politics of reputation«* speziell für Familien mit eingeschränkten Finanzmitteln durchaus Möglichkeiten, sich wirtschaftlich zu verbessern.[129] Für ihn besteht eine *»nicht übersehbare Relation zwischen Ehrbegriff und Schichtzugehörigkeit«*[130]. Wird das Ehrkonzept traditionaler Gesellschaften jedoch auf einen hierarchisch gegliederten Sittlichkeitskodex familialer Beziehungsstrukturen reduziert, bleibt diese Dimension unberücksichtigt.

Hinzu kommt, daß sich das Ehrkonzept im Zuge der Modernisierung auch in den Herkunftsländern der Migrantinnen und Migranten aufzulösen scheint und zunehmend seinen lebenspraktischen Sinn verliert. In diesem Zusammenhang beschreibt Fişek[131] für die Türkei einen Wandel hin zu einer *»mehr demokratische Sozialstruktur«*, der eine sichtbare Zerstörung des hierarchisch-patriarchalen Systems zur Folge habe. Aus ihren Untersuchungen ergibt sich jedoch, daß die *»Beziehungsorientierung«* in den Familien – charakterisiert durch die Dimensionen *»Hierarchie bzw. Nähe«* – weiterhin ihre Kraft zu bewahren scheint.[132] Sie spricht von einem Familienmodell, das immer mehr Nähe aufweist, wobei die auf Macht begründete Distanz abnäh-

---

[125] Giordano 1994:183.

[126] Die Maskerade als Ausdruck der mit ihr implizierten Doppelmoral finden wir institutionalisiert z. B. im Venezianischen Karneval.

[127] Siehe hierzu Elias 1990.

[128] Geller 1999:94.

[129] Giordano 1994:187.

[130] Giordano 1994:188.

[131] Vgl. hierzu: Fişek 1994 und Fişek 1998.

[132] Fişek 1998:106.

me, während gleichzeitig ein auf Achtung und Anteilnahme beruhender Abstand bewahrt bliebe. *»In der Familie schwindet zwar die Kraft der Kontrolle zwischen den Geschlechtern und den Generationen, doch bleibt die beschützende, Beachtung schenkende und nährende Autorität erhalten.«*[133] Ergebnis dieser Entwicklungen ist für sie ein *»Familien-Ich, das in Bindung und Nähe Bestand hat, dabei aber individualistische Züge trägt«*[134]. Weber begründet diese *»Entzauberung der Ehre«* in seiner *Theorie der Rationalisierung*[135] damit, daß sich deren Funktionalität an der Systemrationalität von Herrschaft orientieren muß und diese Veränderungen Konsequenzen für die Strukturiertheit der sozialen Beziehungen haben. *»Das Band, das moderne Menschen verbindet, hat nicht mehr die tradierte Festigkeit und Geschlossenheit der ›Ehre‹, sondern wird jeweils neu verknüpft und vernetzt in der Offenheit interpersonaler Beziehung und Begegnung.«*[136] Und Smith wies in seiner *Theory of Moral Sentiments* darauf hin, daß Menschen zunehmend ihre sozialen Beziehungen im Medium von *Sympathie* selbst aufbauen und darstellen müssen, so daß sich das Band der Ehre durch die öffentlichen Tugenden eines offenen gesellschaftlichen Umgangs ablöst.[137] Gemeinschaftlich gebundene *Ehre* als traditionelle Verankerung sozialer Beziehungen wird in der Moderne durch die *Moral* abgelöst, als eine Ebene der Verständigung auf gemeinsame und verallgemeinerbare Werte, verbunden mit *Engagement* als eine Art *freiwillig eingegangener Selbstverpflichtung* des Individuums zu ihrer Durchsetzung über die privaten, verwandtschaftlichen Bezüge hinaus.[138]

Verliert das Ehrkonzept durch zunehmende Demokratisierungstendenzen als symbolisches beziehungsweise moralisches[139] Kapital in den Herkunftsländern der Migrantinnen und Migranten tendenziell seinen materiellen Nutzen, und ist es darüber hinaus in den Aufnahmeländern nicht nur negativ besetzt, sondern in seinen Zielsetzungen über *Moral* und *Engagement* anders organisiert, so ist zu überlegen, ob ihm in der Migrationssituation noch eine Wertigkeit bleibt, aufgrund derer es sich lohnt, an diesem Konzept festzuhalten. Offensichtlich wird Ehre weiterhin zu Grenzziehungen genutzt, als ein Instrument sozialer Differenzierung, mit dem sich eine moralische Höherwertigkeit der eigenen Gruppe betonen läßt, selbst dann, wenn der Ehrkodex in der Aufnahmegesellschaft negativ gewendet und als rückständig bezeichnet wird. Dies geschieht im Vergleich auf der Folie *Frau* in der Differenzierung nach

---

[133] Fişek 1998:106.

[134] Fişek 1998:107.

[135] Weber 1956.

[136] Pankoke 1994:160.

[137] Smith 1977:251f.

[138] Pankoke 1994:161.

[139] Esser spricht von moralischem Kapital. Esser 1996:68.

ehrvollen Frauen der eigenen Gruppierung und den als *schamlos* klassifizierten Frauen der Aufnahmegesellschaft. Und erst jetzt, in den neunziger Jahren, avanciert das *Kopftuch* zum Symbol, sowohl für Angehörige der Migrationsgemeinschaft, wie für Angehörige der Mehrheitsgesellschaft, jeweils mit umgekehrten Vorzeichen.

Von daher geht es auch in der gegenwärtigen Schuldebatte um das Kopftuch am Beispiel Baden-Württemberg nur vordergründig darum, ob eine deutsche Staatsbürgerin afghanischer Herkunft und muslimischen Glaubens *tauglich* für den Schuldienst ist, wenn sie darauf besteht, auch im Unterricht ein Kopftuch zu tragen, denn niemand will Artikel 4 des Grundgesetzes, der *»die Freiheit des Glaubens, des Gewissens und die Freiheit des religiösen und weltanschaulichen Bekenntnisses«* als *»unverletzlich«* ansieht, außer Kraft setzen. Im Gegenteil, als Verfassungsschutzpräsident bekräftigt Frisch in seinem Interview im Magazin *Der Spiegel, »wenn jemand aus Glaubensgründen sein Kopftuch trägt, auch als 12- oder 14jähriges Mädchen, dann müssen wir das schützen«*[140]. Henkel[141] beschreibt in seinem befürwortenden Artikel in der *Frankfurter Rundschau* die Hintergründe dieser Debatte, indem er zu bedenken gibt, daß es einige *»ernstzunehmende Argumente«* gäbe, warum das Kopftuch der Frau *Ludin* im Unterricht doch zu einem Problem geraten könne. Das für ihn *»stärkste«*, d. h. überzeugendste Argument gegen das Tragen eines Kopftuches als Lehrerin, ist die Argumentation der etablierten Parteien, in der diese ihre Verpflichtung zu einer notwendigen Rücksichtnahme auf die *»vielen Töchter aus muslimischen Familien«* darstellen, *»die von ihren traditionalistischen Eltern, speziell ihren Vätern, unter Druck gesetzt werden, sich westlichen Lebensstilen und Kleidersitten nicht zu öffnen«*. Und er schlußfolgert, *»tatsächlich gehört nur wenig Phantasie dazu, sich auszumalen, was in Tausenden solcher Familien geschähe, wenn der Staat dem Kopftuch seinen Segen gäbe«*. In der Wertung des Tuches als ein *»Symbol der Abgrenzung und Unterdrückung«*[142], wird das Tragen durch junge Mädchen und Frauen nicht als deren Ausdrucksmöglichkeit religiösen Lebens und religiöser Überzeugung gewertet, sondern als Stigma gewendet, indem es als ein äußerliches Zeichen innerfamilialer Unterdrückung des weiblichen Teils in türkischen, bzw. islamischen Familien umgedeutet wird. *»Ich kenne genügend Fälle«*, so der Verfassungsschutzpräsident Frisch[143], *»daß türkische Mädchen zu Hause gegen ihren Willen in unförmige Kleider gesteckt und mit dem Kopftuch auf die Straße geschickt wurden. [...] Es gibt*

---

[140] Peter Fritsch, zit. aus Der Spiegel 1997, Nr. 36:61.

[141] Henkel 1998:3.

[142] Die baden-württembergische Kulturministerin Annette Schavan, zit. aus Der Spiegel 1998, Nr. 30:58.

[143] Peter Frisch, zit. aus Der Spiegel 1997, Nr. 36:61.

kulturelle Eigenheiten, die, wenn man sie ausreizt, die Integration verhindern«. Und er schlußfolgert, *»das gefährdet am Ende auch die innere Sicherheit«.* Somit behält Ehre und das Kopftuch als Symbol verbunden mit der imaginären Zahl der *»Zigtausende«* in Bezug auf den eingewanderten Bevölkerungsteil als hierarchisierendes Element weiterhin eine Bedeutung in der Auseinandersetzung um *Inklusion* und *Exklusion*.

Als kulturelles Kapital, die spezifischen Besonderheiten der Koordination und Organisation der alltäglichen Lebensführung betreffend, ist der Wert des Ehrkonzeptes von daher nur noch an den engen Kontext der jeweils eigenen Gruppe gebunden und hat in dieser Bestimmung in der Migrationssituation besonders aus der Perspektive der Aufnahmegesellschaft seinen allgemeinen Wert verloren. Im Gegenteil, wie die Debatte um das Kopftuch zeigt, gilt es zuweilen gar als Makel,[144] d. h. sein Wert ist außerhalb der eigenen Gruppe nicht verwendbar und kann nun selbst zur ausgrenzenden Markierung werden. Daher müssen auch die Akteure zu einem Überdenken ihrer Selbstdarstellung in der Öffentlichkeit kommen, wenn diese zum Nutzen für den Einzelnen oder die familiale Gruppe angesehen wird. Eine Doppelstrategie und/oder eine Neuorientierung in der öffentlichen Präsentation können die Folge sein. Blank sieht dies in ihren Untersuchungen im Rahmen der Shell Jugendstudie 2000 bestätigt. *»Hinsichtlich der Vorstellungen, der Normen und Werte, die für die befragten türkischen Jugendlichen in Gegenwart und Zukunft wichtig sind, zeigt sich, dass die türkischen Jugendlichen offenbar wesentliche durch die Eltern vermittelte Normen und Werte emotional akzeptieren, jedoch häufig versuchen, sie im Alltag dennoch zu unterlaufen, bzw. in Richtungen zu verändern, wie sie bei deutschen Gleichaltrigen interpretiert werden«*[145]. Es wird zunehmend problematisch, das Leben von jungen Immigrantinnen und Immigranten weiterhin als ein Leben zwischen zwei Kulturen zu beschreiben, das einen inneren Kulturkonflikt hervorruft, der psychische Schäden für die Kinder und Jugendlichen zur Folge hat, wenn gleichzeitig in der Gesellschaft mit der Tatsache umzugehen gelernt wird, daß der alltäglichen sozialen Lebenswelt mit den modernen Kommunikationsmedien eine virtuelle Welt hinzugefügt wurde, die nicht nur völlig andere Fähigkeiten und Fertigkeiten verlangt, um sich in ihr zurechtzufinden, sondern in der jeder eine frei gewählte, selbst definierte Identität annehmen und diese im Umgang mit anderen für sich erproben kann.[146] Es ist eine neue Art von Flexibilität im Umgang mit Selbst- und Weltzuschreibungen, mit der sich in Deutschland erst jetzt auseinanderzusetzen begonnen wird. *»Wenn es richtig*

---

[144] Vgl. hierzu Bourdieu 1983:185ff.

[145] Blank 2000:10/11.

[146] Vgl. hierzu Marotzki 1997.

ist, daß jeder Mensch seine Selbst- und Weltsicht selbst erzeugt, [...] dann könnte der Weg in die Informationsgesellschaft bedeuten, daß immer mehr Virtualität für Menschen zur täglichen Erfahrung wird«, im Extremfall bis hin zur *»Umkehrung von Basisverortungen«*[147]. In diesem Zusammenhang beginnt auch das Leben zwischen zwei Kulturen als eine konflikthafte Situation eine Umdeutung zu erfahren, hin zu einem Leben der Jugendlichen in zwei Kulturen und der als positiv hervorgehobenen Fähigkeit eines *»switchens« zwischen den Kulturen,* also einer Fähigkeit zu Flexibilität und zum *»situationsgemäßen Umschalten«*[148]. Es ist zu beobachten, daß die ihnen bisher zugeschriebene Position der Schwäche sich umzuformulieren beginnt, hin zu einer besonderen Stärke dieser jungen Generation.[149]

Des weiteren stellt sich die Frage, welche Möglichkeiten für die Individuen bestehen, den *Wertverlust* des Ehrkonzeptes bezüglich des eigenen gesellschaftlichen Status für sich selbst wieder auszugleichen. Da als kulturelles Kapital der Angehörigen von Migrationsgemeinschaften nicht nur deren spezifische Formen *»der alltäglichen Lebensgestaltung und ›Sinnstiftung‹ für die Gruppe«*[150], d. h. ihre *»typische Sprechweise«*[151] angesehen werden können, sondern auch dasjenige Kapital, welches durch den Erwerb von Bildung und Ausbildung in der Aufnahmegesellschaft erworben und als solches auch in der Migrationsgemeinschaft anerkannt wird, so ist der Wert von kulturellem Kapital für die Akteure nicht mehr nur an den engen Kontext der jeweils eigenen Gruppe gebunden. Dieser Trend zu mehr Bildung als möglichem Erwerb von kulturellem Kapital wird durch neuere Untersuchungen besonders für die Mädchen der zweiten und dritten Einwanderergeneration bestätigt. Im Bericht der Beauftragten der Bundesregierung für Ausländerfragen wird hierzu ausgeführt, daß *»der Trend zum Besuch weiterführender Schulen [...] bei den jungen Frauen ausgeprägter als bei den jungen Männern [ist]. Es gilt, dass sie häufiger weiterführende Schulen besuchen und über bessere Schulabschlüsse verfügen als die jungen Männer der jeweiligen Nationalität«*[152].

---

[147] Marotzki 1997:184.

[148] Fritsche 2000:111.

[149] Mit dem Begriff der *kulturellen Zwischenwelten* entwickelten Hettlage-Varjas und Hettlage einen soziopsychoalaytischen Ansatz, der sich gegen die statische Defizithypothese wendet und Identitätsbildung im Migrationsprozeß als prozeßhafte Neukonstruktion des Wirklichkeitsverständnisses ansieht. Hettlage-Varjas u. Hettlage 1995.

[150] Esser 1996:69.

[151] Bourdieu 1983:187.

[152] Beauftragte der Bundesregierung für Ausländerfragen, Berlin und Bonn 2000:117.

Nach Wilpert besteht gerade bei jungen türkischen Frauen eine starke Berufs- und Karriereorientierung,[153] eine Einschätzung, die auch durch die jüngste Shell Jugendstudie bestätigt wird. Die befragten türkischen Mädchen und jungen Frauen werden dort ebenfalls als stark berufsorientiert beschrieben, als Jugendliche, die einen qualifizierten Beruf erlernen oder studieren wollen. Blank »spürt« in den im Rahmen der Studie aus dem Jahr 2000 durchgeführten Interviews bei den jungen Frauen »eine Art nachdrückliche Aufbruchstimmung«[154], Eindrücke, die sich nicht nur in Einzelinterviews bestätigen, so daß auch der o. g. Bericht der Bundesregierung zu dem Schluß kommt, daß das Interesse an Bildung und Ausbildung der jungen Mädchen und Frauen sehr hoch ist, und »Ausbildung und Beruf [...] einen zentralen Stellenwert in ihrem Leben [haben]. Sie begreifen ihre Berufsausbildung vor allem auch als ein Stück Emanzipation«[155].

Diese Einstellungen werden offensichtlich auch von den Eltern mitgetragen. Mütter wie Väter befürworten eine qualifizierte berufliche Ausbildung ihrer Töchter.[156] Diese Einstellungsveränderungen haben mittlerweile dazu geführt, daß bei den Bildungsinländern[157] an deutschen Hochschulen der Frauenanteil mit 46 Prozent lediglich um zwei Prozentpunkte niedriger liegt als bei den deutschen Studierenden,[158] so daß ausbleibende Erfolge dieser jungen Frauen nicht mehr wie bisher einer mangelnden Motivation oder einer anders orientierten Lebensplanung zugeschrieben werden können. Heutzutage wird Bildung in den Migrantenfamilien – und hier mehr von den Mädchen, als von den Jungen – offensichtlich als notwendig zu erwerbendes kulturelles Kapital angesehen. Hier scheint der Ausgleich für den möglichen Verlust des Ehrkonzeptes in seiner ökonomischen Bedeutung in Bezug auf die Mädchen gesehen zu werden, so daß es zu einer Umdeutung oder/und einer Doppelstrategie kommen kann. Ein ökonomischer Nutzen scheint sich perspektivisch für die Migrantenfamilien in Bezug auf das Bildungsstreben und die Zielgerichtetheit auf eine spätere qualifizierte Erwerbstätigkeit eher durch die Mädchen als durch die Jungen zu verwirklichen. Hier könnte ein Zusammenhang bestehen, daß – begünstigt durch die hohe Arbeitslosigkeit auch unter ausländischen Männern – für Mädchen besondere Heiratschancen bestehen, wenn diese neben dem gesicherten Aufenthaltsstatus, der eine Einreise nach

---

[153] Wilpert 1993 und Wilpert 1998.

[154] Blank 2000:11.

[155] Beauftragte der Bundesregierung für Ausländerfragen, Berlin und Bonn 2000:189.

[156] Vgl. hierzu Granato u. a. 1994.

[157] Das sind Studentinnen und Studenten an deutschen Hochschulen mit ausländischem aus Migrantenfamilien, die im Regelfall in Deutschland zur Schule gegangen sind und auch hier ihre Hochschulzugangsberechtigung erworben haben.

[158] Beauftragte der Bundesregierung für Ausländerfragen, Berlin und Bonn 2000:125.

Deutschland über Heirat und Familienzusammenführung ermöglicht, auch noch über einen qualifizierten Beruf verfügen, durch den die Familie ökonomisch abgesichert werden kann.

Zwar kann über die Zahl der Eheschließungen zwischen Ehepartnern ausländischer Staatsangehörigkeit keine statistischen Angaben gemacht werden, da diese Ehen von einer hierzu ermächtigten ausländischen Person oder im Ausland geschlossen werden, so daß sie nicht bei den deutschen Standesämtern registriert sind; dennoch kann über die Anzahl der Visaerteilungen ermittelt werden, ob zum Zwecke des Familiennachzuges eingereist wurde. Diese Zahl hat seit dem Jahr 1996 – es wurden ca. 54.900 Visa erteilt – beständig zugenommen. 1998 wurden ca. 63.000 Visa zu diesem Zweck erteilt.[159] Heirat ist von daher nach wie vor ein möglicher Weg, in Deutschland einen Aufenthaltsstatus zu erhalten. Angesichts bestehender Strukturen auf dem Arbeitsmarkt reicht diese jedoch für migrierende Männer als ein Schritt zu mehr ökonomischer Sicherheit nicht aus, da nicht mehr davon auszugehen ist, daß z. B. die Übertragung der Arbeitserlaubnis auf den Ehemann es diesem ermöglicht, einen Arbeitsplatz zu erhalten. Deshalb gewinnt die Berufsausbildung und eine qualifizierte Erwerbstätigkeit von Migrantinnen an Gewicht und wird in die Planungen des ökonomischen Denkens zunehmend einbezogen. Emanzipationsideen der Mädchen reichen hier zur Erklärung allein nicht aus. Berücksichtigt man diesen Aspekt, so kann vermutet werden, daß Bildung auch im Aufnahmeland zunehmend als kulturelles Kapital für die Mädchen angesehen wird. Sie können hierdurch den verstärkten Anforderungen der Eltern nach ökonomischer Sicherung nachkommen, die aufgrund der hohen Männerarbeitslosigkeit für diese nicht mehr allein durch die Söhne und durch eine Heirat der Töchter abgedeckt sind, so daß auch die Töchter zunehmend die Funktion einer Familien-Sicherung über Erwerbsarbeit übernehmen.[160] Bildung und Beruf werden für die Mädchen so zum kulturellen und ökonomischen Kapital. Diese Einstellung ist auch in den Selbstaussagen der Mädchen nachlesbar, in denen der Vorstellung von Ehrbarkeit die Notwendigkeit und der Wunsch nach Bildung und Beruf hinzugefügt sind. Somit verliert das Ehrkonzept in/durch die Migrationssituation zunehmend seinen ausschließlichen Wert als kulturelles Kapital mit möglicher ökonomischer Verwertbarkeit für die Mädchen, so daß hier – bei gleichzeitiger Beibehaltung des Ehrkonzeptes als symbolischem Kapital in Bezug auf die eigene Gruppe – ein Ausgleich über den Bildungserwerb geschaffen wird. Neuere Untersu-

---

[159] In den Zahlen sind die nachgezogenen Kinder unter 18 Jahren enthalten, die im Jahr 1998 23,2 Prozent (14.600 Personen) ausgemacht haben.

[160] Zu untersuchen wäre auch, ob nicht eine tendenziell abnehmende Kinderzahl in Migrantenfamilien Einfluß auf die veränderte Bildungsbeteiligung der Mädchen hat.

chungen scheinen diese Ausrichtung zu bestätigen. So fanden die Forscherinnen und Forscher der Shellstudie bei den befragten ausländischen Jugendlichen *»eine sehr hohe respektvolle Verbundenheit mit ihren Eltern«*[161]. Auch die Ergebnisse aus dem qualitativen Material bestätigen diese Einschätzung. *»Weibliche wie männliche Jugendliche stellten sich stark auf ihre Familie bezogen dar. Es entstand der Eindruck, dass sie innerlich mit ihrer Herkunftsfamilie verbunden sind, und deren essentielle Werte teilen. Wenn sie über ihre Eltern sprachen, dann geschah das meist mit Achtung und Respekt, selbst wenn sie auch kritische Worte fanden.«*[162] Familie bleibt offensichtlich auch für die Immigrantinnen und Immigranten der zweiten und dritten Generation der Ort, an dem sie sich verankert fühlen.[163] Das Kopftuch kann in diesem Zusammenhang auch als ein Stück Stoff angesehen werden, das zwei Ebenen symbolisch sichtbar miteinander verknüpft, die Liebe und Achtung gegenüber der Herkunftsfamilie bei gleichzeitiger Neuorientierung der jungen Generation in Bezug auf die eigene Lebensgestaltung. Wird das Ehrkonzept jedoch als ein den Individuen aufgezwungenes angesehen, das lediglich genutzt wird, um zu beherrschen und zu unterdrücken, ohne zu berücksichtigen, daß es eine Lebensform ist, die auch das eigene Selbstverständnis konstituiert, wird verständlich, warum der Gewaltaspekt für die Beobachtungsebene eine solche Relevanz gewinnen konnte, und in diesem Zusammenhang auch Begriffe wie *Respekt* und *Achtung* negativ konnotiert werden, die Ausdrucksformen von *Liebe* hingegen gar nicht erst in den Blick kommen, und somit auch nicht untersucht werden.

Im Zuge der geänderten Blickrichtung im Migrationsdiskurs hin zu den jungen Migrantinnen, fällt auf, daß sich das Interesse an den Frauen der ersten Generation verliert, die Mütter beginnen zu *verblassen*. Nökel, die sich auf von Braun[164] bezieht, behauptet, daß sie in den erzählten Geschichten der Töchter kaum vorkommen.[165] Und sie kommentiert: *»[...] ihre Abhängigkeit von den Regulierungskapazitäten des Ehemannes definiert sie zu Inkompetenten, zu Passiven bzw. sozial ›Toten‹«*[166]. Auch für Nökel, die den Islam praktizierende junge Frauen befragte, erscheinen die Mütter *»vorwiegend als Zubringer zu der Ordnung des Vaters und der Institutionen. [...] Ihre Leistun-*

---

[161] Fuchs-Heinritz 2000:74.

[162] Blank 2000: 11.

[163] Zentrale Ergebnisse der internationalen Migrationsforschung zeigen, daß Migrantinnen trotz veränderter Kontextbedingungen nicht zwangsläufig ihr Konzept von Familie verändern und/oder die bestehenden Geschlechterbeziehungsstrukturen in Frage stellen. Vgl. hierzu Gabaccia 1991.

[164] Von Braun 1992.

[165] Wobei nicht thematisiert wird, ob überhaupt nach ihnen gefragt wurde.

[166] Nökel 1997:13.

gen und Handlungen [...] finden kaum Erwähnung, wie z. B. die Erzielung von zusätzlichem Einkommen (durch Fabrikarbeit oder Putzen) oder die Freisetzung der Töchter von der Hausarbeit, damit diese lernen können[167]. Sie würden von ihren *»neo-muslimischen«* Töchtern vorwurfsvoll betrachtet, da sie seltener als ihre Töchter beten würden, *»kaum Koran lesen, auch wenn sie lesen können«* und *»offensichtlich nicht das Ideal einer islamischen Selbstverwirklichung haben und die religiösen Ordnungsregulierungen auch nicht rational begründen können«*[168].

So bleibt das einmal gezeichnete Bild der bildungsfernen Hausfrau und Mutter bestehen und reproduziert sich nun als eine Sichtweise der Kinder über ihre Mütter. Ende der neunziger Jahre haben sich die Rollen überlebt, die der ersten Generation der Frauen im Laufe der Auseinandersetzung mit Migration zugeschrieben wurden: ihre Funktion einer Heimatbeschafferin ebenso wie ihre Rolle einer Integrationsfigur im Modernisierungsprozeß. Diejenige Migrantin, die mit sich selbst identisch geblieben ist – welche unterschiedlichen Anforderungen an sie auch immer gerichtet wurden – , wird nun gezeichnet als die Übriggebliebene, als ein Relikt aus vergangener Zeit. Sie steht da, als die ewig Gestrige, als die Frau, an der das eigene Leben vorbeigezogen ist, als die Migrationsverliererin, die »Hausfrau«, die nur noch darauf hofft, trotz Wertverlust des Alters – dem man in früherer Zeit noch Achtung zu zollen hatte – von der nachfolgenden Generation dennoch versorgt zu werden. Und sie wird weiter als die »böse Schwiegermutter« gesehen, dargestellt als diejenige, die junge Paare dazu zwingt, in der elterlichen Wohnung des Ehemannes mitzuwohnen, nicht etwa aufgrund ökonomischer Erwägungen, sondern damit für sie im Alter ein Dienstmädchen vorhanden ist.[169] Konsequenterweise lassen sich dann aus säkularer Perspektive auch Textstellen finden, daß es die Schwiegermütter sind, die die jungen Ehefrauen ihrer Söhne zwingen, ein Kopftuch zu tragen, *»weil die Schwiegermutter es so will«*[170]. Es sind noch immer nur wenige Texte und Studien,[171] die diesen Stereotypisierungen nicht aufsitzen und die mehr nach dem noch immer Verborgenen suchen, indem sie ein Interesse zeigen an der Vielfalt kreativer Möglichkeiten, die Frauen der ersten Migrationsgeneration entwickelt haben, um für sich selbst Arrangements mit der eigenen Gruppe zu finden, die einerseits die normativen Verhaltensstandards der Gruppe erfüllen, aber dennoch eine völlige Umorientierung der Frauen selbst bedeuten.[172]

---

[167] Nökel 1997:13/14.

[168] Nökel 1997:16.

[169] Günör 2000: 11.

[170] Güngör 2000:11.

[171] So z. B. Philipper 1997.

[172] Vgl. hierzu Herwartz-Emden 2000:22-28.

Ausblick: Ethnisierungsprozesse re-visited

Die Migrantin als Symbol der nichtdazugehörigen Anderen

Der retrospektive Blick auf die frühe Zeichnung des Bildes von der Migrantin läßt in der Bundesrepublik im Vergleich zu anderen Einwanderungsländern eine Phase der *rites de passage*[1] im Umgang mit dem Migrationsphänomen erkennen. Sie reicht von den fünfziger Jahren bis in die späten siebziger Jahre hinein. In diesem Stadium kennzeichnet die Zuschreibung *Gastarbeiter* das vorherrschende asymmetrische und zeitlich befristete Verhältnis zu den anwesenden Anderen.[2] Es herrschte ein auf das ökonomische Interesse an den Migrantinnen und Migranten ausgerichteter Blick vor. Daher wurden auch nur diejenigen Probleme wahrgenommen und thematisiert, die einen reibungslosen Ablauf der Arbeitsprozesse durch die zeitweilige Anwesenheit der *Gastarbeiter* hätten erschweren oder gar gefährden können. Die Betreuung der angeworbenen Arbeitnehmerinnen und Arbeitnehmer beschränkte sich auf die Hilfe bei administrativen Regelungen mit den örtlichen Arbeitsämtern und der Ausländerbehörde, sowie auf diejenige, die erfolgen mußte, um einen möglichst reibungslosen Tagesablauf zwischen Fabrik und Wohnheim zu ermöglichen. In dieser Phase entsteht ein breiter rechtlicher Rahmen,[3] mit Hilfe dessen die Ausländerpolitik nach notwendig erscheinenden Zweckmäßigkeitserwägungen ausgerichtet und ohne eine kritische, öffentliche Debatte rechtlich festgeschrieben wurde.[4]

Die im Jahr 1965 durchgeführte Novellierung des Ausländergesetzes kann in diesem Zusammenhang als ein Vorgang gesehen werden, der nicht nur das *Anderssein*, sondern auch das *Andersbleiben sollen* des immigrierten Bevölkerungsteils rechtlich festgelegt und öffentlich bekräftigt hat. Migrantinnen und Migranten wurden ausgegrenzt als solche Personen, für die aufgrund ihrer nicht-deutschen Staatsangehörigkeit andere Rechtsvorschriften als für Inländerinnen und Inländer gelten sollten. Primär war in diesem Zusammenhang die *andere* Staatsangehörigkeit relevant, das Herkunftsland hingegen kaum von Interesse. Differenziert wurde lediglich nach EG- und Nicht-EG-Herkunftsstaaten, da sich nach dieser Unterscheidung der rechtliche Status des Gast-Arbeiterinnen-Daseins der Einzelnen definierte. Ethnische Differenzierungen haben zu dieser Zeit noch keine dominante Rolle gespielt.

---

[1] Gennep 1986.
[2] Schönbach 1970.
[3] Siehe hierzu Bischoff u. Teubner 1991.
[4] Siehe Dohse 1981 und Franz 1985.

Der Modus des Umgangs mit den anwesenden Anderen ist in dieser Phase durch Distanz und Indifferenz geprägt. Dieser ergab sich aus der Unvertrautheit mit der Herkunftskultur der Fremden, die einer anderen Wirklichkeitsordnung zugeschrieben wurde und ihr zugehörigen Personen als zu einem ›niederen Kulturkreis‹ zugehörig klassifizierte. Münkler und Ladwig definieren eine solche soziale Indifferenz *»als eine Anwesenheit anderer Menschen bei Abwesenheit von Interaktionen mit ihnen«*[5]. Thematisiert wurde dieses Verhältnis anhand der Beschreibung des Andersseins der Anderen in ihren *Geschlechterbeziehungen*. Und dies geschah, obwohl Migrantinnen und Migranten – symbolisiert im Bild des *Gastarbeiters* – als Individuen gar nicht von Interesse waren. In Wohnheimen und Betriebsghettos bildeten sie zusammengefaßt eine *Gruppe* für sich, eingeschlossen bzw. ausgegrenzt vom Raum des Eigenen bzw. an dessen Rand plaziert, so daß sich *»Problemzonen«* nur in den wenigen Bereichen einer möglichen Begegnung mit Angehörigen der Mehrheitsgesellschaft an den jeweiligen Rändern des ihnen zugewiesenen Raumes ergaben.[6]

Die Nichtzugehörigkeit der anwesenden Migrantinnen und Migranten wurde *allgemein* als ein kultureller Abstand zwischen Eigenem und Fremdem definiert und dadurch markiert, daß Eigenschaften und Verhaltensweisen der Migrantinnen einer anderen Wirklichkeitsordnung zugewiesen wurden. In dieser Zuordnung beginnt sich bereits ein erster Perspektivwechsel in der Betrachtungsebene abzuzeichnen, dessen Richtung auch in einer Veränderung der genutzten Begrifflichkeiten wiederzufinden ist. Durch das Denken über den Gastarbeiter als einem *Fremden* verändert sich in der Folge auch die Rede über *Herkunftsland* und *Gastland* und an ihre Stelle tritt das Begriffspaar *Heimat* und *Fremde*. Dabei wurde von der Annahme ausgegangen, daß die *Welt dieser Fremden* von der eigenen strukturell verschieden sei, und sich die Migranten von daher auch an Regeln und Relevanzstrukturen orientieren, welche die eigenen allenfalls am Rande berühren.

Schon zu dieser Zeit entkräftet sich die These, Frauen würden in die Debatte um Migration erst einbezogen, nachdem ihre ökonomische Bedeutung unübersehbar geworden sei. Zwar wurde Frauenmigration nicht gesondert thematisiert, da Geschlecht erst zu einem späteren Zeitpunkt – in Zusammen-

---

[5]   Münkler u. Ladwig 1997b:29.

[6]   Ein immer wieder diskutiertes *»Ärgernis«* war das Antreffen von Migrantengruppen an öffentlichen Plätzen, wie zum Beispiel an den Bahnhöfen der bundesdeutschen Großstädte mit hohem Ausländeranteil, das Conny Froboess im Jahr 1962 mit ihrem Song *»Zwei kleine Italiener«*, in der sie die Heimwehgefühle italienischer Arbeitnehmer besang, in die Bestsellercharts aufsteigen ließ, vgl. hierzu Spaich 1981:214-226.

hang mit der Etablierung von Frauenforschung – als Ordnungskategorie im forschenden Denken seinen Platz erhielt. Dennoch nutzte man Frauenmigration immer wieder als ein Beispiel, um die Bedeutung von Migration als dem *Wandern zwischen zwei Welten* herauszustellen. Hierbei wandelte sich die Sichtweise über Frauenmigration als einer generellen Unmöglichkeit hin zur Ausnahmesituation für Frauen in schwierigen Lebenslagen. Anhand der Texte von Risso und Böker, sowie der Themen, die von ausländischen Sozialberatern in der Öffentlichkeit diskutiert wurden, läßt sich die Plazierung des Bildes einer *Südländerin* nachzeichnen – als einer im Vergleich zur Deutschen *ganz anderen Frau* – in ihrer besonderen Bestimmung, ganz *Weib* und *Mutter* zu sein.

Frauen wurden also bereits in den beginnenden Ethnisierungsprozeß einbezogen, bevor sie überhaupt entsprechende Migrationsabsichten bekundet hatten, beziehungsweise im Aufnahmeland angekommen waren. Der Sichtweise auf die Frauen war dabei die Annahme gemeinsam, daß ihnen ihr Handlungsrahmen in den Herkunftsländern durch *besondere* patriarchale Strukturen zugewiesen war. Er wurde als ein *innerfamilialer* – d. h. ein auf den privaten Raum bezogener – gesehen, dem nicht zu entweichen sei, und aus dem die Frauen sich auch gar nicht hinausbegeben wollten. In diesem Zusammenhang wurden die Geschlechterbeziehungen nicht als nur über rationale Absprachen strukturierte angesehen – z. B. durch rechtliche Vereinbarungen in Form von Ehegesetz, Scheidungsvereinbarungen u. ä. – sondern auch als solche von irrationalen Abhängigkeiten beschrieben.

Dies geschah, indem den Fremden eine andere Sicht auf die Welt zugeschrieben wurde, in der der *Magie* ein besonderer Platz eingeräumt ist und zwar als das *weibliche Element*, durch das Macht ausgeübt werden kann. Frauenmacht stabilisiere so den inneren, privaten Raum und könne – z. B. durch das Instrument des »*Liebeszauber*« – ein Ausbrechen des Mannes aus diesem verhindern. Damit Frauen diesen ihnen zugeschriebenen Raum selbst nicht überschreiten, hätten *Männer* im Gegenzug über das Element der *Ehre* ebenfalls ein Macht-Instrument an der Hand, das jedoch über den privaten Raum hinausreiche. Frauenmacht beschränkt sich in dieser Zuschreibung auf den familialen Raum, der wiederum durch die Männermacht der Ehre kontrolliert und vor äußeren Einflüssen geschützt wird. Die Ausgewogenheit der Geschlechterbeziehungen der Anderen wurde daher nicht allein aufgrund rationaler Absprachen gesehen, sondern auch mit magisch begründeten Abhängigkeiten erklärt, die sich aus der spezifischen Perspektive einer anderen Weltsicht ergeben und die Geschlechterbeziehungen auf der irrationalen Ebene ineinander verketten.

Hinzu kommt, daß *Macht als Entscheidungsmacht* in bezug auf Frauen nicht gedacht werden konnte. Frauenmacht wurde als eine im Rahmen der Beziehungsebene verbleibende *»magische Macht«* gesehen, die indirekt ausgeübt und folglich aus der Beobachtung heraus auch nicht abgebildet werden kann. Ethnologische Studien,[7] die sich weitergehend mit der *»heimlichen«* Macht von Frauen aus dem Süden auseinandergesetzt haben, wurden mangels interdiziplinärem Denken im Rahmen des Migrationsdiskurses nicht aufgegriffen. So blieb in dieser Debatte unberücksichtigt, daß die *»stille Macht der Frauen über die Männer«* keineswegs nur auf der Zuschreibung von magischen Fähigkeiten beruht[8] und die patriarchale Dominanz in den südlichen Ländern auch niemals eine absolute gewesen ist, wie z. B. von Cornelisen[9] beschrieben. Nach ihren Beobachtungen ist sie oftmals sogar überhaupt nicht vorhanden. Daher rät diese auch, das erstarrte Dogma zu modifizieren, weil ihr die Sozialstruktur in den südlichen Ländern im Gegenteil eher als eine matriarchalische[10] erscheint, *»als ein De-facto-System, das jeder spürt, das seine Funktionstüchtigkeit täglich erweist, das jedoch nicht legal verankert ist und auch nicht offiziell legalisiert zu werden braucht«[11].* Dennoch werde den Frauen Macht als Entscheidungsmacht abgesprochen und – auch von ihnen selbst – dem Manne aufgrund seiner Stellung im Rahmen der Familienorganisation offiziell zugesprochen: *»In jeder formellen Situation werden die [...] Frauen alles tun, das Image zu bestärken, [...] und sie würden nie seine Vorrangstellung innerhalb der Familie in Zweifel ziehen. ›Was er gesagt hat, ist richtig.‹ Oder: ›Fragen Sie das nicht mich, fragen Sie ihn!‹ Das sind die einzigen Antworten, die man aus ihnen herausbekommt, und dann sitzen sie da, mit ausdruckslosen Gesichtern und kreuzen die Hände im Schoß.«[12]* Fragte Cornelisen dann nach, warum solche Aussagen offensichtlich wider besseres Wissen getroffen wurden, so erhielt sie lächelnd zur Antwort: *»Es besteht kein Grund, daß jemand herausfindet, was in der Familie vor sich geht.«[13]*

---

[7] So z. B. die Studie von Cornelisen 1987.

[8] Diese Sicht ist u. a. auch als ein Ausdruck dafür zu sehen, daß für die Beschreibung einfacher Gesellschaften lediglich ein einfaches Schema, für komplexe Gesellschaften hingegen komplexe Diagramme entworfen werden. Eine der Konstanten dieses einfachen Schemas, das *»weder als Annahme noch als Mythos, sondern als Dogma«* gilt, ist *»die Überzeugung, daß in primitiven westlichen Gesellschaften, in bäuerlichen Gesellschaften, die Struktur patrilinear und patriarchalisch sei«.* Cornelisen 1987:182.

[9] Cornelisen hat in einem Zeitraum von über zwanzig Jahren in Dörfern des südlichen Italiens gelebt und das dortige Frauenleben erforscht.

[10] In anderen Zusammenhängen spricht Nauck später vom *»heimlichen Matriarchat«* der Migrantinnen aus der Türkei, Nauck 1985.

[11] Cornelisen 1987:183.

[12] Cornelisen 1987:184/5.

[13] Cornelisen 1987: 185.

190

Leider blieb vieles aus dem vorhandenen ethnologischen Wissen über kulturelle Praktiken in den Herkunftsländern – wie auch über die im Aufnahmeland – im Migrationsdiskurs entweder unberücksichtigt, oder es wurde umgebogen und in den jeweils eigenen Interpretationsrahmen eingepaßt, da es noch immer eher üblich ist, Erfahrungen *»gemäß den akademischen Traditionen, die man verinnerlicht hat, um[zu]interpretie[ren]«*[14].

Von daher läßt sich zwar nicht abstreiten, daß in der frühen Migrationsphase für die Beschreibungen der Anderen die *Beziehungsebene* konstitutiv gewesen ist, jedoch geschah dies ohne eine genauere Analyse derselben. Die Geschlechterbeziehungen waren nicht direkt ein Forschungsgegenstand, sondern es wurde lediglich auf Arbeiten zurückgegriffen, in denen sich Vorstellungen über diese wiederfinden ließen. Das Patriarchatskonzept – eingebettet in eine *»andere Wirklichkeitsordnung«* mit einer vorherrschenden magischen Weltsicht – diente dabei lediglich zur Erklärung der im Vergleich *»anderen«* Beziehungsebene in bezug auf den *privaten Raum.* Auch der Begriff der *Ehre* wurde in diesem Zusammenhang gesehen und nicht etwa als ein Konzept thematisiert, das die Beziehungen der Menschen in einer Gemeinschaft regelt.

Das Geschlechterbeziehungsgefüge erhielt nur insoweit eine Bedeutung, als seine strukturelle Ordnung, die Frauen eine *»niedere Ebene«* in diesem zuwies, zur Erklärung diente, warum Frauenmigration ohne Männer- bzw. ohne eine Familienmigration als nicht möglich – oder als Ausnahme – erschien und in der Folge als ein *individueller Entscheidungsvorgang von Frauen* auch nicht gedacht werden konnte. Somit wird verständlich, warum nach erfolgter Zunahme von Frauenmigration das gezeichnete Bild von einer *Ausnahmemigrantin*, die ohne ihre Herkunftsfamilie allein im fremden Land in einer besonderen Elendssituation lebt, durch das Bild von *Migration als einem allgemeinen Elend für Frauen* ersetzt wird, dem über die Möglichkeiten von Familienmigration begegnet werden sollte.

In der Migrationsdebatte waren es in der Folge dann zwei Diskussionsstränge, die das Bild von der Migrantin als weiblichem (Ausnahme-)Gastarbeiter zu dem einer Ehefrau und Mutter eines ausländischen Arbeitnehmers verändert und verfestigt haben: zum einen die Debatte um den Familiennachzug und die Auseinandersetzung der Mediziner darüber, ob Migrantinnen anders *»gebaut«* sind als deutsche Frauen, dargestellt am Beispiel von schwangeren Frauen. Die Rede über die Frau wurde dabei in ein zweifaches Hierarchiemodell eingebunden: Mittels biologistisch-kulturalistischer Begründungen

---

[14] Nadig u. Erdheim 1984:12

wurde sie einem anderen, *niederen Kulturkreis* zugeordnet und über die Beschreibung der in diesem Kulturkreis aufzufindenden patriarchalen Beziehungsstrukturen erklärt, warum sie im Vergleich zu den Männern in diesem eine niedere Stellung inne hat.

Hier ist bereits der Beginn eines Umdeutungsprozesses der *Rolle* zu beobachten, die der Arbeitsmigrantin zukünftig in der Aufnahmegesellschaft zugeschrieben werden sollte. Er beginnt, als sich der immigrierte Bevölkerungsteil in den Stadtteilen ansiedelte und dort zunehmend präsent wurde. Hierdurch erhielten die *Gastarbeiter* nicht nur als eine Gruppe, sondern nun auch als einzelne Personen öffentliche Aufmerksamkeit. Und dabei geriet auch deren Geschlechtlichkeit in den Blick. Die Debatte um Migration – ausgerichtet an den *ausländischen Arbeitnehmern* – wurde eingekleidet in die Sorge um mögliche negative Folgen eines Kontaktes zwischen den Geschlechtern. In diesem Zusammenhang taucht die Migrantin als diejenige Person auf, der zum einen die Aufgabe zugeschrieben wird, im Aufnahmeland einen *Heimatersatz* zu schaffen, und die zum anderen dafür Sorge zu tragen hat, daß sich die Männer in der Privatheit ausschließlich auf *ihre* Familie konzentrieren.

So symbolisierten die mitgebrachten und/oder abwesenden Frauen der ausländischen Arbeitnehmer und die jeweiligen – im Vergleich zum Immigrationsland erfahrenen *anderen* – Beziehungen zu ihnen in der Fremde den Wert, der dem Begriff *Heimat* zugeschrieben wird, und den es als ein Gut zu schützen galt. Es entstand die *Sorge vor einer Aneignung der Frauen durch das Fremde.* Dies drückte sich einerseits in der Vorstellung aus, durch ein mögliches *Entgleiten* der Frauen in die Fremde nun selbst keine Heimat mehr haben zu können. Auf der anderen Seite entstand die Sorge des möglichen *Mischens von Fremden* unter die eigene Bevölkerung, als Folge eines Kontaktes zwischen den Geschlechtern von Angehörigen der Migrationsgemeinschaften und der Aufnahmegesellschaft. Daher sollte sich das Privatleben des immigrierten Bevölkerungsteils – nicht nur aus der Sicht der Aufnahmegesellschaft – im Rahmen der ethnischen Gemeinschaft bewegen. Als abgekapselte Insel in der Modernität wurde die Migrationsgemeinschaft als eine Gruppe der *nichtdazugehörigen Anderen* konstruiert und der Frau in dieser die Rolle einer Bewahrerin des Traditionellen zugesprochen.

Die Migrantin als Symbol der dazugehörigen Nichtdazugehörigen

Im Verlauf des Einwanderungsprozesses erhielten die als nichtdazugehörig Definierten dann einen Platz zugewiesen. Dies geschah jedoch ohne daß das Integrationsangebot den Sonderstatus der Migrantinnen und Migranten aufhob. Ethnische Zugehörigkeit begann eine zunehmende Rolle zu spielen und hielt das Faktum Fremdheit weiterhin präsent. Im Alltagsdenken der Mehrheitsbevölkerung entstand zwar ein Bewußtsein davon, daß die Anderen möglicherweise längerfristig bleiben könnten, aber diese Einsicht hatte kein feststellbares Interesse an Interaktionen mit den Migrantinnen und Migranten zur Folge. Der Wandel in der begrifflichen Fassung der *Anderen* vom *Gastarbeiter* oder *ausländischen Arbeitnehmer* hin zu *ausländischen Mitbürgern und ausländischen Mitbürgerinnen* drückt lediglich aus, daß der Status einer schlichten Nichtzugehörigkeit in den einer komplexeren *dazugehörigen Nichtzugehörigkeit* überging. Die imaginäre Grenzlinie zwischen Innen und Außen – zwischen Zugehörigen und *dazugehörigen Nichtzugehörigen* – blieb innerhalb der Aufnahmegesellschaft aufrechterhalten, so daß die beginnende Integrationspolitik der achtziger Jahre im Kern keineswegs die Aufhebung von sozialer Fremdheit implizierte. Es wurden jedoch erste Optionen angedacht, die von einer Teil-Inklusion hin zu einer Zugehörigkeit führen können sollten. Dies geschah besonders mit dem Blick auf die zweite und dritte Immigrantengeneration. Deren soziale Integration wurde als eine Schwerpunktaufgabe in den Mittelpunkt gesellschaftspolitischer Bemühungen gestellt und dabei die sozialpädagogischen Maßnahmen auf sämtliche Lebensbereiche der Kinder und Jugendlichen, sowie auf deren soziales Umfeld ausgerichtet. Gleichzeitig entwickelte sich aber auch ein differenziertes System von Ausschlußkriterien in Bezug auf das abgestufte Teil-Inklusionsangebot in den unterschiedlichen gesellschaftlichen Bereichen, basierend auf der angenommenen kulturellen Differenz und aufgrund von sich differenzierenden ethnischen Zuschreibungen.

Der Modus des Umgangs mit den nunmehr *dazugehörigen Nichtzugehörigen* ist von Paternalismus[15] geprägt, bei gleichzeitigem Beibehalten von Indifferenz. Das bestehende asymmetrische Verhältnis zwischen den Angehörigen von Aufnahmegesellschaft und Migrationsgemeinschaften blieb erhalten und veränderte sich lediglich insofern, als der Aspekt einer zeitlichen Befristung der Anwesenheit von Migrantinnen und Migranten in den Hintergrund geriet. Mit Hilfe der vorgenommenen Typisierung war es möglich, Erwartungen weiterhin nicht an konkreten Personen ausrichten zu müssen, sondern durch Rollenzu- und -festschreibungen, die an den Interaktionen jeweils beteiligten Personen in ihrer wechselseitigen Unvertrautheit verharren zu lassen und

---

[15] Kalpaka u. Räthzel 1985.

dennoch zweckgerichtet interagieren zu können. Somit konnte im Alltagshandeln weiterhin am indifferenten Verhalten festgehalten werden.

Auch im Bereich der Wissenschaft gelingt es nicht, diese vorherrschende Einstellung zu durchbrechen, selbst dort nicht, wo Migrantinnen in das Zentrum von Untersuchungen gestellt[16] oder als Informantinnen in diese einbezogen wurden.[17] Dies erklärt sich aus den jeweiligen Vorannahmen, welche die Fragestellungen der Untersuchungen beeinflußt haben. Besonders die im pädagogischen Bereich angesiedelte handlungsorientierte Auftragsforschung – die in der Logik der Klientelisierung spezielle Programme für eine spezielle Klientel entwickeln sollte – setzte immer wieder an dem bereits vorhandenen Bild an, um es sich als Grundannahme für die eigene Aufgabenstellung noch einmal zu bestätigen. So hat gerade der Bereich der Forschung durch Vergröberung und Vergrößerung spezifischer Ausschnitte des Migrantinnenlebens – Kindheit, Verlobung, Morgengabe, Verheiratung, Hochzeit, Brautnacht etc. – mit zur Festigung der Stereotypenbildung beigetragen. Andererseits hat aber auch in dieser Phase die vom Stereotyp abweichende Ausnahme existiert. Eine solche war nicht nur hilfreich, um die Statik der Typisierung stabil halten zu können, sondern stützte darüber hinaus auch diejenigen Argumentationen, die eine mögliche Inklusion der Einwanderinnen und Einwanderer als Gruppe ablehnten und diese lediglich als Einzelfall auf der Basis von individuellen Anpassungsleistungen vorsahen. Auch hier sind wiederum Geschlechterdifferenzen diejenigen Merkmale, mit Hilfe derer die Ausnahme in ihrer Angleichung an die Aufnahmegesellschaft abgebildet worden ist.[18]

Diese Phase ist durch einen Wechsel in den Beschreibungen der *Fremden* gekennzeichnet. Migrantinnen und Migranten wurden nicht mehr allgemein als Angehörige einer anderen Wirklichkeitsordnung dargestellt, sondern als »*anwesende Andere*« nun in die Beschreibungen über sie mit einbezogen. Allgemein Typisierendes wurde anhand von Einzelbefragungen und biographischen Interviews herausgearbeitet und kulturelle Differenz vermehrt herausgestellt, wobei in den Beschreibungen eine *Orientalisierung* des eingewanderten Bevölkerungsteils auffällt.[19] Hierzu gehören auch die Nichterwerbstätigkeit und das Hausfrauendasein als die dominante Lebensform von Migrantinnen,[20] aus der sich die weiteren Thematisierungen ableiten. Heimatorientierung erfuhr nun eine negative Umdeutung, indem das Bild eines

---

[16] Rosen 1986; Steinhilber 1986.
[17] Straube 1987; König 1987.
[18] Siehe z. B. Hübner 1985.
[19] Lutz 1989.
[20] Brandt 1977; Mehrländer 1981.

Separatismus der Migrationsgemeinschaften gezeichnet wurde, durch den ungewünschte *Strukturen im Verborgenen* entstanden seien, die zu den vorfindlichen sozialen Spannungen geführt hätten. Ziel staatlicher Integrationspolitik in dieser Phase ist eine Ent-Emotionalisierung, insbesondere durch spezifische soziale und pädagogische Maßnahmen für *integrationswillige Migrantenfamilien*.

Auch in dieser Phase bleibt der androzentrische Blick auf die Migrantin konstitutiv, er wird jedoch *kulturalistisch* variiert. Eine andere Wirklichkeitsordnung taucht in dieser Debatte nicht mehr auf, sondern diejenigen Strukturen, denen die Migrantinnen unterworfen sind, werden als ein *besonders rückständiger Teil* des patriarchalen Systems gesehen. Die bipolare Konstruktion gegensätzlicher Weltbilder – eines magisch-archaischen, dem ein rationalistisch-individualistisches gegenübersteht – macht somit dem Bild eines weltweiten Patriarchats Platz, wobei *Patriarchat* in der feministischen Debatte zu dieser Zeit als *allgemeine Struktur- und Machtkategorie* gesehen wird. Es steht als Synonym für all das, *»was Frauen unterdrückt«* und rückt die Beziehungsebene im privaten Raum insofern in den Hintergrund, da sie mehr umfaßt als *»die individuellen Handlungen aller Männer«*. Als Kategorie beinhaltete sie *»Prozeß, Struktur und Ideologie der Unterdrückung der Frauen zugleich«*.[21] Die konstatierten Gegensätze zwischen dem Eigenen und dem Fremden sind nun in *ein* Weltbild hineinverlagert, indem kulturalistisch in einen westlichen und einen rückständigen (orientalischen) Patriarchalismus unterschieden wird. So geht z. B. Türkoğlu in ihrer Beschreibung davon ausgeht, daß *»in ihrer gemeinsamen unterdrückten Lage[...] alle* [Herv. CHH] *Frauen eine Kaste in der türkischen und kurdischen Gesellschaft [bilden], gleichgültig, welcher Klasse oder Schicht sie angehören. Ihre besondere Unterdrückung steht auf zwei festen patriarchalischen Beinen: auf der rückständigen Wirtschaftsweise und auf der islamischen Tradition, die Frauen kein selbständiges Leben und Denken zubilligt«*[22]. Aufgrund des Verlaufs der Migrationsbewegungen lassen sich diese Gegensätze aus globaler Perspektive zwar nicht mehr in einzelne Regionen aufteilen, sie lassen sich jedoch aufgrund der vorgenommenen Zuschreibungen weiterhin hierarchisch ordnen.

Migrantinnen werden nun allgemein als aus einer Welt stammend beschrieben, *»die dreitausend Kilometer und mehrere Kulturrevolutionen von uns entfernt ist«* und in der *»die Abschirmung der Frauen von allen Außenkontakten«* sowie *»die alleinige Entscheidungsgewalt des Familienvaters unbe-*

---

[21] Lorber 1999:43

[22] Türkoğlu 1983:46

fragt weiterbesteht.«[23] Werden die zu dieser Zeit entstandenen Texte zu einem Gesamtbild zusammenfaßt, so hat es den Anschein, als ob sich die feministische Debatte um Prozesse und Strukturen des patriarchalen Systems im Rahmen des Migrationsdiskurses wieder in den privaten Raum rückverlagert und auf die Beziehungsstrukturebene reduziert, indem der androzentrische Blick auf die Migrantinnen mit ihrer Verortung im Haus unkritisch übernommen wurde. Und dies geschah zu einer Zeit der Kritik an androzentrischen Beschreibungen, in der die Bedeutung der autobiographischen Binnendarstellung im feministischen Diskurs und Veröffentlichungen über das Eigene als *»dichte Beschreibungen«* mit ethnographischem Charakter[24] zunahmen. Dieser Ansatz, der einen Zugang zu den individuellen und kollektiven Erfahrungs-, Bewußtseins- und Veränderungsprozessen von Frauen eröffnete, war hier aufgrund der Kulturalisierung der Migrantin offensichtlich versperrt. So konnte weder das, was Kandiyoti[25] schon in den achtziger Jahren in ihren Untersuchungen als *»patriarchal bargaining«* bezeichnet hat – nämlich jene Strategien, durch die in einer patriarchalen Gesellschaft Freiheiten *»ausgehandelt«* werden – erkannt, noch konnten andere Orte des Handelns und der Eigenverortung von Migrantinnen überhaupt aufgefunden werden.[26] Hier war der feministische Blick auf die eigenen Analyse teilblind und konnte bestimmte Bewegungen nicht oder nur einseitig wahrnehmen, andere dagegen gerieten übergewichtig in den Vordergrund.[27]

Im Gegensatz zu den siebziger Jahren, in denen der Migrantin die Aufgabe der Schaffung und der Verkörperung von Heimat in der Fremde zugewiesen, und sie in der Rolle einer Bewahrerin von Traditionen beschrieben worden war, avancierte sie nun zur Schlüsselfigur einer auf Modernisierung der Migrantenfamilien ausgerichteten Integrationspolitik. Im Zentrum der Familie stehend, wurde ein weibliches Leitbild als Integrationsfigur im Modernisierungsprozeß der Migrantenfamilien entworfen, durch das der Topos der Mütterlichkeit eine Umwertung bzw. Neudefinition erfuhr. Nicht mehr das Bewahrende und Schützende war gefragt, sondern das Loslassen in das Neue, Fremde, Unbekannte. Daher galt als zukünftige wichtigste Sozialisationsinstanz auch nicht mehr die traditionell ausgerichtete Migrantenfamilie. Diese

---

[23] Von Paczensky in: Baumgartner-Karabak und Landesberger 1978:8.

[24] Nach Geertz 1987.

[25] Kandiyoti 1988 u. 1991.

[26] So, wie diese z. B. von Gutiérrez Rodríguez beschrieben werden.

[27] Dies erklärt, warum ich in der Rekonstruktion – wie aufgezeigt – auf eine intensive Spurensuche angewiesen bin, denn erst neuere Untersuchungen beginnen sich von dieser beengenden Verklammerung zu lösen. Die Biographieforschung wird hier zu einem fast unersetzlichen Ansatz, um die ausgeblendeten Fragestellungen der frühen Forschungen überhaupt aufzuspüren.

Funktion wurde den schulischen und außerschulischen Institutionen zugedacht, in die hinein die Eltern ihre Kinder entlassen sollten. Ausgehend von der Annahme, daß vor allem die zweite Generation den Konflikt der Kulturen zwischen Aus- und Einwanderungsland in sich selbst auszutragen habe, wurden die Mädchen in der Folgezeit zu Repräsentantinnen der in einem Kulturkonflikt stehenden Kinder. Generationskonflikte wurden so zu Rollenkonflikten umdefiniert, und der Aufnahmegesellschaft die Aufgabe zugewiesen, die Mädchen so zu stabilisieren, daß diese – im Rahmen des ihnen Möglichen – den Anforderungen einer modernen Gesellschaft dennoch gewachsen sind.

Gleichzeitig wurden Migrantinnen weiterhin als eine Folie genutzt, vor der sich das moderne, emanzipierte Leben deutscher Frauen entfalten ließ. Auch in dieser Phase bleibt die Rede über die Migrantin eingebunden in ein zweifaches Hierarchiemodell. Zum einen blieb die schon zuvor konstatierte Zugehörigkeit zu einem Kulturkreis, der als *rückständig* definiert worden war, nun festgeschrieben als kulturelle Differenz aufgrund spezifisch patriarchaler Beziehungsstrukturen. Zum anderen wurden der Privatbereich, in dem die Migrantin verortet worden war, sowie die in diesem zu erledigenden Arbeiten, aus der Perspektive einer Arbeitsgesellschaft gesehen und im Vergleich zum öffentlichen Bereich und zur Erwerbsarbeitssphäre offensichtlich niedriger bewertet.

Hinzu kam die Annahme, daß den eingewanderten Frauen aufgrund ihres Eingebundenseins in ein Netz kultureller Zuschreibungen und Setzungen keine individuellen Spielräume zum selbständigen Agieren außerhalb dieser Normen zur Verfügung ständen. Mit Hilfe der in den Beschreibungen immer wieder genutzten Themen wie Geschlechtersegregation, Ehre und Schande, Jungfräulichkeit vor der Ehe, Verheiratung der Mädchen durch die Eltern, wurde die Welt in die Gruppe derjenigen mit vorherrschend patriarchal dominierten und derjenigen mit emanzipatorisch orientierten Geschlechter-Beziehungsstrukturen aufgeteilt.[28] Die Separierung in einen einheimischen und einen ausländischen Bevölkerungsteil wurde so über den rational begründeten rechtlichen Aspekt hinaus als kulturelle Differenz auch im lebensweltlichen Bereich verankert. Dabei wurde die Migrantin als eine Folie im Integrationsdiskurs genutzt, um Fremdheit zu setzen. D. h. sie war ein Spielball in den Diskursen, um Ausgrenzung zu legitimieren und vor allem, um diese Legitimation zu bebildern.

---

[28] Siehe hierzu Kalpaka u. Räthzel 1990; Lutz 1989; Çağlar 1990.

Die Migrantin als Symbol der Spaltung in dazugehörige und
nichtdazugehörige Andere

Von der Annahme ausgehend, daß Fremdes nicht mehr existiert, nachdem es
bekannt und somit nur fremd ist, solange wir nicht darüber verfügen,[29] erweckt die Nutzung des Fremdheitsbegriffes im Migrationsdiskurs den Eindruck einer eher gegenläufigen Bewegung. Es fällt auf, daß die Diskussion
über lebensweltliche Fremdheit in diesem Zusammenhang erst dann an Gewicht gewonnen hat, nachdem die Lebenssituation von Migrantinnen und
Migranten bereits aus unterschiedlichen Perspektiven beschrieben und das
Bild von ihnen festgeschrieben worden war. Die Vorstellungen von den patriarchal orientierten Geschlechterbeziehungen des eingewanderten Bevölkerungsteils hatten sich schon längst mit Hilfe des konstruierten Frauenbildes
im Alltagsdiskurs, aber auch im sozialwissenschaftlichen, pädagogischen und
politischen Diskurs miteinander verwoben und waren zu einem statischen
Bild geronnen. In der Rekonstruktion wird deutlich, daß sich die Themen
dabei zwar geändert haben, die Setzung als solche jedoch geblieben ist: Eine
imaginäre Migrantin dient als Folie, vor der die Spezifik des Geschlechterverhältnisses sichtbar wird. Dieses wird in der Folge genutzt, um Fremdheits-
zuschreibungen zu konstruieren und zu festigen. Fremdes wurde von daher
erst gesetzt, indem es zuvor als Anderes beschrieben und dadurch schon
längst zum bekanntem Anderen geworden ist. Somit konnte hier die Verfü-
gungsgewalt über die Anderen gerade durch die mit Hilfe der Beschreibungen vorgenommene Typisierung entstehen, indem das besehene und somit
bekannte Andere im Vergleich zum jeweils Eigenen zum *kulturell Be-
fremdlichen* stilisiert wurde. Die durch Typisierung zugeschriebene Identität
machte aus dem eingewanderten Bevölkerungsteil so eine homogene und
leichter zu administrierende Masse.[30] Einmal festgeschrieben konnte und
kann im gesellschaftspolitischen Diskurs aus jeweils verschiedenen Perspektiven – aus der Perspektive der Aufnahmegesellschaft, aber auch aus der
Perspektive der Herkunftsgesellschaft, bzw. der Migrationsgemeinschaften –
zu Migration Position bezogen werden.

Gegenwärtig stellt sich die Frage, wieweit eine Hervorhebung lebensweltlicher Fremdheit am Beispiel der Geschlechterbeziehungen in ihrem Gebrauch
zur Verstärkung von Grenzziehungen noch trägt, oder ob nicht aus vielfälti-
gen Gründen mittlerweile Brüche in den Zuschreibungen bezüglich des eingewanderten Bevölkerungsteils zu verzeichnen und sichtbar geworden sind,
die nicht länger unberücksichtigt bleiben können. Unter dem Eindruck fortschreitender Globalisierung und *Neuer Migration* wird zunehmend wahrge-

---

[29] Schütze 1994:73.
[30] Schütze 1994:72.

nommen, daß Wanderung zur *Normalität* geworden ist. Hinzu kommt, daß sich durch den beginnenden Ausbau der westlichen Industrienationen zu Dienstleistungsgesellschaften allmählich auch das Arbeitsangebot verändert, so daß von einer fortschreitenden Feminisierung der Migration gesprochen werden kann.[31] Des weiteren ist eine Entklientelisierung der Migrantinnen und Migranten im Zusammenhang mit den knapper werdenden Ressourcen im Sozialbereich zu bemerken. Die separaten Beratungs- und Bildungsbereiche für Zugewanderte werden zunehmend aufgelöst und in die vorhandenen Regeleinrichtungen integriert.[32] Und im Wissenschaftsbereich beginnt sich die Einsicht durchzusetzen, *»daß der Standort der Migrantinnen sich nur schlecht als Punkt auf einer Linie zwischen Ausgangs- und Zielsystem beschreiben läßt, wie mindestens die frühe Migrationssoziologie nahelegt. Die Konstellationen sind vielfältiger und komplexer. Vor allem die biographischen Studien lassen konkret werden, wie die Individuen unter dem Zwang der Verhältnisse eine neue Lebensweise entwickeln und sich unter dem Rückgriff auf ihre kulturellen Ressourcen ein neues Orientierungssystem ›basteln‹«*[33]. Von daher kann auch mit dem *Elend- und Schreckens-Paradigma* in Bezug auf Frauenmigration nicht mehr ohne weiteres hantiert werden. Gesellschaftliche Hierarchien und Ungleichheiten sowie *konfiguratives Handeln* werden zunehmend als Balanceakt der einzelnen im Spannungsfeld zwischen Geschlecht, Klasse und Ethnie betrachtet, da Individuen nicht einfach durch *»sex, race and class«* als geschlossene Größen determiniert sind.[34] Somit gerät auch ein wichtiges Element in der beschriebenen Statik vorhandener Ethnisierungen ins Wanken, da sich die typisierten Bilder zu bewegen beginnen, wenn die Handelnden mit ihren *»Geschlechtsrollen«* oder der ihnen zugeschriebenen *»ethnischen Identität«* nicht unbedingt *»identisch«* sind.[35]

Dennoch sind die einmal entstandenen Setzungen durchaus resistent, weil sich im Prozeß der Ethnisierung ein Begriffsapparat als Kanon herausgebildet

---

[31] Potts 1991.

[32] Diese führt paradoxerweise in einigen Bereichen gerade zu einem erneuten Aufgreifen des beschriebenen Stereotyps. Durch die Auflösung von separaten Beratungs- und Bildungsbereichen für Zugewanderte beginnt nun in den Regeleinrichtungen eine Beschäftigung mit den Konsequenzen von Einwanderung, wobei festzustellen ist, daß dabei insbesondere auf die *Kulturdifferenzthese* zurückgegriffen und hier wiederum erst einmal die vorgängigen Denkfiguren und Bilder aufzufinden sind. So findet z. B. Eberding bei den von ihr interviewten Therapeutinnen und Therapeuten der Ambulanz der Kinder- und Jugendpsychiatrie in Essen alle in dieser Studie beschriebenen Stereotypisierungen in bezug auf Frauen und Mädchen wieder. Eberding 1998:317.

[33] Auernheimer 1996:100.

[34] Vgl. hierzu die Studien von Philipper 1997 oder Gutiérrez Rodríguez 1999.

[35] Lenz 1994.

hat, der Wahrnehmungen in spezifischer Weise kanalisiert und kategorisiert. Gerade in der aktuelleren Diskussion zu Integration und den jüngsten Änderungen zum Staatsbürgerschaftsrecht kann nachgezeichnet werden, wie willkürlich das noch immer vorherrschende Frauen-Stereotyp genutzt werden kann und auch genutzt wird, um politische Auseinandersetzungen zu steuern[36]. Da wird die Sorge um religiöse Indoktrination von »Zigtausenden« am Kopftuch einer selbstbewußten Pädagogin muslimischen Glaubens festgemacht[37] und die Notwendigkeit der doppelten Staatsbürgerschaft am Beispiel von entrechteten muslimischen Mädchen beschrieben, die in ihre Herkunftsländer verbannt und dort fremden Männern zur Frau gegeben werden.[38] Im Zusammenhang mit *Religiosität* und *islamischem Fundamentalismus* wird *Gewalt* in Verbindung mit dem Ehrkonzept als *das Andere* in den Geschlechterbeziehungen formuliert,[39] und die hohe Kriminalitätsrate türkischer Jugendlicher mit innerfamilialen Gewalterfahrungen aufgrund der vorherrschenden patriarchalen Geschlechterbeziehungen begründet[40].

In diesem Zusammenhang fällt auf, daß sich die Auseinandersetzung um Tradition und Moderne im Migrationsdiskurs, die als eine Debatte um Integration in den Bereich der Privatsphäre verwiesen und den Migrantenfamilien als erwartete Bringschuld angetragen wurde, wieder in die öffentliche Sphäre rückverlagert hat. Heute kann kulturelle Differenz nicht mehr ausschließlich als eine der jungen Generation durch die erste Migrationsgeneration mit Gewalt und Repression aufgezwungene traditionelle Lebensweise angesehen werden, welche Pädagoginnen zwar im Schulalltag durch spezifisches Geschlechterverhalten und zugehöriger Alltagskleidung für Mädchen begegnet, die ansonsten jedoch in den Privatbereichen der Angehörigen der Migrationsgemeinschaften im Verborgenen gelebt wird. Durch das Aufbrechen der angenommenen Zusammengehörigkeit von patriarchal strukturierten Geschlechterbeziehungen und Hausfrauisierung aufgrund der zunehmenden Berufsorientierung junger Migrantinnen, wird kulturelle Differenz als das Nebeneinanderstehen verschiedener Lebenspraxen in der Gesellschaft präsent und unübersehbar, da die jungen, selbstbewußten Frauen ihre Einstellungen nicht nur in der Privatheit ausleben, sondern in den Berufsalltag integrieren (wollen). Von daher gewinnt die Diskussion um das Kopftuch ein ganz neues Gewicht und steht in der Debatte auch als ein Symbol um die Gleichstellung und Gleichbewertung verschiedener Lebenspraxen.

---

[36] Siehe hierzu auch Huth-Hildebrandt 2002a+b.
[37] Henkel 1998.
[38] Ott 1999.
[39] *Die Kopftuchlüge* 1998 und 1999.
[40] Pfeiffer u. Wetzels 2000.

In diesem Zusammenhang suggerieren die jüngsten Änderungen im Staatsbürgerschaftsrecht lediglich eine Lösung des Problems der Inklusion des ausländischen Teils der in Deutschland lebenden Bevölkerung. In ihrer Konsequenz beinhalten sie m. E. lediglich eine zeitliche Verschiebung des Problems, nämlich bis zur Volljährigkeit der heranwachsenden Generation. Auch wurde der Debatte um Fremdheit als Begründung von Indifferenz gegenüber dem eingewanderten Bevölkerungsteil als den rechtlich dazugehörigen Nichtdazugehörigen nur scheinbar seine Grundlage entzogen, indem Migrantinnen und Migranten über Einbürgerung und/oder auf Zeit rechtlich zu Dazugehörigen werden (können). Diese Änderungen bedeuten noch nicht, daß dem indifferenten Verhalten seine Grundlage entzogen, sondern lediglich, daß ein Moratorium geschaffen ist, durch das sich die Debatte mehr auf die lebensweltliche Fremdheit der (auf Zeit) dazugehörigen Anderen und der nicht-dazugehörigen Anderen verlagert. Letztere sind meist Angehörige der ersten Migrationsgeneration, die ihre Herkunftsnationalität behaltend, vom politischen Geschehen im Immigrationsland weiterhin ausgeschlossen bleiben, und denen als den ewig Gestrigen offensichtlich allenfalls Freiräume für ein Altern in Würde zugestanden und für die – die Notwendigkeit voraussehend – gegenwärtig Programme im sozialen Bereich und in der Altenpflege entwickelt werden. Es ist derjenige Teil der immigrierte Bevölkerung, dem nicht über die Staatsangehörigkeit, sondern aufgrund des Bekenntnisses zu einer anderen Lebensweise eine Zugehörigkeit verweigert wird.

Welche Rolle der Kategorie Geschlecht in diesem Sortierungsprozeß längerfristig zugeschrieben wird, bleibt abzuwarten. Indem jedoch weiterhin von der Vorstellung eines Eingebundenseins in ein Zwangskorsett islamisch-patriarchalischer Prägung ausgegangen wird, scheint es, als sei die Eintrittskarte für die Frauen in die neue Welt gegenwärtig – im Gegensatz zu den Männern – das sichtbare, offene Bekenntnis zu dieser, symbolisiert durch das Ablegen des Kopftuches in der Öffentlichkeit. Somit werden Migrantinnen wieder einmal nicht als handelnde Akteurinnen angesehen, sondern bleiben passive Wesen, von denen erwartet wird, daß sie auf den Druck durch die jeweils neu entstehenden sozialen Situationen angemessen reagieren: indem sie sich anpassen. Und sind die jetzt geborenen Mädchen erst einmal volljährig, wird aufgrund der gegenwärtigen Gesetzeslage erneut über ihre Zugehörigkeit, ihr Deutschseinwollen, auf der Grundlage vorfindlicher lebensweltlicher Fremdheit, in der Mehrheitsgesellschaft diskutiert und befunden werden.

Literatur

Abadan-Unat, Nermin (Hrsg.): Migration and development. Ankara 1976.

Abadan-Unat, Nermin (Hrsg.): Die Frau in der türkischen Gesellschaft. Frankfurt am Main 1985(a).

Abadan-Unat, Nermin: Die Auswirkungen der internationalen Arbeitsmigration auf die Rolle der Frau am Beispiel Türkei. In: Abadan-Unat, Nermin (Hrsg.): Die Frau in der türkischen Gesellschaft. Frankfurt am Main 1985(b), S. 201-239.

Abadan-Unat, Nermin: Die ersten 25 Jahre der türkischen Migration. Versuch einer wissenschaftlichen Bilanz. In: Bausinger, Hermann (Hrsg.): Ausländer – Inländer. Arbeitsmigration und kulturelle Identität. Tübingen 1986, S. 45-58.

Agaçe, Asiye, Sonja Reuter und Marina Sabinasz: Bildungs- und Sozialstatistik türkischer und kurdischer Frauen in der Türkei, der Bundesrepublik Deutschland und in Berlin (West). Berlin 1981.

Agaçe, Asiye: Die Situation der kurdischen Frauen in der Bundesrepublik Deutschland und West-Berlin und die Möglichkeit der Bildungsarbeit mit ihnen. In: Deutsches Jugendinstitut (Hrsg.): Ausländerarbeit und Integrationsforschung – Bilanz und Perspektiven. München 1987, S. 401-408.

agisra (Hrsg.): Frauenhandel und Prostitutionstourismus. Eine Bestandsaufnahme zu Prostitutionstourismus, Heiratsvermittlung und Menschenhandel mit ausländischen Mädchen und Frauen. München 1990.

Akashe-Böhme, Farideh: Frausein – Fremdsein. Frankfurt am Main 1993.

Akashe-Böhme, Farideh: Mädchen zwischen den Kulturen. In: Ehlers, Johanna, Ariane Bentner und Monika Kowalczyk (Hrsg.): Mädchen zwischen den Kulturen. Anforderungen an eine Interkulturelle Pädagogik. Frankfurt am Main 1997, S. 33-46.

Akkent, Meral, Gaby Franger und Nermin Gültepe: Mütterkur für türkische Frauen. Von den Schwierigkeiten, Angebote der medizinischen Versorgung in der Bundesrepublik in Anspruch zu nehmen. In: Geiger, Andreas, Franz Hamburger (Hrsg.): Krankheit in der Fremde. Berlin 1984, S. 122-126.

Akkent, Meral und Gaby Franger: Mutter-Kind-Stube. Ein »Cesme Basi« in Nürnberg. In: Forum. Zeitschrift für Ausländerfragen und -kultur 1985, Nr. 1, S. 67-72.

Akkent, Meral und Gaby Franger: Kopftuchpolitiken: Diskurse über ein Symbol. In: Frauen in der Einen Welt 1990, Nr. 1, S. 34-42.

Aktaş, Gülsen: »Türkische Frauen sind wie Schatten.« Leben und Arbeiten im Frauenhaus. In: Hügel, Ilka u. a. (Hrsg.): Entfernte Verbindungen. Rassismus, Antisemitismus, Klassenunterdrückung. Berlin 1993, S. 49-60.

Albrecht, Corinna: Der Begriff der, die, das Fremde. Zum wissenschaftlichen Umgang mit dem Thema Fremde. Ein Beitrag zur Klärung einer Kategorie. In: Bizeul, Yves, Ulrich Bliesener und Marek Prawda (Hrsg.): Vom Umgang mit dem Fremden. Hintergrund – Definitionen – Vorschläge. Weinheim / Basel 1997, S. 80-93.

Albrecht, Günter: Soziologie der geographischen Mobilität: Zugleich ein Beitrag zur Soziologie des sozialen Wandels. Stuttgart 1972.

Allport, Gordon W.: Die Natur des Vorurteils. 1951. Köln 1971.

Anastasiadou, Sofia: Begegnen – verstehen – verändern: Bericht über eine »Gesprächswoche für deutsche und griechische Mütter mit ihren Kindern« aus Stuttgart und Umgebung. In: Informationsdienst zur Ausländerarbeit 1979, Nr. 1, S. 173-175.

Anders, F.: Erb- und Umweltfaktoren im Ursachengefüge des neoplatischen Wachstums nach Studien an Xiphophorus. In: Klinische Wochenzeitschrift o. J., Nr. 59, S. 943-956.

Andriopoulos, Sotirios: Zur Situation der ausländischen Familie in Deutschland am Beispiel der griechischen Familie. In: Archiv für Wissenschaft und Praxis der sozialen Arbeit 1973, Nr. 3, S. 191-216.

Anspruch auf Arbeitserlaubnis einer im Alter von 20 Jahren nachgezogenen türkischen Staatsangehörigen. In: Informationsbrief Ausländerrecht 1986, Nr. 7/8, S. 217-219.

Anwerbung von Frauen wird schwieriger. In: FAZ vom 4.4.1965.

Apitzsch, Ursula: Migrationsforschung und Frauenforschung. In: Senatskommission für Frauenforschung (Hrsg.): Sozialwissenschaftliche Frauenforschung in der Bundesrepublik Deutschland: Bestandsaufnahme und forschungspolitische Konsequenzen. Berlin 1994, S. 240-254.

Apostolidou, Natascha: Warum sind sie jetzt entdeckt worden? In: Courage 1980(a), Nr. 4, S. 12-13.

Apostolidou, Natascha: Für die Frauenbewegung auch wieder nur »Arbeitsobjekte«? In: Informationsdienst zur Ausländerarbeit 1980(b), Nr. 2, S. 143-146.

Apostolidou, Natascha: Ausländische Frauen, ein aktuelles politisches Thema? In: Korrespondenz die Frau 1981, Nr. 9, S. 20.

Arbeitskreis »Arbeit mit ausländischen Frauen und Mädchen«: Konzepte und Bemühungen zur Verbesserung der gesundheitlichen Versorgung und der Aufklärung ausländischer Frauen und ihrer Familien in Hamburg. In: Forum. Zeitschrift für Ausländerfragen und -kultur 1986, Nr. 2, S. 45-49.

Arens, F.J.: Seuchenhygienische Gesichtspunkte bei der Lungentuberkulose der Gastarbeiter. In: Öffentliches Gesundheitswesen 1967, Jg. 29, S. 196f.

Arın, Cihan: Vermittlung: Arbeitskräfte, Kultur und so weiter. In: Ästhetik und Kommunikation. Beiträge zur politischen Erziehung 1981, Nr. 44, S. 17-23.

Asiatische Krankenschwestern in der BRD. In: Blätter des iz3w. 1972, Nr. 72, S. 16-18.

Atabay, Ilhami: Zwischen Tradition und Assimilation. Die zweite Generation türkischer Migranten in der Bundesrepublik. Freiburg 1998.

Ataç-Geiger, Senay: Erfahrungen türkischer Frauen mit deutschen Frauen. In: Nestvogel, Renate (Hrsg.): ›Fremdes‹ oder ›Eigenes‹? Rassismus, Antisemitismus, Kolonialismus, Rechtsextremismus aus Frauensicht. Frankfurt am Main 1994, S. 185-188.

Auernheimer, Georg (Hrsg.): Handwörterbuch zur Ausländerarbeit. Weinheim / Basel 1984.

Auernheimer, Georg: Einführung in die interkulturelle Erziehung. Darmstadt 1995.

Ausländische Frauen isoliert. In: Materialien zum Projektbereich »Ausländische Arbeiter« 1980, Nr. 4, S. 103-118.

Ausländische Hausfrauen – im fremden Land hilflos. In: Zentralblatt für Jugendrecht und Jugendwohlfahrt 1977, Nr. 6, S. 261f.

Ausländische Mädchen – Opfer des Kulturkonfliktes. In: Informationsdienst zur Ausländerarbeit 1980, Nr. 1, S. 52-55.

Bade, Klaus J.: Vom Auswanderungsland zum Einwanderungsland? Deutschland 1889-1980. Berlin 1983.

Bade, Klaus J. (Hrsg.): Deutsche im Ausland – Fremde in Deutschland. Migration in Geschichte und Gegenwart. München 1992.

Bagana, Elisabeth und Claudia Burgsmüller: Mißhandelte ausländische Frauen – ihre soziale und rechtliche Situation. In: Informationsdienst zur Ausländerarbeit 1980(a), Nr. 3, S. 83-86.

Bagana, Elisabeth: Treff- und Informationsort für türkische Frauen. Ein Projektantrag. In: Beiträge zur feministischen Theorie und Praxis. Frauen und »dritte« Welt 1980(b), Nr. 3, S. 114-125.

Bagana, Elisabeth, Jutta Limbach, Jutta und Cornelia Mansfeld: Zur Lebens- und Rechtslage türkischer Frauen in der Bundesrepublik. In: Bildung und Politik 1980(c), Nr. 8/9, S. 23-27.

Bagana, Elisabeth u. a.: Treff- und Informationsort für Frauen aus der Türkei (TIO): Lebenssituation von Frauen aus der Türkei und Möglichkeiten der Sozial- und Gemeinwesenarbeit. Berlin 1982.

Balkenhol, Thomas: Einzeln und frei wie ein Baum. Die Türkinnen vom Kreuzberg. In: Korrespondenz die Frau 1982, Nr. 6, S. 30-32.

Baringhorst, Sigrid (Hrsg.): Migrantinnen in Europa – Aspekte der Mehrfachdiskriminierung. In: Peripherie. Zeitschrift für Politik und Ökonomie in der Dritten Welt 1993, Nr. 49, S. 68-78.

Baringhorst, Sigrid: Frauen und Migration in Europa. In: Jansen, Mechtild M. und Sigrid Baringhorst (Hrsg.): Politik der Multikultur. Vergleichende Perspektiven zu Einwanderung und Integration. Baden-Baden 1994, S. 169-189.

Barry, Kathleen: Sexuelle Versklavung von Frauen. Berlin 1983.

Barth, Wolfgang: Jugendsozialarbeit mit jungen MigrantInnen. Spezifische Lebenslagen jugendlicher InländerInnen mit ausländischem Paß. In: Zeitschrift für Migration und soziale Arbeit 1997, Nr. 3-4, S. 87-89.

Battis, Ulrich: Kopftuchverbot im Schuldienst. In: Zeitschrift für Tarif-, Arbeits- und Sozialrecht des Öffentlichen Dienstes 1998, Nr. 12, S. 529-531.

Baumgartner-Karabak, Andrea und Gisela Landesberger: Die verkauften Bräute: Türkische Frauen zwischen Kreuzberg und Anatolien. 1978. Reinbek 1982.

Baymak-Schuldt, Mediha, Antja Feller und Claudia Zaccai: Ausländische Frauen in Hamburg: Gesundheitswissen – Gesundheitsverhalten. Eine empirische Untersuchung im Auftr. d. Senatskanzlei, Leitstelle Gleichstellung der Frau. Hamburg 1982.

Beauftragte der Bundesregierung für die Belange der Ausländer (Hrsg.): Bericht der Beauftragten für die Belange der Ausländer über die Lage der Ausländer in der Bundesrepublik Deutschland 1993. Bonn 1994.

Beauftragte der Bundesregierung für die Belange der Ausländer (Hrsg.): Mitteilungen 5: Empfehlungen zur interkulturellen Öffnung sozialer Dienste. Bonn 1994.

Beauftragte der Bundesregierung für Ausländerfragen (Hrsg.): Bericht der Beauftragten der Bundesregierung für Ausländerfragen über die Lage der Ausländer. Berlin und Bonn 2000.

Beck, H. O., U. Brandner, und H. Wittlinger: Zur Problematik der Ausländerentbindung. Bericht über 621 Entbindungen von Ausländerinnen in den Jahren 1966-1969. In: Geburtshilfe und Frauenheilkunde 1971, Nr. 31, S. 1174-1183.

Becker-Schmidt, Regina und Gudrun-Axeli Knapp: Feministische Theorien zur Einführung. Hamburg 2000.

Beckert, Hansgünther: Anpassung und Assimilation von ausländischen Arbeitern. Soziologische Besonderheiten bei der Wanderung des Faktors Arbeit. München 1957.

Bentner, Ariane: Einige Voraussetzungen einer interkulturellen und geschlechterdifferenten Pädagogik. In: Ehlers, Johanna, Ariane Bentner und Monika Kowalczyk (Hrsg.): Mädchen zwischen den Kulturen. Anforderungen an eine Interkulturelle Pädagogik. Frankfurt am Main 1997, S. 183-205.

Berber, Ikbal und Wolf B. Emminghaus: Mädchen zwischen Schule und Elternhaus. In: Ehlers, Johanna, Ariane Bentner und Monika Kowalczyk (Hrsg.): Mädchen zwischen den Kulturen. Anforderungen an eine Interkulturelle Pädagogik. Frankfurt am Main 1997, S. 131-144.

Berg, H.: Geburtsverläufe und perinatale kindliche Letalität bei Gastarbeiterfrauen. In: 80. Tagung der Nordwestdeutschen Gesellschaft für Gynäkologie Hamburg 1975, S. 123-131.

Berger, Hartwig: Vom Klassenkampf zum Kulturkonflikt – Wandlungen und Wendungen der westdeutschen Migrationsforschung. In: Dittrich, Eckhard J. und Frank-Olaf Radtke (Hrsg.): Ethnizität. Wissenschaft und Minderheiten. Opladen 1990, S. 119-153.

Berger, Peter L. und Thomas Luckmann: Die gesellschaftliche Konstruktion der Wirklichkeit. Eine Theorie der Wissenssoziologie. Frankfurt am Main 1969.

Bernadoni, Claudia: Gleiches Kindergeld für alle – in die Tasche der Frauen. In: Courage 1978, Jg. 3, Nr. 4, S. 20-23.

Bertaux-Wiame, J.: The Life – History Approach to the Study of Internal Migration. In: Bertaux-Wiame, J. (Hrsg.): Biography and Society. Beverly Hills, California 1981, S. 249-267.

Beschlüsse der Bundesregierung. Weiterentwicklung der Ausländerpolitik vom 19. März 1980, Bonn 1980.

Beuster, Ute und Sybille Manneschmidt: Aufbau und Konzeption eines Beratungszentrums. Schwerpunkt: Sexualaufklärung für türkische Frauen und Mädchen. In: Informationsdienst zur Ausländerarbeit 1982, Nr. 1, S. 62-64.

Beyer, Melanie: Freundinnen der multikulturellen Gesellschaft. In: beiträge zur feministischen theorie und praxis 1993, Nr. 35, S. 97-104.

Bifulco, Vittorio: Die Auswahl italienischer Arbeitskräfte für Deutschland und ihr Einsatz in deutschen Betrieben. In: Hessisches Institut für Betriebswirtschaft e.v. (Hrsg.): Ausländische Arbeitskräfte in Deutschland. Düsseldorf 1961, S. 57-80.

Bingemer, Karl, Edeltrud Meistermann-Seeger und Edgar Neubert: Leben als Gastarbeiter. Geglückte und mißglückte Integration. Opladen 1972.

Birngott, Karin und Riza Y.: Berlin / Islamischer Rechtsextremismus. Frauen, die keine Kopftücher tragen, werden getötet. In: Päd. extra. Sozialarbeit 1980, Nr. 2, S. 11.

Birsl, Ursula, Svenja Ottens und Katrin Sturhan: Männlich – Weiblich, Türkisch – Deutsch. Lebensverhältnisse und Orientierungen von Industriebeschäftigten. Opladen 1999.

Bischoff, Detlef und Werner Teubner: Zwischen Einbürgerung und Rückkehr. Ausländerpolitik und Ausländerrecht in der Bundesrepublik Deutschland. 1990. Berlin 1991.

Blank, Renate: »Jugend 2000 – Fremde hier wir dort«. In: Deutsche Shell (Hrsg.): Jugend 2000. Band 2. Opladen 2000, S. 7-38.

Blum, A.: Über eine Anfallepidemie bei einer Gruppe jugoslawischer Arbeiterinnen. In: Nervenarzt 1972, Nr. 43, S. 192-197.

Bock, Cornelia: Ausländische Mädchen in Hamburg. Zur Situation ausländischer Mädchen zwischen Schule und Beruf. Hamburg 1988.

Bodenbender, W.: Zwischenbilanz der Ausländerpolitik. Referat auf der Tagung der Südosteuropa-Gesellschaft in der Ev. Akademie Tutzing, 16.11.1976.

Bolak, Hale: Wenn die Frau das Geld verdient ... Machtverhältnisse in städtischen Arbeiterfamilien. In: Neusel, Aylâ, Sirin Tekeli und Meral Akkent (Hrsg.): Aufstand im Haus der Frauen: Frauenforschung aus der Türkei. Berlin 1991, S. 229-241.

Bommes, Michael und Albert Scherr: Der Gebrauchswert der Selbst- und Fremdethnisierung in Strukturen sozialer Ungleichheit. In: Probleme des Klassenkampfes 1991, Nr. 83, S. 291-315.

Boos-Nünning, Ursula: Geschlechtsspezifik der Berufswahl und Modelle der Berufsorientierung und Berufsberatung für Mädchen und junge Frauen ausländischer Herkunft. In: Bundesanstalt für Arbeit (Hrsg.): Jugendliche ausländischer Herkunft vor der Berufswahl – Handbuch für die Berufsberatung. Nürnberg 1993, S. 123-181.

Boos-Nünning, Ursula: Die Definition von Mädchen türkischer Herkunft als Außenseiterinnen. In: Nestvogel, Renate (Hrsg.): ›Fremdes‹ oder ›Eigenes‹? Rassismus, Antisemitismus, Kolonialismus, Rechtsextremismus aus Frauensicht. Frankfurt am Main 1994, S. 165-184.

Borrelli, Michele u.a.: Minderheiten in der Bundesrepublik: Das Beispiel ›Gastarbeiter‹. Stuttgart 1973.

Borris, Maria u. a.: Ausländische Arbeiter in einer Großstadt. Eine empirische Untersuchung am Beispiel Frankfurt. Köln / Frankfurt am Main 1973.

Boserup, Ester: Die ökonomische Rolle der Frau in Afrika, Asien, Lateinamerika. 1970. Stuttgart 1982.

Bourdieu, Pierre: Ökonomisches Kapital, kulturelles Kapital, soziales Kapital. In: Kreckel, Reinhard (Hrsg.): Soziale Ungleichheiten (Soziale Welt, Sonderband Bd. 2). Göttingen 1983, S. 183-198.

Brandenburg, Bernd und Elisabeth Schmidt: Zur sozialen Situation und Gesundheits- bzw. Krankheitserfahrung von Türken in Berlin. Ergebnisse einer Befragung 200 türkischer Eltern über ihre soziale Situation in West-Berlin und in der Türkei. Berlin 1982.

Brandt, Franz: Situationsanalyse nichterwerbstätiger Ehefrauen ausländischer Arbeitnehmer in der Bundesrepublik Deutschland. Bonn-Bad Godesberg 1977.

Brandt, H. u. a.: Über den Einfluß des Sozialstatus auf die Häufigkeit geburtshilflicher Komplikationen bei Deutschen und Türkinnen. In: Archiv für Gynäkologie 1979, Jg. 228, S. 113-114.

Brauerhoch, Annette: Die Heimat des Geschlechts – oder mit der fremden Geschichte die eigene erzählen. Zu »Shirins Hochzeit« von Helga Sanders-Brahms. In: Karpf, Ernst, Doron Kiesel und Karsten Visarius (Hrsg.): »Getürkte Bilder« – Zur Inszenierung von Fremden im Film. Marburg 1995, S. 109-116.

Brauerhoch, Annette: »Ich Frau, du auch Frau« – Die Heimat des Geschlechts in Helma Sanders-Brahms' Film Shirins Hochzeit (BRD 1976). In: Ecker, Gisela (Hrsg.): Kein Land in Sicht. Heimat – weiblich? München 1997, S. 159-167.

Braun, Christina von: Das Kloster im Kopf. In: Flaake, Karin und Vera King (Hrsg.): Weibliche Adoleszenz. Zur Sozialisation junger Frauen. Frankfurt am Main / New York 1992, S. 213-239.

Braun, Rudolf: Sozio-kulturelle Probleme der Eingliederung italienischer Arbeitskräfte in der Schweiz. Erlenbach / Zürich 1970.

Breitenfelder, Kirstin und Charlotte Kohn-Ley (Hrsg.): Wie ein Monster entsteht. Zur Konstruktion des anderen in Rassismus und Antisemitismus. PHILO VERLAGSGESELL. 1998.

Broyles-Gonzáles, Yolanda: Türkische Frauen in der Bundesrepublik Deutschland. Die Macht der Repräsentation. In: Zeitschrift für Türkeistudien 1990, Nr. 1, S. 107-134.

Bublitz, Hannelore und Marlies Wehner: Rassismus und interkulturelle Erfahrungen im Auslandsstudium. Ergebnisse einer Studie über Studentinnen aus Entwicklungsländern an deutschen Hochschulen. In: Nestvogel, Renate (Hrsg.): ›Fremdes‹ oder ›Eigenes‹? Rassismus, Antisemitismus, Kolonialismus, Rechtsextremismus aus Frauensicht. Frankfurt am Main 1994, S. 204-228.

Bukow, Wolf Dietrich: Feindbild: Minderheit. Zur Funktion von Ethnisierung. Opladen 1996.

Bukow, Wolf Dietrich und Roberto Llaryora: Mitbürger aus der Fremde. Soziogenese ethnischer Minoritäten. 1988. Opladen 1998.

Bundesanstalt für Arbeit (Hrsg.): Erfahrungsbericht: Beschäftigung, Anwerbung, Vermittlung ausländischer Arbeitnehmer. Nürnberg 1964.

Bundesminister für Arbeit und Sozialordnung: Vorschläge der Bund-Länder-Kommission zur Fortentwicklung einer umfassenden Konzeption der Ausländerbeschäftigungspolitik vom 28.2.1997. Bonn 1977.

Bundesministerium für Jugend, Familie und Gesundheit (Hrsg.): Situationsanalyse nichterwerbstätiger Ehefrauen ausländischer Arbeitnehmer in der BRD. Bonn-Bad Godesberg 1977.

Burckhardt-Tamm, E. und Th. Pfund: Gastarbeiterinnen und Schwangerschaftsabbruch. In: Therapeutische Umschau 1975, Jg. 32, Nr. 9, S. 577-579.

Burger, Gabi und Renate Poppendicker: Ausländische und deutsche Frauen – was können wir zusammen machen? In: Materialien zum Projektbereich »Ausländische Arbeiter« 1980, Nr. 29, S. 9-10.

Çağlar, Ayşe: Das Kulturkonzept als Zwangsjacke in Studien zur Arbeitsmigration. In: Zeitschrift für Türkeistudien 1990, Nr. 1, S. 93-105.

Çamlikbeli, Deniz (Hrsg.): Deutsche Frauen – türkische Frauen. In: Informationsdienst zur Ausländerarbeit 1984, Nr. 1, S. 19.

Castagnoli, Carolina: Probleme der italienischen Frauen in der BRD. In: Internationale Katholische Kommission für Wanderungsfragen, CCMIE (Hrsg.): Probleme der ausländischen Arbeitnehmerinnen im Aufnahmeland. Genf 1976, Nr. 36/D/7b, S. 1-3.

Castelnuovo, Delia Frigessi und Michele Risso: Emigration und Nostalgia. Sozialgeschichte, Theorie und Mythos psychischer Krankheit von Auswanderern. Frankfurt am Main 1986.

Castelnuovo, Delia Frigessi: Das Konzept Kulturkonflikt – Vom biologischen Denken zum Kulturdeterminismus. In: Dittrich, Eckhard J. und Frank-Olaf Radtke (Hrsg.): Ethnizität. Wissenschaft und Minderheiten. Opladen 1990, S. 299-310.

Cinanni, Paolo: Emigration und Imperialismus. Zur Problematik der Arbeitsmigranten. München 1970.

Collatz, Jürgen und H.-J. Schmoll: Ein sozialmedizinischer Beitrag zur Problemdiskussion über den Gesundheitszustand und die medizinische Versorgung der ausländischen Arbeitnehmer. In: Öffentliches Gesundheitswesen 1973 Nr. 35, S. 449-548.

Collatz, Jürgen: Werden die präventiven Möglichkeiten der Schwangerenvorsorge ausreichend genutzt? Erste Ergebnisse der Perinatalstudie Hannover. In: Gynäkologe 1979, Jg. 12, S. 164-174.

Collatz, Jürgen: Die Betreuung türkischer Familien im Rahmen des Modellversuchs »Aktion-Familien-Hebamme«. In: Collatz, Jürgen (Hrsg.): Gesundheit für alle. Die medizinische Versorgung türkischer Familien in der Bundesrepublik. Hamburg 1985, S. 370-399.

Colpe, Carsten: Kopftuch und Schleier – was verbergen sie, was sprechen sie aus? In: Ausländerkinder 1986, Nr. 25/26, S. 22-41.

Cornelisen, Ann: Frauen im Schatten. Leben in einem süditalienischen Dorf. Frankfurt am Main 1978.

Cornelisen, Ann: Fremde zwischen Süd und Nord. 1980. Frankfurt am Main 1981.

Czock, Heidrun: Eignen sich die Kategorien »Kultur« und »Identität« zur Beschreibung der Migrationssituation? Bemerkungen zu den Folgen der Kulturkonflikt-These. In: Informationsdienst zur Ausländerarbeit 1988, Nr. 1, S. 76-81.

Czock, Heidrun: Der Fall der Ausländerpädagogik. Erziehungswissenschaftliche und bildungspolitische Codierungen der Arbeitsmigration. Frankfurt am Main 1993.

Dallery, Arleen B. und Charles E. Scott: The Question of the Other. Essay in Contemporary Continental Philosophy. New York 1989.

Damaschun, H.: Interkulturelle Lebenswelten und Frauen zwischen Tradition und neuen gesellschaftlichen Strukturen. In: Wessel, K.F. u. a. (Hrsg.): Migration. Bielefeld 1993, S. 215-228.

Dausien, Bettina: Migration – Biographie – Geschlecht. Einführung in einen mehrwertigen Zusammenhang. In: Dausien, Bettina u. a. (Hrsg.): Migrationsgeschichten von Frauen. Beiträge und Perspektiven aus der Biographieforschung. Bremen 2000, S. 9-24.

Decker, F.: Ausländer im politischen Abseits. Möglichkeiten ihrer politischen Beteiligung. Frankfurt am Main / New York 1982.

Delgado, Juan Manuel: Anpassungsprobleme der spanischen Gastarbeiter in Deutschland – eine sozialpsychologische Untersuchung. Köln 1966.

Delgado, Juan Manuel: Die ›Gastarbeiter‹ in der Presse. Eine inhaltsanalytische Studie. Opladen 1972.

Deppner, Ingeborg und Rosemarie Guhl: Aktion Familien-Hebamme. In: Informationsdienst zur Ausländerarbeit 1982, Nr. 3, S. 72-73.

Der Spiegel 1982, Nr. 1.

DGB-Bildungswerk: Ältere ArbeitsmigrantInnen – eine vergessene Generation? Dortmund 1988.

Die Kopftuchlüge. Kann das Kopftuch einer Afghanin im Jahr 1998 Privatsache sein? In: Emma Sept./Okt. 1998.

Die Kopftuchlüge. In: Emma Jan./Feb. 1999.

Diehm, Isabell: Erziehung in der Einwanderungsgesellschaft. Konzeptionelle Überlegungen für die Elementarpädagogik. Frankfurt am Main 1993.

Diehm, Isabell und Frank-Olaf Radtke: Erziehung und Migration. Eine Einführung. Stuttgart / Berlin / Köln 1999.

Dietrich, Anne u. a. (Hrsg.): Im Labyrinth der Bilder. Eingewanderte und deutsche Frauen im interkulturellen Dialog. Essen 1996.

Dilger, Konrad: Befreiung vom Ehefähigkeitszeugnis: Zur Eheschließung von Ausländern islamischen Glaubens in Deutschland. In: Das Standesamt 1981, Nr. 8, S. 229-232.

Dittmann, Ralf W. und Anne Kröning-Hammer: Interkulturelle Konflikte bei 10-18jährigen Mädchen türkischer Herkunft. In: Praxis der Kinderpsychologie und Kinderpsychiatrie 1986, Jg. 35, Nr. 5, S. 170-177.

Dittrich, Eckhard J. und Frank-Olaf Radtke (Hrsg.): Ethnizität. Wissenschaft und Minderheiten. Opladen 1990.

Dittrich, G. G.: Wohnen ausländischer Arbeitnehmer, SIN-Städtebauinstitut. Nürnberg 1975.

Dohn, Irma: Streit um ein Stückchen Stoff. In: TAZ vom 21.11.1989.

Döhring, Bärbel: Unterdrückte fremde Geschlechtsgenossin. In: Psychologie heute 1986, Nr. 9, S. 9.

Dohse, Knut: Ausländische Arbeiter und bürgerlicher Staat. Genese und Funktion von staatlicher Ausländerpolitik und Ausländerrecht. Vom Kaiserreich bis zur Bundesrepublik Deutschland. Königstein / Taunus 1981.

Dokter, Andrea: Daten zur Situation türkischer Frauen in der BRD. In: Bennholdt-Thomsen, Veronika u. a. (Hrsg.): Frauen aus der Türkei kommen in die Bundesrepublik. Zum Problem der Hausfrauisierung. Bremen 1987, S. 33-46.

Dokumentationsgruppe der Sommeruniversität für Frauen e. V. Berlin (Hrsg.): Frauen als bezahlte und unbezahlte Arbeitskräfte. Beiträge zur Berliner Sommeruniversität für Frauen. Berlin 1978.

Donau, Inge: Ausweisungsgrund: Kinder. In: Courage 1976, Nr. 3, S. 19-20.

Drähne, A: Eisenmangelanämie in der Schwangerschaft. Eine vergleichende Studie. In: Archiv für Gynäkologie 1977, Jg. 224, S. 533-536.

Durgut, G.: »Ich konnte die Schläge nicht länger ertragen«. Reportagenserie »Ausreißerinnen« 1. In: Bizim Almança / Unser Deutsch 1991, Nr. 70, S. 12-13.

Durgut, G.: »Man hat mich zur Heirat gezwungen«. Reportagenserie »Ausreißerinnen« 4. In: Bizim Almança / Unser Deutsch 1991, Nr. 73, S. 44-45.

Durmazel, Cengiz: Analyse eines türkischen Redakteurs in Berlin. Deutsche Politiker sagen nicht die Wahrheit. In: Italiaander, Rolf (Hrsg.): »Fremde raus?« – Fremdenangst und Ausländerfeindlichkeit. Frankfurt am Main 1983, S. 187-192.

Eberding, Angela: Arm – hilflos – ausgeliefert? Zu stereotypen Überzeugungen über Mädchen türkischer Herkunft. In: Koch, Eckhardt u. a. (Hrsg.): Chancen und Risiken von Migration. Deutsch-türkische Perspektiven. Freiburg 1998, S. 317-325.

Ebert-Behr, Gudrun: Ayse. Vom Leben einer Türkin in Deutschland. Berlin 1980.

Ehlers, Johanna, Ariane Bentner und Monika Kowalczyk (Hrsg.): Mädchen zwischen den Kulturen. Anforderungen an eine Interkulturelle Pädagogik. Frankfurt am Main 1997.

Ehlers, Johanna und Monika Kowalczyk: Mädchen zwischen den Kulturen – Überblick über das Modellprojekt. In: Ehlers, Johanna, Ariane Bentner und Monika Kowalczyk (Hrsg.): Mädchen zwischen den Kulturen. Anforderungen an eine Interkulturelle Pädagogik. Frankfurt am Main 1997, S. 7-17.

Eisenstadt, M.G. und M. Kaltefleiter: Minoritäten in Ballungsräumen. o. O. 1975.

Eitelmann-Graeff, Hanni, Christel Ickler und Karin Lohrer: Ausländische Frauen im Frauenhaus. In: Informationsdienst zur Ausländerarbeit 1984, Nr. 3, S. 41-43.

Elias, Norbert: Studien über die Deutschen. Frankfurt am Main 1990.

Enderwitz, Susanne: Der Schleier im Islam. In: Feministische Studien 1983, Nr. 2, S. 95-112.

Engler, Renate: Morgens Deutschland – Abends Türkei: Mädchen der 2. Generation. In: Informationsdienst zur Ausländerarbeit 1984, Nr. 4, S. 80-83.

Esser, Hartmut: Multikulturelle Gesellschaft als Alternative zu Assimilation und Isolation. In: Ders. (Hrsg.): Die fremden Mitbürger. Düsseldorf 1983(a), S. 25-38.

Esser, Hartmut: Ist das Ausländerproblem in der Bundesrepublik Deutschland ein »Türkenproblem«? In: Italiaander, Rolf (Hrsg.):»Fremde raus?« – Fremdenangst und Ausländerfeindlichkeit. Frankfurt am Main 1983(b), S. 169-179.

Esser, Hartmut: Die Mobilisierung ethnischer Konflikte. In: Bade, Klaus J. (Hrsg.): Migration – Ethnizität – Konflikt: Systemfragen und Fallstudien. Osnabrück 1996, S. 63-88.

FeMigra (Feministische Migrantinnen, Frankfurt): Wir, die Seiltänzerinnen. Politische Strategien gegen Ethnisierung und Assimilation. In: Eichhorn, Cornelia und Sabine Grimm (Hrsg.): Gender Killer. Texte zu Feminismus und Politik. Berlin / Amsterdam 1994, S. 49-63.

Filter, Cornelia: Zwischen zwei Welten: Türkinnen in Deutschland. In: Emma Sonderband Krieg 1991, S. 62-66.

Filter, Cornelia: Zwischen zwei Welten. In: Schwarzer, Alice (Hrsg.): Krieg. Was Männerwahn anrichtet und wie Frauen Widerstand leisten. Frankfurt am Main 1992, S. 101-107.

Fırat, Gülsün: Der Prozeß der Hausfrauisierung am Beispiel der Migration von Frauen aus der Türkei in die Bundesrepublik Deutschland. Saarbrücken, Fort Lauderdale 1987.

Fişek, Güler Okman: Paradoxes of intimacy: An analysis in terms of gender and culture. In: Bogaziçi Journal: Review of Social, Economic and Administrative Studies 1994, 8, Nr. 1-2, S. 177-186.

Fişek, Güler Okman: Auswirkungen der Migration auf die Erfordernisse der Familientherapie. Türkisch-Deutsche Erfahrungen. In: Koch, Eckhardt u.a. (Hrsg.): Chancen und Risiken von Migration. Deutsch-türkische Perspektiven. Freiburg 1998, S. 102-115.

Flehmig, Christiane: Für eine Zusammenarbeit mit ausländischen Frauen: Kooperationsversuche der DFI-Hamburg mit ausländischen Frauengruppen. In: Doormann, Lottemi (Hrsg.): Keiner schiebt uns weg. Weinheim 1979, S. 343-346.

Flock, Hanne-Lore: Zekiye und Ahmet. Morgenland im Abendland: eine Frau darf sich nicht wehren. In: Informationsdienst zur Ausländerarbeit 1979, Nr. 2, S. 122-125.

214

Franger, Gabriele und Irmgard Theilen: Ausländische Kinder im Tagesmüttermodell – ein Problemaufriß. Bonn 1977. In: Materialien zum Projektbereich »Ausländische Arbeiter« 1977, Nr. 15, S. 117-138.

Franger, Gaby und Irmgard Theilen: Ausländische Kinder und ihre Familien. Erfahrungen und Beratungsansätze aus dem Tagesmüttermodell. München 1981.

Franger, Gaby: Wir haben es uns anders vorgestellt. Türkische Frauen in der Bundesrepublik. Frankfurt am Main 1984.

Franz, Fritz: Bürgerliche und politische Rechte der Wanderarbeitnehmer in der Bundesrepublik Deutschland. In: Just, Wolf-Dieter und Annette Groth (Hrsg.): Wanderarbeiter in der EG. Bd. 2. Länderberichte. Mainz / München 1985, S. 11-31.

Frauen in der Offensive (Hrsg.): Lohn für Hausarbeit oder: Auch Berufstätigkeit macht nicht frei. München 1974.

Fremgen, Gisela: ... und wenn du dazu noch schwarz bist. Berichte schwarzer Frauen in der Bundesrepublik. Bremen 1984.

Frings, Dorothee: Ausländische Frauen in Trennungssituationen. In: Streit. Feministische Rechtszeitschrift 1987, Nr. 2, S. 45-47.

Fritzsche, Yvonne: Moderne Ortientierungsmuster: Inflation am »Wertehimmel«. In: Deutsche Shell (Hrsg.): Jugend 2000. Band 1. Opladen 2000, S. 93-155.

Fröhlich Ulla: Wann fällt der Schleier. In: Brigitte 1989, Nr. 4.

Fuchs, Brigitte und Gabriele Habinger (Hrsg.): Rassismen & Feminismen. Differenzen, Machtverhältnisse und Solidarität zwischen Frauen Wien 1996.

Fuchs-Heinritz, Werner: Zukunftsorientierungen und Verhältnis zu den Eltern. In: Deutsche Shell (Hrsg.): Jugend 2000. Band 1. Opladen 2000, S. 23-92.

Füssel, Hans-Peter: Kulturkonflikte im Schulrecht. In: Bryde, Brun-Otto (Hrsg.): Das Recht und die Fremden. Baden-Baden 1994, S. 67-82.

Gabaccia, Donna: Immigrant Women: Nowhere at Home? In: Journal of American Ethnic History 1991, Jg. 10, Heft 4, S. 61-87.

Gartmann, H. und W. Kiessling: Lepra bei ausländischen Arbeiterinnen in Deutschland. In: Der Hautarzt 1963, Nr. 14, S. 308-315.

Gaserow, Vera: Das Kopftuch wird zum Fallstrick. In: TAZ vom 8.3.1995(a).

Gaserow, Vera: Heirat? Dann ist alles aus! In: TAZ vom 4.10.1995(b).

Gauss, Karl-Markus: Zwischen zwei Welten. Aysel Özakins Roman ›Die blaue Maske‹. In: Neue Züricher Zeitung vom 2.3.1990, S. 47.

Geertz, Clifford (Hrsg.): Dichte Beschreibung. Beiträge zum Verstehen kultureller Systeme. 1987. Frankfurt am Main 1995.

Geiger, Andreas (Hrsg.): Rassismus und Ausländerfeindlichkeit in Deutschland. Beiträge zu ihrer Erforschung. Kassel 1985.

Geiselberger, Siegmar: Schwarzbuch: Ausländische Arbeitnehmer. Hrsg. vom Bundesvorstand der Jungsozialisten. Frankfurt am Main 1972.

Geller, Helmut: Liebe zwischen Ehre und Engagement. Zur Konfrontation zweier Orientierungssysteme zwischen deutschen Frauen und Einwanderern der ersten Generation aus mediterranen Ländern. Opladen 1999.

Gennep, Arnold van: Übergangsriten (Les rites de passage). 1906. Frankfurt am Main / New York 1999.

Gerstacker, Ruth: Am Rande von Lindau. Ausländer in einem Männerwohnheim. In: Fröhlich, Pea und Peter Märthesheimer (Hrsg.): Ausländerbuch für Inländer. Bausteine zum Begreifen der Ausländerprobleme. Frankfurt am Main 1980, S. 185-194.

Gilman, Sander L.: Hottentottin und Prostituierte. Zu einer Ikonographie der sexualisierten Frau. In: Gilman, Sander L. (Hrsg.): Rasse, Sexualität und Seuche. Stereotype aus der Innenwelt der westlichen Kultur. Reinbek bei Hamburg 1992, S. 119-154.

Gilman, Sander L.: Der »jüdische Körper«. In: Schoeps, Julius H. und Joachim Schlör (Hrsg.): Antisemitismus. Vorurteile und Mythen. München / Zürich 1995, S. 167-179.

Giordano, Christian: »Miserabilismus« als Ethnozentrismus. Zur Kritik der Kulturkonfliktthese in der Migrationsforschung. In: Greverus, Ina-Maria (Hrsg.): Kulturkontakt, Kulturkonflikt: zur Erfahrung des Fremden. 26. Dt. Volkskundekongress. Frankfurt am Main 1988, S. 243-249.

Giordano, Christian: Der Ehrkomplex im Mittelmeerraum: sozioanthropologische Konstruktion oder Grundstruktur mediterraner Lebensformen? In: Vogt, Ludgera und Arnold Zingerle (Hrsg.): Ehre. Archaische Momente in der Moderne. Frankfurt am Main 1994, S. 172-192.

Glatzer, Wolfgang: Bildungsnachfrage und Bildungsdefizit der Kinder ausländischer Arbeitnehmer. In: Leudesdorff, Rene und Horst Zillessen (Hrsg.): Gastarbeiter – Mitbürger. Gelnhausen / Berlin 1971, S. 61-68.

Goffman, Erving: Die Interaktionsordnung. In: Knoblauch, Hubert A. (Hrsg.): Erving Goffman: Interaktion und Geschlecht. Frankfurt am Main / New York 1994, S. 50-104.

Goffman, Erving: Das Arrangement der Geschlechter. In: Knoblauch, Hubert A. (Hrsg.): Erving Goffman: Interaktion und Geschlecht. Frankfurt am Main / New York 1994, S. 105-158.

Gözlü, Lale: Türkische Mädchen im Kulturkonflikt. In: Forum. Zeitschrift für Ausländerfragen und -kultur 1986, Nr. 2, S. 39-44.

Granato, Mona und V. Meissner: Hochmotiviert und abgebremst: junge Frauen ausländischer Herkunft in der Bundesrepublik Deutschland. Eine geschlechtsspezifische Analyse ihrer Bildungs- und Lebenssituation. Bielefeld 1994.

Grenz, Dagmar: Das »Problem des Anderen«. Die Darstellung türkischer Mädchen und junger Frauen in der zeitgenössischen Kinder- und Jugendliteratur. In: Janota, Johannes (Hrsg.): Germanistik und Deutschunterricht im historischen Wandel. Vorträge des Augsburger Germanistentages 1991, S. 220-232.

Grottian, Giselind: Empfehlungen für einen Förderschwerpunkt »Gesundheit ausländischer Frauen und Kinder« im Rahmen des Bundesprogramms: Förderung von Forschung und Entwicklung im Dienste der Gesundheit 1978-1981 (FEDG). Berlin 1980.

Grottian, Giselind: Vorstellungen von Gesundheit und Krankheit bei Frauen aus der Türkei. In: Collatz, Jürgen (Hrsg.): Gesundheit für alle. Die medizinische Versorgung türkischer Familien in der Bundesrepublik. Hamburg 1985, S. 280-291.

Guggenberger, M.: Die Ausländergeburt. Psychosomatische Aspekte in der Schwangerschaft und der Geburt. In: Hillemanns, Hans Günther (Hrsg.): Die humane, familienorientierte und sichere Geburt. Ein Einblick in die gegenwärtige Geburtshilfe der Bundesrepublik, Frankreichs, Hollands, Österreichs, Schwedens und der Schweiz. Stuttgart 1983, S. 322-327.

Gültekin, Nevâl: Anpassung zur Emanzipation? In: beiträge zur feministischen theorie und praxis 1986, Nr. 18, S. 92-94.

Gümen, Sedef / Westphal, Manuela: Die »fremde Frau« in der multikulturellen Gesellschaft. In: Universität Osnabrück Magazin 1992, S. 31-34.

Gümen, Sedef: Der westliche Diskurs aus einem kritischen Blickwinkel. Frauenbewegungen in der Türkei – Immigrantinnenbewegungen in der BRD. In: Informationsdienst zur Ausländerarbeit 1993, Nr. 4, S. 87-94.

Gümen, Sedef: Frauenbilder und geschlechtsspezifische Selbstbilder in interkulturellvergleichender Perspektive. In: Zeitschrift für Frauenforschung 1995, Nr. 3, S. 41-56.

Gümen, Sedef: Die sozialpolitische Konstruktion »kultureller« Differenzen in der bundesdeutschen Frauen- und Migrationsforschung. In: beiträge zur feministischen theorie und praxis 1996, Nr. 42, S. 77-89.

Gümen, Sedef: Das Soziale des Geschlechts. Frauenforschung und Ethnizität. In: Das Argument 1998, Nr. 224, S. 187-202.

Güney, Yilmaz: Sürü – Die Herde. Hamburg 1980.

Güngör, Dilek: Die Augen sollten sich nicht öffnen. Junge Türkinnen, die als Ehefrauen türkischer Männer nach Deutschland kommen. In: Frankfurter Allgemeine Zeitung vom 9.6.2000, S. 11.

Gürkan, Ülkü, Klaus Laqueur und Petra Szablewski: ... ich habe mich selber gekauft: türkische Frauen in der Bundesrepublik. Frankfurt am Main 1981, 1982.

Gutiérrez Rodriguez, Encarnación: Eine Frau ist eine Frau ist eine ... . Migrantinnen in der deutschen Frauenbewegung. In: IZW 1997, Nr. 2, S. 26-28.

Gutiérrez Rodriguez, Encarnación: Intellektuelle Migrantinnen – Subjektivitäten im Zeitalter von Globalisierung. Eine postkoloniale dekonstruktive Analyse von Biographien im Spannungsverhältnis von Ethnisierung und Vergeschlechtlichung. Opladen 1999.

Guyot, J. u. a.: Migrant women speak. Genf 1978.

Hahn, Alois: Die soziale Konstruktion des Fremden. In: Sprondel, Walter M. (Hrsg.): Die Objektivität der Ordnungen und ihre kommunikative Konstruktion. Frankfurt am Main 1994, S. 140-163.

Hahn, Sylvia: Wie Frauen in der Migrationsgeschichte verloren gingen. In: Husa, Karl, Christof Parnreiter und Irene Stacher (Hrsg.): Internationale Migration. Die globale Herausforderung des 21. Jahrhunderts. Frankfurt am Main 2000, S. 77-96.

Haller, V. (Hrsg.): Mädchen zwischen Tradition und Moderne. Folge des Werte- und Normenwandels für die Geschlechtsidentität der Mädchen am Beispiel unterschiedlicher kultureller Ausgangsbedingungen. Innsbruck 1994.

Hamburger, Franz und Otto Wolter: Ausländische Jugendliche im Konflikt? In: Ausländerkinder 1981, Nr. 7.

Hamburger, Franz: Der Kulturkonflikt und seine pädagogische Kompensation. In: Dittrich, Eckhard J. und Frank-Olaf Radtke, (Hrsg.): Ethnizität. Wissenschaft und Minderheiten. Opladen 1990, S. 311-328.

Hartmann, G.: Zur Frage von Zyklusstörungen bei Gastarbeiterinnen. In: Geburtshilfe und Frauenheilkunde 1968, Jg. 28, S. 974-975.

Hartung: Die Betreuung der Säuglinge und Kleinkinder von Gastarbeitern. 1963.

Häuserrat Frankfurt (Hrsg.): Wohnungskampf in Frankfurt am Main. München 1984.

Hebenstreit, Sabine und Cornelia Mansfeld: Konflikte in Projekten. In: Loccumer Protokolle 1984(a), Nr. 9, S. 57-60.

Hebenstreit, Sabine: Rückständig, isoliert, hilfsbedürftig – das Bild ausländischer Frauen in der deutschen Literatur. In: Zeitschrift für Frauenforschung 1984(b), Nr. 4, S. 24-38.

Hebenstreit, Sabine: Frauenräume und weibliche Identität: ein Beitrag zu einem ökologisch orientierten Perspektivenwechsel in der sozialpädagogischen Arbeit mit Migrantinnen. Berlin 1986.

Hebenstreit, Sabine: Feministischer Ethnozentrismus und Wege zum Verstehen. In: Informationsdienst zur Ausländerarbeit 1988, Nr. 3, S. 28-31.

Heijs, Jan (Hrsg.): Yilmaz Güney. Sein Leben – seine Filme. Hamburg 1983.

Heine, Regina und Reinhard Marx: Ausländergesetz mit neuem Asylverfahrensrecht. Baden-Baden 1978.

Heinerth, Klaus: Untersuchungen zur Vorurteilshaftigkeit im Verhalten deutscher gegenüber ausländischen Arbeitern. Tübingen 1968.

Heinrich, Karin und Helga Wilde: Alleinlebende Frauen aus der Türkei – einsam und hilflos? In: Informationsdienst zur Ausländerarbeit 1987, Nr. 2, S. 36-41.

Heinrich, Karin und Ayfer Schultz: Männliche Ehre und Frauenunterdrückung. In: Informationsdienst zur Ausländerarbeit 1988, Nr. 3, S. 66-70.

Heinrich, Karin: Frauenprojekte für ausländische Frauen: Frauenarbeit zwischen Frauenbewegung und Sozialarbeit. In: Heinrich, Karin u. a. (Hrsg.): Zwischen Alltagsfrust und Größenwahn. Probleme der Sozialarbeit in Projekten für ausländische Frauen. Weinheim 1990(a), S. 25-38.

Heinrich, Karin, Petra Wagner und Helga Wilde: Probleme und Konflikte der Mitarbeiterinnen. In: Heinrich, Karin u. a. (Hrsg.): Zwischen Alltagsfrust und Größenwahn. Probleme der Sozialarbeit in Projekten für ausländische Frauen. Weinheim 1990(b), S. 102-130.

Heinrich, Karin: Zur Entstehung der Projekte für ausländische Frauen und Mädchen in Berlin. In: Heinrich, Karin u. a. (Hrsg.): Zwischen Alltagsfrust und Größenwahn. Probleme der Sozialarbeit in Projekten für ausländische Frauen. Weinheim 1990(c), S. 12-24.

Heldmann, Hans Heinz: Ausländerrecht. Köln 1979.

Hendrych, A. und M. Wagner: Migrantinnen in der Berufsausbildung. Eine Vergleichsstudie zwischen Migrantinnen aus der Türkei und deutschen Frauen im Berufswahlprozeß zum Beruf der Arzthelferin. In: Zeitschrift für Migration und soziale Arbeit 1997, Nr. 2, S. 29-31.

Henkel, Peter: Ein Kopftuch wird zum Streitobjekt. In Baden-Württemberg will eine Muslimin Lehrerin werden, aber auf das Kleidungsstück nicht verzichten. In: Frankfurter Rundschau vom 10.7.1998, S. 3.

Henning, Juanita: Kolumbianische Prostituierte in Frankfurt. Ein Beitrag zur Kritik gängiger Ansichten über Frauenhandel und Prostitution. Freiburg 1997.

Herbert, Ulrich: Geschichte der Ausländerbeschäftigung in Deutschland 1880–1980. Saisonarbeiter – Zwangsarbeiter – Gastarbeiter. Berlin / Bonn 1986.

Herrmann, Helga: Verwandtschaftsbeziehungen. In: Schlaffke, Winfried und Rüdiger von Voss (Hrsg.): Vom Gastarbeiter zum Mitarbeiter. Ursachen, Folgen und Konsequenzen der Ausländerbeschäftigung. Köln 1982, S. 294-301.

Herrmann, Monika: Wenn Ayse sich scheiden läßt. Treffpunkt für Türkinnen bietet Hilfe an. In: Korrespondenz die Frau 1983, Nr. 9, S. 11-12.

Herwartz-Emden, Leonie: Mutterschaft und weibliches Selbstkonzept. Eine interkulturell-vergleichende Studie. Weinheim / München 1995.

Herwartz-Emden, Leonie: Migration und soziokulturelle Lebenswelt: Konfrontation und Veränderung. In: Büttner, Christian u. a. (Hrsg.): Brücken und Zäune. Interkulturelle Pädagogik zwischen Fremden und Eigenem. Gießen 1998, S. 27-51.

Herwartz-Emden, Leonie (Hrsg.): Einwandererfamilien: Geschlechterverhältnisse, Erziehung und Akkulturation. Osnabrück 2000.

Herzog, Marianne: Akkordarbeiterinnen bei AEG / Telefunken. In: Kursbuch 1970, Nr. 21, S. 110-127.

Hessisches Institut für Betriebswirtschaft e.v. (Hrsg.): Ausländische Arbeitskräfte in Deutschland. Düsseldorf 1961.

Heßler, Manfed: Zukunfts- und Rollenvorstellungen von deutschen und ausländischen Mädchen und Jungen. Erfahrungen aus einem interkulturellen Unterrichtsprojekt. In: Gesamtschul-Informationen 1990, Jg. 21, Nr. 1/2, S. 255-285.

Hettlage-Vargas, Andrea und Robert Hettlage: Übergangsidentitäten im Migrationsprozeß. In: Zeitschrift für Frauenforschung 1995, Nr. 3, S. 13-26.

Hilbek, Merle: Der Streit um das Kopftuch: Was muslimische Frauen denken. In: Die Zeit vom 23.6.1998, S. 7.

Hirata, L.Ch: Free, Indentured, Enslaved: Chinese Prostitutes in Nineteenth-century America. In: Signs. Journal of Women in Culture and Society 1979, Nr. 1, S. 3-29.

Hoffmann, Lutz und Herbert Even: Soziologie der Ausländerfeindlichkeit. Zwischen nationaler Identität und multikultureller Gesellschaft. Weinheim / Basel 1984.

Hoffmann, Lutz: Ausländer raus? Ein deutsches Dilemma. In: Bausinger, Hermann (Hrsg.): Ausländer – Inländer. Arbeitsmigration und kulturelle Identität. Tübingen 1986, S. 9-30.

Hoffmann-Nowotny, Hans-Joachim: Migration – ein Beitrag zu einer soziologischen Erklärung. Stuttgart 1970.

Hoffmann-Nowotny, Hans-Joachim: Soziologie des Fremdarbeiterproblems. Eine theoretische und empirische Analyse am Beispiel der Schweiz. Stuttgart 1973.

Hoffmeyer-Zlotnik, Jürgen H. P.: Segregation und Integration. Die Situation von Arbeitsmigranten im Aufnahmeland. Mannheim 1986.

Höfling, H. J.: Perinatale Letalität bei Gastarbeiterinnen. In: Geburtshilfe und Frauenheilkunde 1975. Nr. 35, S. 169-172.

Hohlweg-Majert, Peter: Gynäkologische und pädiatrische Probleme der Versorgung ausländischer Arbeitnehmer. o. O. 1973.

Hohlweg-Majert, Peter: Gynäkologische und geburtshilfliche Betreuung von Gastarbeiterinnen. In: Deutsches Ärzteblatt 1974, Nr. 11, S. 780-781.

Hohlweg-Majert, Peter, S. Sievers und H. Wittlinger: Schwangerschaft und Geburt bei Gastarbeiterinnen. In: Medizinische Klinik 1977, Jg. 72, Nr. 2, S. 33-38.

Holzer, Brigitte: Gewalt und Liebe in der Beziehung zwischen Müttern und Töchtern. In: Bennholdt-Thomsen, Veronika u. a. (Hrsg.): Frauen aus der Türkei kommen in die Bundesrepublik. Zum Problem der Hausfrauisierung. Bremen 1987, S. 65-84.

Holzinger, R.: Zur Psychologie des Fremdenhasses. Tübingen 1951.

Hölzl, Luisa Costa und Eleni Torossi (Hrsg.): Freihändig auf dem Tandem. Dreißig Frauen aus elf Ländern. Kiel 1985.

Hübner, Irene: »... wie eine zweite Haut«. Ausländerinnen in Deutschland. Weinheim / Basel 1985.

Hügel, Ilka u. a. (Hrsg.): Entfernte Verbindungen. Rassismus, Antisemitismus, Klassenunterdrückung. Berlin 1993.

Hummel, Diana: Frauenhandel mit Lateinamerikanerinnen in Deutschland. In: George, Uta und Mark Arenhövel (Hrsg.): Lateinamerika: Kontinent vor dem Morgengrauen. Münster 1992, S. 83-92.

Huntington, Samuel P.: The Clash of Civilisation. New York 1996.

Husa, Karl, Christof Parnreiter und Irene Stacher (Hrsg.): Internationale Migration. Die globale Herausforderung des 21. Jahrhunderts. Frankfurt am Main 2000.

Huth, Christine: Leben zwischen zwei Kulturen: Türkische Frauen in der Bundesrepublik. In: Anhaltspunkte 1981, Nr. 5, S. 139-142.

Huth, Christine und Jürgen Micksch (Hrsg.): Ausländische Frauen: Interviews, Analysen und Anregungen für die Praxis. 1981. Frankfurt am Main 1982(a).

Huth, Christine (Hrsg.): Ausländische Frauen in der Bundesrepublik. (epd-Dokumentation) Frankfurt am Main 1982(b).

Huth, Christine u. a.: Ausländische und deutsche Frauen: Lebenssituation, gegenseitige Wahrnehmungen, mögliche Begegnungen. Ergebnisse intensiver Einzelgespräche. Köln / Frankfurt am Main 1986.

Huth-Hildebrandt, Christine: Situation ausländischer Frauen und Mädchen aus den Anwerbestaaten. (K)ein Thema für deutsche Frauenverbände und Frauengruppen. In: Informationen für die Frau 1988(a), Nr. 1, S. 3-5.

Huth-Hildebrandt, Christine u. a.: Ausländische und deutsche Frauen: miteinander leben lernen – Anregungen zur interkulturellen Frauenbildungsarbeit. Hrsg. vom Landesinstitut für Schule und Weiterbildung. Soest 1988(b).

Huth-Hildebrandt, Christine: Eine griechische Verlegerin in Deutschland. Niki Eideneier. In: Frauen in der Einen Welt 1992(a), Nr. 1, S. 112-121.

Huth-Hildebrandt, Christine: Germanozentrismus oder interkulturelles Denken? Deutsche Frauen und ihre Beziehungen zu den Migrantinnen. In: Schulz, Marion (Hrsg.): Fremde Frauen. Von der Gastarbeiterin zur Bürgerin. Frankfurt am Main 1992(b), S. 6-25.

Huth-Hildebrandt, Christine: Von der Ausländerinnenarbeit zur interkulturellen Frauenbildungsarbeit. In: Unterschiede 1992(c), Nr. 4, S. 24-29.

Huth-Hildebrandt, Christine und Helma Lutz: Geschlecht im Migrationsdiskurs. In: Das Argument 1998, Nr. 224, S. 159-173.

Huth-Hildebrandt, Christine: Die fremde Frau – auf den Spuren eines Kontrukts der Migrationsforschung. Münster 1999(a).

Huth-Hildebrandt, Christine: Kindheit und Kulturkonflikt in der Migrationssituation. Zur Funktion der Kategorie Geschlecht in der Diskussion um den angenommenen Kulturkonflikt von Migrantenkindern. Unveröffentl. Vortragsmanuskript, Frankfurt am Main 1999(b).

Huth-Hildebrandt, Christine: Ethnisierungsprozesse re-visited: Die Relevanz der Kategorie Geschlecht im Umgang mit Fremdheit. In: Kiesel, Doron u.a. (Hrsg.): Die Erfindung der Fremden. Zur Kontroverse um Gleichheit und Differenz im Sozialstaat. Frankfurt am Main 1999(c), S. 185-201.

Huth-Hildebrandt, Christine: Migrantinnen als unzivilisierte, körperlich Verschiedene. Der biologistisch-rassistische Diskurs in der Medizin. Unveröffentlichtes Vortragsmanuskript, Frankfurt am Main 1999(d).

Huth-Hildebrandt, Christine: Der Blick auf die fremde Frau. In: Rohr, Elisabeth u. Mechtild M. Jansen (Hg.): Grenzgängerinnen. Frauen auf der Flucht, im Exil und in der Migration, Gießen 2002(a), S. 85-116.

Huth-Hildebrandt, Christine: Das Bild von der Migrantin - eine Folie zur Polarisierung der Debatte um Migration? In: Göttert, Margit u. Karin Walser (Hrsg.): Gender und soziale Praxis, Königstein 2002(b), S. 144-168.

Hüttersen-Kuntz, Dorothea: Ausländische Frauen und Ausländerrecht. In: Gemeinsam. Ausländer und Deutsche in Schule, Nachbarschaft und Arbeitswelt 1986, Nr. 3, S. 3-4.

Ingenhoven, Claudia: Zwischen Gehorsam und Schande. Atiye – eine Geschichte aus Berlin. In: Informationsdienst zur Ausländerarbeit 1983, Nr. 1, S. 106-107.

Institut für Sozialpädagogische Forschung Mainz e.V. (Hrsg.): Differenz und Differenzen. Zur Auseinandersetzung mit dem Eigenen und dem Fremden im Kontext von Macht und Rassismus bei Frauen. Neuwied 1994.

Internationale Katholische Kommission für Wanderungsfragen, CCMIE (Hrsg.): Probleme der ausländischen Arbeitnehmerinnen im Aufnahmeland. Genf 1976.

Jacobi, Malvina: Einige Aspekte der portugiesischen Arbeitnehmerin in Hamburg und Umgebung. In: Internationale Katholische Kommission für Wanderungsfragen, CCMIE (Hrsg.): Probleme der ausländischen Arbeitnehmerinnen im Aufnahmeland. Genf 1976, S. 1-5.

Jäger, Margret: »Feministische« Argumente zur Untermauerung des Rassismus: Warum liegt Deutschen die Stellung der Einwanderinnen so am Herzen? In: Butterwegge, Christoph und Siegfried Jäger (Hrsg.): Rassismus in Europa. Köln 1992, S. 248-261.

Jäger, Margret: Fatale Effekte. Die Kritik am Patriarchat im Einwanderungsdiskurs. Duisburg 1996.

Jancke, Egbert: Die Geschichte von Suduman K. Kulturelle Konflikte einer türkischen Oberschülerin. In: Fröhlich, Pea und Peter Märthesheimer (Hrsg.): Ausländerbuch für Inländer. Bausteine zum Begreifen der Ausländerprobleme. Frankfurt am Main 1980, S. 114-119.

Jansen, C. u. a. (Hrsg.): Reading in the Sociology of Migration. Oxford 1970.

Jensen, Margarete: Mütterberatung und Mobile Krankenpflege. In: Ausländerkinder 1982, Nr. 11, S. 43-44.

Joop, Arnim: Verlassen zwischen Fremden. Erzählungen von Aysel Özakin. In: Die Tat vom 8.7.1983, S. 10.

Jugendamt als Unterhaltspfleger-Entlassung. Elterliche Gewalt der türkischen Mutter eines nichtehelichen Kindes – Pflegschaftsanordnung. Urteil des Bayr. OSLG vom 16.12.1977 – 1Z 103/77. In: Das Standesamt 1978, S. 208-210.

Kaiser, Marianne: Wir wollen gleiche Löhne! Dokumentation zum Kampf der 29 »Heinze«-Frauen. Reinbek bei Hamburg 1980.

Kalpaka, Annita und Nora Räthzel: Paternalismus in der Frauenbewegung?! Zu den Gemeinsamkeiten und Unterschieden zwischen eingewanderten und eingeborenen Frauen. In: Informationsdienst zur Ausländerarbeit 1985, Nr. 3, S. 21-27.

Kalpaka, Annita und Nora Räthzel: Ideologische Effekte emanzipatorischer Konzepte oder: Die vielen Seiten eines Kopftuchs. In: Dies. (Hrsg.): Die Schwierigkeit, nicht rassistisch zu sein. 1986. Berlin, 1990(a), S. 61-90.

Kalpaka, Annita und Nora Räthzel (Hrsg.): Die Schwierigkeit, nicht rassistisch zu sein. 1986. Berlin 1990(b).

Kalpaka, Annita und Nora Räthzel: Im Netz der Herrschaft. Frauen – Männergewalt – Rassismus. In: Feministische Studien 1991, Nr. 2, S. 21-40.

Kamenko, Vera: Unter uns war Krieg: Autobiographie einer jugoslawischen Arbeiterin. Unter Mitarbeit von Marianne Herzog. Berlin 1978.

Kampmann, Bärbel: Psychosoziale Apekte der Situation von Schwarzen Deutschen und Frauen ethnischer und nationaler Minderheiten in Deutschland. In: Kraft, Marion und Rukhsana Shamim Ashraf-Khan (Hrsg.): Schwarze Frauen der Welt. Europa und Migration. Berlin 1994, S. 96-115.

Kandiyoti, Deniz: Bargaining with Patriarchy. In: Gender and Society. Volume 2, Number 3, Newbury Park; Beverly Hills, London, New Dehli 1988, S. 272-290.

Kandiyoti, Deniz: Patriarchale Muster. Notizen zu einer Analyse der Männerherrschaft in der türkischen Gesellschaft. In: Neusel, Aylâ u. a. (Hrsg.): Aufstand im Haus der Frauen: Frauenforschung aus der Türkei. Berlin 1991, S. 315-329.

Karakaşoğlu-Aydın, Yasemin: Religion und religiöse Kleidung türkischer Frauen und Mädchen in der Migration. In: Koch, Eckhardt u. a. (Hrsg.): Chancen und Risiken von Migration. Deutsch-türkische Perspektiven. Freiburg 1998, S. 326-341.

Karakaşoğlu-Aydın, Yasemin: Eine Lehrerin mit Kopftuch an einer deutschen Schule? Eine Analyse der Behandlung des ›Fall Ludin‹ in den Medien und in der politischen Öffentlichkeit. In: Akkent, Meral u. a. (Hrsg.): Kopftuch-Kulturen. Begleitbuch zur Ausstellung: Das Kopftuch – Nur ein Stückchen Stoff in Geschichte und Gegenwart, Nürnberg 1999(a), S. 194-207.

Karakaşoğlu-Aydın, Yasemin: Kopftuchtragende Frauen an deutschen Schulen: Eine Analyse des Falls Ludin. In: Jonker, Gerdien (Hrsg.): Kern und Rand. Religiöse Minderheiten aus der Türkei in Deutschland. Berlin 1999(b), S. 169-186.

Karasan-Dirks, Sabine: Die türkische Familie zwischen gestern und morgen. Hamburg 1980.

Karsten, Maria-Eleonore: Erwerbstätigkeit der Mütter – Betreuungsnotstand der Kinder? Nicht nur ein Problem ausländischer Frauen! Problemthesen. In: Informationsdienst zur Ausländerarbeit 1980, Nr. 1, S. 77-80.

Katsarakis, Nicolas: Probleme kultureller und gesellschaftlicher Integration griechischer Arbeitnehmer in der BRD. Exemplarische Untersuchung im Bereich des Freizeitverhaltens. Aachen 1974.

Kayankaya, Ilter: Vorstellungen und Konzepte türkischer Frauen für den Bereich der Gynäkologie und der Geburtshilfe. In: Curare 1980, Nr. 2, S. 85-88.

Khader, Dib: Die Häufigkeit der geburtshilflich-operativen Eingriffe bei Ausländerinnen im Vergleich zu deutschsprechenden Frauen. Hannover 1977.

Kiesel, Doron: Das Dilemma der Differenz. Zur Kritik des Kulturalismus in der Interkulturellen Pädagogik. Frankfurt am Main 1996.

Kim, JinSeon: Partnerschaft in der Zusammenarbeit zwischen deutschen und koreanischen Schwestern in Deutschland. In: Innere Mission 1972, Nr. 7, S. 323-332.

Kinderlen, Elisabeth und Birgit Preusse: Wenn ich ein Kopftuch trage, weiß jeder gleich, daß ich eine Ausländerin bin. In: Informationsdienst zur Ausländerarbeit 1982, Nr. 3, S. 82-84.

Kiper, Hanna: Ich bin doch nicht eure Haushälterin. Türkische Mädchen zwischen Anpassung und Rebellion. In: Päd. Extra 1984, Nr. 9, S. 42-44.

Kiper, Hanna: Zur Rekonstruktion der Lebenssituation und der Biographie türkischer Mädchen. Reflexion verschiedener Ansätze. In: Informationsdienst zur Ausländerarbeit 1987, Nr. 3/4, S. 22-28.

Kiral, Filz: Kulturelle und religiöse Normen und ihre Auswirkungen auf Körperlichkeit bei Mädchen. In: Ehlers, Johanna, Ariane Bentner und Monika Kowalczyk (Hrsg.): Mädchen zwischen den Kulturen. Anforderungen an eine Interkulturelle Pädagogik. Frankfurt am Main 1997, S. 47-54.

Kirincic, Barbara: Rat und Hilfe – auch für ausländische Mitbürgerinnen. In: Caritas in NRW 1977, Nr. 5, S. 406-407.

Kleff, Hans-Günter: Vom Bauern zum Industriearbeiter. Zur kollektiven Lebensgeschichte der Arbeitsmigranten aus der Türkei. 1984. Ingelheim 1985.

Klöss, Cornelia und Ulrike Krasberg: Gesundheitsberatung türkischer Frauen in einem Mutter-Kind-Zentrum. In: Informationsdienst zur Ausländerarbeit 1982, Nr. 1, S. 84-85.

Klöss, Cornelia: Ich werde verrückt von Einsamkeit. In: Informationsdienst zur Ausländerarbeit 1983, Nr.1, S. 82-83.

Knecht, Michi: Bilder – Texte – Macht. Wie die Darstellung von »anderen« Frauen als Opfer und »anderen« Kulturen als frauenfeindlich zur Rechtfertigung von Ausgrenzung benutzt wird. In: WIDEE (Wissenschaftlerinnen in der Europäischen Ethnologie) (Hrsg.): Nahe Fremde – fremde Nähe. Frauen forschen zu Ethnos, Kultur, Geschlecht. Wien 1993, S. 273-302.

Knörk, Hans-Joachim: Abortfrequenz bei deutschen Frauen und Gastarbeiterinnen unter besonderer Berücksichtigung soziologischer Strukturen. Heidelberg 1977.

Knüppel im Kreuz, Kind im Bauch. In: Der Spiegel 1990, Nr. 44, S. 98-113.

Koch-Straube, U.: Zwischen allen Stühlen. Zur Situation von älteren Migrantinnen und Migranten in der Bundesrepublik. In: Blätter zur Wohlfahrtspflege 1991, S. 102-106.

Koen, Emy: Krankheitskonzepte und Krankheitsverhalten in der Türkei und bei Migrantinnen in Deutschland: ein Vergleich. In: Curare 1986, Jg. 9, Nr. 2, S. 129-136.

Kohli, Martin: Wie es zur »biografischen Methode« kam und was daraus geworden ist: Ein Kapitel aus der Geschichte der Sozialforschung. In: Zeitschrift für Soziologie 1981, Nr. 3, S. 273-293.

Kolb, Ingrid und Frauke Hunfeld: Türkinnen in Deutschland. Zerrissen zwischen den Welten. In: Stern 1993, Nr. 18.

Kolleck, B., Johannes Korporal und A. Zink: Totgeburtlichkeit und Säuglingssterblichkeit ausländischer Kinder in West-Berlin. In: Gynäkologe 1979, Jg. 12, S. 181-190.

Kols, Brigitte: »Wir sind wie entwurzelte Bäume auf Betonboden«. Ausländische Frauen berichten auf einer Konferenz der EKD über ihr Leben in der Bundesrepublik. In: Frankfurter Rundschau vom 25.9.1981.

Komitee für Grundrechte und Demokratie (Hrsg.): Auswirkungen des Ausländerrechts auf die Situation der Migrantinnen, insbesondere türkische Frauen. Sensbachtal 1987.

König, Karin: Tschador, Ehre und Kulturkonflikt. Veränderungsprozesse türkischer Frauen und Mädchen durch die Emigration und ihre soziokulturellen Folgen. Frankfurt am Main 1987.

Koppert, Claudia: Deutsch, weiß, christlich: Wie leben wir damit? Zur Moral der Demoralisierten. In: beiträge zur feministischen theorie und praxis 1990, Nr. 28, S. 45-58.

Koppert, Claudia: Die Fremdheit nimmt ab, die Feindlichkeit nimmt zu. In: beiträge zur feministischen theorie und praxis 1991(a), Nr. 30/31, S. 211-216.

Koppert, Claudia: Schuld und Schuldgefühle im westlichen Nachkriegsdeutschland: Zur Wirksamkeit des Vergangenen im Gegenwärtigen. In: beiträge zur feministischen theorie und praxis 1991(b), Nr. 30/31, S. 217ff.

Korte, Hermann und Schmidt, Alfred: Migration und ihre sozialen Folgen. Förderung der Gastarbeiterforschung durch die Stiftung Volkswagenwerk 1974-1981. Göttingen 1983.

Koser, Khalid und Helma Lutz: The New Migration in Europe. Contexts, Constructions and Realities. In: Dies. (Hrsg.): The New Migration in Europe. Social Constructions and Social Realities. Houndsmill, Basingstoke, London 1998, S. 1-20.

Kraft, Marion und Rukhsana Shamim Ashraf-Khan (Hrsg.): Schwarze Frauen der Welt. Europa und Migration. Berlin 1994.

Kraheck, Nicole: Leben zwischen zwei Kulturen – Zur Situation und Arbeit mit ausländischen Mädchen. In: Zentralstelle zur Förderung der Mädchenarbeit im Institut für soziale Arbeit Münster (Hrsg.): Im Labyrinth der Kulturen – Arbeit mit ausländischen Mädchen. Münster 1994, S. 3-10.

Kraheck, Nicole: Wer hätte das gedacht, Mädchen sind nicht gleich Mädchen. In: Ehlers, Johanna, Ariane Bentner und Monika Kowalczyk (Hrsg.): Mädchen zwischen den Kulturen. Anforderungen an eine Interkulturelle Pädagogik. Frankfurt am Main 1997, S. 87-103.

Krajczy, Rosemarie und Dorothea Kröll (Hrsg.): Bevor wir uns versahen, war es wieder Zeit zu gehen. Praxisorientierte Arbeit mit jungen Migrantinnen. In: Zeitschrift für Migration und soziale Arbeit 1997, Nr. 2, S. 42-44.

Kreile, Renate: EMMA und die »deutschen Frauen«: »an's Vaterland, an's teure, schließt euch an ...«. In: beiträge zur feministischen theorie und praxis 1993, Nr. 35, S. 123-130.

Kühl, Jürgen und Anita Kuhlen-Sauer: Italienische Familien in Frankfurt am Main – Berichte und Geschichten über das Zusammenleben von Deutschen und Ausländern. In: Kuhlen, Hans-Wilfried (Hrsg.): Ausländische Arbeiterfamilien in Hessen. Berichte über das Zusammenleben von Deutschen und Ausländern. Frankfurt am Main 1986, S. 9-108.

Kühn, Heinz: Stand und Weiterentwicklung der Integration der ausländischen Arbeitnehmer und ihrer Familien in der Bundesrepublik Deutschland. Memorandum des Beauftragten der Bundesregierung. Bonn 1979.

Küper-Başgöl, S.: Frauen in der Türkei zwischen Feminismus und Reislamisierung. Universität Hamburg 1992.

Kürsat-Ahlers, Elçin: Die Bedeutung der Mutter im bikulturellen Identitätsfindungsprozeß türkischer Mädchen. In: Informationsdienst zur Ausländerarbeit 1986, Nr. 4, S. 82-85.

Kursbuch 1970, Nr. 21.

Kurz, Ursula: Partielle Anpassung und Kulturkonflikt. Gruppenstruktur und Anpassungsdispositionen in einem italienischen Gastarbeiterlager. In: Kölner Zeitschrift für Soziologie und Sozialpsychologie 1965, Nr. 17, S. 814-832.

Kutz, Leyla und Eleonore Wiedenroth (Hrsg.): Diskriminierung im Alltag. Schwarze Frauen / Migrantinnen erzählen. Frankfurt am Main 1996.

Labonte, Christine u. a.: Arbeitsbedingungen und Arbeitsmotivation der Migranten. Vergleichende Untersuchung türkischer Arbeiter und Arbeiterinnen in West-Berlin und der Türkei. (Internationales Institut für vergleichende Gesellschaftsforschung) Berlin 1975.

Landtag Nordrhein-Westfalen: Antwort auf die Kleine Anfrage des Abgeordneten Jarka Pazdziora-Merk SPD »Wachsender Einfluß fundamentalistischer Moslems auf muslimische Schülerinnen in Nordrhein-Westfalen«. Drucksache 11/6314 v. 15.11.1993.

Langenohl-Weyer, Angelika und Rita Rosen: Sozialpädagogische Ansätze in der Arbeit mit ausländischen Mädchen und Frauen: Bericht einer Arbeitstagung. In: Informationsdienst zur Ausländerarbeit 1979(b), Nr. 1, S. 176-179.

Langenohl-Weyer, Angelika und Rita Rosen: Sozialpädagogische Arbeit mit ausländischen Frauen. In: Deutsch lernen 1979(a), Nr. 1, S. 80-83.

Langenohl-Weyer, Angelika: Ausländerrecht und Frauendiskriminierung. In: Informationsdienst zur Ausländerarbeit 1980, Nr. 1, S. 28-34.

Last, Günter: Der Koran zur Familienplanung. In: Deutsches Ärzteblatt 1980, Jg. 77, S. 704-713.

Lehmkuhl, Ulrike: Psychogene Gangstörung und transkultureller Konflikt. In: Acta paedopsychiatrica 1983, Jg. 49, S. 211-219.

Lenz, Ilse, Cornelia Mansfeld und Dagmar Schulz: Angst vor den Fremden? Zum Rassismus in der deutschen Frauenbewegung und Frauenforschung. In: Informationsdienst zur Ausländerarbeit 1988(a), Nr. 3, S. 39-43.

Lenz, Ilse: Die Deutsche Frauenforschung und die Fremde: Einige Thesen. In: Informationsdienst zur Ausländerarbeit 1988(b), Nr. 3, S. 40-41.

Lenz, Ilse: Geschlechterordnung oder Geschlechteraufbruch in der postindustriellen Veränderung; Zur Kritik der Zweigeschlechtlichkeit in der Frauenforschung. In: Kulke, Christine und Elvira Scheich (Hrsg.): Zwielicht der Vernunft. Die Dialektik der Aufklärung aus der Sicht von Frauen. Pfaffenweiler 1992, S. 107-118.

Lenz, Ilse: Wir wollen sein ein einig Volk von Brüdern ... Zur sozialen Konstruktion von Geschlecht und Ethnizität. In: Tillner, Christiane (Hrsg.): Frauen – Rechtsextremismus, Rassismus, Gewalt. Feministische Beiträge. Münster 1994, S. 49-64.

Lenz, Ilse: Grenzziehungen und Öffnungen: Zum Verhältnis von Geschlecht und Ethnizität zu Zeiten der Globalisierung. In: Lenz, Ilse und Andrea Germer (Hrsg.): Wechselnde Blicke. Frauenforschung in internationaler Perspektive. Opladen 1996, S. 200-228.

Ley, Katharina: Frauen in der Emigration. Eine soziologische Untersuchung der Lebens- und Arbeitssituation italienischer Frauen in der Schweiz. Frauenfeld / Stuttgart 1979.

List, Elisabeth: Fremde Frauen, fremde Körper. Über Alterität und Körperlichkeit in Kultur- und Geschlechtertheorien. In: WIDEE (Wissenschaftlerinnen in der Europäischen Ethnologie) (Hrsg.): Nahe Fremde – fremde Nähe. Frauen forschen zu Ethnos, Kultur, Geschlecht. Wien 1993, S. 123-144.

Loew, D. und P. Schrank: Bericht über 7000 Geburten in einem mittleren Krankenhaus unter Berücksichtigung der Geburtsverläufe bei Ausländerinnen. In: Zentralblatt für Gynäkologie 1966, Nr. 1/2, S. 23-31.

Lorber, Judith: Gender-Paradoxien. Opladen 1999.

Lösch, Gundula: Ausländerinnen im Frauenhaus. Zur Situation von ausländischen Frauen in Trennungskonflikten. In: Blätter der Wohlfahrtspflege 1984, Nr. 2, S. 49-52.

Lucrezio, G.: Die weibliche Komponente in den italienischen Wanderungsbewegungen. In: Internationale Katholische Kommission für Wanderungsfragen, CCMIE (Hrsg.): Probleme der ausländischen Arbeitnehmerinnen im Aufnahmeland. Genf 1976, Nr. 36/D/12, S. 1-5.

Lüders, Michael: »Ich bin doch kein Alien«. Mit oder ohne Kopftuch – muslimische Studentinnen in Deutschland sind pragmatisch. In: Die Zeit vom 23.6.1998, S. 7.

Lutz, Helma: Migrantinnen aus der Türkei – Eine Kritik des gegenwärtigen Forschungsstandes. In: Migration und Ethnizität 1986, Nr. 1, S. 34-38.

Lutz, Helma: Orientalische Weiblichkeit – das Bild der Türkin in der Literatur konfrontiert mit Selbstbildern. In: Informationsdienst zur Ausländerarbeit. In: Informationsdienst zur Ausländerarbeit 1989(a), Nr. 4, S. 32-38.

Lutz, Helma: Unsichtbare Schatten? Die »orientalische« Frau in westlichen Diskursen – Zur Konzeptualisierung einer Opferfigur. In: Peripherie 1989, Nr. 37(b), S. 51-65.

Lutz, Helma: Welten verbinden. Türkische Sozialarbeiterinnen in den Niederlanden und in der Bundesrepublik Deutschland. Frankfurt am Main 1991.

Lutz, Helma: Rassismus und Sexismus, Unterschiede und Gemeinsamkeiten. In: Foitzik Andreas u. a. (Hrsg.): »... ein Herrenvolk von Untertanen ...« Rassismus-Nationalismus-Sexismus. Duisburg 1992(a), S. 57-80.

Lutz, Helma: Ist Kultur Schicksal? Über die gesellschaftliche Konstruktion von Kultur und Migration. In: Leiprecht, Rudolf (Hrsg.): Unter Anderen. Rassismus und Jugendarbeit. Duisburg 1992(b), S. 43-62.

Lutz, Helma: Sind wir uns immer noch fremd? – Konstruktionen von Fremdheit in der weißen Frauenbewegung. In: Hügel, Ilka u. a. (Hrsg.): Entfernte Verbindungen. Rassismus, Antisemitismus, Klassenunterdrückung. Berlin 1993, S. 138-156.

Lutz, Helma: Konstruktion von Fremdheit: Ein »blinder Fleck« in der Frauenforschung? In: Nestvogel, Renate (Hrsg.): ›Fremdes‹ oder ›Eigenes‹? Rassismus, Antisemitismus, Kolonialismus, Rechtsextremismus aus Frauensicht. Frankfurt am Main 1994, S. 138-152.

Lutz, Helma: Anstößige Kopftücher – Kopftuch-Debatten in den Niederlanden. In: Klein-Hessling, Ruth, Sigrid Nökel, und Karin Werner (Hrsg.): Der neue Islam der Frauen. Weibliche Lebenspraxis in der globalisierten Moderne – Fallstudien aus Afrika, Asien und Europa. Bielefeld 1999, S. 35-61.

Maier, Dieter: Die Ausgebeutetsten unter den Ausgebeuteten: Zur Situation illegal beschäftigter Frauen. In: Korrespondenz die Frau 1981, Nr. 6, S. 17-19.

Malhotra, Maharaj: Die soziale Integration der Gastarbeiterkinder in die deutsche Schulklasse. In: Kölner Zeitschrift für Soziologie und Sozialpsychologie 1973, Nr. 25, S. 104-121.

Mamozai, Martha: »Frauen und Kolonialismus – Täterinnen und Opfer. Eine historische Entdeckungsreise«. In: Foitzik, Andreas u. a. (Hrsg.): »Ein Herrenvolk von Untertanen« – Rassismus – Nationalismus – Sexismus. Duisburg 1992, S. 125-142.

Mansfeld, Cornelia: Ausländerinnen im Frauenhaus. In: Informationen für die Frau. 1978(a), Nr. 5, S. 9-10.

Mansfeld, Cornelia: Arzu – auf ein besseres Leben hoffen. In: Courage 1978(b), Nr. 4, S. 15-17.

Mansfeld, Cornelia: Wir brauchen nicht Hilfe, wir brauchen Mitmachen: Türkische Frauen in Berlin. In: blätter des iz3w 1979(a), Nr. 79, S. 25-29.

Mansfeld, Cornelia: Ausländische Frauen: die unsichtbaren, unbekannten Opfer. In: Sozialmagazin 1979(b), Nr. 5, S. 60-61.

Mansfeld, Cornelia: Zwischen zwei Kulturen. In: epd-Entwicklungspolitik 1979(c), Nr. 20+21, S. 8-10.

Mansfeld, Cornelia: Islamisierung in Kreuzberg. In: Courage 1980, Nr. 5, S. 12-13.

Mansfeld, Cornelia: Über die Beziehungen zwischen Ausländerfeindlichkeit und Frauenfeindlichkeit. In: Informationsdienst zur Ausländerarbeit 1985, Nr. 1, S. 68-73.

Mansfeld, Cornelia: Deutsche Frauen in Projekten der Sozialarbeit und Sozialforschung mit Ausländerinnen – Motivationen, Konflikte und Chancen. In: Informationsdienst zur Ausländerarbeit 1987, Nr. 2, S. 50-53.

Mansfeld, Cornelia: Fremdenfeindlichkeit und Fremdenfreundlichkeit bei Frauen. Eine Studie zur Widersprüchlichkeit weiblicher Biographien. Frankfurt am Main 1998.

Maros, Andjela: Probleme der jugoslawischen Frauen in der BRD. In: Internationale Katholische Kommission für Wanderungsfragen, CCMIE (Hrsg.): Probleme der ausländischen Arbeitnehmerinnen im Aufnahmeland. Genf 1976, Nr. 36/D/7d, S. 1-5.

Marotzki, Winfried: Digitalisierte Biographien? Sozialisations- und bildungstheoretische Perspektiven virtueller Welten. In: Luhmann, Niklas und Dieter Lenzen: Bildung und Weiterbildung im Erziehungssystem. Lebenslauf und Humanontogenese als Medium und Form. Frankfurt am Main 1997, S. 175-198.

Martin, J.: Der Wandel des Beständigen. Überlegungen zu einer historischen Anthropologie. In: Freiburger Universitätsblätter 1994, Nr. 126, S. 35-46.

Maturi, Giacomo: Weibliche Arbeitskräfte aus den Mittelmeerländern. In: Hessisches Institut für Betriebswirtschaft e. V. (Hrsg.): Ausländische Arbeitskräfte in Deutschland. Düsseldorf 1961, S. 183-186.

Mediavilla, Leonor: Probleme der spanischen Frauen in der BRD. In: Internationale Katholische Kommission für Wanderungsfragen, CCMIE (Hrsg.): Probleme der ausländischen Arbeitnehmerinnen im Aufnahmeland. Genf 1976, Nr. 36/D/7e, S. 1-6.

Mehrländer, Ursula: Situationsanalyse der nicht erwerbstätigen ausländischen Frauen in der Bundesrepublik. In: Dies. (Hrsg.): Situation der ausländischen Arbeitnehmer und ihrer Familienangehörigen in der Bundesrepublik Deutschland. Repräsentativuntersuchung '80. Forschungsbericht i. A. d. Bundesministeriums für Arbeit und Sozialordnung. 1981, S. 572-649.

Mehrländer, Ursula: Ausländerpolitik und ihre sozialen Folgen. In: Griese, Hartmut M. (Hrsg.): Der gläserne Fremde. Bilanz und Kritik der Gastarbeiterforschung und der Ausländerpädagogik. Opladen 1984, S. 89-102.

Meier-Braun, Karl-Heinz: »Ausländerpolitik«. In: Auernheimer, Georg (Hrsg.): Handwörterbuch zur Ausländerarbeit. Weinheim / Basel 1984, S. 65-70.

Meier-Braun, Karl-Heinz: 40 Jahre »Gastarbeiter« und Ausländerpolitik in Deutschland. In: Aus Politik und Zeitgeschichte 1995, B 35, S. 14-22.

Meister, Monika und Nortrud Semmler: Frauen in der Fremde. In: Korrespondenz die Frau 1975, Nr. 5, S. 1-12.

Mertens, Gabriele: Türkische Mädchen und Frauen: Rollenkonflikte – nicht erst in der Bundesrepublik. In: Westermanns Pädagogische Beiträge 1980, Jg. 32, Nr. 2, S. 62-63.

Metzger, Annette und Petra Herhold: Zur Sexualspezifischen Rolle der Frau in der türkischen Familie. Berlin 1982.

Meyer-Gosau, F.: Kopftuch und Pilotenschein. Aysel Koc in Berlin. In: Benz, W. (Hrsg.): Integration ist machbar. Ausländer in Deutschland. München 1993, S. 147-153.

Micksch, Jürgen (Hrsg.): Gastarbeiter werden Bürger. Handbuch zur evangelischen Ausländerarbeit. Frankfurt am Main 1978.

Mies, Maria: Methodische Postulate zur Frauenforschung – dargestellt am Beispiel Gewalt gegen Frauen. In: beiträge zur feministischen theorie und praxis 1978, Nr. 1, S. 41-63.

Mıhcıyazgan, Ursula: Wir haben uns vergessen. Ein intrakultureller Vergleich türkischer Lebensgeschichten. Hamburg 1986.

Mönch, Eberhard: Einstellungen und Erfahrungen über Gesundheit und Krankheit in Abhängigkeit von der Aufenthaltsdauer in Westberlin. In: Collatz, Jürgen (Hrsg.): Gesundheit für alle. Die medizinische Versorgung türkischer Familien in der Bundesrepublik. Hamburg 1985, S. 273-279.

Monjau, H.: Mutterschutz bei Ausländerbeschäftigung. In: Der Betrieb 1965, Nr. 2, S. 71-73.

Morokvašić, Mirjana: Migration und Frauen und einige sich daraus ergebende soziale Veränderungen unter besonderer Beachtung von jugoslawischen Frauen: Eine Studie für das OECD Entwicklungszentrum. In: Ausländerarbeit 1974, Nr. 18, S. 129-141.

Morokvašić, Mirjana: Einige Voraussetzungen für die Untersuchung von migrationsbedingten Veränderungen bei Frauen mit speziellem Bezug auf jugoslawische Migrantinnen in Europa. In: Kudat, Ayse u. Yilmaz Özkan, (Hrsg.): Internationale Konferenz über Gastarbeiter. Berlin 1975, S. 75-119.

Morokvašić, Mirjana: Die jugoslawischen Frauen in Frankreich und der Bundesrepublik Deutschland. In: Internationale Katholische Kommission für Wanderungsfragen, CCMIE (Hrsg.): Probleme der ausländischen Arbeitnehmerinnen im Aufnahmeland. Genf 1976, Nr. 36/D/8, S. 1-13.

Morokvašić, Mirjana: Jugoslawische Frauen. Die Emigration und danach. Basel / Frankfurt am Main 1987(a).

Morokvašić, Mirjana: Ausländische Frauen: Selbständigkeit – Privileg als Überlebenschance. In: Rudolph, Hedwig (Hrsg.): Ungeschützte Arbeitsverhältnisse. Frauen zwischen Risiko und neuer Lebensqualität. Hamburg 1987(b), S. 91-101.

Müller, Dorothea und Petra Schiller: Zwischen allen Stühlen. In: Informationsdienst zur Ausländerarbeit 1982, Nr. 1, S. 52-59.

Müller, Monika: Selbstorganisation im Ghetto. Frankfurt am Main 1983.

Müller-Spude, G.: Geschlechtsrollenkonflikte. Untersuchungen zur schulischen und familialen Situation türkischer Berufsschülerinnen. In: Arabin, Chr. (Hrsg.): Türkischer Frauenalltag in Heimat und Fremde. Kasseler Materialien zur Ausländerpädagogik. Kassel 1985, S. 192-255.

Münder, Johannes: Konflikte zwischen ausländischen Mädchen und ihren Eltern. In: Zeitschrift für Ausländerrecht und Ausländerpolitik 1985, Nr. 4, S. 163-168.

Münkler, Herfried und Bernd Ladwig (Hrsg.): Furcht und Faszination. Facetten der Fremdheit. Berlin 1997(a).

Münkler, Herfried und Bernd Ladwig: Dimensionen der Fremdheit. In: Dies. (Hrsg.): Furcht und Faszination. Facetten der Fremdheit. Berlin 1997(b), S. 11-44.

Münscher, Alice: Ausländische Frauen. Annotierte Bibliographie. München 1980.

Münscher, Alice: Zur Situation ausländischer Frauen in der Bundesrepublik Deutschland. In: Essinger, Helmut, Achim Hellmich und Gerd Hoff (Hrsg.): Ausländerkinder im Konflikt. Zur interkulturellen Arbeit in Schule und Gemeinwesen. Frankfurt am Main 1981, S. 195-199.

Münscher, Alice (Hrsg.): Beratungsansätze in der Ausländerfrauenarbeit. Bericht über eine Arbeitstagung mit siebzehn Projektbeispielen. München 1985.

Münz, Rainer, Wolfgang Seifert und Ralf Ulrich: Zuwanderung nach Deutschland. Strukturen, Wirkungen, Perspektiven. Frankfurt am Main / New York 1997.

Nadig, Maya u. Mario Erdheim: Die Zerstörung der wissenschaftlichen Erfahrung durch das akademische Milieu – Ethnopsychoanalystische Überlegungen zur Aggressivität in der Wissenschaft. In: psychosozial Nr. 23, 1984, S. 11-27.

Nadig, Maya: Zur ethnopsychoanalytischen Erarbeitung des kulturellen Raums der Frau. In: Haase, Helga (Hrsg.): Ethnopsychoanalyse. Wanderungen zwischen den Welten. Stuttgart 1996, S. 143-172.

Najafi, Behshid: Paragraph 19: das »Rückgaberecht« im Ausländergesetz. In: beiträge zur feministischen theorie und praxis 1996, Nr. 42, S. 29-32.

Nauck, Bernhard: »Heimliches Matriarchat« in Familien türkischer Arbeitsmigranten? Empirische Ergebnisse zu Veränderungen der Entscheidungsmacht und Aufgabenallokation. In: Zeitschrift für Soziologie 1985, Nr. 6, S. 450-465.

Nauck, Bernhard: Bildung, Migration und generatives Verhalten bei türkischen Frauen. In: Dieckmann, Andreas und Stefan Weick (Hrsg.): Der Familienzyklus als sozialer Prozeß. Bevölkerungssoziologische Untersuchungen mit den Methoden der Ereignisanalyse. Berlin 1993(a), S. 308-346.

Nauck, Bernhard: Dreifach diskriminiert – Ausländerinnen in Westdeutschland. In: Helwig, Gisela und Maria Nickel (Hrsg.): Frauen in Deutschland: 1945-1992. Berlin 1993(b), S. 364-395.

Nauck, Bernhard: Erziehungsklima, intergenerative Transmission und Sozialisation von Jugendlichen in türkischen Migrantenfamilien. In: Zeitschrift für Pädagogik 1994, Nr. 1, S. 43-62.

Nestvogel, Renate und Rainer Tezlaff (Hrsg.): Afrika und der deutsche Kolonialismus. Zivilisierung zwischen Schnapshandel und Bibelstunde. Berlin 1987.

Nestvogel, Renate (Hrsg.): Interkulturelles Lernen oder verdeckte Dominanz? Hinterfragung »unseres« Verhältnisses zur ›Dritten Welt‹. Frankfurt am Main 1991.

Nestvogel, Renate (Hrsg.): ›Fremdes‹ oder ›Eigenes‹? Rassismus, Antisemitismus, Kolonialismus, Rechtsextremismus aus Frauensicht. Frankfurt am Main 1994(a).

Nestvogel, Renate: »Fremdes« oder »Eigenes«? Freiräume zwischen Ausgrenzung und Vereinnahmung. In: Nestvogel, Renate (Hrsg.): ›Fremdes‹ oder ›Eigenes‹? Rassismus, Antisemitismus, Kolonialismus, Rechtsextremismus aus Frauensicht. Frankfurt am Main 1994(b), S. 27-69.

Nestvogel, Renate: Fremde zwischen Auf- und Abwertung: Die Folgen von 500 Jahren Kolonialismus für unser Denken. In: Luchtenberg, Sigrid und Wolfgang Nieke (Hrsg.): Interkulturelle Pädagogik und Europäische Dimension. Münster / New York 1994(c).

Neubeck-Fischer, Helga: Gastarbeiter – Eine neue gesellschaftliche Minderheit. Zur sozio-ökonomischen und politischen Situation der Gastarbeiter in der Bundesrepublik Deutschland. München 1972.

Neumann, G.: Epidemiologische Gesichtspunkte zur Tuberkulose der Ausländer in der BRD. In: Medizinische Welt 1964, Nr. 15.

Neusel, Aylâ: Ausländische Mädchen und Frauen. Ein Blick in die Zukunft mit oder ohne Kopftuch. In: Frauen in der Einen Welt 1990, Nr. 1, S. 22-33.

Nikolinakos, Marios: Politische Ökonomie der Gastarbeiterfrage – Migration und Kapitalismus. Reinbek 1973.

Nökel, Sigrid: »Vielleicht bin ich sowas wie eine Emanze«. Islam und Authentizität in Deutschland. In: Feministische Studien 1997, Nr. 2, S. 6-22.

Nölkensmeier, Irmgard: Spezifische Probleme ausländischer Frauen in der Bundesrepublik Deutschland. In: Internationale Katholische Kommission für Wanderungsfragen, CCMIE (Hrsg.): Probleme der ausländischen Arbeitnehmerinnen im Aufnahmeland. Genf 1976, Nr. 36/D/7a, S. 1-13.

Oberloskamp, Helga: Zum Recht des nichtehelichen Kindes einer Ausländerin in der Bundesrepublik Deutschland. In: Zentralblatt für Jugendrecht und Jugendwohlfahrt 1985, Nr. 6, S. 221-229.

Oberloskamp, Helga: Zum Recht des nichtehelichen Kindes einer Ausländerin in der Bundesrepublik Deutschland. 2. In: Zentralblatt für Jugendrecht und Jugendwohlfahrt 1985, Nr. 7, S. 274-275.

Oguntoye, Katharina, May Opitz und Dagmar Schultz (Hrsg.). Farbe bekennen. Afrodeutsche Frauen auf den Spuren ihrer Geschichte. Berlin 1986.

Oguntoye, Katharina: Afro-Deutsche, Schwarze Deutsche und Schwarze in Deutschland. Die Initiative Schwarze Deutsche und Schwarze in Deutschland (ISD). In: Jäger, Siegfried (Hrsg.): Aus der Werkstatt: Anti-rassistische Praxen. Konzepte – Erfahrungen – Forschung. Duisburg 1994, S. 187-193.

Olthoff, M.: Kein eigenes Aufenthaltsrecht? In: Betrifft: Mehrheiten – Minderheiten 1996, Nr. 1, S. 13-14.

Ott, Ursula: A bas le tchador! In: Emma 1990, Nr. 6, S. 50f.

Ott, Ursula: »Ich bin Türkin, daheim in Köln«. Hin- und hergerissen zwischen Tradition und Emanzipation. Viele türkische Mädchen in Deutschland leben zwischen zwei Identitäten. In: Die Woche vom 13.10.1995.

Ott, Ursula: Du wirst ihn schon noch lieben. Türkische Eltern zwingen ihre in Deutschland aufgewachsenen Töchter oft zur Heirat in der Türkei. Aus dem Zwiespalt zwischen zwei Kulturen gibt es für die Mädchen keinen Ausweg. In: Die Woche vom 12.3.1999.

Otyakmaz, Berrin Özlem: Auf allen Stühlen. Das Selbstverständnis junger türkischer Migrantinnen in Deutschland. Köln 1994.

Özbay, Ferhunde: Der Wandel der Arbeitsmigration der Frau im innerhäuslichen und außerhäuslichen Bereich in den letzten sechzig Jahren. In: Neusel, Aylâ, Sirin Tekeli und Meral Akkent (Hrsg.): Aufstand im Haus der Frauen: Frauenforschung aus der Türkei. Berlin 1991, S. 120-148.

Özcan, Ertekin: Türkische Immigrantenorganisationen in der BRD. Geschichte und Gegenwart der türkischen Migrantenbewegung. Berlin 1989.

Özdamar, Emine Sevgi: Mutterzunge. 1990. Köln 1998(a).

Özdamar, Emine Sevgi: Die Brücke vom goldenen Horn. Köln 1998(b).

Özkan, Suzan: »Mit meinem Vater kann ich darüber nicht reden...«. Junge türkische Frauen in Deutschland: Lebensrealität und Versuch der Konfliktlösung. In: Hessische Vereinigung für Volkskunde (Hrsg.): Fremde Nachbarn. Aspekte türkischer Kultur in der Türkei und in der BRD. Marburg 1992, S. 167-166.

Özlelik, Reyhan: Ich will frei sein. In: Emma 1988, Nr. 12, S. 32-42.

Özüs, Nigahan: Türkische Sozialberaterinnen fordern Frauenarbeit. In: Informationsdienst zur Ausländerarbeit 1981, Nr. 4, S. 117-118.

Pagenstecher, Cord: Ausländerpolitik und Immigrantenidentität. Zur Geschichte der »Gastarbeit« in der Bundesrepublik. Berlin 1994.

Pankoke, Eckart: Zwischen »Enthusiasmus« und »Dilettantismus«. Gesellschaftlicher Wandel »freien« Engagements. In: Vogt, Ludgera und Arnold Zingerle (Hrsg.): Ehre. Archaische Momente in der Moderne. Frankfurt am Main 1994, S. 151-171.

Papakyriakou, Maria: Die anderen Alten: Zur Situation alter Arbeitsmigrant/innen. In: Theorie und Praxis der sozialen Arbeit 1990, Nr. 1, S. 14-19.

Papalekas, Johannes Chr.: Ausländische Arbeiter in Deutschland – ein europäisches Problem. In: Bochumer Schriften zur Arbeitswissenschaft, Herford 1969, S. 7-11.

Papavassiliou, Gerassimos B.: Die Auswahl griechischer Arbeitskräfte und ihr Einsatz in deutschen Betrieben. In: Hessisches Institut für Betriebswirtschaft e.v. (Hrsg.): Ausländische Arbeitskräfte in Deutschland. Düsseldorf 1961, S. 81-96.

Pasero, Ursula: Geschlechterforschung revisited: konstruktivistische und system-theoretische Perspektiven. In: Wobbe, Theresa und Gesa Lindemann, (Hrsg.): Denkachsen. Zur theoretischen und institutionellen Rede vom Geschlecht. Frankfurt am Main 1994, S. 264-296.

Pataya, Rueenkaew: Heiratsmigrantinnen – Thailändische Frauen in der BRD. In: Informationsdienst zur Ausländerarbeit 1995, Nr. 3/4, S. 109-111.

Pfeiffer, Christian und Peter Wetzels: Junge Türken als Täter und als Opfer von Gewalt. Problematische Vorbilder, Schwächen des Bildungswesens, Mangel an emotionaler Akzeptanz. In: Frankfurter Allgemeine Zeitung vom 30.3.2000, S. 14.

Philipper, Ingeborg: Biographische Dimensionen der Migration. Zur Lebensgeschichte von Italienerinnen der ersten Generation. Weinheim 1997.

Pinl, Claudia: Pierburg KG Neuss – Beispiele eines erfolgreichen Frauenstreiks. In: Gewerkschaftliche Monatshefte 1974, Nr. 1, S. 54-57.

Pinn, Irmgard und Marlies Wehner: Das Bild der Islamischen Frau in westlichen Medien. In: Osnabrücker Beiträge zur Sprachtheorie 1992(a), Nr. 46, S. 179-193.

Pinn, Irmgard und Marlies Wehner: »Haremsdame« und »Kopftuchtürkin«. In: Islam im Abendland. 1992(b), S. 92-105.

Pinn, Irmgard und Marlies Wehner: Macht der Ignoranz. Das westliche Bild der islamischen Frau. In: Forum Wissenschaft 1992(c), Nr. 2, S. 36-40.

Pinn, Irmgard und Marlies Wehner: EuroPhantasien. Die islamische Frau aus westlicher Sicht. Duisburg 1995.

Planck, P.: Die ländliche Türkei. Frankfurt am Main 1972.

Platen, Heide: Zwischen zwei Welten. In: TAZ vom 22.7.1986.

Popp, Ulrike: Kultur ist nicht geschlechtslos. Geschlechterverhältnisse aus der Sicht deutscher und türkischer Mädchen und Jungen. In: Pädagogik 1994, Nr. 7/8, S. 62-66.

Poser, Klaus und Martin Scheel: Nicht zu verantworten. Koreanische Schwestern in deutschen Krankenhäusern. In: Der Überblick 1971, Nr. 9, S. 50-51.

Potts, Lydia: Frauen auf dem Weltmarkt für Arbeitskraft. In: Gruppe Feministischer Internationalismus (Hrsg.): Zwischen Staatshaushalt und Haushaltskasse. Frauen in der Weltwirtschaft. Bremen 1989, S. 66-79.

Potts, Lydia: Migration und Bevölkerungspolitik – über Geschichte und Funktion der Frauen auf dem Weltmarkt für Arbeitskraft. In: beiträge zur feministischen theorie und praxis 1991, Nr. 29, S. 31-46.

Potts, Lydia: Migrantinnen im Weltmarkt für Arbeitskraft. In: Arbeitsgruppe 501 (Hrsg.): Heute hier – morgen fort. Migration, Rassismus und die (Un)Ordnung des Weltmarkts. Freiburg 1993, S. 84-87.

Prodolliet, Simone: Wider die Schamlosigkeit und das Elend der heidnischen Weiber. Die Basler Frauenmission und der Export des europäischen Frauenideals in die Kolonien. Zürich 1987.

Püllmann, A.: Sind unsere Gastarbeiter gesundheitlich lupenrein? In: Pharmazeutische Zeitung o. J., Nr. 111, S. 286-287.

Puskeppeleit, J. und Dietrich Thränhardt: Vom betreuten Ausländer zum gleichberechtigten Bürger. Freiburg 1990.

Radtke, Frank-Olaf: Multikulturell – Das Gesellschaftdesign der 90er Jahre? In: Informationsdienst zur Ausländerarbeit 1990, Nr. 4, S. 27-34.

Radtke, Frank-Olaf: Die Rolle der Pädagogik in der westdeutschen Migrations- und Minderheitenforschung. Bemerkungen aus wissenschaftssoziologischer Sicht. In: Soziale Welt 1991(a), Nr. 1, S. 93-108.

Radtke, Frank-Olaf: Lob der Gleich-Gültigkeit. Zur Konstruktion des Fremden im Diskurs des Multikulturalismus. In: Bielefeld, Uli (Hrsg.): Das Eigene und das Fremde. Neuer Rassismus in der alten Welt? Hamburg 1991(b), S. 79-96.

Radtke, Frank-Olaf: Fremde und Allzufremde. Zur Ausbreitung des ethnologischen Blicks in der Einwanderungsgesellschaft. In: Wicker, Hans-Rudolf u.a. (Hrsg.): Das Fremde in der Gesellschaft: Migration, Ethnizität und Staat. Zürich 1996, S. 333-352.

Reichhelm-Sepehri, Diana: Flucht aus dem Elternhaus. Türkische Mädchen im Konflikt mit Familie und Gesellschaft. In: Informationsdienst zur Ausländerarbeit 1987, Nr. 2, S. 48-50.

Renka, Mira: »Das hättest du auch zu Hause haben können«. In: Heinrich, Karin u.a. (Hrsg.): Zwischen Alltagsfrust und Größenwahn. Probleme der Sozialarbeit in Projekten für ausländische Frauen. Weinheim 1990, S. 131-144.

Richter, Claus: Perspektiven für einen dritten Weg in der Ausländerarbeit. In: Kongreß »Wissenschaftler gegen Ausländerfeindlichkeit« am 16. und 17. Dezember 1983 in Frankfurt am Main. Dokumentation. Marburg 1984, S. 60-61.

Riesner, Silke: Junge türkische Frauen der zweiten Generation in der Bundesrepublik. Eine Analyse von Sozialisationsbedingungen und Lebensentwürfen anhand lebensgeschichtlich orientierter Interviews. Frankfurt am Main 1990.

Rilling, Evelyn: Ergebnisse einer Bestandsaufnahme von Forschungsprojekten und Forschungseinrichtungen zu Ausländerproblemen im deutschsprachigen Raum. In: Bischoff, Detlef und Maria Heintzl (Hrsg.): Arbeitsmigration und ihre sozialen Folgen: Der Beitrag der Wissenschaft zu ihrer Bewältigung. Berlin 1982, S. 3-14.

Rimbach, E.: Schwangerschaften und Geburt bei Ausländerinnen. In: Archiv für Gynäkologie 1967, Nr. 204, S. 293-295.

Risso, Michele und W. Böker: Verhexungswahn. Ein Beitrag zum Verständnis von Wahnerkrankungen süditalienischer Arbeiter in der Schweiz. Basel 1964.

Rist, Ray C.: Die ungewisse Zukunft der Gastarbeiter. Eingewanderte Bevölkerungsgruppen verändern Wirtschaft und Gesellschaft. Stuttgart 1980.

Rödig, Silvia: Zur Lebenswelt türkischer Frauen in der Bundesrepublik Deutschland. Fallbeispiel Düsseldorf / Bilk. Gießen 1988.

Rohr, Elisabeth: Faszination und Angst. In: Jansen, Mechtild M. und Ulrike Prokop (Hrsg.): Fremdenangst und Fremdenfeindlichkeit. Basel / Frankfurt am Main 1993, S. 133-162.

Rohr, Elisabeth: Die fremde Frau. Der weibliche Blick auf eine fremde Kultur. In: Kommission Frauenforschung in der Deutschen Gesellschaft für Volkskunde (Hrsg.): Fachfrauen – Frauen im Fach. Institut für Kulturanthropologie Europ. Ethnologie 1995, S. 265-298.

Rohr, Elisabeth: Weibliche Adoleszenz im interkulturellen Vergleich. Polyvalente Identitätsbildung in der Migration und postmoderne Transformation. Forschungsantrag, Marburg 1999.

Rohr, Elisabeth: Ganz anders und doch gleich. Weibliche Lebensentwürfe junger Migrantinnen in der Adoleszenz. Marburg 2000, erscheint demnächst.

Rommelspacher, Birgit: »Rechtsextremismus und Dominanzkultur«. In: Foitzik, Andreas u.a. (Hrsg.): »Ein Herrenvolk von Untertanen«. Rassismus – Nationalismus – Sexismus. Duisburg 1992, S. 81-94.

Rommelspacher, Birgit: Frauen und Rassismus. Zum Widerspruch zwischen Diskriminierung und Dominanz. In: Die Frauenbeauftragte der Stadt Braunschweig (Hrsg.): Immer noch fremd ... Zur Lebenssituation von Migrantinnen. Braunschweig 1994(a).

Rommelspacher, Birgit: Schuldlos – schuldig? Wie sich junge Frauen mit Antisemitismus auseinandersetzen. Hamburg 1994(b).

Rommelspacher, Birgit: Rassismus – Rassismen. Zur spezifischen Situation in Deutschland. In: Jäger, Siegfried (Hrsg): Aus der Werkstatt: Anti-rassistische Praxen. Konzepte-Erfahrungen-Forschung. Duisburg 1994(c), S. 196-209.

Rommelspacher, Birgit: Dominanzkultur. Texte zu Fremdheit und Macht. Berlin 1995.

Rosen, Rita: Vorstudie für ein Modellvorhaben zur Entwicklung von Weiterbildungsmaßnahmen für türkische Frauen. Hrsg: Institut für Sozialarbeit und Sozialpädagogik. Frankfurt am Main 1979.

Rosen, Rita (Hrsg.): Ausländische Mädchen – Opfer eines Kulturkonfliktes: Bericht über den Fachkongreß »Ausländische Kinder in der BRD«. In: Päd. extra Sozialarbeit 1980(a), Nr. 5, S. 33.

Rosen, Rita: Ausländische Frauen: Ignoriert, im Stich gelassen, unterdrückt! In: Informationsdienst zur Ausländerarbeit 1980(b), Nr. 1, S. 20-27.

Rosen, Rita: Emigrantinnen – entwurzelte Bäume auf Beton. In: Informationsdienst zur Ausländerarbeit 1981, Nr. 4, S. 118-119.

Rosen, Rita: Familienplanung bei Hausbesuchen. In: Informationsdienst zur Ausländerarbeit 1982, Nr. 3, S. 69-71.

Rosen, Rita (Hrsg.): Sie müssen bestimmen, wo sie lang gehen wollen! Zur sozialpädagogischen Arbeit mit ausländischen Frauen und Mädchen. Frankfurt am Main 1984.

Rosen, Rita und Gerd Stüwe: Ausländische Mädchen in der Bundesrepublik. Opladen 1985.

Rosen, Rita: ... muß kommen, aber nix von Herzen. Zur Lebenssituation von Migrantinnen unter besonderer Berücksichtigung der Biografie türkischer Frauen. Opladen 1986.

Rosen, Rita: Mutter – Tochter Anne – Kız. Zur Dynamik einer Beziehung. Ein kultureller Vergleich. Leverkusen 1993.

Rosen, Rita: Leben in zwei Welten. Migrantinnen und Studium. Frankfurt am Main 1997.

Roth, Hans-Joachim: Wider den undifferenzierten Gebrauch des Heimatbegriffs in der interkulturellen Pädagogik, In: Informationsdienst zur Ausländerarbeit 1991, Nr. 4, S. 61-69.

Roth, Hans-Joachim: Und immer wieder das Kopftuch – Zur Bedeutung des Themas Islam im Kontext Interkultureller Pädagogik. In: Bukow, Wolf Dietrich und Markus Ottersbach (Hrsg.): Der Fundamentalismusverdacht. Plädoyer für eine Neuorientierung der Forschung im Umgang mit allochthonen Jugendlichen. Opladen 1999, S. 207-230.

Rudolph, Hedwig: Die Dynamik der Einwanderung im Nichteinwanderungsland Deutschland. In: Fassmann, Heinz und Rainer Münz (Hrsg.): Migration in Europa. Historische Entwicklung, aktuelle Trends, politische Reaktionen. Frankfurt am Main / New York 1996, S. 161-181.

Rütten, Ursula: Lernziel Emanzipation: Ausländerinnen in deutschen Frauenhäusern. In: Frankfurter Hefte 1984, Nr. 5, S. 8-10.

Sartre, Jean-Paul: Das Imaginäre. 1936. Reinbek bei Hamburg 1971.

Sassen, Saskia: Why Migration? Thesen gegen herkömmliche Erklärungsmuster. In: Arbeitsgruppe 501 (Hrsg.): Heute hier – morgen fort. Migration, Rassismus und die (Un)Ordnung des Weltmarkts. Freiburg 1993, S. 70-78.

Sassmann, Hans Gert: Vergleich des Geburtsverlaufs bei Ausländerinnen und Deutschen. Tübingen 1968.

Saurwein, A.: Entbindungen bei Ausländerinnen, zugleich ein Beitrag zur Frequenz und Indikationsstellung der abdominalen Schnittentbindung. In: Geburtshilfe und Frauenheilkunde 1969, Nr. 8, S. 728-734.

Scheinhardt, Saliha: Türkische Mädchen zwischen der türkisch-islamischen und der westdeutschen Gesellschaft. Träger einer bitteren Identitätskrise? In: Ausländerkinder 1980, Nr. 4, S. 35-43.

Schepker, Renate: »Insallah« oder »Packen wir's an?« Zu Kontrollüberzeugungen deutscher und türkischer Schüler im Ruhrgebiet. Münster 1995.

Schepker, Renate und Angela Eberding: Der Mädchenmythos im Spiegel der pädagogischen Diskussion. Ein empirisch fundierter Diskussionsbeitrag zu Stereotypien über Mädchen türkischer Herkunft. In: Zeitschrift für Pädagogik 1996, Nr. 1, S. 111-126.

Schiebinger, Londa: Anatomie und Differenz. ›Rasse‹ und Geschlecht in der Naturwissenschaft des 18. Jahrhunderts. In: Feministische Studien 1993, Nr. 1, S. 48-64.

Schiffauer, Werner: Die Gewalt der Ehre. Erklärungen zu einem türkisch-deutschen Sexualkonflikt. Frankfurt am Main 1983.

Schliemann, F. und G. Schliemann: Über den Geburtsverlauf bei Ausländerinnen. In: Geburtshilfe und Frauenheilkunde 1975, Nr. 35, S. 210-217.

Schlüter, Gerlinde und Marion Wunderlich: Ich glaube manchmal, ich bin verrückt. Türkische Mädchen auf der Suche nach einer anderen weiblichen Identität. In: Sexualpädagogik und Familienplanung 1982, Nr. 3, S. 25-30.

Schmidt, Heinz G.: Der neue Sklavenmarkt. Geschäfte mit Frauen aus Übersee. Basel 1985.

Schmidt-Koddenberg, Angelika: Akkulturation von Migrantinnen. Eine Studie zur Bedeutsamkeit sozialer Vergleichsprozesse zwischen Türkinnen und deutschen Frauen. Opladen 1989.

Schneider, Christian: Die stummen Schaufensterpüppchen. Ausländerinnen in der Bundesrepublik: Leben ohne Kontakte. Starke gesellschaftliche Isolation und diskriminierende gesetzliche Bestimmungen belasten die Existenz der Gastarbeiterfrauen. In: Süddeutsche Zeitung vom 29.9.1981, S. 3.

Schneider, Klaus-Dirk: Analgenetikaverbrauch unter der Geburt. Vergleich zwischen Ausländerinnen und Deutschen. Bericht aus einem Krankenhaus eines ländlichen Bezirks Berlin. 1977.

Scholten, Werner: Die Beschäftigungsstruktur der ausländischen Arbeitnehmer in der Bundesrepublik. Bochum 1968.

Scholtes, Günter und R. Schultze-Naumburg: Entbindung bei Ausländerinnen. In: Medizinische Klinik. 1976, Jg. 71, Nr. 2, S. 63-67.

Schönbach, Peter: Sprache und Attitüden. Über den Einfluß der Bezeichnungen ›Fremdarbeiter‹ und ›Gastarbeiter‹ auf Einstellungen gegenüber ausländischen Arbeitnehmern. Bern 1970.

Schöning-Kalender, Claudia: Heimat – Kein Ort für Frauen? In: Wissenschaft ist Frauensache. Nr. 8 1990.

Schrader, Achim, Bruno W. Nikles und Hartmut M. Griese: Die Zweite Generation. Sozialisation und Akkulturation ausländischer Kinder in der Bundesrepublik. Königstein/Ts 1979.

Schueler, Hans: Die Angst vor den Fremden. In der Bundesrepublik wächst die Ausländerfeindlichkeit bedrohlich schnell. In: Italiaander, Rolf (Hrsg.): »Fremde raus?« Fremdenangst und Ausländerfeindlichkeit. Frankfurt am Main 1983, S. 161-168.

Schulte, Axel: Von der Anwerbungs- und Integrationspolitik zur Minderheiten- und Zuwandererpolitik? In: Informationsdienst zur Ausländerarbeit 1992, Nr. 2, S. 26-35.

Schultz, Ayfer und Helga Wilde: Zur Beratung von mißhandelten Frauen. In: Heinrich, Karin u. a. (Hrsg.): Zwischen Alltagsfrust und Größenwahn. Probleme der Sozialarbeit in Projekten für ausländische Frauen. Weinheim 1990, S. 85-99.

Schultz, Dagmar: Den Tunnelblick erweitern – eine Überlebensaufgabe für weiße Feministinnen. In: Informationsdienst zur Ausländerarbeit 1988, Nr. 3, S. 42-43.

Schulz, Marion (Hrsg.): Fremde Frauen. Von der Gastarbeiterin zur Bürgerin. Frankfurt am Main 1992(a).

Schulz, Marion: Arbeitsmigrantinnen in der BRD. Eine Bibliographie. In: Dies. (Hrsg.): Fremde Frauen. Von der Gastarbeiterin zur Bürgerin. Frankfurt am Main 1992(b), S. 124-225.

Schulz, Marlene: Frau Keskin wehrt sich nicht. In: Sozialmagazin 1984, Jg. 9, Nr. 4, S. 23-26.

Schuster, G.: Zwischen zwei Stühlen, auf denen sich schon wer anderer breitgemacht hat: Frauen in der multikulturellen Gesellschaft. In: Störfaktor 1992, Nr. 1, S. 6-17.

Schütze, Jochen K.: Von der mangelnden Fremdheit des Anderen. In: Berger, Albert und Gerda Elisabeth Moser (Hrsg.): Jenseits des Diskurses. Literatur und Sprache in der Postmoderne. Wien 1994, S. 57-75.

Schwarz, Gerd: Gynäkologische Erkrankungen bei ausländischen Arbeitnehmerinnen von 1966-1971. Heidelberg 1973.

Schwarz, H.G.: Das Gastarbeiterproblem unter gesundheitlichem Aspekt. In: Gesundheitspolitik 1966, Nr. 8, S. 84-102.

Schweitzer, Helmuth: Einwanderer- und Inländerfeindlichkeit in der in- und ausländischen Linken. In: Ausländerkinder (Forum für Schule und Sozialpädagogik) 1985, Nr. 21, S. 48-67.

Selçuk, Fürüzan: Logis im Land der Reichen. Wie eine türkische Schriftstellerin das Leben ihrer Landsleute in Deutschland sieht. München 1983.

Sellach, Brigitte: Die Vielfalt leben. Migration als Aufbruch und Veränderung. Ein Gespräch mit Hatice Özerturgut-Yurtdaş. In: Informationsdienst zur Ausländerarbeit 1988, Nr. 4, S. 23-30.

Senatskanzlei – Leitstelle Gleichstellung der Frau (Hrsg.): Gesundheitswissen – Gesundheitsverhalten. Materialien für Kurse mit ausländischen Frauen. Hamburg 1983.

Shim, Yunchong: Aspekte der sozio-kulturellen Einordnung koreanischer Krankenpflegekräfte in Deutschland. Bern / Frankfurt am Main 1974.

Sie haben ihre Liebe für sich behalten: Türkinnen in Deutschland. In: Courage 1982, Nr. 7, S. 8-11.

Siewert, P.: Zur Entwicklung der Gastarbeiterpolitik und der schulpolitischen Abstimmung der Kultusministerkonferenz. In: Max-Planck-Institut für Bildungsforschung, Projektgruppe Bildungsbericht (Hrsg.): Bildung in der Bundesrepublik Deutschland. Daten und Analysen, Band 2: Gegenwärtige Probleme. Reinbek 1980.

Simmel, Georg: Soziologie. Untersuchungen über die Formen der Vergesellschaftung. München / Leipzig 1923.

Skrobanek, Siriporn: Die transnationale Sexploitation von Thai-Frauen. In: Peripherie. Zeitschrift für Politik und Ökonomie in der Dritten Welt 1983, Nr. 13, S. 4-13.

Smoltczyk, Alexander: Die Nation und das Kopftuch. In: TAZ vom 5.5.1990.

Soetard, Michel: Die Gefährdung der Allgemeinbildung durch das Kopftuch. In: Gogolin, Ingrid, Marianne Krüger-Potratz, Meinert A. Meyer (Hrsg.): Pluralität und Bildung. Opladen 1998, S. 43-54.

Spaich, Herbert: Fremde in Deutschland. Unbequeme Kapitel unserer Geschichte. Weinheim / Basel 1981.

Spix, Hermann: Elephteria oder die Reise ins Paradies. Betriebsroman. Frankfurt am Main 1975.

Spohn, Cornelia: Über die Notwendigkeit von »Inländerfrauenarbeit«. In: Informationsdienst zur Ausländerarbeit 1986, Nr. 1, S. 69-73.

Spranger, Eduard: Falsche Ehrbegriffe. In: Deutsche Rundschau 1947, Nr. 5/6, S. 132-141.

Spurk, Jan: Nationale Identität zwischen gesundem Menschenverstand und Überwindung. Frankfurt am Main / New York 1997.

Stadt Kassel, Gesamtvolkshochschule (Hrsg.): Identitäts- und Rollenkonflikte junger Türkinnen. Ein Balanceakt zwischen zwei Kulturen. Kassel 1986.

Steinhilber, Beate: Migration und Lebenslauf. Eine Analyse lebensgeschichtlicher Interviews türkischer Frauen. Tübingen 1986.

Steinhilber, Beate: Grenzüberschreitungen – Remigration und Biographie. Frauen kehren zurück in die Türkei. Frankfurt am Main 1994.

Stenger, Horst: Deutungsmuster der Fremdheit. In: Münkler, Herfried und Bernd Ladwig (Hrsg.): Furcht und Faszination. Facetten der Fremdheit. Berlin 1997, S. 159-222.

Stienen, Inga: Leben zwischen zwei Welten. Türkische Frauen in Deutschland. Weinheim / Basel 1994.

Stirling, P.: Turkish Village. New York 1965.

Stirn, Hans: Ausländer-Beschäftigung in Deutschland in den letzten 100 Jahren. In: Stirn, Hans (Hrsg.): Ausländische Arbeiter im Betrieb. Ergebnisse der Betriebserfahrung. Frechen / Köln 1964, S. 9-69.

Straube, Hanne: Türkisches Leben in der Bundesrepublik. Frankfurt am Main 1987.

Strigl, Hildis: »Rette sich wer kann«. Internationale Migrationsmuster. In: Arbeitsgruppe 501 (Hrsg.): Heute hier – morgen fort. Migration, Rassismus und die (Un)Ordnung des Weltmarkts. Freiburg 1993, S. 10-13.

Strobel, E.: Beteiligung der Gastarbeiterinnen an der Schwangerenvorsorge. In: Fortschritte der Medizin 1975, Jg. 93, S. 1301-1302.

Taliani, Enrico: Der ›Gastarbeiter‹ auf dem Wege zur Emanzipation. In: Leudesdorff, Rene und Horst Zillessen (Hrsg.): Gastarbeiter – Mitbürger. Bilder, Fakten, Gründe, Chancen, Modelle, Dokumente. Gelnhausen / Berlin 1971, S. 69-96.

Taravella, Louis: Les femmes migrantes. Bibliographie analytique internationale (1965-1983). Paris 1984.

Taroni, Magda: Die Frauen von Isabey. Köln 1986.

Teixeira, C.: Identitätsentwicklung junger Migrantinnen: zwischen Anpassungsdruck und Ausgrenzungserfahrungen – unter Berücksichtigung gesellschaftlicher Ethnisierungsprozesse. In: »Die eigene Stimme wiedergewinnen«, Mädchen und Identität. Dokumentation eines Kongresses zur Theoriebildung der Mädchenarbeit. Verder / Aller 1996.

Telöken, Stefan: Exodus ohne Grenzen? Flucht und Migration nach Europa. In: Das Parlament 1991, Nr. 14/15.

Tesfa, Wassy: Der alltägliche Rassismus gegen Frauen. In: Informationsdienst zur Ausländerarbeit 1984, Nr. 3, S. 38-40.

Thadani, V. und M.P. Todaro: Towards a theory of female migration in developing countries. Working paper. The Population Council. New York 1978.

Thelen, Sibylle: Zwischen Heimweh und Resignation. Die Gastarbeiterinnen der »ersten Stunde« kommen jetzt ins Rentenalter. In: Frankfurter Rundschau vom 9.7.1988.

Theunissen, Michael: Der Andere. Studien zur Sozialontologie der Gegenwart. Berlin 1977.

Thomas, Helga: Die Gefährdung der Allgemeinbildung durch das Kopftuch. Eine Replik. In: Gogolin, Ingrid, Marianne Krüger-Potratz und Meinert A. Meyer (Hrsg.): Pluralität und Bildung. Opladen 1998, S. 55-62.

Thomas, William I. und Florian Znaniecki: The Polish peasant in Europe and America. 1927. New York 1972.

Thränhardt, Dietrich: Zuwanderungspolitik im europäischen Vergleich. In: Angenendt, Steffen (Hrsg.): Migration und Flucht. Aufgaben und Strategien für Deutschland, Europa und die internationale Gemeinschaft. München 1997, S. 137-153.

Thürmer-Rohr, Christina: Aus der Täuschung in die Ent-Täuschung. Zur Mittäterschaft von Frauen. In: Dies. (Hrsg.): Vagabundinnen. Feministische Essays. Berlin 1988, S. 38-56.

Tiedt, Friedemann: Sozialberatung für Ausländer. Perspektiven für die Praxis. Weinheim 1985.

Tietze, Gertrud: Familienplanungsberatung bei türkischen Frauen in ihrer Wohnung. In: Sexualpädagogik und Familienplanung.1981, Nr. 4, S. 18-20.

Tischleder, Bärbel: Hottentot Venus and Log Dong Silver: Black Bodies and the Case of Anita Hill and Clarence Thomas. In: Harzig, Christiane und Nora Räthzel (Hrsg.): Widersprüche des Multikulturalismus. Berlin 1995, S. 133-148.

Toker, Arzu: Zwischen staatlicher und alltäglicher Diskriminierung. Wie eine Türkin die Bundesrepublik erlebt. In: Meinhardt, Rolf (Hrsg.): Türken raus? Oder: Verteidigt den sozialen Frieden. Reinbek bei Hamburg 1983, S. 24-33.

Toksöz, Gülay: Arbeitsbedingungen und betriebliche Interessenvertretung der Arbeiterinnen aus der Türkei in der Bundesrepublik. In: Informationsdienst zur Ausländerarbeit 1989, Nr. 4, S. 19-24.

Toksöz, Gülay: »Ja, sie kämpfen – und sogar mehr als die Männer«. Immigrantinnen – Fabrikarbeit und gewerkschaftliche. Interessenvertreung. Berlin 1991(a).

Toksöz, Gülay: Immigrantinnen aus der Türkei: ihre Stellung auf dem Arbeitsmarkt und ihr gewerkschaftliches Verhalten. In: beiträge zur feministischen theorie und praxis 1991(b), Nr. 29, S. 57-66.

Treibel, Annette: Engagement und Distanzierung in der westdeutschen Ausländerforschung. Eine soziologische Untersuchung. Stuttgart 1988.

Trommer, Luitgard und Helmut Köhler: Ausländer in der Bundesrepublik Deutschland. Dokumentation und Analyse amtlicher Statistiken. München 1981.

Tsiakalos, Georgios: Ausländerfeindlichkeit – Tatsachen und Erklärungsversuche. München 1983.

Tübinger Projektgruppe (Hrsg.): Frauenhandel in Deutschland. Bonn 1989.

Türkoğlu, Sevim: Wir sind die Sklavinnen der Sklaven. Eine Türkin erhebt Anklage. In: Emma 1983, Nr. 3, S. 46-52.

Türkoğlu, Sevim: Frauenfeind Güney. Ein offener Brief an den türkischen Regisseur. In: Emma 1984., Nr. 2, S. 26-27.

Tyrell, Hartmann: Überlegungen zur Universalität geschlechtlicher Differenzierung. In: Martin, Jochen und Renate Zoepffel (Hrsg.): Aufgabe, Rollen und Räume von Frau und Mann. Freiburg / München 1989, S. 37-78.

Ümitkan, Zeynep: Zwischen zwei Kulturen? In: Heinrich, Karin u. a. (Hrsg.): Zwischen Alltagsfrust und Größenwahn. Probleme der Sozialarbeit in Projekten für ausländische Frauen. Weinheim 1990, S. 159-168.

Van den Broek, Linda: Am Ende der Weisheit: Vorurteile überwinden. Berlin 1988.

Vensky, Gabriele: Unter dem Schleier verborgen. In: Frankfurter Rundschau vom 3.8.1992.

Von der Mühlen, H.: Schwangerschaftsabbruchbegehren bei Angehörigen ausländischer Arbeitnehmer. Ergebnisse einer nervenärztlichen Ambulanz. In: Geburtshilfe und Frauenheilkunde 1978, Jg. 38, S. 858-861.

Von der Pirch, Eva: Was habe ich mit Afrika zu tun? In: beiträge zur feministischen theorie und praxis 1988, Nr. 23, S. 147.

Von Oswald, Anne und Barbara Schmidt: »Nach Schichtende sind sie immer in ihr Lager zurückgekehrt ...«. Leben in »Gastarbeiter«-Unterkünften der sechziger und siebziger Jahre. In: Motte, Jan, Rainer Ohlinger und Anne von Oswald (Hrsg.): 50 Jahre Bundesrepublik – 50 Jahre Einwanderung. Nachkriegsgeschichte als Migrationsgeschichte. Frankfurt am Main / New York 1999, S. 184-214.

Wagner, Petra: Rassismus: auch bei »Ausländerfreunden«? In: Heinrich, Karin u.a. (Hrsg.): Zwischen Alltagsfrust und Größenwahn. Probleme der Sozialarbeit in Projekten für ausländische Frauen. Weinheim 1990, S. 186-197.

Waldenfels, Bernhard: Der Stachel des Fremden. Frankfurt am Main 1990.

Waldenfels, Bernhard: Phänomenologie des Eigenen und des Fremden. In: Münkler, Herfried und Bernd Ladwig (Hrsg.): Furcht und Faszination. Facetten der Fremdheit. Berlin 1997, S. 85-114.

Waltz, Viktoria: Toleranz fängt beim Kopftuch erst an. Zur Verhinderung der Chancengleichheit durch gesellschaftliche Verhältnisse. In: Heitmeyer, Wilhelm und Rainer Dollase (Hrsg.): Die bedrängte Toleranz. Ethnisch-kulturelle Konflikte, religiöse Differenzen und die Gefahren politisierter Gewalt. Frankfurt am Main 1996, S. 477-500.

Warnach, Martin: Die Ärzteschaft und das Bild des Ausländers. Eine Durchsicht medizinischer Fachliteratur. In: Kentenich, Heribert, Peter Reeg und Karl-Heinz Wehkamp (Hrsg.): Zwischen zwei Kulturen. Was macht Ausländer krank? Berlin 1984, S. 164-181.

Warzecha, Birgit: Soziokulturelle Dimension der Geschlechterdifferenz und Koedukationsdebatte am Beispiel türkischer Schülerinnen. In: Informationsdienst zur Ausländerarbeit 1993, Nr. 4, S. 114-116.

Weber, Martina: Zuschreibungen gegenüber Mädchen aus eingewanderten türkischen Familien in der gymnasialen Oberstufe. In: Gieseke, Heide und Katharina Kuhs (Hrsg.): Frauen und Mädchen in der Migration. Lebenshintergründe und Lebensbewältigung. Frankfurt am Main 1999, S. 45-71.

Weber, Max: Wirtschaft und Gesellschaft. Köln / Berlin 1956.

Weicken, Helmuth: Anwerbung und Vermittlung italienischer, spanischer und griechischer Arbeitskräfte im Rahmen bilateraler Anwerbevereinbarungen. In: Hessisches Institut für Betriebswirtschaft e.V. (Hrsg.): Ausländische Arbeitskräfte in Deutschland. Düsseldorf 1961, S. 9-43.

Weische-Alexa, Pia: Sozial-kulturelle Probleme junger Türkinnen in der Bundesrepublik Deutschland mit einer Studie zum Freizeitverhalten türkischer Mädchen in Köln. Köln 1977.

Weische-Alexa, Pia: Türkische Frauen zwischen anatolischem Dorf und europäischer Großstadt. In: dossier europa emigrazione 1980, Nr. 1, S. 41-42.

Wengenmayr, Sule und Hale Sengör: Die Problematik der Frau zwischen Traditionsgebundenheit und Emanzipation. In: Curare 1986, Nr. 2, S. 83-88.

Wertheimer-Balentic, A.: Demografske rezerve zenske radne snage u Jugoslaviji, Ekonomiski Pregled 1970, Nr. 2, S. 3-21.

Wesel, Uwe: Der Mythos vom Matriarchat. Über Bachofens Mutterrecht und die Stellung der Frau in frühen Gesellschaften. Frankfurt am Main 1980.

Westmüller, Horst (Hrsg.): Frauen zwischen zwei Kulturen. Frauen aus der Türkei in der Bundesrepublik Deutschland. Dokumentation einer Tagung der Evangelischen Akademie Loccum vom 19. bis 21. November 1982. Rehburg-Loccum 1985(a).

Westmüller, Horst (Hrsg.): Kultur und Emanzipation. Ausländische und deutsche Frauen in Projekten der Sozialarbeit und Sozialforschung. Dokumentation einer Tagung der Evangelischen Akademie Loccum vom 21. bis 23. März 1984. Rehburg-Loccum 1985(b).

Westphal, Manuela: Arbeitsmigrantinnen im Spiegel westdeutscher Frauenbilder. In: beiträge zur feministischen theorie und praxis 1996, Nr. 42, S. 17-28.

Wie eine Sklavin ... In: Emma 1980, Nr. 12.

Wiederheirat einer Türkin. Urteil des 4. BSG-Senat vom 29.04.1976 – 4/12 RJ 106/75. In: Soziale Sicherheit 1976, Nr. 11.

Wierlacher, Alois (Hrsg.): Kulturthema Fremdheit. Leitbegriffe und Problemfelder kulturwissenschaftlicher Fremdheitsforschung. München 1993.

Wieser, Harald (Hrsg.): Jahrbuch zum Klassenkampf 1973, Sozialistische Initiativen im kapitalistischen Deutschland. Berlin 1984.

Wilpert, Czarina: International Migration and Ethnic Minorities: New Fields for Post-War Sociology in the Federal Republic of Germany. In: Current Sociology 1984, Nr. 32, S. 305-352.

Wilpert, Czarina: Berufskarrieren und Zugehörigkeiten: »Die Töchter der Gastarbeiter« – Europa in Deutschland. In: Schäfers, Bernd (Hrsg.): Lebensverhältnisse und soziale Konflikte in Deutschland, 26. deutscher Soziologentag 1991. Frankfurt am Main 1992.

Wilpert, Czarina: Berufsorientierung und Berufsalternativen bei Töchtern türkischer Migranten. In: Castro-Varela, M. (Hrsg.): Dis-qualifiziert. Migrantinnen auf dem Arbeitsmarkt. Köln 1998, S. 103-113.

Winkler, Konrad: Die Ehefrauen. Mütter und Kinder aus dem Personenkreis der ausländischen Arbeitnehmer. In: Caritas. Zeitschrift für Caritasarbeit und Caritaswissenschaft 1968, Nr. 2, S. 93-98.

Winkler, Konrad: Soziale Hilfen für die ausländischen Arbeitnehmer. In: Lebendige Seelsorge 1964, S. 86-89.

Winter, Bronwyn: Frauen, Recht und Kulturrelativismus in Frankreich: das Problem der Exzision. In: Lenz, Ilse und Andrea Germer (Hrsg.): Wechselnde Blicke. Frauenforschung in internationaler Perspektive. Opladen 1996, S. 152-188.

Wohlrab-Sahr, Monika: Vom Fall zum Typus: die Sehnsucht nach dem »Ganzen« und dem »Eigentlichen« – »Idealisierung« als biographische Konstruktion. In: Diezinger, Angelika u. a. (Hrsg.): Erfahrung mit Methode. Wege sozialwissenschaftlicher Frauenforschung. Freiburg 1994, S. 269-299.

Wolbert, Barbara: Migrationsbewältigung. Orientierung und Strategien. Biographisch-interpretative Fallstudie über die »Heirats-Migration« 3er Türkinnen. Göttingen 1984.

Wolf, Erika: In einer fremden Welt. In: Die Frau in der offenen Gesellschaft 1975, Nr. 2, S. 22-24.

Wölk, Florian: Spagat mit Kopftuch. Muslimische Mädchen im deutschen Sportunterricht. In: Reulecke, Jürgen (Hrsg.): Spagat mit Kopftuch. Essays zur Deutsch-Türkischen Sommerakademie. 1997, S. 491-526.

Woydt, Johann: Ausländische Arbeitskräfte in Deutschland. Vom Kaiserreich bis zur Bundesrepublik. Heilbronn 1987.

Wülffing, Gisela: Aus Notwehr den Vater erschossen. In: Informationsdienst zur Ausländerarbeit 1983, Nr. 1, S. 103-105.

Yıldız, Sevdiye: Alles normal – Gefühle auf Umwegen. In: Ehlers, Johanna, Ariane Bentner und Monika Kowalczyk (Hrsg.): Mädchen zwischen den Kulturen. Anforderungen an eine Interkulturelle Pädagogik. Frankfurt am Main 1997, S. 19-32.

Young, K.: The Creation of a relative Surplus Population: a case study from Mexico. In: Beneria, L. (Hrsg.): Women and Development. The Sexual Division of Labour in Rural Societies. New York 1982, S. 149-177.

Yurtdaş, Barbara: Die Köpfe frei. Was Türkinnen über den Turban denken. In: Die Zeit vom 20.2.1987.

Zaccai, Claudia: Arigento oder Hamburg? Die Geschichte von zwei Frauen. In: Essinger, Helmut, Achim Hellmich und Gerd Hoff (Hrsg.): Ausländerkinder im Konflikt. Zur interkulturellen Arbeit in Schule und Gemeinwesen. Königstein/Ts. 1981, S. 188-194.

Zawadzky, Karl: Korea-BRD. Krankenschwesternexport. In: Blätter des iz3w 1973, Nr. 21/30, S. 40ff.

Zeul, Mechtild: Rückreise in die Vergangenheit. Zur Psychoanalyse spanischer Arbeitsremigrantinnen. Opladen 1995.

Zielke, Adrian: Kopftücher. In: Stuttgarter Zeitung vom 31.10.1994.

Zimmermann, Emil: Kulturspezifische Deutungsmuster psychischer und somatischer Erkrankungen bei süditalienischen Migranten in der Bundesrepublik. In: Ausländerkinder 1981, Nr. 7, S. 30-44.

Zimmermann, Emil: Emigrationsland Süditalien. Eine kulturanthropologische und sozialpsychologische Analyse. Tübingen 1982.

Zimmermann, Emil: Kulturspezifische Probleme des psychiatrischen Krankheitsverständnisses. In: Morton, Antonio (Hrsg.): Vom heimatlosen Seelenleben. Entwurzelung, Entfremdung und Identität. Bonn 1988, S. 73-83.

Zingerle, Arnold: Die »Systemehre«. Stellung und Funktion von »Ehre« in der NS-Ideologie. In: Vogt, Ludgera und Arnold Zingerle (Hrsg.): Ehre. Archaische Momente in der Moderne. Frankfurt am Main 1994, S. 96-116.

Zuleeg, Manfred: Einbürgerung von ausländischen Ehegatten Deutscher. In: Neue juristische Wochenschrift 1981, Nr. 35, S. 1878-1879.

iaf bei Brandes & Apsel

Elke Burkhardt Montanari

Wie Kinder mehrsprachig aufwachsen

Ein Ratgeber
Herausgegeben vom Verband binationaler
Familien und Partnerschaften, iaf e.V.
112 S., vierf. Pb., ISBN 3-86099-194-9

Zahlreiche Praxiserfahrungen aus dem bilingualen Alltag geben Anregungen, wie Eltern und andere Erziehende die Kinder beim Aufwachsen in mehreren Sprachen begleiten können. Der Ratgeber macht Mut, den Schritt zur Mehrsprachigkeit bei Kindern sowohl im privaten als auch im öffentlichen Raum zu wagen.
Das Buch vermittelt überzeugend, dass ein Kind mehr als eine Sprache gleichzeitig lernen kann. In mehreren Sprachen zu kommunizieren nutzt in Schule und Beruf und bedeutet größere kulturelle Kompetenz.
Eine Fülle von Tipps und konkreten Vorschlägen helfen, die täglichen Anforderungen in der Erziehung zur Mehrsprachigkeit zu bewältigen.

• • • • • • • • • • • • •

Ulrike Kéré

Westafrika. Informationen für binationale Paare

Burkina Faso, Elfenbeinküste, Gambia, Ghana, Nigeria, Senegal, Togo. Ein Ratgeber
Herausgegeben vom Verband binationaler
Familien und Partnerschaften, iaf e.V.
168 S., Pb. mit Fotos, ISBN 3-86099-208-2

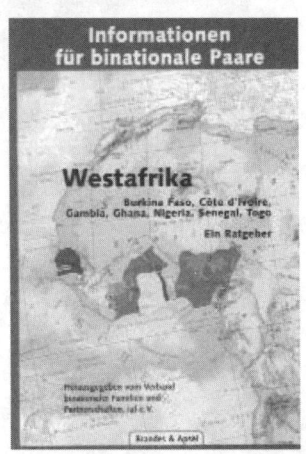

Ein Ratgeber rund um das bikulturelle Zusammenleben in Deutschland und Westafrika. Der interkulturelle Alltag wird in seinen verschiedenen Facetten beleuchtet: Das binationale Familienleben mit seinen rechtlichen Besonderheiten, Erfahrungen mit Rassismus oder die Situation afrodeutscher Kinder sind dabei wichtige Aspekte. In Deutschland lebende Afrikaner kommen ebenso zu Wort wie binationale und andere interkulturelle Grenzgänger.
»Ein sehr nützlicher und informativer Leitfaden, der afro-deutsche Paare auch mit Wurzeln in anderen afrikanischen Ländern ansprechen wird.«
(ekz-Informationsdienst)

Verband binationaler Familien
und Partnerschaften, iaf e.V. (Hrsg.)

Türkei
Informationen für binationale Paare

Ein Ratgeber
144 S., vierf. Pb., ISBN 3-86099-233-3

Deutsch-türkische Ehepaare stellen sowohl in Deutschland als auch in der Türkei die größte Gruppe der binational Verheirateten.
Dieser Ratgeber liefert all die Informationen, die für ein bikulturelles Leben zwischen Deutschland und der Türkei hilfreich sind.
Rechtliche Fragen zu Eheschließung, Staatsangehörigkeit und Arbeitsrecht kommen ebenso zur Sprache wie kulturelle Unterschiede, die den Alltag prägen. Im Mittelpunkt stehen Themen, die bei einer Umsiedlung in die Türkei wichtig werden. Persönliche Erfahrungsberichte geben spannende Einblicke in den binationalen Alltag in der Türkei.

• • • • • • • • • • • • •

S. Kriechhammer-Yagmur/D. Pfeiffer-Pandey/
K. Saage-Fain/H. Stöcker-Zafari

Binationaler Alltag in Deutschland

Ratgeber für Ausländerrecht, Familienrecht und
interkulturelles Zusammenleben
Herausgegeben vom Verband binationaler Familien
und Partnerschaften, iaf e.V.
6. Aufl., 248 S., vierf. Pb. mit Fotos
ISBN 3-86099-187-6

Der einzige im deutschsprachigen Raum lieferbare Ratgeber für binationale Partnerschaften und Familien. Bundesweit bewährt in der alltäglichen Beratungsarbeit der iaf e.V., informativ, verständlich geschrieben und mit anschaulichen Beispielen versehen.

Bitte kostenloses Gesamtverzeichnis
und den Flyer »Interkulturelle Ratgeber« anfordern bei:

Brandes & Apsel Verlag
Scheidswaldstr. 33 · 60385 Frankfurt am Main
Fax: 069 / 957 301 87
E-Mail: brandes-apsel@t-online.de
Internet: www.brandes-apsel-verlag.de

Brandes & Apsel Verlag

Farideh Akashe-Böhme

In geteilten Welten

*Fremdheitserfahrungen zwischen
Migration und Partizipation
160 S., vierf. Pb.
ISBN 3-86099-202-3*

Farideh Akashe-Böhme zeigt, wes-
halb Deutschland sich in einer »un-
vollständigen Demokratie« eingerichtet hat und mahnt Partizipations-
chancen für Migrant/innen an. Ein
Anstoß zur aktuellen Debatte.

Farideh Akashe-Böhme

Die Burg von Chah Barrdi

*Von Persien nach Deutschland – die
Geschichte einer Kindheit und
Jugend
168 S., vierf. Hardcover
ISBN 3-86099-193-0*

Ein Leben voller Abschiede und Auf-
brüche – aber wohin? Die Publizistin
und Soziologin Farideh Akashe-
Böhme erzählt über ihre Kindheits-
und Jugenderfahrungen in Persien
und Deutschland. »Ein autobiografi-
scher Bericht: Jugend, wehmütig
entzaubert.« *(Darmstädter Echo)*

Peter Möhring/Roland Apsel (Hrsg.)

Interkulturelle
psychoanalytische Therapie

256 S., Pb., ISBN 3-86099-258-9

Falldarstellungen analysieren das
Besondere, das die Begegnung von
Angehörigen verschiedener Kulturen
und Sprachen mit sich bringt.
»... so besticht dieser Band durch ein
breites Spektrum an Beispielen aus
der analytischen Praxis.« *(psyche)*

Sven Sauter

Wir sind »Frankfurter Türken«

*Adoleszente Ablösungsprozesse in
der deutschen Einwanderungsgesellschaft
324 S., vierf. Pb.
ISBN 3-86099-188-4*

Man muß auf Geschichten hören, um
Innenansichten herauszufiltern. Erst
dies liefert das wirkliche Verständnis
für das Alltagsleben von Jugendlichen. Dieser Erkenntnis folgend beschäftigt sich Sauter mit der Le-
benswirklichkeit türkischer Jugendlicher. Gleichzeitig kritisiert er die
Theorien der Migrations- und Minderheitenforschung über die Adoleszenz
von Jugendlichen aus Immigrantenfamilien als Ausländerisierung.

Saliha Scheinhardt

Lebensstürme

*Roman. 216 S, vierf. geb.
ISBN 3-86099-476-X*

Eine Frau, fast fünfzig, blickt zurück,
leidenschaftlich und verunsichert.
Heimgekehrt in die Türkei nach vielen Jahren, erlebt sie die anziehen-
den wie die abstoßenden Seiten des
Landes, aus dessen erstickenden
Konventionen sie einst ausbrach.
Und blickt dabei zurück auf die Wege
und Irrwege der Jahre in der Fremde.
In kein Zuhause geboren und keines
im Leben gefunden – das ist die
schonungslose Bilanz einer sich in
zwei Kulturen bewegenden Frau.